लौट जाती है उधर को भी नज़र

लौट जाती है उधर को भी नज़र

कान्तिकुमार जैन

वाणी प्रकाशन

वाणी प्रकाशन
4695, 21-ए, दरियागंज, नयी दिल्ली 110 002

शाखा

अशोक राजपथ, पटना 800 004

फ़ोन : +91 11 23273167 फ़ैक्स : +91 11 23275710

www.vaniprakashan.in
vaniprakashan@gmail.com
sales@vaniprakashan.in

LOUT JATI HAI UDHAR KO BHI NAZAR
by Kanti Kumar Jain

ISBN : 978-93-86799-52-4
Memoirs

प्रथम संस्करण

मूल्य : ₹ 495

सिटी प्रेस, दिल्ली-110 095 में मुद्रित

वाणी प्रकाशन का लोगो मक़बूल फ़िदा हुसेन की कूची से

अनुक्रम

तीसरी नज़र : जुगनू बाड़ा

एक नज़र अपने पर : संन्यासी का गृहप्रवेश

2013 की नौ सितम्बर को मैंने जीवन के 82वें वर्ष में प्रवेश किया। मैं जन्म दिन नहीं मनाता। दूसरों को भी मनाने नहीं देता। जन्मदिन मुझे आयुष्य में वृद्धि का नहीं, आयुष्य में क्षरण का संकेतक लगता है। लो, बैठे बिठाये जीवन का एक वर्ष और निश्शेष हो गया। आप सच माने, मैंने 82वें वर्ष तक पहुँचने की अपेक्षा नहीं की थी। मैं भदेला, सितम्बरोत्पन्न। सितम्बरोत्पन्नों की मेधा भले अच्छी होती हो, स्वास्थ्य अच्छा नहीं होता। भदेले तो खैर, लोकधारणा है, खराब स्वास्थ्य लेकर ही उत्पन्न होते हैं। तो मैंने 81 वर्षो के अपने जीवन में भदेलत्व को भी प्रमाणित किया और सितम्बरोत्पन्नत्व को भी। चौथी से लेकर एम.ए. तक न तो कभी द्वितीय श्रेणी प्राप्त की, न ही द्वितीय स्थान। सदैव फर्स्ट। सागर विश्वविद्यालय के तत्कालीन हिन्दी विभागाध्यक्ष आचार्य नन्ददुलारे वाजपेयी ने अपने प्रमाण पत्र में लिखा—"श्री कान्तिकुमार इज़ वन आफ द बेस्ट प्रोडक्ट आफ द सागर यूनिवर्सिटी एण्ड इज़ डिसाइडेडली द बेस्ट स्टूडेंट दैट हैज सो फार कम टू द हिन्दी डिपार्टमेंट"। यह 1956 की बात है। विश्वविद्यालय प्रारम्भ हुआ था 1946 में। इसके लिए मुझे कोई प्रयास नहीं करना पड़ा। यह सब उपलब्ध हुआ अनायास क्योंकि अब लगता है, कुछ अन्यथा हो ही नहीं सकता था। सागर विश्वविद्यालय के आचार्य पद के साक्षात्कार में 1978 में विषय विशेषज्ञ एक महोदय ने जब यह पूछा कि आपने यह सब 'मैनेज' कैसे किया? तो मैं बिफर गया। मैंने कहा—मैनेज करने वाले दूसरे होते हैं, मैंने तो इन्हें अर्जित किया है। दूसरे विशेषज्ञ को उनकी विशेषज्ञता ग्रन्थि को ढाँकने के लिए उनकी कुहनी दबानी पड़ी थी। मुझे लगता है कि गौरीशंकर पर रहना मेरी आदत है। मुझे तलहटी का जल पसन्द ही नहीं आता, आता है गौरीशंकर के तुंग शृंग का धवलआतप दीप्त हिम। कोई मुझे चुनौती दे तो मैं उस चुनौती से कतराता नहीं, भागता तो कतई नहीं।

जब मैं इन 81 वर्षों का अंकेक्षण करता हूँ तो मुझे एक बात याद आती है। मैं भदेला अतः स्वास्थ्य से दुर्बल। चेचक, पीलिया, प्लूरेसी—किसी भी स्थिति में मैं पराजय या पलायन के लिए प्रस्तुत नहीं होता। बचपन से ही मैंने तय किया कि बाबू

कान्तिकुमार जी, रण नहीं हारना है। मैंने माँ और पिताजी को देखा कि वे बड़ी से बड़ी कठिन स्थिति को अपनी वाग्मिता से, अपनी प्रत्युत्पन्न बुद्धि से अपने अनुकूल कर लेते थे। मैं उनको बोलते हुए सुनता, उनका अनुसरण करने का प्रयास करता। मैंने देखा कि छल और बल की तुलना में वाक् कौशल कई बार ज्यादा असरदार होता है। मैंने जीवन में अनेक प्रसंगों में इसका अनुभव किया है। 1956 की बात थी, नागपुर में। समरिया वाली रानी की कोठी में प्रदेश के शासकीय महाविद्यालयों के लिए हिन्दी के व्याख्याताओं के चयन के लिए साक्षात्कार हो रहे थे। चयन समिति में एक से एक विद्वान् और प्रशासक थे। डॉ. वेणीशंकर झा, रमा प्रसन्न नायक, सरस्वती प्रसाद चुतर्वेदी की मुझे अभी भी याद है। उन दिनों न सिफारिश की चलती थी, न जातिवाद की, न रिश्वत की। 1956 में केवल क्षमता, केवल पात्रता ही एकमात्र कसौटी थी। मेरे साथ एक से बढ़कर सुयोग्य और अनुभवी प्रत्याशी साक्षात्कार में अपना भाग्य आजमा रहे थे। मेरी बारी आयी, मेरा नाम पुकारा गया। मैं कक्ष में गया, मुझे देखकर चयन समिति के अध्यक्ष झा साहब ने कहा—सो मिस्टर क्रान्तिकुमार, मैंने तत्काल हस्तक्षेप किया—एक्स्यूज मी सर, एलाऊ मी टू करेक्ट यू, आई एम कान्तिकुमार, नाट क्रान्तिकुमार। शायद समिति मेरे आत्म विश्वास से, त्रुटि का सुधार कर सकने की मेरी क्षमता से प्रभावित हुई। झा साहब ऊँचे, पूरे, गौर वर्ण के सुदर्शन व्यक्ति थे। वे मेरे प्रमाण पत्रों की फाइल उलट पलट चुके थे, मेरी लम्बाई को लक्ष्य कर उन्होंने कहा—सो मिस्टर कान्तिकुमार, यू आर क्वाइट टाल। मैंने फिर आत्म विश्वास जन्य अनुभव हीनता का परिचय दिया, नो सर, आयी एम नाट आनली टाल, आई एम क्वाइट हाई अलसो। वे चौंके, मेरी बुद्धि का प्रमाण पाने की मंशा से उन्होंने कहा—कैन यू मेक ए डिफरेंस बिटवीन टालनेस एण्ड हाइट। मैंने अपने अंग्रेजी ज्ञान का थोड़ा बहुत परिचय दे दिया था। सोचा, अब हिन्दी में उत्तर देना उचित होगा। मैंने कहा, सर, मैं इतिहास के एक उदाहरण द्वारा आपके प्रश्न का उत्तर देना चाहता हूँ, इतिहास प्रसिद्ध नोपोलियन बोनापार्ट ठिंगने कद का था। एक बार वह अपने पुस्तकालय की अल्मारी के ऊँचे सेल्फ से एक पुस्तक निकालना चाहता था पर उसके हाथ वहाँ तक पहुँच ही नहीं पा रहे थे। उसके पास खड़े एक सेवादार ने यह कहकर उसकी सहायता करनी चाही—मांस्योर, मे आई हेल्प यू। आई एम हायर दैन यू। यह सुनकर नेपोलियन मुस्काया, बोला—नो लेफ्टीनेंट, यू आर सिंपली टालर दैन मी। नो बडी इन फ्रांस कुड बी हायर दैन मी। इसी तरह सर, मैं न केवल टाल हूँ, सबसे ऊँचा भी हूँ।

मेरा साक्षात्कार तो आधा घण्टे और चला पर मेरा चयन मेरे इसी उत्तर से हो गया, चयन सूची में मेरा स्थान सर्वप्रथम था।

एक दूसरा प्रसंग ज्यादा रोचक है। मैं 2007 में एक बार सपत्नीक दुर्ग से भोपाल आ रहा था। मेरे पास दोनों के लिए सीनियर सिटीजन का टिकट था, मेरे

धवल केश, मोटा चश्मा और चेहरे की झुर्रिया देखकर टिकट चैकर को मेरे सीनियर सिटीजनत्व पर कोई शंका नहीं हुई पर मेरी श्रीमती जी के आरंजित केश कलाप, दीप्त मुखश्री को देखकर आश्वस्त होने के लिए उसने उनके सीनियर सिटीजन होने का कोई प्रमाण चाहा। उसका प्रमाण तो मेरे पास था, पैन कार्ड वह सूटकेस में कपड़ों के नीचे था, निकालना थोड़ा कठिन था। टिकट चैकर युवक था, पान वान खाये हुए था मैंने उससे पूछा—क्या आपने ताजमहल देखा है? मेरी जिज्ञासा से वह थोड़ा चौंका, उसने जानना चाहा कि उसके ताज महल देखने न देखने से आपकी पत्नी की उम्र का क्या सम्बन्ध है। मैंने कहा—सम्बन्ध है और गहरा सम्बन्ध हैं सहयात्रियों को यह वार्तालाप बड़ा रोचक लग रहा था। मैंने टिकट चैकर से कहा—यदि आपने ताजमहल देखा होता तो आप मुझसे मेरी पत्नी की उम्र का प्रमाण नहीं माँगते। ताजमहल भले ही तीन साढ़े तीन सौ वर्ष पुराना है पर अपने रख रखाव के कारण वह आज भी नया और ताजा लगता है। तो महत्त्व उम्र का नहीं, रख रखाव का है। सहयात्रियों ने मेरी बात सुनकर जोरदार समवेत ठहाका लगाया, जिन जिन वरिष्ठों की पत्नियाँ उनके साथ यात्रा कर रहीं थीं, शिकायताना अन्दाज में अपने अपने पति की ओर देख रहीं थीं, जैसे वे मेरे अपने उत्तर के सन्दर्भ में उनसे भी पुष्टि करना चाह रहीं हों, टिकट चैकर ने उसके बाद मुझसे मेरी पत्नी की आयु का प्रमाण पत्र नहीं माँगा अपितु भोपाल स्टेशन पर उतरकर मुझे चाय पिलाई।

1955 में जब मैंने सागर विश्वविद्यालय से हिन्दी में एम.ए. कर लिया तो प्रश्न आया ततः किम्। 55 की गर्मियों में जो जो विज्ञापन हुए और जिनके लिए मैं अपनी पात्रता में कोई कमी नहीं पाता था, उन सबके लिए मैंने आवेदन किया। मध्य भारत प्रशासनिक सेवा की लिखित प्रतियोगी परीक्षा में मैं सफल हुआ, मध्य प्रदेश लोक सेवा आयोग द्वारा हिन्दी के व्याख्याता पद के साक्षात्कार में भी मेरा चयन हुआ। सर्वप्रथम पर मैंने प्रशासनिक सेवा का मोह छोड़ा, विज्ञान महाविद्यालय, नागपुर में हिन्दी का व्याख्याता होना पसन्द किया। नागपुर में मैं केवल छह माह ही रह पाया—जून 56 से नवम्बर 56 तक। पर ये छह माह मेरी साहित्यिक सर्जना और दृष्टि-निर्माण में बड़े काम आये। यहीं मेरा परिचय मुक्तिबोध जी से हुआ और उनकी साहित्यिक मित्र मण्डली से भी। नागपुर मराठी भाषी क्षेत्र है पर हिन्दी मराठी सद्भाव की अनूठी मिसाल। वहाँ से उन दिनों स्वामी कृष्णानन्द 'सोख्ता' के सम्पादन में विलक्षण तेजस्वी साप्ताहिक 'नया खून' निकलता था। सच कहने और छल-कपट, प्रदर्शन-पाखण्ड पर अचूक चोट करने वाला निर्भीक पत्र। मेरा 'नया खून' से परिचय सागर के छात्र जीवन के दिनों से ही हो गया था पर बैठकर अखबार को छपते हुए देखना बेहद रोमांचित करने वाला था। 'नया खून' कार्यालय में उन दिनों एक तरह से बौद्धिक तरुणाई का मेला भरता था। मैं भी उस मेले का अंग बन गया।

नागपुर विज्ञान महाविद्यालय में हिन्दी के व्याख्याता के रूप में मेरी पहिली नियुक्ति थी। जब नवम्बर 1956 में नये मध्य प्रदेश का गठन हुआ तो नागपुर का मेला बिखर गया। कुछ लोग रायपुर गये, कुछ भोपाल। कुछ लोगों को ग्वालियर, इन्दौर भी जाना पड़ा। मेरा स्थानान्तरण जबलपुर हुआ। जबलपुर के भाषा एवं शोध संस्थान में। भाषा एवं शोध संस्थान की कोई अलग से इमारत नहीं थी। शहीद स्मारक के भवन में हमारी संस्थान का कार्यालय निश्चित हुआ। काम कोई नहीं था। पर बिना काम किये मन नहीं लगता था। प्रमोद वर्मा मेरे सहयोगी थे। हम लोगों ने समय काटने के लिए 'शुरू करो कुछ काम' की तर्ज पर बिहारी सतसई में प्रयुक्त विदेशी शब्दों का सांस्कृतिक अध्ययन नामक एक शोध परियोजना पर कार्य प्रारम्भ किया। काम इसलिए पूरा हो सका क्योंकि मध्यकालीन काव्य में न मेरी रुचि थी, न प्रमोद वर्मा की। मैंने अनुभव से सीखा है कि शोध का विषय जितना आपके मन पर बोझ होगा, काम उतनी ही जल्दी सम्पन्न होगा। विषय यदि रुचि का है तो आप उसमें गहरे धँसते जायेंगे और एक समय ऐसा आयेगा कि आपको लगेगा कि आप उसमें डूब गये हैं। बिहारी सतसई के विदेशी शब्दों का सांस्कृतिक अयध्ययन हम लोगों ने हँसते-खेलते पूरा कर लिया।

यदि मुझे अच्छे अध्यापक के लिए नारा बनाना हो तो मेरा नारा होगा—अच्छा अध्यापक कैसा हो, डॉ. त्रिपाठी जैसा हो। डॉ. रामप्रसाद त्रिपाठी इलाहाबाद विश्वविद्यालय में इतिहास के प्रध्यापक थे, मुगलकाल के विशेषज्ञ। उनकी लिखी हुई 'सम आस्पेक्ट्स आफ मुगल एडमिनिस्ट्रेशन' विश्न विश्रुत है। वे सागर विश्वविद्यालय के कुलपति होकर आये थे 1950 में। डॉ. हरीसिंह गौर के निधन के उपरान्त। वे जब भी मुख्यालय में होते, एम.ए. इतिहास की कक्षाएँ लेते ही लेते। बी.ए. के उपरान्त हम लोगों ने इतिहास में प्रवेश लिया था। हम लोगों ने अर्थात् प्रभात कुमार भट्टाचार्य, शम्भु दयाल गुरु और मैंने। डॉ. त्रिपाठी हमारी कक्षाएँ कुलपति के चैंबर में ही लेते। अद्भुत अध्यापन कौशल, विलक्षण विद्वता, असाधारण रोचकता। उन्होंने हम लोगों को भारतीय इतिहास के मध्यकाल की कला और संस्कृति की गलियों में तो घुमाया ही, अच्छे अध्यापन के गुर भी सिखाये। वे कहते कि अच्छे अध्यापक को जर्मनी के चांसलर बिस्मार्क जैसा होना चाहिए। बिस्मार्क आधुनिक राजनीति का चाणक्य कहा जाता है। कहा जाता है कि वह उस बाजीगर के समान था जो एक साथ तीन गेंदे हवा में उछाल सकता है और मजाल कि एक भी गेंद टप्पा खा जाये। दाहिने हाथ से वह एक गेंद हवा में उछालता, बायें से दूसरी। उन्हें नीचे गिरने के पहिले ही वह रोक लेता और इस बीच तीसरी गेंद हवा में सैर करती। उसकी गेंदों पर पकड़ इतनी सधी हुई, समय का ज्ञान इतना सूक्ष्म और फुर्ती इतनी चमत्कारी थी कि देखने वाले देखते ही रह जाते। जर्मनी को उसने अपने राजनय से इतनी कुशलता से सर्वशक्तिवान और एक कर दिया कि बिस्मार्क जर्मनी का भाग्य

विधाता बन गया। डॉ. त्रिपाठी हम लोगों से कहते कि अच्छे अध्यापक को अपने विषय का पूर्ण ज्ञान होना चाहिए, उसे कक्षा में अनुशासन रखने का कौशल आना चाहिए और रोचकता में उसे बाजीगर होना चाहिए। जिस अध्यापक की कक्षा में छात्र जँमाई लें, उसे वे दो कौड़ी का मानते। हम तीनों छात्र इतिहास में एम.ए. तो नहीं कर पाये किन्तु अच्छे अध्यापक के जो त्रिगुण डॉ. त्रिपाठी ने बताये थे, वे तीनों के खूब काम आये।

मैंने देखा है कि अच्छे अध्यापक का एक गुण यह भी होता है कि कक्षा में वह विषम से विषम परिस्थिति में न तो आत्मविश्वास खोये, न ही अपनी प्रत्युत्पन्न मति। इस कला में पारंगत थे हमारे हिन्दी के अध्यापक राजनाथ जी पाण्डेय। उनकी कक्षा में छात्र सावधान रहते, पता नहीं कब किसकी किस चूक पर वे आपको उतार दें, इतनी महीन मार से कि आप कोई शिकायत ही न कर पायें। मुझे इसका प्रत्यक्ष अनुभव हुआ दुर्ग के शासकीय महाविद्यालय में। दुर्ग जो उन दिनों द्रुग कहलाता था, भिलाई के कारण छात्रों से लबालब भरा होता। महाविद्यालय का कोई अपना भवन नहीं था। बिना पूर्ण तैयारी के संस्थाएँ प्रारम्भ कर देना स्वतन्त्र भारत में आम है। महाविद्यालय लगता था एडवर्ड मेमोरियल के भवन में। भवन में केवल प्राचार्य कक्ष, स्टाफ रूम, गर्ल्स कामन रूम और ग्रन्थालय कक्ष की ही गुंजाइश थी। शेष कक्षाएँ तम्बुओं में लगतीं। जब तम्बू छोटे पड़ने लगे तो एक शेड बना—बड़ी कक्षाओं के लिए। बी.ए. प्रथम वर्ष की हिन्दी कक्षा इसी टिन शेड में लगती। अध्यापक हिन्दी में कोई दूसरा था ही नहीं। कुछ दिन तो सब ठीक चलता रहा—अध्यापन, अनुशासन और जीवन्तता—किसी में कोई कमी नहीं आयी किन्तु एक दिन आशा लता पाठक के कक्षा में आने से सब गड़बड़ा गया। वह नगर के टी.आई. की कन्या थी अतः देर से कक्षा में आने को अपना अधिकार मानती थी। पूरी कक्षा और अध्यापक के लिए ध्यानाकर्षण प्रस्ताव। जिस दिन वह कक्षा में आयी, मैं श्रीधर पाठक की 'सांध्य अटन' कविता पढ़ा रहा था। पंक्ति थी—"नीची दृष्टि, उच्च वक्ष स्थल रूप छटा फहराता था।" एक मात्र कन्या ने कक्षा में प्रवेश क्या किया, छात्र अपने तारुण्य के प्रति सचेत हो गये। एक छात्र था लड्डन। नाम तो कुछ और होगा, अब मुझे बस लड्डन याद है। खड़ा हो गया, बोला—सर, समझ में नहीं आया। मैं समझ गया कि लड्डन को क्या समझ में नहीं आया था और वे क्या समझना चाहते थे। 'उच्च वक्ष स्थल' का मैं चित्र तो बना नहीं सकता था, तत्सम शब्दावली में मैं कक्षा को समझा चुका था पर लड्डन को तो पाठक कन्या को समझाना था कि वे उच्च वक्षस्थल का अर्थ जानते थे। जब उन्होंने मेरे विद्वतापूर्वक समझाने के बाद भी समझने से इन्कार कर दिया तो मैं लोक व्यवहार पर उतर आया। पूछा—आप घर में कितने भाई बहिन हैं। सर, सात। आपका नम्बर कौन सा है? सर, पहिला। वे बड़ी मुस्तैदी से मेरे प्रश्नों का उत्तर दे रहे थे। मैंने पूछा कि आपने छुटपन में अपनी अम्मीजान का दूध तो

पिया होगा। लड्डन मेरी रणनीति समझ नहीं पाये। मैंने गोला दागा—आपने बचपन में अम्मी जान का जिस चीज से दूध पिया होगा वही उच्च वक्ष स्थल है। लड्डन पानी पानी। कक्षा में सब सन्न बने बैठे थे। सबको श्रीधर पाठक की कविता अच्छी तरह समझ में आ गयी। बाद में लड्डन मेरे कमरे पर आये, बोले, सर, मैं शर्मिन्दा हूँ। फिर तो वे मेरे बड़े आत्मीय छात्र बन गये।

कक्षा में अध्यापक को न कभी अपना आपा खोना चाहिए, न ही आत्म विश्वास। अच्छे अध्यापक की एक किंवदंती बन जाती है जो सर्दव कक्षा में और उसके बाहर भी उसका साथ देती है। मेरे अध्यापकीय जीवन का अधिकाँश भाग शोध करते और कराते बीता। मैंने सदैव नितान्त नये विषयों पर शोध किया और शोध कराया भी। जब भी कोई शोध करने के उद्देश्य से मेरे पास आता है तो मैं उससे आधेक घण्टे बात करता हूँ। कुछ भी। उसकी रुचि, अरुचि जानने के लिए। सहसा मुझे लग जाता है कि फलाँ विषय इसके लिए सर्वोत्तम होगा। ग्वालियर के डॉ. कमल वशिष्ठ इन दिनों भारतभर में रंगकर्म का शीर्ष नाम है। उनसे बात कर मुझे लगा कि वे रंगकर्म पर नितान्त मौलिक एवं महत्त्वपूर्ण कार्य कर सकते हैं। उन्होंने किया भी। ऐसे ही 58 वर्ष के एक पक्व केश, प्रौढ़, आशुलिपिक एवं टंकक ने जब शोध करने के लिए अज्ञेय, मैथिली शरण गुप्त जैसे विषयों पर प्रबन्ध लिखने की मंशा जाहिर की तो मुझे लगा कि ये विषय उनके उपयुक्त नहीं है। पता चला कि वे राजस्व मण्डल में टंकक हैं, अखिल भारतीय टंकण प्रतियोगिता में प्रथम आ चुके हैं और टंकण कार्य का उन्हें बीसियों वर्ष का अनुभव है। वे बड़े दर्द से बोले—शोध कार्य से मुझे कोई लाभ नहीं होगा पर मैं चाहता हूँ कि मृत्यु के पूर्व अपने नाम के पहिले मैं डॉक्टर जोड़ सकूँ। मुझे उनकी लालसा बड़ी मानवीय लगी। मैंने कहा—आप एक काम करें—बहुत बड़ा नहीं, संक्षिप्त एवं टू द प्वाइंट। हिन्दी में स्फीत शोध प्रबन्ध लिखने का प्रचलन है। उनमें पैडिंग बहुत होती है। उससे हटकर उन्होंने सौ-सवा सौ पृष्ठों का अद्‌भुत एवं नितान्त अभिनव प्रबन्ध लिखा—अपने अनुभवों के आधार पर। हाल्डा, रेमिंगटन, गोदरेज के देवनागरी के टंकण यंत्रों को तो उन्होंने आधार बनाया ही, अनेक अज्ञात एवं अप्रचलित यंत्रों का भी उन्होंने समावेश किया। उनके की बोर्ड का सचित्र विवरण देते हुए, विश्लेषण करते हुए। अंग्रेजी के एक प्राध्यापक ने हिन्दी और अंग्रेजी के शोकगीतों पर मेरे निर्देशन में काम किया, उर्दू के एक प्राध्यापक ने नज़ीर अकबराबादी की कविता पर। दोनों कार्यो को बड़ी प्रतिष्ठा मिली। हिन्दी में पिटे पिटाये विषयों पर शोध कार्य करने/करवाने की परम्परा है। उसमें कोई श्रम नहीं करना पड़ता। यह परम्परा समाप्त होनी चाहिए पर जब तक शोधकार्य से शोधक एवं शोध निर्देशक की वेतन वृद्धि, स्थायीकरण आदि जुड़े हुए हैं तब तक मौलिक विषयों पर कोई शोध कार्य क्यों करे या क्यों कराये? हिन्दी में मैंने शोध निर्देशकों को प्रायः गर्व से कहते हुए सुना है कि मैंने आठ पीएच.डी. प्रोड्यूस किये

हैं। पीएच.डी. न हुई, धान की फसल हो गयी और शोध निदेशक निदेशक न हुआ, अन्तस्सत्त्वा, प्रसूति कराने वाली दाई हो गया।

कृतघ्नता से मुझे एलर्जी है। मैं स्वयं न कृतघ्न हूँ, न कृतघ्नता की अनदेखी कर पाता हूँ। यदि किसी ने मेरे साथ राई के बराबर भी उपकार किया है तो मैं प्रतिदान स्वरूप बरगद के पेड़ के समान उसका भला अथवा उसकी सहायता करने को तत्पर रहता हूँ। मैं दुस्साहसी भी कम नहीं हूँ। मरखने बैल के सींग मरोड़ने में मुझे बहुत सोचना नहीं पड़ता। लगभग इंसटिक्टिव। विषधरों को पूँछ से पकड़कर हवा में लहराकर उनके मेरुदण्ड के गुरिये मैं कई बार तोड़ चुका हूँ। बैकुंठपुर में, ग्वालियर में, सागर में। यह कला मैंने बचपन में अपने मित्र अहिबरन से सीखी थी। आज भी वह काम आती है।

चुनौती से पलायन मुझे कायरता लगती है। यदि कोई मुझे किसी भी क्षेत्र में चुनौती दे तो मैं खम्म ठोककर उस चुनौती से निपटने के लिए कटिबद्ध हो जाता हूँ। 1948 में मुझे हिन्दी में विशेष योग्यता मिली, जिद ही जिद में। हायर सेकेण्डरी बोर्ड, नागपुर के समस्त परीक्षार्थियों में सर्वाधिक अंक। मुझे स्वयं इस प्रवीणता की न तो उम्मीद थी, न ही यकीन। हमारे हिन्दी अध्यापक गोपालदास जी मझौनिया इलाहाबाद चले गये थे, कोरिया रियासत के राजकुमारों के रेजीडेंट गार्जियन बनकर। उनके स्थान पर काशी से रमाशंकर शर्मा 'काक' आये। 'काक' साहब हास्य रस की कविता करते थे, उन दिनों काशी बेधड़क, बेदब, सूँड जैसे हास्य रस के कवियों की खदान थी। 'काक' साहब पढ़ाते बहुत अच्छा थे। उन्होंने होमवर्क के लिए निबन्ध दिया था, राष्ट्रभाषा हिन्दी की समस्याएँ मैंने बड़ी तैयारी की। ढेरों पत्रिकाएँ उलटीं-पलटीं। निबन्ध गुरु जी को बहुत पसन्द आया। उन्होंने निबन्ध जाँचने के बाद टिप्पणी लिखी–"अत्युत्तम यदि यह तुम्हारा ही लिखा हुआ है तो।" मैं बिफर गया। "यदि तुम्हारा ही लिखा हुआ है तो" मुझे चुनौती लगी। मैं गुरु जी के पास गया। कहा–आपको विश्वास क्यों नहीं हो रहा। बोले–बालक, मैं फिर कहता हूँ कि यदि यह तुम्हारा ही लिखा हुआ है तो तुम्हें बोर्ड की परीक्षा में विशेष योग्यता मिलेगी। मैंने गुरु जी से कहा–यह मेरे लिए चुनौती भी है, आशीर्वाद भी। मुझे मैट्रिक की परीक्षा में 150 में से 113 अंक मिले। रख ली मेरे बेकसी की शर्म। जब मैं जुलाई 1948 में उच्च शिक्षा के लिए सागर विश्वविद्यालय आया तो आचार्य नन्द दुलारे वाजपेयी मेरे नाम से परिचित थे। हिन्दी के यशस्वी कवि और सागर विश्वविद्यालय के पूर्व कुलपति शिवकुमार श्रीवास्तव जब मुझसे मिले तो बोले–मैट्रिक में हिन्दी में विशेष योग्यता तो मैं भी पाना चाहता था पर मुझे नहीं मिली। तुम्हें मिली। तुम दोस्त होने लायक हो। मेरी उनकी मित्रता बराबर बनी रही।

या तो महत्त्वाकांक्षा मत पालो, यदि पालो तो योग्य बनो। उसी आकाश को छूने का प्रयत्न करो जिसे तुम हाथ उठाकर, पंजों के बल खड़े होकर, छू सको।

ज्यादा की कोशिश में तुम्हारे पैर धरती से उखड़ जायेंगे और तुम्हें मुँह के बल गिरने से कोई नहीं रोक पायेगा। अपनी क्षमता से ज्यादा की कामना करना, अपने साथ भी विश्वासघात है, उनके साथ भी जो तुमसे ज्यादा योग्य है। मैंने सदा अपनी रेखा दूसरों की रेखा से बड़ी रखने का प्रयास किया। तुम भी अपनी रेखा बड़ी कर लो यदि तुममें क्षमता हो तो और यदि तुम मुझ से आगे जाना चाहते हो। फिर मैं तो बालू से तेल नहीं, सोना निकाल सकता हूँ। शर्त यही है कि मुझे बालू पसन्द आ जाये। मैं जगदलपुर में था—बस्तर की अष्टवक्रा नदी इन्द्रावती के तटपर। मेरे छात्रों में एक छात्र था सोनझरिया समुदाय का। सोनझरिया लोग इन्द्रावती की बालू से स्वर्णकण निकालने में पारंगत होते हैं। कहते हैं इन्द्रावती अपने उद्‌गम स्थल की स्वर्ण खानों से स्वर्णकण साथ लेकर प्रवाहित होती है। ये स्वर्णकण सरिता के तटवर्ती बालुका प्रसार में रह जाते हैं। सोनझरिया इन्हीं स्वर्णकणों का संचय करते हैं। मैं उस सोनझरिया छात्र के साथ उसके गाँव भी गया। उनका धैर्य, उनकी अवलोकन शक्ति, उनकी एकाग्रता देखकर मैं विस्मित हुआ। सोना एकत्र करने के लिए उन्हें इन्द्रावती के पूर्व प्रवाह का ज्ञान भी अपेक्षित होता है। अर्थात् संस्मरणों का सोनझरिया बनने के लिए लोक के प्रसार का, उसकी परम्परा का ज्ञान भी चाहिए। मुझे शास्त्र की तुलना में लोक अधिक पसन्द आता है—मुझे धुसमरे गिद्ध से फुदकती गौरेया ज्यादा अच्दी लगती हैं।

सम्पादन कौशल में स्वायत्तता प्राप्त करने के लिए मैंने कोई अध्ययन नहीं किया, न ही किसी उस्ताद से गंडा बँधवाया। बचपन में एक पत्रिका का सम्पादन मैंने बाल कौतुक वश ही किया था। बैकुंठपुर में। शायद मैं उस समय आठवीं का छात्र था। सिविल लाइन्स के हमारे क्वार्टरों में अनेक हम उम्र छात्र थे। रामकृष्ण नेमा, बालकृष्ण नेमा, गुल्लम। मेरे बड़े भाई साहब कृष्णकुमार जी और बहिन कुन्तल तो थीं ही। सभी कुछ न कुछ लिखते। बालोचित कविताएँ, कहानियाँ, आप बीती। हमारे पिता, चाचा, मामा, उन रचनाओं को सुधारते। हम लोगों की बालमण्डली थी, उसमें उन रचनाओं का पाठ होता। बालकृष्ण ने सुझाव दिया कि क्यों न हम लोग एक हस्तलिखित पत्रिका निकालें। सम्पादन के लिए मेरा नाम बालकृष्ण ने ही सुझाया था। तय हुआ कि पत्रिका का नाम “बाल जीवन” होगा। पत्रिका की रचनाएँ फूलस्कैप कागज पर एक ओर लिखी जायेंगी, रचनाकार द्वारा। फूलस्कैप कागज के चुनाव का एक कारण था—सिविल लाइन्स के उन क्वार्टरों में एक राव साहब रहते थे, दरबार के टायपिस्ट। उनके पास फूलस्कैप कागज के दस्ते के दस्ते रहते। हम लोगों ने राव साहब को अपना संरक्षक बनाया। उन्होंने बचन दिया कि कागज की वे कोई कमी नहीं होने देंगे। पहिला अंक बड़ी सजधज से निकला। लाल नीले हरे पीले रंग के स्कैच पेनों का उपयोग किया गया था। रामकृष्ण की लिखावट अच्छी थी—उसकी ड्राइंग भी बढ़िया थी। उसने पत्रिका के लिए बहुत

बढ़िया आवरण पृष्ठ बनाया था। मुझे याद है उस अंक में मेरी एक कविता छपी थी आप बीती घटना के आधार पर। वह कविता संस्मरणात्मक थी। मेरे संस्मरणों का बीज उसी कविता में था–

कृष्ण कान्ति जीतू मिलकर करने लगे विचार।
पके पके ये आम लगे हैं कैसे खायें यार।
लगा पेड़ पर सीढ़ी जल्दी चढ़ गये कृष्ण कुमार।
गदराये आमों को चुन चुन टपकाये दो चार।
जीतू तब चिल्लाकर बोला हो जाओ होशियार
बागों का माली आता है, देगा डंडे चार।
ऊँची डाली पर से कूदे भागे कृष्णकुमार
कान उमेठूँगा मैं सबके जो आये अगली बार ॥

अब मुझे लगता है कि मेरे संस्मरणों में नाटकीयता का जो संस्पर्श है, रोचकता का आकर्षण है, अपने को न बचाकर चलने का तेवर है, बीच बीच में घटनाओं को जोड़ देने का जो अन्दाज है, वह इस कविता में आसानी से लक्षित किया जा सकता है।

सम्पादन के जलनिधि में थोड़ा गहरे उतरने का मौका मिला सागर विश्वविद्यालय में। आचार्य नन्ददुलारे वाजपेयी सागर आने के पूर्व अनेक पत्र-पत्रिकाओं का सम्पादन कर चुके थे। लोक शिक्षण के लिए वे पत्र-पत्रिकाओं के महत्त्व से परिचित थे। सागर में उन दिनों व्यावसायिक प्रेस तो थे किन्तु साहित्यिक पत्र-पत्रिकाओं का लगभग अभाव था। विश्वविद्यालय नया नया था। न टंकण यंत्र थे, न ही छपने छपाने की कोई व्यवस्था। वाजपेयी जी ने विश्वविद्यालय की तरुण रचनात्मकता की पहिचान के लिए और उसे प्रोत्साहित करने के लिए एक अभिनव प्रयोग किया। भित्ति पत्र। भित्ति पत्र 5 गुणित 3 फुट का, आधा इन्च गहरा एक आयताकार लकड़ी का फ्रेम हुआ करता था–पतली जाली से मंडित। पाठक भीतर पिन से संलग्न रचनाओं को पढ़ सकते थे। इसकी चाभी सम्पादक के पास हुआ करती थी। प्रारम्भ में पंडित जी स्वयं इसका सम्पादन करते थे। किन्तु कार्याधिक्य के और प्रायः प्रवास पर रहने के कारण भित्ति पत्र का प्रकाशन नियमित नहीं हो पाता था। उनकी सहायता एम.ए. हिन्दी का एक छात्र किया करता था किन्तु जब उसने पत्र को अपने विज्ञापन-प्रकाशन तक सीमित कर दिया तब पंडित जी को सम्पादक बदलना पड़ा। 1951 में मैं भित्ति पत्र का सम्पादक नियुक्त किया गया। मैंने उसमें कुछ आधारभूत परिवर्तन किये। भित्तिपत्र को हिन्दी साहित्य एवं उसकी गतिविधियों के वृत्त से बाहर निकालकर उसे अखिल विश्वविद्यालय की प्रतिनिधि पत्रिका बनाने का निश्चय किया। उसमें अब हिन्दी के अतिरिक्त अंग्रेजी की भी रचनाएँ स्थान पाने लगीं, साहित्य के बाहर जाकर वाणिज्य, राजनीति, समाजशास्त्र, विज्ञान की रचनाओं से भी भित्तिपत्र का वक्ष सजने लगा। किन्तु उससे भी बड़ा परिवर्तन मैंने यह किया कि भित्तिपत्र की

भित्ति के लिए मैंने दूरस्थ हिन्दी विभाग के स्थान पर केन्द्र स्थित अंग्रेजी विभाग के सामने की भित्ति का चयन किया। यह भित्ति पत्र के लिए सर्वताभावेन उपयुक्त थी। केन्द्रीय ग्रन्थालय के ऐन सामने अवस्थित होने के कारण पढ़ाकू किस्म के छात्र भी आते जाते भित्तिपत्र का अवलोकन कर लेते थे। गर्ल्स कामन रुम के ऐन बगल में भित्तिपत्र का टंगना छात्राओं के लिए भी सुगम हो गया और रूप रहचटों के लिए भी। गर्ल्स कामन रूम के सामने मँडराने में अब इन रहचटों के लिए संकोच का कोई कारण नहीं था—क्या कर रहे हो—कुछ नहीं, सुना इस बार के अंक में कई नयी कविताएँ आयी हैं। भित्तिपत्र प्रेम पत्रों के आदान प्रदान का कारण भी बना। विज्ञान एवं वाणिज्य के विद्यार्थी भित्तिपत्र के प्रांगण में समवेत होने लगे। सागर में नयी कविता के अभ्युदय का एक बड़ा कारण भित्तिपत्र भी था। कई मैत्रियों का कारण भी—यही भित्तिपत्र था। शिवकुमार श्रीवास्तव, कृष्णकुमार श्रीवास्तव, हनुमान वर्मा, शम्भुदयाल, गुरु, प्रतिमा हांडा, 'अनुरागी', प्रभा श्रीवास्तव, विमला मुखारया, प्रभात कुमार भट्टाचार्य, मनोहर वर्मा, राजा दुबे, प्रताप, आग्नेय भित्तिपत्र के कवि थे। साहित्यिक वाद विवादों का केन्द्र भी भित्तिपत्र में प्रकाशित रचनाएँ बनीं। राजा दुबे और आग्नेय बन्धु हिन्दी संसार को सागर विश्वविद्यालय की भित्तिपत्र की ही देन हैं। तेरा नाम, मेरा नाम, वियतनाम, भित्तिपत्र में लिखकर आग्नेय चर्चित हुए थे। मैंने भी भित्तिपत्र में एक कविता लिखी थी—

अबला सदा अबला रहेगी
यदि नहीं यह मान्य तो वह माँग का सिन्दूर पोंछे
यदि नहीं यह मान्य तो वह चूड़ियों को तोड़ फेंके
हथेली की लालिमा का पुँछना भला वह सह सकेगी?
अबला सदा अबला रहेगी।

इस कविता का बड़ा विरोध हुआ, विशेषकर प्रबुद्ध छात्राओं द्वारा। मुझे याद है प्रतिभा हांडा ने इसके विरोध में इसी छन्द और तेवर में एक संक्षिप्त कविता लिखी थीं और मुझसे कहा था कि तुमसे ऐसी नारी विरोधी कविता की उम्मीद नहीं थी। मेरी वह कविता नारी विरोधी नहीं थी, नारी को स्वयं को अबला समझने की मनोवृत्ति को चुनौती देने वाली थी। सिमान द बोउवा ने बाद में कहा भी कि स्त्रियाँ पैदा नहीं होतीं, बनाई जाती हैं। इसी भाव का निशदीकरण। बहरहाल, भित्तिपत्र ने मेरी सामाजिकता भी बढ़ाई और अभिव्यक्ति के खतरों के प्रति भी आगाह किया।

अपनी सम्पादन कला को विकसित करने का दूसरा अवसर मुझे सागर में ही मिला लगभग 30 वर्षों बाद। मैं 1978 में सागर विश्वविद्यालय के हिन्दी के आचार्य के पद पर आ गया था। 1982 में मुझे विभाग की अध्यक्षता का भार सँभालने का अवसर भी मिला। बुन्देली पीठ की अध्यक्षता का भी। बुन्देली पीठ हिन्दी विभाग के अन्तर्गत क्रियाशील पुरानी संस्था थी। आचार्य नन्ददुलारे वाजपेयी द्वारा स्थापित।

आचार्य भागीरथ मिश्र ने उसे कई नये आयाम दिये थे। डॉ. ज्वालाप्रसाद ज्योतिषी भी बुन्देली पाठ से कई वर्षों तक सम्बद्ध रहे। बुन्देली पीठ के पास न तो आर्थिक अनुदान की कमी थी, न संसाधनों की। मैंने बुन्देली लोक संस्कृति की एक वार्षिक पत्रिका निकालने का निश्चय किया। मेरे मन में यह भाव था कि यह पत्रिका न तो विशुद्धतया रचनात्मक हो, न ही कोरमकोर शोधपरक। इस पत्रिका को बुन्देली की लोक संस्कृति एवं बोली के विद्वानों का सहयोग तो मिले ही, बुन्देलखण्ड में फैले सामान्य जल की भी इसमें भागीदारी हो। रचनात्मकता को शोधज्ञ बहुत आदरणीय नहीं मानते। इसी प्रकार रचना के प्रेमी शोधात्मकता के सम्बन्ध में बहुत अच्छी राय नहीं रखते। मैंने पत्रिका का नाम रखा ईसुरी। बुन्देली के सिद्धवाक् जन कवि और बुन्देली के विद्यापति कहे जाने वाले ईसुरी के नाम पर। मैंने ईसुरी पत्रिका में अनंत सम्भावनाएँ देखीं। भारतीय विश्वविद्यालयों से ऐसी पत्रिकाएँ कम ही निकलती हैं। मुझे गुरुदेव रवीन्द्रनाथ ठाकुर द्वारा संस्थापित और शान्तिनिकेतन के हिन्दी विभाग द्वारा प्रकाशित 'विश्वभारती' पत्रिका की याद आयी। मुझे लगा कि जो भी बुन्देलखण्ड में है वह सब 'ईसुरी' में होना चाहिए और ईसुरी में वही नहीं होगा जो बुन्देलखण्ड में नहीं है। साहित्य, इतिहास, कला, परिवेश, शब्द संग्रह, पत्र जैसे खण्डों में विभक्त ईसुरी को अकल्पनीय सहयोग मिला। पत्रिका का पहिला अंक 83-84 में प्रकाशित हुआ। वार्षिक। डबल डिमाई आकार के 200 पृष्ठों से अधिक का। इसके आकार को लेकर खैरागढ़ की इन्दिरा कला एवं संगीत विश्वविद्यालय की कुलपति डॉ. प्रेमलता शर्मा ने लिखा कि पहिले तो मैं समझी थी कि 'ईसुरी' विश्वविद्यालयों से प्रकाशित होने वाली अन्य पत्रिकाओं जैसी ही होगी पर यह तो बुन्देलखण्ड के साहित्य, संस्कृति और कला का विश्वकोश है।

जबलपुर के प्रसिद्ध हिन्दी पत्रकार और पं. कामता प्रसाद गुरु के आत्मज रामेश्वर गुरु ने तो अपना वैयक्तिक तोश खाना ही ईसुरी के लिए खोल दिया। उन जैसा फाइलिंग विशेषज्ञ हिन्दी में दूसरा नहीं है। सुधा अमृतराय ने अपनी माँ सुभद्राकुमारी चौहान और पिता लक्ष्मण सिंह चौहान की बहुत सी दुर्लभ–प्रकाशित एवं अप्रकाशित सामग्री–'ईसुरी' के लिए भेज दी। लक्ष्मण सिंह चौहान के 'उत्सर्ग', 'गुलामी का नशा' जैसे अलम्य नाटकों के 'ईसुरी' में पुनः प्रकाशन से हिन्दी के नाट्य साहित्य की कई विस्मृत कड़ियाँ जुड़ी। 'ईसुरी' में महात्मा गाँधी के कतिपय अज्ञात पत्रों का प्रकाशन भी सम्भव हुआ। सबसे रोमांचक घटना घटी दमोह के घनश्याम अहिरवार की। एक शाम एक मैला कुचैला सा व्यक्ति बगल में एक पुथन्ना दबाये विश्वविद्यालय परिसर स्थित मेरे बँगले बी 19 में आया। उसने अपने पाद त्राण उतार रखे थे। वह कुर्सी पर बैठने को भी प्रस्तुत नहीं था। नईं मालक, हम ऐसेई नोनें। बहुत पूछने और आश्वस्त करने पर उसने जो कथा सुनाई और बगल में दबा हुआ पुथन्ना मुझे दिखाया, वह विस्मयकारी था। शिवनारायणी सम्प्रदाय पर हिन्दी

के प्रसिद्ध समीक्षक एवं अन्वेषक डॉ. रामचन्द्र तिवारी ने बड़ा मूल्यवान ग्रन्थ लिखा है। जब औरंगजेब ने वाराणसी पर आक्रमण किया तब वहाँ के बहुत से रैदासी सम्प्रदाय के लोग अपने प्राण बचाकर यहाँ वहाँ भागे। जो पूर्व दिशा में भागे उन्हें शिवनरायणी कहा गया। बहुत से सागर, नरसिंहपुर, दमोह जैसे पश्चिमी क्षेत्रों में भी शरणार्थी होकर आये। इनका इतिहास नहीं मिलता। उस शाम घनश्याम अहिरवार जो पुथन्ना मुझे देने के लिए आया था वह 'गुरु न्यास' था, रैदासी सम्प्रदाय के पश्चिम की ओर पलायित अनुयायियों का धर्मग्रन्थ। मालक, जे जो ईसुरी में छप जाये तो सुरक्षित रहो आहै। मैंने पूछा भी कि ईसुरी में ही क्यों? उसने जो उत्तर दिया, वह मर्मान्तक था। 'ईसुरी में कोई मौं देखी नईं होत। ईसुरी में हमाई जो पोथी छप गयी तो वो हमारे घर के पूजाघर से निकर के दूर तक पौंच जाने। मैंने ईसुरी में 'गुरुन्यास' प्रकाशित की। मुझे 'ईसुरी' में गुरुन्यास छापकर जितना सन्तोष हुआ, उतना बहुत कम रचनाओं को छापकर हुआ था।

'ईसुरी' के सम्पादन में मुझे विश्वविद्यालय के अनेक विभागों का सहयोग मिला। अंग्रेजी के प्रो. आर.एस. पाठक, प्राचीन इतिहास, संस्कृति एवं पुरातत्व के डॉ. विवेकदत्त झा, हिन्दी के डॉ. सुरेश आचार्य ने सामग्री संकलन से लेकर प्रूफ वाचन तक के अनेक सोपानों में जिस निष्ठा से सहयोग दिया, वह आज भी मेरे लिए स्फूर्तिप्रद है। 'ईसुरी' में छपना पुरानी पीढ़ी के कृष्णानन्द गुप्त से लेकर नितान्त नयी पीढ़ी के विद्यार्थियों तक के लिए बहुत प्रतिष्ठा का कारण था। मेरे सम्पादन में 'ईसुरी' के नौ अंक निकले। 1992 में मैं सेवा निवृत्त हो गया पर उसके बाद भी 'ईसुरी' निकलती रही, निकल रही है। 'ईसुरी' सागर विश्वविद्यालय के हिन्दी विभाग की प्रतिष्ठा पत्रिका के रूप में भारत में ही नहीं, भारत के बाहर भी समादृत हुई। चीन के पेकिंग विश्वविद्यालय के प्राच्य विभाग में 'ईसुरी' पर शोधोपाधि के लिए शोध कार्य भी हुआ। ईसुरी कवि के जीवन, व्यक्तित्व एवं कृतित्व पर तो अनेक उपन्यास, समीक्षाग्रन्थ लिखे गये। 'ईसुरी' मेरे सम्पादन की गौरव पत्रिका है। इसमें पहिली बार बुन्देली शब्दकोश का धारावाहिक प्रकाशन प्रारम्भ हुआ था। टीकमगढ़ के डॉ. कैलाश बिहारी द्विवेदी ने बड़े श्रम से बुन्देली के शब्दों का एक अनूठा कोश तैयार किया था। बाद में यह कोश साहित्यवाणी, इलाहाबाद से पुस्तकाकार प्रकाशित हुआ।

सेवा निवृत्ति के उपरान्त भी सम्पादन की चुनौतियों ने मेरा पीछा नहीं छोड़ा। नयी कहानियों के प्रसिद्ध लेखक भीमसेन त्यागी दिल्ली से एक पत्रिका निकालते थे—भारतीय लेखक। हरिशंकर परसाई पर वे एक विशेषांक निकालना चाहते थे। चाहते थे कि उस अंक का अतिथि सम्पादन मैं करूँ। मैंने कहा भी कि इससे मेरी अपनी रचनात्मकता बाधित होगी पर उनका तर्क था कि परसाई पर विशेषांक निकालना भी रचनात्मकता का ही हिस्सा है। उन्हें हरिपाल त्यागी, अनुराग, विवेक जैसे रचनाकारों का सक्रिय सहयोग प्राप्त था। अतिथि सम्पादकों को बहुत अच्छी

निगाहों से नहीं देखा जाता। पाहुंनों से साँप मरवाने जैसी बात। ले देकर दायित्व पूरा करो—लेखक की कुछ प्रतिनिधि रचनाएँ इकट्ठी करो, कुछ नये पुराने लेखों का ढोल जमाओ और अतिथि सम्पादन पूरा। मैंने कुछ नया करने की सोची। परसाई के जीवन के वे प्रसंग जो कहीं उल्लेखित नहीं थे, उनका वह लेखन जो कहीं संकलित या चर्चित नहीं था, मैंने ढूँढ़ा। जबलपुर के पत्रकार और परसाई जी के आत्मीय राजकुमार 'सुमित्र' के पास ऐसी बहुत सी सामग्री थी—बच्चों के लिए कहानियाँ, प्रहसन, रेखाचित्र, बातचीत। मैं उनसे निवेदन किया तो उन्होंने सारी सामग्री—मूल में ही—मेरे पास भेज दी। डॉ. साहब, ये आपके पास मेरी तुलना में ज्यादा सुरक्षित हैं। यह सारा लेखन पुराने मध्य प्रदेश के शिक्षा सचिव रमा प्रसन्न नायक ने एक कार्यशाला के दौरान तैयार करवाया था। इस कार्यशाला में शान्ति निकेतन के मोहन लाल वाजपेयी, दिल्ली के भवानी प्रसाद मिश्र और जबलपुर के हरिशंकर परसाई सम्मिलित हुए थे। परसाई जी ने अधिकांश सामग्री अपने अनुभव के आधार पर तैयार की थी। इस सामग्री में उनके परवर्ती श्रेष्ठ लेखन के बीज आसानी से ढूँढ़े जा सकते हैं। पता नहीं क्यों, यह सारा लेखन परसाई रचनावली में संकलित नहीं हैं। या तो सम्पादकों ने इसे संकलनीय नहीं समझा, या उन्हें इन रचनाओं के बारे में कुछ पता ही नहीं था। रचनावली छपने के बाद का परसाई जी का बहुत सा लेखन भी मुझे मिला। रवीन्द्रनाथ ठाकुर, सूर्यकांत त्रिपाठी 'निराला', सत्यजीत राय की रचनावलियों में उनका बाल साहित्य ससम्मान प्रकाशित है। परसाई रचनावली में उनका बाल-साहित्य सिरे से नदारद है। उसमें से कुछ पहिली बार भारतीय लेखक में छपा। 'भारतीय लेखक' के परसाई अंक से परसाई जी के जीवन और साहित्य पर नयी रोशनी पड़ी। मैंने इस अंक को "परसाई की खोज" नाम दिया था। इस अंक की चतुर्दिक प्रशंसा हुई। इस अंक की माँग अभी भी होती है।

1982 में जब मैं सागर विश्वविद्यालय के हिन्दी अध्ययन मण्डल का अध्यक्ष हुआ तो मैंने स्नातकोत्तर पाठ्यक्रम में अनेक परिवर्तन किये। पुराने कवियों में मैथिली के विद्यापति, अवधी के तुलसी, ब्रज के सूर, राजस्थानी की मीरा तो थीं, खड़ी बोली के नजीर और बुन्देली के ईसुरी नहीं थे। नजीर को पाठ्यक्रम में समाविष्ट करने के मेरे प्रस्ताव का बड़ा विरोध किया गया पर मैंने वह समर संख्या बल से नहीं, बुद्धि बल से जीता। काव्य शास्त्र के पाठ्यक्रम में मैंने संस्कृत काव्य शास्त्र और पाश्चात्य काव्यसिद्धान्तों के साथ मुक्तिबोध और अज्ञेय के काव्य सिद्धान्तों को भी सम्मिलित किया। इस प्रकार हिन्दी काव्य शास्त्र को स्थापित करने का वह पहिला उपक्रम था। बड़ा परिवर्तन था हिन्दी के पाठ्यक्रम में गालिब, मीर, इकबाल, फिराक जैसे कवियों को सम्मिलित करना। मुझे नहीं लगता कि ये सारे कवि हिन्दी के कवियों से विलग हैं। और तो और उमरावजान अदा और रानी केतकी की कहानी को भी हिन्दी गद्य में स्थान देना मैंने आवश्यक और उपयोगी समझा। सागर विश्वविद्यालय

की देखादेखी अन्य अनेक विश्वविद्यालयों में भी उर्दू के साहित्यकारों को हिन्दी के पाठ्यक्रम में स्थान मिला। हिन्दी वालों की इस उदारता का प्रत्युत्तर उर्दू अध्ययन मण्डलों ने भी दिया। अलीगढ़ विश्वविद्यालय में उर्दू के स्नातकोत्तर पाठ्यक्रम में हिन्दी साहित्य का इतिहास पढ़ाने का समारंभ हुआ।

मुझे हिन्दी साहित्य के इतिहासकारों में पदुमलाल पुन्नालाल बख्शी का काल विभाजन सबसे अच्छा लगता है। उन्होंने भक्तिकाल तक के साहित्य को जनता का साहित्य कहा। बख्शीजी ने केशव से प्रारम्भ होने वाले काव्य को रसिकों का काव्य कहा है–बिहारी या मतिराम, पद्माकर या देव उन्हीं के बीच लोकप्रिय थे जो शास्त्रों के ज्ञाता थे और काव्य रसिक थे। अंग्रेजों के भारत आने के फलस्वरूप दरबार उजड़े, अंग्रेजी' शिक्षा का प्रचार हुआ, मुद्रणालय आये। रसिकता का स्थान अब बौद्धिकता ने ले लिया। अब कविता अधिकाधिक गद्यात्मक हुई। बख्शी जी आधुनिक हिन्दी साहित्य को शिक्षितों का साहित्य कहते हैं। यह सच है कि प्रेमचन्द घीसू और माधव, होरी और धनिया के जीवन संघर्षों की गाथा लिख रहे हैं पर मैं नहीं समझता कि उनका लिखा हुआ किसी घीसू या माधव, होरी या धनिया ने पढ़ा होगा। बिल्लेसुर बकरिहा या कुल्लीभाट पर लिखना अलग बात है पर इस लिखे हुए को उन जैसों द्वारा पढ़ा जाना या इसका उनके बीच लोकप्रिय होना बिल्कुल अलग है। प्रेमचन्द हों या शरच्चन्द्र, लोकप्रिय उतने नहीं, जितने पाठकप्रिय हैं।

साहित्य की लोकप्रियता की जब बात की जाती है तो बात करने वालों का आशय ऐसे साहित्य से होता है जो लोक के बीच प्रिय हो। लोक के बीच प्रिय तो सिनेमा के गीत हैं या 'शोले' के संवाद। कुशवाहा कांत, कर्नल रंजीत या प्यारेलाल 'आवारा' का लुगदी साहित्य भी काफी लोकप्रिय है। साहित्य यात्रा करने वालों के बीच समय काटने के लिए इस लुगदी साहित्य की अच्छी खासी माँग है। गुरुदत्त का साहित्य भी इसी लुगदी साहित्य का परिष्कृत रूप है पर सिनेमा के गीत या संवाद, कुशवाहा कांत या गुरुदत्त साहित्यकारों के आदर्श नहीं हो सकते।

तो हमारा आदर्श क्या हो?

वास्तव में हिन्दी क्षेत्र के सन्दर्भ में जहाँ शिक्षितों का अनुपात बहुत कम है और जहाँ मुद्रित साहित्य के पढ़ने वालों की संख्या और भी कम है, साहित्य की लोकप्रियता की बात नहीं की जानी चाहिए। बात की जानी चाहिए पाठकप्रियता की। वह कौन-सा साहित्य है जो स्तरीयता की रक्षा भी करता है और पाठकों के बीच भी स्वीकार्य है? मैं ऐसे साहित्य को 'पाठक-फ्रेंडली' साहित्य कहता हूँ। पाठकप्रिय। वास्तव में हिन्दी का सामान्य लेखक अपने ज्ञान, अपने पाण्डित्य, अपने साहित्यिक आभिजात्य का रौब गालिब करने के लिए जितना व्यग्र दिखता है, उतना पाठक तक सम्प्रेषणीय होने के लिए नहीं। 'कविर्मनीषी परिभू स्वयंभू' का सुभाषित अनजाने उसकी चेतना को आच्छन्न किये रहता है। छायावादी काव्य ने तो दुर्बोधता

और कुलीनता को साहित्य के एक मूल्य के रूप में ही प्रतिष्ठित कर दिया था। यदि 'कामायनी' और 'राम की शक्तिपूजा' विश्वविद्यालयों के पाठ्यक्रम से निकाल दी जायें तो उन्हें पढ़ने वाले कितने मिलेंगे? 'निराला' हमारे बहुत बड़े कवि हैं पर उनके एक गीत 'वर दे वीणावादिनि! वर दे' को छोड़कर शायद ही कोई छायावादी गीत हिन्दी जनता द्वारा गाया जाता हो। बँगाल में रवीन्द्रनाथ के गीतों की पहुँच सामान्यजन तक है। प्रेमचन्द आधुनिक हिन्दी के सर्वाधिक पाठक प्रिय साहित्यकार हैं पर शीर्ष आलोचकों ने प्रेमचन्द साहित्य को तात्कालिक घोषित किया था और उन्हीं दिनों लिखे जा रहे छायावादी साहित्य की तुलना में हीनतर माना था। परसाई को भी बहुत दिनों तक हमारे सुधी समीक्षकों ने कोई भाव नहीं दिया। प्रेमचन्द और परसाई दोनों पाठकों की खोज है। बच्चन भी कम लोकप्रिय नहीं है। उनकी 'मधुशाला' आज भी सैकड़ों लोगों को कण्ठस्थ है पर बच्चन के बारे में आचार्य नन्ददुलारे वाजपेयी जैसे कृति समीक्षक की राय बहुत अच्छी नहीं है, खासकर उनकी लोकप्रियता को वे 'बेकार और आवारा लोगों' से जोड़ते हैं। तो आधुनिक हिन्दी का जो साहित्य लोकप्रिय है, वह स्तरीय नहीं माना जाता और जो स्तरीय माना जाता है, वह कक्षाओं या ग्रन्थालयों के बाहर नहीं निकल पाता। इस विषम स्थिति का कारण सम्भवतः है समीक्षकों द्वारा साहित्य में परम्पराओं की रक्षा का आग्रह, नैतिक शुचिता से लगाव, बोलचाल की भाषा के प्रति अवज्ञा का भाव। शायद साहित्य की कुलीनता का दम्भ। सामान्य पाठको की समझ और संवेदना के प्रति अव्यक्त अविश्वास भी शायद एक कारण हो।

1984 के आसपास जब मैंने संस्मरण लिखने शुरू किये और वे 'हंस', 'वागर्थ', 'वसुधा', 'पहल', 'नया ज्ञानोदय' जैसी पत्रिकाओं में छपे तो सारे हिन्दी क्षेत्र से पाठकों के जैसे और जितने पत्र मुझे मिले उनके कारण मुझे नये सिरे से सोचने पर बाध्य होना पड़ा। इन पाठकों में छात्र भी थे, गृहणियाँ भी, बैंक के कर्मचारी भी थे और गद्दी पर बैठने वाले दुकानदार भी, अध्यापक और साहित्यकार भी कम नहीं थे। मुझे यह जानने की उत्सुकता हुई कि आखिर वह कौन-सी बात है जो रजनीश या 'सुमन' या दुष्यन्त के मेरे संस्मरणों को इतना पाठकप्रिय बनाती है? पहली बात तो मुझे यह लगी कि एक लेखक के रूप में मैं न तो किसी का धोबी हूँ, न किसी का कांवड़िया। संस्मृत को मैंने न तो देवता माना, न ही अधम या पातकी। प्रत्येक व्यक्ति में कुछ अच्छी चीजें होती हैं तो कुछ बुरी भी। ये सब नितान्त वैयक्तिक उपार्जन नहीं होते। हमारी मूल्यचर्या, हमारे समाज के पाखण्ड, हमारी आकांक्षाएँ, चाटुकारिता की हमारी प्रवृत्ति, 'सब चलता है' का हमारा मनोभाव, 'क्या फरक पड़ता है' की हमारी वृत्ति को उजागर करने में मैंने कोई संकोच नहीं किया। किसी का कद छोटा करने के उद्देश्य से नहीं, अपने समय और समाज को ठीक-ठीक समझने के भाव से। कुछ 'होलियर दैन दाऊ' किस्म के लोगों ने यह तो कहा कि श्रद्धेयों

और पूज्यों के सम्बन्ध में यह सब नहीं लिखना चाहिए पर किसी ने यह नहीं कहा कि आपने जो लिखा है, गलत है।

जो पाठक समझदार है, संवेदनशील है, साहित्य का प्रेमी है, उसे भी अपने लेखक से जुड़ने की ललक होती है। साहित्य यदि समाज के आगे चलने वाली मशाल है और साहित्यकार यदि मशाल बरदार है तो उसे पाठकों के चेहरे भी दिखने चाहिए और पाठकों को भी उस मशाल बरदार का चेहरा जानने का मौका मिलना चाहिए। पठनीयता साहित्य का काई मूल्य हो चाहे न हो पर किसी भी लेखक के लिए तो निश्चित ही वह महत्त्वपूर्ण होना ही चाहिए। यदि लेखक पाठकों तक नहीं पहुँच पाता तो वह लिखता ही क्यों है? मैं तो अपने पाठकों के लिए लिखता हूँ क्योंकि मैं उन्हें समझदार, संवेदनशील और प्रबुद्ध मानता हूँ। मैं उन पर विश्वास करता हूँ क्योंकि वे मुझ पर विश्वास करते हैं। अपने पाठकों से मेरा व्यवहार एक मित्र जैसा है, मैं चाहता हूँ कि वे भी मुझे अपना मित्र समझें। हमारे साहित्यशास्त्रियों ने 'कान्ता सम्मत उपदेश' की बात की है, अब हमें 'पाठक सम्मत उपदेश' की बात करनी चाहिए।

मेरे संस्मरणों की पाठक प्रियता के सन्दर्भ में रोचकता के तत्वों का प्रायः उल्लेख किया जाता है। मैं अपने संस्मरणों को रोचक बनाने का कोई अवसर नहीं छोड़ता। यहाँ मुझे प्रसिद्ध फिल्म निर्देशक सत्यजीत राय द्वारा राबिन्सन को लिखे गये एक पत्र की याद आती है। पार्श्व संगीत किसी भी चलचित्र के लिए वांछनीय है अथवा नहीं, इस बात को लेकर सत्यजीत राय के मन में ऊहापोह था। सन् 1980 में उन्होंने लिखा था "यदि मैं अपनी फिल्म का एकमात्र दर्शक होता तो मैं संगीत का समावेश नहीं करता। मैंने सदैव महसूस किया कि संगीत फिल्म में एक बाहरी तत्व है और उसके बिना भी पूर्ण अभिव्यक्ति सम्भव है।"

फिर जैसे वे अपने आप से प्रश्न पूछते हैं—"तब हम फिल्म में संगीत का समावेश क्यों करते हैं?" और उसका उत्तर देते हुए पुनः प्रश्न करते हैं "—क्या इसलिए कि उसके बिना हमें अपनी अभिव्यक्ति की क्षमता, उसकी सम्प्रेषणीयता पर विश्वास नहीं है? क्या इसलिए कि किसी मनोदशा या भाव को संगीत द्वारा उभारकर तीव्र बनाया जाये जिससे कि दर्शक उसे महसूस कर सकें?" सत्यजीत राय ने यह भी लिखा है कि "यदि अपने चलचित्रों का दर्शक मैं ही होता तो संगीत के बिना भी मेरी फिल्मों का काम चल सकता था।" अपने संस्मरणों का मैं ही एक मात्र पाठक नहीं हूँ—उसे बहुत से अन्य व्यक्ति भी पढ़ते हैं। मैं चाहता हूँ कि समाज के विभिन्न वर्गों और बौद्धिक स्तरों के व्यक्ति उन्हें पढ़ें। वे पढ़ें और संस्मरणों में चित्रित स्थितियों और मनोदशाओं को पार कर वे भी संस्मृत कालीन परिवेश और मूल्यचर्या का तीव्रता से अनुभव कर सकें। इसलिए मुझे अपने संस्मरणों में रोचक प्रसंगों की अवतारणा वांछनीय लगती है। जैसे सोने में थोड़ा ताम्बा मिलाये बिना गहने नहीं गढ़े जाते, उसी तरह बिना रोचक प्रसंगों के समावेश के संस्मरण

पठनीय नहीं बनते। जिनके बनते हों, बनते हों मेरे तो नहीं ही बनते। मुझे स्वर्ण की शुद्धता की चिन्ता उतनी नहीं होती जितनी उसके आभूषण बन पाने की और आभूषण बन जाने के बाद भी रुचि से पहिने जाने की। यदि पाठक संस्मरण पढ़ेंगे ही नहीं तो उनका लिखना एक प्रकार से व्यर्थ ही होगा।

मैंने अनेक पाठक मुझे पत्र लिखते हैं कि मैं उपन्यास क्यों नहीं लिखता। एक बड़े प्रकाशक ने लिखा, आपके संस्मरणों में उपन्यासों जैसी रोचकता होती है। आपको तो उपन्यास लिखने चाहिए। मैं जानता हूँ कि उपन्यास लिखने के लिए जितना आसनमार धैर्य चाहिए, वह मुझमें नहीं है। मैं लम्बी दौड़ का धावक नहीं हूँ। 100 मीटर की दौड़ ही मुझे रास आती है। फिर उपन्यास लिखने पर मेरा उल्लेख उपन्यास लेखकों की लम्बी सूची में इत्यादि के पहले भी शायद ही हो सके। दिल्ली की लोकसभा की भीड़ में गुम जाने की तुलना में मुझे अपने गाँव का सरपंच बनना ही अच्छा लगता है। सरपंच जी को सारा गाँव जानता है—सांसद जी को उसके क्षेत्र के भी सभी मतदाता नहीं जानते। इसलिए उपन्यास मेरे लिए परधर्म है—स्वधर्म में मरना मुझे मंजूर है। फिर मुझे उस गोपिका की भी याद है जिसने उद्धव द्वारा निर्गुण निराकार की उपासना के आग्रह को ठुकराते हुए कहा था—एक हुतौ सो गयो स्याम संग को आराधे ईस। मेरे पास दस बीस मन होते तो एक से मैं उपन्यास लिखता, एक से कहानी। बीच बीच में अवकाश निकालकर संस्मरण भी लिख लेता पर मेरे पास न तो वैसी उत्कट रचनात्मक क्षमता है, न ही उतना समय। मैं विधाएँ बदलता हूँ पर सभी में संस्मरणत्मकता का एक सिल्वर थ्रेड रहता है।

मेरे संस्मरणों की रोचकता के कारण गिनाते हुए मेरे समीक्षकों ने अश्लीलता को भी एक कारण करार दिया है। अश्लीलता आकर्षित करती है विशेषकर हमारे पाखण्डप्रिय समाज को। हम अश्लील नहीं है। देखो सामने वाला किस कदर बेशर्म और अश्लील है—का मनोभाव लेकर हम नैतिकता के स्वर्ग में अपना स्थान आरक्षित करवाना चाहते हैं पर प्रभु जी जो हैं वो सब जानते हैं। नैतिकता के स्वर्ग में ठौर पाने की जुगत करने की अपेक्षा में थोड़ी सी अश्लीलता के सहारे अपने पाठकों के दिलों में जगह बनाना चाहता हूँ। यदि इन परम शुचितावादी पाठकों को वाकई अश्लीलता से परहेज होता तो वे 'नूतन' वाला मेरा संस्मरण पढ़कर मेरा दूसरा संस्मरण शायद ही पढ़ते—अरे, उस पातकी को क्या पढ़ना जिसने 'रसाल' जी के मुँह से पता नहीं कैसी-कैसी गन्दी बातें कहलवायी हैं। वे 'ओ शिट' कहते जाते हैं और मेरे संस्मरणों को पढ़े बिना छोड़ते भी नहीं हैं—अश्लीलता की तलाश में वे मेरे संस्मरणों का सारा चारागाह छान मारते हैं और जब उन्हें वह सुस्वादु आहार नहीं मिलता तो मेरी पीठ ठोकते हैं—देखो, कान्तिकुमार सुभद्रा जी वाले संस्मरण में कैसे राजा मुन्ना बने बैठे हैं। उन्हें ऐसे ही संस्मरण लिखने चाहिए। पर भैया, तब तुम उन्हें शायद ही पढ़ते।

मेरे संस्मरणों का थोड़ा सा सम्बन्ध कूक्तियों से भी है। कूक्ति शब्द आपको

किसी शब्दकोश में नहीं मिलेगा क्योंकि वह शब्द है ही नहीं। वह बहुत से अन्य शब्दों की तरह मेरा गढ़ा हुआ है। जैसे मनोरंजन की तुक पर तनोरंजन शब्द गढ़ने में मुझे संकोच नहीं होता और लोकप्रिय के वजन पर पाठक प्रिय मुझे ज्यादा व्यंजक लगता है वैसे ही सूक्ति के विलोम के लिए मुझे कूक्ति का सहारा लेना पड़ता है। हमारे शब्दकोशों में सूक्ति तो है, कूक्ति नहीं है। किसी व्यक्ति के सम्बन्ध में हम सदैव सुउक्ति अर्थात् अच्छी अच्छी बातें ही नहीं कहते, कुछ कुउक्तियाँ भी कहते हैं। इन कूक्तियों से सामने वाले के व्यक्तित्व, स्वभाव, रचनाशीलता, असन्तुलन, आग्रह, पूर्वाग्रह, दुराग्रह जैसे गुण-अवगुण भी प्रकट होते हैं। मैंने संस्मृत अथवा विवेच्य की भीतरी बातें जानने और उन्हें संप्रेषित करने के लिए प्रायः कूक्तियों का उपयोग किया है। भाषा से काम लेने का यह मेरा अपना तरीका है। वही जिसे पं. हजारीप्रसाद द्विवेदी ने कबीर के सन्दर्भ में दरेरा देना कहा था—ट्विस्टिंग द आर्म।

इन कूक्तियों से जो ओडोनील जैसे दुर्गन्धनाशक या किसी प्रकार की सुगन्ध की अपेक्षा करें, वे भोले हैं। अस्पताल में उन्हें टिंक्चर की, फिनायल की थोड़ी बहुत बू तो आयेगी ही आयेगी। भाषा के स्वास्थ्य के लिए, रचनाशीलता के स्थायित्व के लिए, मानसिकता के अफफूँदीकरण के लिए ये कूक्तियाँ ठीक वही काम करेंगी जो अचार के मर्त्तबान को धूप में रखने से होता है या गर्म कपड़ों को सिल्वरफिश या कीड़ों से बचाने के लिए उनके बीच फिनायल की गोलियाँ डालने से होता है। मैं कूक्ति को नकारात्मक नहीं मानता। अब तो कचरे से भी ऊर्जा उत्पन्न की जाने लगी है। मैं संस्मरण लेखक के रूप में अपना कर्तव्य निश्चित कर चुका हूँ और कोई भय या प्रलोभन मुझे उससे डिगाने में समर्थ नहीं है।

इस बीच मैं अपने कुछ हितचिन्तक मित्रों के झांसे में आ गया। ये मित्र मेरे संस्मरणों के पाठक भी हैं और प्रकाशक भी। कुछ संस्थाओं ने साहित्यिक सम्मानों के लिए पत्रों में विज्ञप्ति प्रकाशित की। समाचार-पत्रों में विज्ञापन वाले पृष्ठ मैं नहीं पढ़ता। विज्ञापनों पर भरोसा करने वालों को प्रायः धोखा होता है पर मेरे मित्रों को लगा कि इस बार संस्मरणों तथा अन्य विधाओं के शरद जोशी सम्मान का वास्तविक पात्र मैं ही हूँ। संस्मरण, डायरी, रिपोर्ताज जैसी विधाओं में संस्मरण को वरीयता देने वाले विचारक कम नहीं हैं। मैंने मित्रों को मना भी किया पर उनका दृढ़ विश्वास था कि डॉक्टर साहब, इस समय संस्मरणों के क्षेत्र में आप अद्वितीय हैं। मैंने कहा भी कि अद्वितीय भर होने से कुछ नहीं होता। सुहागन का पद उसे ही मिलता है जिसे पिया चाहे। पिया यानी निर्णायक मण्डल। मैं किसी भी कट्टर विचारधारा के पिया मण्डल को स्वीकार्य नहीं हूँ। सम्मान जैसे सौभाग्य के लिए मुझे न इस ओर के अपना मानते हैं, न उस ओर के। इस ओर के मुझे वामपन्थी तो मानते हैं पर प्रगतिशील नहीं। मैं प्रगतिशील अथवा जनवादी लेखक संघ का सदस्य नहीं हूँ। इसीलिए जब भी पियामण्डल के निर्णायक प्रगतिशील या जनवादी होते हैं तो उनके

घुटने अपने पेट की तरफ मुड़ जाते हैं। घुटनों की यही बुरी आदत है। दूसरी ओर उस ओर के लिए मैं अपांक्तेय हूँ। अरे बन्धु, वह तो परसाई जी के पिटने को लेकर हमारी भर्त्सना करता है, हमें फासीवादी कहता है आदि आदि। मैं जानता हूँ कि अखिल भारत की शासकीय, अर्धशासकीय अथवा अशासकीय पुरस्कार समितियों में इस तरफ के या उस तरफ के ही लोग होते हैं। समय-समय की बात है। मैंने सम्मान की दौड़ में शरीक होने से साफ मना कर दिया। इस पर मित्रों का तर्क था—हम आपसे सौजन्यवश ही पूछ रहे हैं। आप ना भी कर दें तो हमको अनुशंसा पत्र भरने से कौन रोक सकता है? सही बात। मैंने विज्ञापन में छपा प्रपत्र देखा। उसमें लेखकीय स्वीकृति का कोई कॉलम नहीं था। मेरे मित्र कोई चांस नहीं लेना चाहते थे। डॉक्टर साहब, हम आपका नाम संस्मरणादि विधाओं के लिए निर्धरित राष्ट्रीय सम्मान के लिए तो प्रस्तावित कर ही रहे हैं। प्रदेश के शिखर सम्मान के लिए भी हम कबूतर रवाना कर रहे हैं। कबूतर रवाना किये गये, भोपाल से, खण्डवा से, रायपुर, ग्वालियर, इन्दौर से ही नहीं दमोह, पथरिया, कटनी, सूखी सिमनिया, करकबेल जैसी जगहों से भी। टेलीफोन आते, मन पुलकित हो जाता। पत्र आते, मन नाचने को करता। लोग मुझे जानते हैं और मानते भी हैं। काव्य जिन कारणों से लिखा जाता है, उनमें यश सबसे पहिला है पर मुझे कोई उल्लेखनीय पुरस्कार या सम्मान या अलंकरण अभी तक नहीं मिला। मैं इसका बुरा नहीं मानता। अच्छा हुआ लोग मुझे जुगाडू नहीं मानते। जुगाडू यदि गाली नहीं है तो बहुत शालीन भी नहीं है।

पिछले आठ-दस वर्षों से संस्मरण लिखते लिखते मुझे लगता है संस्मरण मेरी स्मृति में नहीं, मेरी धमनियों में प्रवाहित होने लगा है। मैं अब जो भी सोचता हूँ, संस्मरणात्मक हो जाता है। संस्मरण नये-नये रूप धरने लगते हैं—माटी की तरह। कुम्हार के हाथों में माटी कौन सा रूप धारण कर लेगी, कहा नहीं जा सकता। मैं संस्मरणों का कुम्भकार बन गया लगता हूँ। 'बैकुंठपुर में बचपन' बैकुंठपुर जैसी अल्पज्ञात जगह के परिवेश को लेकर लिखे गये संस्मरण की पुस्तक भी प्रकाशित हो चुकी है। दूसरी है 'महागुरु मुक्तिबोध : जुम्मा टैंक की सीढ़ियों पर।' मुक्तिबोध के नागपुर के दिनों की मित्र मण्डली के नखचित्र। इससे ज्यादा का वायदा फिलहाल मैं नहीं करता, जो वायदा करके वायदा खिलाफी करते हैं, मुझे उनसे चिढ़ है। 1952 से अब तक की पंचायतों, विधान-सभाओं या संसद के चुनावों में मैंने उन प्रत्याशियों को अपना मत नहीं दिया जो बड़े बड़े वायदे करते हैं। मैं जानता हूँ कि वे झूठे हैं, यह भी कि वे अपने वायदे कभी पूरे नहीं कर पायेंगे। आपके सम्मुख मैं झूठा नहीं बनना चाहता। मेरे पाठक मुझे वायदाखिलाफी का दोषी पायें, यह मुझे अच्छा नहीं लगेगा।

वास्तव में मेरे संस्मरण पल्टन की उस टुकड़ी के समान हैं जो सपरमैना की तरह पीछे आने वाले सैनिकों के लिए पुलों का निर्माण करती है, झाड़, झँखाड़ काटती है और मार्ग प्रशस्त करती हैं। जो पीछे आ रहे हैं, उन्हीं का मैं आगे का जय जय कार।

मेरे संस्मरणों को अखिल भारतीय बनाने का श्रेय राजेन्द्र यादव और उनके 'हंस' को है। उन्होंने लगातार आठ-दस वर्षों तक मेरे लम्बे लम्बे संस्मरण छापे—कभी कभी तो दो दो अंकों में धारावाहिक। मैं उनका कृतज्ञ हूँ।

मेरे संस्मरणों पर इलाहाबाद उच्च न्यायालय के पूर्व न्यायाधीश एवं न्यायालयों में हिन्दी प्रयोग के प्रबल समर्थक एवं आन्दोलनकर्ता माननीय प्रेमशंकर गुप्त ने जो टिप्पणी की, वह सम्भवतः सर्वाधिक वस्तुपरक, सन्तुलित एवं बेधक है। माननीय न्यायाधीश जी ने कहा कि यदि उन्हें प्रतिवादी के अधिवक्ता के रूप में मुकद्दमा लड़ना हो तो माननीय अदालत से आग्रह करेंगे कि वादी को (अर्थात मुझे) फाँसी पर टाँग दिया जाये किन्तु न्यायाधीश के रूप में उन्हें जब निर्णय करना होगा तो उनका सुविचारित निर्णय होगा कि वादी को लेखक के रूपमें ससम्मान बरी किया जाये। उनके इस अभिमत में मेरे संस्मरणों पर लगाये जाने वाले समस्त आरोपों का भी निराकरण हो जाता है और उनकी समस्त विशेषताओं का भी उद्घाटन हो जाता है। प्रसिद्ध साहित्यकार श्री अशोक वाजपेयी पिछले दिनों जब सागर आये थे तो स्नेहपूर्वक वे विद्यापुरम् भी आये थे। उन्होंने मुझे हिन्दी में "संस्मरणों का पुनर्वास करने वाला" घोषित किया। इन समस्त अभिमतों को मेरे विशाल पाठक समुदाय ने नाना शब्दों और नाना व्यंजनाओं द्वारा पुष्ट किया है। हिन्दी के प्रसिद्ध समीक्षक और 'पुस्तक वार्ता' के सम्पादक भारत भारद्वाज ने जुलाई-अगस्त 11 के अपने सम्पादकीय में लिखा—"छायावाद के शिखर कवि जयशंकर प्रसाद की रचना 'आँसू' की पृष्ठभूमि समझने के लिए हमें कान्तिकुमार जैन की पुस्तक 'अब तो बात फैल गयी' में संगृहीत लेख 'जयशंकर प्रसाद', 'प्रसाद विमर्श की सागर मुद्रा' पढ़ना पड़ेगा। तभी हम 'आँसू' को सही परिप्रेक्ष्य में समझ सकेंगे।' वे सही परिप्रेक्ष्य की भी व्याख्या करते हैं—"हमें लगता है किसी लेखक को पढ़ते वक्त हमें उसके जीवन-संघर्ष, दुःख, करुणा और उसकी त्रासदी को भी सामने रखना चाहिए।"

मेरे संस्मरण लेखन के सम्बन्ध में मुझसे प्रायः दो प्रश्न पूछे जाते हैं—पहिला—इतने दिनों तक आप कहाँ थे? दूसरा—क्या आप चुक गये हैं?

पहिला प्रश्न साहित्य की रचना विषयक कतिपय मूल जिज्ञासाओं में से एक है। साहित्य की सर्जना किस अवस्था में प्रारम्भ की जानी चाहिए? मुझे लगता है कि साहित्य की रचना प्रारम्भ करने की कोई शास्त्रोक्त वय नहीं है। कुछ रचनाकार तीस वर्ष तक अपना सर्वोत्तम दे चुके होते हैं। कुछ को अपने जीवन की प्रौढ़ावस्था में अपना क्षेत्र मिलता है। मुझे लगता है कि तारुण्य कविता लिखने का सर्वोत्तम समय है, नाटक तारुण्य समाप्त होते होते लिख डालने चाहिए, उपन्यास अनुभव समृद्ध होने पर प्रौढ़ावस्था में लिखना उचित होता है और आत्मकथा और संस्मरणों की वास्तविक सर्जना तो जीवन की अन्तिम वय में ही की जानी चाहिए। न आपको किसी का भय है, न लोकोपवाद की चिन्ता। आप नाना घाटो का पानी पी चुके

हैं, आप अपने भीतर का सब कुछ उलीच सकते हैं। मैं जीवन भर दूसरे अधिक महत्त्वपूर्ण दायित्वों के निर्वहण में लगा रहा। संन्यासी को वानप्रस्थ तक अपनी ओर देखने का अवसर ही कहाँ मिलता है? तुलसी बाबा ने यों ही नहीं कहा था—नारि मुई, सुख सम्पत्ति नासी, मूँड़ मुड़ाये भये संन्यासी। मेरी न तो नारि मुई, न ही सुख सम्पत्ति नष्ट हुई पर मैं नौकरी से निवृत्त हो गया, पुत्रियों के विवाह के दायित्व से भी मुक्त हो गया। मूँड़ तो नहीं मुँड़ा पाया पर कूल्हे की हड्डी तोड़ बैठा। संन्यास आश्रम में प्रवेश करने के सभी उत्प्रेरक उपस्थित थे। पर संन्यास आश्रम में मैंने संस्मरण लिखने का निश्चय किया। एक प्रकार से यह संन्यास लेने की वय में गृह प्रवेश करने जैसा था। अब संन्यास आश्रम में प्रवेश का तो शास्त्रों में उल्लेख हैं, उससे मुक्त होने का कोई विधान हो तो मुझे पता नहीं। मैं अपने इस अज्ञान का लाभ उठाये जा रहा हूँ। संस्मरण लिखकर भी, अन्य विधाओं को संस्मरणात्मक बना कर भी। पाठक मुझे पढ़ रहे हैं, मेरी पुस्तकों पर अपनी प्रतिक्रियाएँ व्यक्त कर रहे हैं। दिल्ली के एक सुधी पाठक ने मुझे पोस्टकार्ड में लिखा कि वे मेरे संस्मरणों की एक पुस्तक 132 बार पढ़ चुके हैं। उन्होंने पोस्टकार्ड पर मेरा स्केच भी बनाया। ये सामान्य पाठक नहीं हैं—सुधी पाठक है। तो ऐसे पाठकों को छोड़कर खोजत फिरिये काहि। तो मैं लिख रहा हूँ, लिखता रहूँगा। अभी चुकने का प्रश्न ही नहीं उठता। मेरे चुक जाने की बात करने वाले मुझे अपन शत्रु लगता है। आप मेरे चुकने की प्रतीक्षा मत कीजिए। मेरे लिखते रहने की कामना कीजिए।

यह पुस्तक

इस पुस्तक का शीर्षक मैंने उर्दू के प्रसिद्ध अन्तर्राष्ट्रीय कवि फ़ैज़ अहमद फ़ैज़ की एक बहुचर्चित नज्म 'मुझसे पहिली सी मुहब्बत मिरे महबूब न माँग' की एक प्रख्यात पंक्ति "लौट जाती है उधर को भी नजर" के आधार पर रखा है। फ़ैज़ की यह पंक्ति मुहब्बत के विभिन्न प्रसंगों की चर्चा करती है। मैंने अपनी प्रस्तुत पुस्तक में संस्मरण के नये सन्दर्भों की ओर रुख किया है, संस्मरण का उदात्तता से कोई आत्यंतिक सम्बन्ध नहीं है—यह स्मरण किसका? क्या केवल व्यक्तियों का? व्यक्ति भी—कौन से? क्या केवल उदात्त, महत्त्वपूर्ण, वरेण्य प्रातः स्मरण कोटि के? या वे व्यक्ति भी स्मरणीय हो सकते हैं जिनके बिन आपका जीवन सुचारू रीति से नहीं चल सकता? जैसे डाकिये, ड्राइवर, सब्जीवाले, बिजलीवाले, रिक्शेवाले।

पहली नज़र : जानेमाने सम्माननीय और सहचर

इस पुस्तक में मेरी पहिली नज़र उन पर गयी है जो मेरे लिए सम्मानीय हैं या मेरे सहचर रहे हैं। मेरे अध्यापक, मेरे सहयोगी, मेरे मित्र।

कुछ सम्माननीयों और सहचरों पर मैं अनेक दिनों से संस्मरण लिखना चाहता था पर वे इतने भले हैं कि एकाध पैराग्राफ के बाद कलम आगे ही नहीं बढ़ती। किसी ने मंटो से उर्दू के प्रसिद्ध लेखक अब्दुल नदीम कासमी पर एक संस्मरण लिखने का आग्रह किया। मंटो ने साफ मना कर दिया–कहा–मैं इस नेक आदमी को चरित्र प्रमाण पत्र तो दे सकता हूँ, इस पर संस्मरण नहीं लिख सकता। आप कहें तो मैं अब्दुल नदीम कासमी एक बेहद नेक दिल इन्सान थे पचास बार लिख दूँ पर संस्मरण? संस्मरण के रूप में मैं उन पर क्या लिखूँ? डॉ. विनय मोहन शर्मा, डॉ. शिवशंकर राय पर संस्मरण लिखने में मुझे यही कठिनाई है। जैसे अच्छे कानून बुरे आदमियों को देखकर बनाये जाते हैं, वैसे ही अच्छे संस्मरण के लिए भी संस्मृत व्यक्ति में कुछ न कुछ बुराई होनी ही चाहिए। आप दुनिया से बुरे आदमियों को निकाल दीजिए, दण्ड संहिता की आवश्यकता ही नहीं रहेगी। मेरे एक अत्यन्त अधीत मित्र प्रो. सुरेश द्विवेदी तो साफ कहते हैं कि अनाविल व्यक्ति पर संस्मरण लिखने में मुझे कठिनाई होती है। सही बात। रसाल या रजनीश, अंचल या सुमन यदि अनाविल होते तो उन पर लिखे मेरे संस्मरणों की धूम शायद ही मचती।

दूसरी नज़र : पप्पू खवास का कुनबा

पप्पू खवास यदि एक व्यक्ति भर होते तो मैं उनको आपसे नहीं मिलवाता। कहाँ पप्पू खवास, कहाँ आप? पप्पू खवास गंगू तेली के कुनबे के हैं। समाज के निचले से निचले पायदान पर, अभावों से जूझते, हुए, रोज कुआँ खोदकर रोज प्यास बुझाने वाले, अपनी हीन सामाजिक स्थिति को स्वीकार करने में उनकी यदि लाभ की गुंजाइश दिखाई देती है तो आप उन्हें बराबरी से बिठायें भी तो वे यही कहेंगे–"नईं मालक, हम यहीं आपके चरणों में अच्छे हैं" पर यदि उन्हें अपने दीन, हीन, मलीन, पिछड़े या उखड़े होने से लाभ की गुंजाइश हो तो वे 'जो हमसे टकरायेगा, चूर चूर हो जायेगा' का लट्‌ठ आपके सिर पर दे मारेंगे। वे बेहद बड़बोले हैं। चुनाव के समय मतदाताओं से वोट की याचना करने वाले हमारे नेताओं की तरह। वे बेहद दर्जे के विनीत भी हैं मंत्रिमण्डल के गठन के पूर्व मुख्यमन्त्री से फूलमाला के साथ मिलने वाले विधायक की तरह। उनका बहुतेरा कारोबार असत्य पर टिका है पर वे 'सत्यमेव जयते' का राग 'अलापने वालों में सबसे आगे हैं। वे दूसरों के लिए 'अग्निपथ, अग्निपथ' की राह सुझाते हैं। पर जब अपने पर आती है तो पुत्र वधू के मांगलिक दोष के निवारण के लिए कभी इस मन्दिर की देहली पर माथा टेकते हैं तो कभी उस मजार पर चादर चढ़ाते नजर आते हैं। अचूक अवसरवादी सिद्धान्त को अपने पक्ष में मोड़ने में माहिर। भ्रष्टाचार के वे सख्त खिलाफ हैं लेकिन तब तक ही जब तक वह दूसरा कर रहा हो पर यदि अपने कार्य की सिद्धि के लिए उन्हें रिश्वत देनी पड़े तो वे 'मालक, बिना घूस दये कोई काम हो सकत है का' के लोक

व्यवहार का जाप करने लगते हैं। वे वात्स्यायन भी हैं, चाणक्य भी। हिकमतअमली, दबंगई, समझौतापरस्ती, जातिवाद, धर्मनिरपेक्षता—उनके तरकश में सभी तरह के तीर हैं। कल तक वे बाबरी मस्जिद का ध्वंस करने वालों के साथ थे, आज वे राममन्दिर बनाने वालों के खिलाफ हैं। लोकतन्त्र में शब्दों से खिलवाड़ करने की कला आनी चाहिए फिर आप जनता के अमर नेता हैं। मुझे पप्पू खवास के इन सारे गुणों का ठीक-ठीक ज्ञान नहीं था पर पिछले पाँचेक वर्षों के निरन्तर और गहन साहचर्य के कारण मेरी उन पर अखण्ड आस्था हो गयी है। जहाँ आस्था का प्रश्न हो, वहाँ कोई तर्क काम नहीं करता। तो पप्पू ने जब कहा कि 'साब, हम अकेले नोईं, आपको हर जगह हमाये जैसे मिल जाने' तो मुझे उनकी बात पर अविश्वास करने का कोई कारण समझ में नहीं आया।

भवानीप्रसाद मिश्र की एक कविता है—'ठीक आदमकद कोई नहीं है'। पप्पू इस बात से मुतमईन हैं। वे कहते हैं कि 'साब, ऊपर की बातों पे न जाओ, गुदड़ी के भीतर झाँक के देखो तो असलियत खुल जाने।' उन्हें विश्वास है कि हमारे समाज और लोकतन्त्र की गुदड़ी के कोने-आन्तरों में पता नहीं क्या क्या ढँका-मुँदा है। कंथा को उघाड़कर देखने भर की जरूरत है। हमारे समाज और राजनीति की कँथरी जब देखो तब उघड़ जाती है। छोटी से छोटी बात पर। फिर देखो, कहीं दहेज उत्पीड़न, कहीं यौन शोषण, कहीं सत्यम्, कहीं सुखराम, कहीं चाँद मुहम्मद, कहीं निठारी, कहीं सेतु समुद्रम्। इतिहास और परम्परा में पप्पू की खवासियत की जड़ें इतनी गहरी हैं कि पेड़ टूट जाता है पर जड़ें उखड़ती नहीं हैं, जरा सी नमी पाते ही वे पुनः हरी भरी हो जाती हैं। पप्पू की बातों में दम है। मैंने उनकी इस दमदारी से जब अपने आसपास उनकी खवासियत की तलाश की तो बाप रे बाप, पप्पू छोटे मुँह कितनी बड़ी बातें करते हैं। हम मुँह का आकार तो देखते हैं, बात का नहीं। पप्पू का मुँह भले छोटा हो पर उनकी बातें बड़ी होती हैं। सागर हो या दिल्ली, फिल्म हो या साहित्य, उद्योग हो या वाणिज्य, सेना हो या पंचायत, स्कूल हो या विश्वविद्यालय, अस्पताल हो या लकड़ी की टाल, मामला शहादत का हो या अदावत का, हर मौके पर पप्पू अपना कोई न कोई गुणसूत्र लिए हाजिर हैं। एकोऽहं बहुस्याम्—ऐसे ही नहीं कहा गया है। लोकतन्त्र की कार्यप्रणाली को समझना हो तो हमें पप्पू खवास को समझना होगा और एक बार आपने पप्पू की खवासियत के मर्म को जान लिया तो आप जान जायेंगे कि हमारा प्यारा हिन्दुस्तान सारे जहाँ से अच्छा क्यों है और वह क्या बात है कि दौरे जहाँ के दुश्मन होने के बावजूद हमारी हस्ती मिटती नहीं है। लाचारी को गुण बना देने की हमारी जीवन शैली, कथनी और करनी के विरोधों को साध सकने का हमारा लाघव, हर बात में मुद्दा तलाशने की हमारी ललक, राई को पहाड़ बनाने का हमारा हौंसला, पहाड़ को राई बताने की हमारी चतुराई, दबंगई और दंतविपोस—पप्पू खवास को हमारा रोल मॉडल बना देती हैं। जब कबीरदास

ने कहा था कि 'जल में कुम्भ, कुम्भ में जल है' तो वे पप्पू खवास और लोक के पारस्परिक सम्बन्धों की तद्रूपता की ही उद्घोषणा कर रहे थे। पप्पू ने जब स्वयं को कुम्भ का जल बताया तो लगा कि पूरे जलाशय को ही क्यों न खँगाला जाये और पप्पू की गर्वोक्ति का परीक्षण किया जाये? मैंने जलाशय को खंगाला और मुझे पप्पू की बातों में सार दिखाई दिया। सोचा, आपको पप्पू से न मिलाना गलत होगा। पप्पू के प्रति भी अन्याय होगा, आपके प्रति भी। पप्पू जितने मेरे हैं, उतने ही आपके भी। वे किसी अकेले के कॉपीराइट नहीं हैं। मैं जानता हूँ कि आप इस बात को स्वीकार नहीं करेंगे कि आप जैसे संभ्रान्त, शालीन, भद्र, शिष्ट वर्ग का पप्पू से कोई नाता-रिश्ता हो सकता है पर कुनबा तो कुनबा है—वसुधैव कुटुंबकम्। पप्पू को जान लेने पर पप्पू के प्रति अवज्ञा का भाव कुछ कम होगा और स्वयं अपने प्रति अपराध बोध भी घटेगा। पप्पू की खासियत केवल पप्पू की खासियत नहीं है, वह हमारे लोकतान्त्रिक चरित्र की खासियत है। इसलिए पप्पू को जानना एक तरह से स्वयं को जानना है—एक प्रकार का आत्म साक्षात्कार। आइने झूठ नहीं बोलते। पप्पू हमारा आइना है। पप्पू 'बिग बास' के घर में लगा वह छिपा हुआ कैमरा है जो हर जगह लगा है और जिसकी आँखों से कुछ भी ओझल नहीं है।

मैंने बहुत पहिले प्रसिद्ध अमरीकी व्यंग्यकार मार्कट्वेन का एक निबन्ध पढ़ा था—'द इण्डियन क्रो'—भारतीय कौआ। मार्कट्वेन ने एक साँस में, दो पृष्ठों के एक ही वाक्य में भारतीय कौए के सौ गुणों का बखान किया था—गुणों का और अवगुणों का भी। भारतीय कौए के गुण और अवगुण भले विरोधाभासी लगते हों पर हैं वे एक दूसरे के पूरक। पप्पू केवल छत्तीस गुणों के समुच्चय नहीं हैं, वे शतरूप हैं, शतरव हैं, शतमुख हैं। पप्पू खवास इसीलिए एक व्यक्ति नहीं है, वे एक पूरा कुनबा हैं। आइना जब फर्श पर गिरकर टुकड़े-टुकड़े हो जाता है तो हर टुकड़े में हमें अपना प्रतिबिम्ब देखने को मिल जाता हैं पप्पू आइने के टुकड़े जैसे हैं। आप टुकड़े में समाज और राजनीति को देखें तो वही छवि दिखेगी, समूचे दर्पण में देखें तो भी छवि वही रहेगी। 'पप्पू खवास का कुनबा' में पप्पू की छवि कुछ विस्तार पा गयी है पर उनके बड़े कुनबे की छवि भी कम भास्वर नहीं है। मुझे विश्वास है कि पप्पू खवास के कुनबे से मिलवाने के लिए आप मुझसे नाराज नहीं होंगे और मुझ पर भीतरघात का आरोप नहीं लगायेंगे। लंका ढहाने के लिए हमें विभीषण का उपकार मानना चाहिए क्योंकि विभीषण एक बड़े उद्देश्य के लिए राम को रावण के प्राण केन्द्र का पता बता रहा था। मैं यदि यह सब न भी बताता तो कोई फर्क नहीं पड़ता क्योंकि यह सब आप जानते तो हैं, स्वीकार करने में थोड़ा संकोच करते हैं। लोक व्यवहार। पप्पू खवास कुछ छिपाते नहीं हैं। सबको पता चल ही जाती है। पप्पू की खवासियत में सब बुरा ही बुरा नहीं है, बहुत कुछ अच्छा भी है। उस अच्छे के साथ उस बुरे को स्वीकार करने का साहस और ईमानदारी हम में आ जाये

तो क्या बात है? मिश्रण हमारे लोकतन्त्र की जान है। इसे आप उदारीकरण कहिये या नव्य पूँजीवाद। हमारे नेता इसे बनाये रखना चाहते है, इसे बचाने की सौ जुगतें उन्हें आती हैं। पप्पू की मिश्रित मूल्य चर्या इन्हीं जुगतों में से एक है। लोकतन्त्र के वर्तमान स्वरूप को बचाये रखने के लिए हमें एक दो नहीं, हजारों पप्पू चाहिए। जो पप्पू को नष्ट करना चाहेगा, वह स्वयं नष्ट हो जायेगा।

तो जब लोकतन्त्र की रक्षा करनी है, उसकी जड़ें मजबूत करनी है तो हमे पप्पू का साथ देना होगा। पप्पू में सब कुछ खराब ही खराब नहीं है। वे खवास हैं—खास के बहुवचन। हमारे लोकतन्त्र की संरचना खवास से होती है। पप्पू जैसे लोगों की खवासियत हमारे बड़े काम की है—पप्पू जैसे लोगों की खवासियत अर्थात् काम ईमानदारी से और बेईमानी कायदे से। आखिर हमारे राष्ट्रकुल के आलंपिक खेलों का प्रदर्शन शानदार रहा कि नहीं? थोड़ी बहुत बेईमानी हुई तो हमने बेईमानी करने दलालों को सलाखों के पीछे भेज दिया कि नहीं? दूसरी नजर के पृष्ठों में ऐसी ईमानदारी और ऐसी कायदेदारी के कुछ उदाहरण हैं जिसमें आप भी हैं, मैं भी हूँ और भी कई छोटे बड़े लोग हैं जिन्हें मैं पप्पू खवास का कुनबा कहता हूँ।

तीसरी नज़र : जुगनू बाड़ा

संस्मरण लिखते हुए मेरी तीसरी नज़र पशु-पक्षियों, कृमि-कीटों तक जाती है। रोज सबेरे मेरी चाय का सत्र डेढ़-दो घण्टे से कम क्या चलता होगा। मैं चाय में शक्कर नहीं लेता इसलिए चायाधिक्य से होने वाले दुष्परिणामों की चिन्ता भी नहीं करता। सबेरे की हमारी चाय हमारे घर के बाहर के पारदर्शी वरांडे में होती है। आप भीतर चाय पी रहे हैं, बाहर गिलहरियाँ फुदक रही हैं, कोयल कूक रही है, कौए काँव काँव मचाये हुए हैं। अरे, यह गौरेया कहाँ से आ गयी? और यह गिरगिटान? गिरगिटान को हर कहीं गिरगिटान नहीं कहते, तिरीछ जैसे अनेक नामों से प्रसिद्ध यह छिपकली और ब्राह्मणी की जाति की जीव है। रंग बदलने में बड़ा माहिर है—हमारे भारतीय नेताओं जैसा। आप शासन के विरुद्ध अविश्वास के प्रस्ताव का समर्थन करने के लिए खड़े हुए हैं, आप पहिले ही वाक्य में रंग बदल लेते हैं और सत्तापक्ष से जा मिलते हैं। गिरगिट को मैं बचपन से जानता हूँ पर उसके इस रंगबदलू स्वरूप का सही ढंग तो अब देखने को मिला। मैं कहता हूँ कि गिरगिट जैसा अविश्सनीय प्राणी मैंने दूसरा नहीं देखा—पता नहीं क्यों इसे ब्राह्मणी का सगोत्रीय माना जाता है। पत्नी को जगदलपुर के क्वार्टर में निकलने वाली ब्राह्मणी की याद आ जाती है और मुझे छिपकली की। हम लोग जब भोपाल में थे तो उर्दू के प्रोफेसर अफाक़ अहमद हमारे बड़े अन्तरंग थे। बेहद जिन्दादिल, खुशमिजाज, हरदिल अज़ीज। छिपकली को वे पोशीदा गुंचा कहते—पोशीदा यानी छिप, कली यानी गुंचा। छिपकली को छत्तीसगढ़ी में घर रखवा कहते हैं। बाबू गुलाब राय ने कहानी और उपन्यास का अन्तर बताते

हुए 'काव्य के रूप' नामक अपनी पुस्तक में लिखा है कि छिपकली पूरा उपन्यास है, कहानी उसकी कटी हुई पूँछ। कटने के बाद भी छिपकली की पूँछ जीवन्त रहती है, फड़कती हुई। फिर दीमक है, बर्र है, कनखजूरा है, कबल कीड़ा है। चाय पीते हुए बात से बात ही नहीं निकलती, एक कृमि-कीट से पता नहीं कौन कौन से कृमि-कीट निकलते चले जाते हैं। इस मामले में उर्दू के प्रसिद्ध शायर नज़ीर अकबराबादी का कोई सानी नहीं। वे अपने लोक को जानते थे इसलिए अपने आसपास रहने वाले कृमि-कीटो को भी। तो मैं अपने आस पास रहने वाले, जीवन में रंग भरने वाले, विगत को रोचक बनाने वाले, हमारी चिन्ताएँ बढ़ाने वाले कृमि-कीटों को अपने संस्मरणों का विषय क्यों न बनाऊँ? संस्मरण की मेरी एक ही शर्त है—जो संस्मरण में बना रहे। हमें स्मरणों की अपनी परिभाषा में परिवर्तन करने की आवश्यकता है। जो मेरे सम्पर्क में आया है, जिनकी स्मृति मेरे मन में अभी भी शेष है, जिन्हें याद कर मैं अभी भी जीवित अनुभव करता हूँ, वे सब मेरे लिए संस्मरणीय है। कोई लिख कर तो देखे जल में रहने वाले घड़ियाल थल मे विचरने वाले खरगोश और नभ में उड़ने वाले परिन्दे सभी संस्मरणीय हैं—कम से कम मेरे लिए तो हैं ही।

भवभूति सम्मान की उत्तर कथा

इस बीच एक हादसा हो गया। मुझे भवभूति सम्मान के योग्य मान लिया गया। 21 नवम्बर 1912 को भोपाल से पलाश सुरजन का टेलीफोन आया, आपको भवभूति सम्मान के लिए चुना गया है, बधाई, पलाश को मैं जानता हूँ। मेरे सम्मानीय मित्र मायाराम सुरजन के सुपुत्र, बेहद शालीन, सौम्य, विदग्ध और प्रियदर्शन। वे मध्य प्रदेश हिन्दी साहित्य सम्मेलन के कार्यकारी अध्यक्ष थे पर ये सब तो मुझे भवभूति सम्मान का पात्र मान लेने के पर्याप्त कारण नहीं थे। मैंने पलाश का विश्वास नहीं किया—कहा, मुझे भवभूति कौन देगा? पलाश इस अविश्वास से थोड़े विचलित हुए, बोले, लीजिए, ज्यूरी के अध्यक्ष नामवर जी से बात कीजिए। अब टेलीफोन के उधर नामवर जी थे। नामवर जी ने कहा, कान्तिकुमार जी, बधाई, आपको भवभूति सम्मान 12 के लिए चुना गया है। मैंने नामवर जी की बात का फिर भी विश्वास नहीं किया। न वायदा, न यकीं, न उम्मीद। मुझे तो कोई इन्तजार भी नहीं था। अतः मैंने कहा—नामवर जी मैं न ही हीयों में, न शीयों में। नामवर जी ने कहा—मैं निर्णायक मण्डल का अध्यक्ष हूँ। आप विश्वास करें। इस बार भवभूति सम्मान के ।लेए आप ही निर्विवाद पसन्द हैं। मैंने फिर भी नामवर जी की बात पर भरोसा करना उचित नहीं समझा। नामवर जी बोले—आपको कल के समाचार पत्रों में इस निर्णय की सूचना मिल जायेगी। अच्छा, बतलाइये, आपकी अगली संस्मरण पुस्तक कब तक आ रही है। शीघ्र ही, कहाँ से? उसकी पहिली प्रति मुझे चाहिए। यह क्या बड़ी बात है।

भवभूति सम्मान प्रदान करने के लिए 2 मार्च 13 को अशोक वाजपेयी सागर आये। पलाश सम्मान समारोह करना तो भोपाल में चाहते थे पर यात्रा करने में मुझे कठिनाई थी। सो सागर ही तय हुआ। 3 मार्च 13। भोपाल से पलाश सदलबल एक दिन पहिले ही सागर आ गये। विजय अग्रवाल, राजेन्द्र शर्मा भी, मुकेश वर्मा के बड़े भाई का उस दिन आपरेशन था, भोपाल में ही। सो वे नहीं आये। हाँ, लज्जाशंकर हरदेनिया आये, वे उसी दिन कराची से सबेरे सबेरे भोपाल लौटे थे। वे सागर विश्वविद्यालय के दिनों से मेरे आत्मीय हैं। आयोजकों से सागर के मित्रों ने कहा था कि 50-60 श्रोताओं से ज्यादा शायद ही आयें पर पलाश ने रवीन्द्र भवन बुक किया, 250-300 श्रोताओं की क्षमता वाला। सभागार भरा हुआ था–सभी वर्गों के लोग, सभी प्रबुद्ध जन, दमोह, भोपाल, बीना, देवरी से भी श्रोता आये।' महिलाएँ भी, पुरुष भी। हाँ, विश्वविद्यालय के हिन्दी विभाग के शीर्ष अध्यापक नहीं आये, अशोक वाजपेयी ने इसे मार्क किया, अन्य अभ्यागतों ने भी। हिन्दी प्राध्यापकों में दूसरों को पुरस्कार-सम्मान पाता देख जो प्रसन्न हों, ऐसे नर थोड़े जगमाही।

सागर ने जो अमृत पुत्र उत्पन्न किये हैं, उनमें अशोक वाजपेयी भी हैं। उनको सुनने के लिए सभागार लबालब भरा हुआ था, खचाखच। कुछ मेरे कारण भी आये थे। आयोजकों को सागर के श्रोताओं की दुर्बलता का पता था। अतः गरम गरम समोसों, कचौड़ियों, ढोकलों, बर्फियों का अच्छा प्रबन्ध था। चाय काफी भी थी। पेट भरा हो तो बुद्धि की ग्रहण शक्ति बढ़ जाती है। अशोक उस दिन बहुत अच्छा बोले। कई विचारक आभूषण की श्रेष्ठता के लिए अच्छे सुनार को श्रेय देते हैं पर सोना भी अच्छा हो तो आभूषण नयनाभिराम हो जाता है। उस दिन सुनार जितना अच्छा था, सोना भी उतना ही बारहबान था। अशोक जी ने कहा भी कि कान्तिकुमार के संस्मरणों का जादू सिर पर चढ़ कर बोलता है। उन्होंने संस्मरणों को पठनीय बनाया है, उसे एक स्वतन्त्र विधा के रूप में स्थापित किया है। वे न अन्याय करते हैं, न अन्याय सहते हैं। वे अन्याय करने वालों को छोड़ते नहीं है। आज उन्हें जो भवभूति सम्मान मिल रहा है, उससे उनके शत्रुओं की संख्या बढ़ जायेगी। पर शायद ऐसा न भी हो क्योंकि उन्होंने अपने संस्मरणों से जितने शत्रु बनाने थे, बना लिए हैं, शत्रु बनाने के लिए अब शायद ही कोई बचा हो। उन्होंने इस तथ्य का उल्लेख विशेष रूप से किया कि भवभूति उन्हें विलम्ब से मिल रहा है, उनके पूर्व अनेक कमतर लोगों को यह सम्मान दिया जा चुका है। उन्होंने अपने बाल सखा प्रसिद्ध लोकविद् रमेश दत्त दुबे के नाम पर भी विचार करने की आवश्यकता पर बल दिया। यह बात उन्हें शायद नहीं कहनी चाहिए थी। अब यदि कभी दुबे जी के नाम से भवभूति का छींका टूटा तो यह दुबे जी की पात्रता कम, उनके समर्थ मित्र की सिफारिश अधिक समझी जायेगी। दूसरे दिन लोगों ने यह भी कहा कि यदि ऐसा ही था तो वाजपेयी जी ने अपने सत्ता काल में दुबे जी को कोई पद-पुरस्कार क्यों नहीं दे दिया। असल

में अशोक जी मित्र वत्सल हैं। उनकी मित्रता मित्र की अक्षमताओं का अतिक्रमण करती है। अगली बार जब 'जन सत्ता' में उन्होंने 'कभी कभार' में अपना स्तम्भ लिखा तो उन्होंने अपने एक अनन्य मित्र की रचना शून्यता को उनके आलस्य की परिणाम माना। शब्द कोशों में वैसे अक्षमता को आलस्य का पर्यायवाची नहीं माना गया हैं इस समारोह का बहुत सारा समय माल्यार्पण की भेंट चढ़ गया। मैंने कहा भी कि मालाएँ कम पहिनायी जातीं तो भी मरो सम्मान कम नहीं होता। पर यह समारोहों की मालवा शैली थी। अशोक जी ने कहा—मालवा नहीं, यह सुमन शैली है। मालाएँ पहिनने के लिए मुझे कुर्सी से बारबार उठना पड़ रहा था। अशोक जी ने कहा भी कि मालाएँ पहिनने के लिए आप बार बार उठ क्यों रहे हैं। मैंने कहा कि उमर ने मुझे लाचार जरूर बना दिया है पर बदतमीज नहीं।

इस अवसर पर वक्ताओं में प्रो. उदय जैन, प्रो. सुरेश आचार्य, लज्जाशंकर जी ने मेरे संस्मरणों को लेकर बहुत सी मौलिक और मूल्यवान बातें कहीं। मेरे संस्मरणों के मनोवैज्ञानिक पक्ष को लेकर उदय जी ने मनोविज्ञान वेत्ता के रूप में जो कुछ कहा, उससे मुझे नयी ऊर्जा मिली। समारोह की अध्यक्षता कर रहे रमेश दत्त दुबे ने समारोह प्रारम्भ होने के पूर्व ही सभागार के बाहर मुझे प्रणाम कर कहा था कि अभी मुझे चरण स्पर्श कर लेने दीजिए, मंच पर ऐसा करना अध्यक्ष के रूप में उचित नहीं होगा।

सम्मान, पुरस्कार मिले तो अच्छा लगता है। मैं इसे सार्वजनिक मान्यता मानता हूँ। वैसे मेरे संस्मरणों पर मुझे इतने पत्र मिले हैं कि मुझे 'पाठकप्रिय' जैसा शब्द गढ़ना पड़ा है। इसी समारोह में मैंने कहा था कि संस्मरण का सारा दारोमदार स्मृति पर टिका होता है। अभी मुझे स्मृति लोप जैसी कोई शिकायत नहीं हुई है। दूसरे दिन समाचार पत्रों में जो समाचार छपा उसमें 'स्मृति लोप' वाली मेरी बात, को 'परिहास का लहजा' कहा गया। नहीं, यह परिहास का लहजा नहीं था, सच बात थी। अभी मेरा स्मृति-लोप नहीं हुआ है—बिल्कुल नहीं। आपको भविष्य में भी मेरे संस्मरण पढ़ने को मिलेंगे।

सागर
9.9.2013

कान्तिकुमार जैन

पहली नज़र

जाने माने सम्माननीय और सहचर

डॉ. रामरतन भटनागर : समुचित मूल्यांकन की प्रतीक्षा

जब मैंने जुलाई 1948 में सागर विश्वविद्यालय में इन्टरमीडियेट के प्रथम वर्ष में प्रवेश लिया तो उस समय हिन्दी विभाग में केवल तीन प्राध्यापक थे। आचार्य नन्ददुलारे वाजपेयी विभागाध्यक्ष थे। अन्य प्राध्यापक थे—राजनाथ जी पाण्डे और कमलकांत जी पाठक। तीनों को हम लोग पंडित जी कहते। डॉ. रामशंकर शुक्ल 'रसाल', डॉ. रामरतन भटनागर और रामलाल सिंह जी बाद में आये। डॉ. रामरतन भटनागर 1951 के मध्य में कभी आये थे—इलाहाबाद विश्वविद्यालय का हिन्दी विभाग छोड़कर। उनके आने से विभाग में थोड़ी समस्या उत्पन्न हुई। उन्हें हम लोग किस रूप में सम्बोधित करें? डॉ. 'रसाल' तो शुक्ल थे अतः पंडित जी के सम्बोधन के सहज अधिकारी थे पर डॉ. भटनागर और सिंह साहब को हम लोग क्या कहकर पुकारें? छात्राओं को कोई असुविधा नहीं हुई क्योंकि वे न वाजपेयी जी को पंडित जी कहतीं थीं, न ही पाण्डेय जी या पाठक जी को। सब उनके लिए सर ही थे हेड सर, पांडे सर, पाठक सर। सो नवागत प्राध्यापक भी उनके लिए सर ही रहे। पर छात्रों को थोड़ी दुविधा हुई। इस दुविधा को हम लोगों ने किसी विवेक से नहीं, अभ्यास से ही दूर किया। भटनागर साहब और सिंह साहब भी हमारे लिए पंडित जी हो गये। भटनागर साहब और सिंह साहब ने इस पांडित्य मंडन का कोई बुरा नहीं माना। वर्ण विभाजित सामाजिक व्यवस्था में अपनी सोपानोन्नति से वे प्रसन्न ही हुए होंगे। पर भटनागर साहब के 'पंडित'—स्वीकार के पीछे भारतीय समाज और संस्कृति विषयक उनका विशद् ज्ञान था। वे जानते थे कि बिहार में मध्यकाल में पंडितों को भी खान उपाधि से विभूषित किया जाता था। पं. रामचन्द्र खान/उषा किरण खान तो हिन्दी की प्रसिद्ध लेखिका हैं। अतः 'पंडित' सम्बोधन भटनागर साहब को अपने पांडित्य की स्वीकृति ज्यादा, जाति-वर्ण क्रमोन्नति की कथा कम लगी। वे सचमुच में पंडित थे। वे हमें हिन्दी साहित्य का इतिहास पढ़ाते। पूरी तैयारी से कक्षा में आते। उन्हें साहित्यकारों के नाम, उनकी कृतियाँ, उनका प्रकाशन वर्ष—सब हस्तामलकवत् थे। पढ़ाते हुए वे न नोट्स देखते, न कहीं अटकते। उनका सारा विवेचन तथ्याश्रित होता। उनके निष्कर्ष निगमनात्मक होते। वे तथ्यों से निष्कर्ष तक पहुँचने के कायल थे।

वे जयशंकर प्रसाद की इस उक्ति का अतिक्रमण करते–'बन जाते सिद्धान्त प्रथम फिर पुष्टि हुआ करती है।' वे साहित्य के अध्ययन के लिए सांस्कृतिक पृष्ठभूमि के ज्ञान को अनिवार्य मानते थे। इसीलिए वे चाहे आदिकाल पढ़ा रहे हों, चाहे वैष्णव आन्दोलन का इतिहास, चाहे पुनर्जागरण काल की अन्तर्धाराएँ, वे कुशल आचार्य की तरह हमें उस काल का सब कुछ बताते। उन दिनों सागर विश्वविद्यालय में पुस्तकालय संस्कृति का जोर था। दो पीरियडों के बीच एक पीरियड का अन्तराल हुआ, हम पुस्तकालय की ओर भागते। पुस्तकालयाध्यक्ष डॉ. बनवारी लाल पाठक के पास पहुँचते–कहते, सर, वैष्णव आन्दोलन पर कोई नयी पुस्तक आयी है क्या? हाँ, आयी तो है पर उसे तो कल भटनागर साहब ले गये हैं। फिर हम उपग्रन्थपाल सुरेन्द्र तिवारी से मिलते–सुना, इस माह के 'हंस' में प्रगतिवादी काव्यधारा पर डॉ. प्रकाशचन्द्र गुप्त का कोई नया लेख है। वह 'हंस' चाहिए। हाँ, आया तो है पर वह आपको तीन-चार दिन बाद ही मिलेगा। तिवारी जी से हम लोग लाड़ लड़ाते, मामा जी, यदि आज ही मिल जाता, आपको थोड़ा कष्ट तो होगा पर हमारी तैयारी पूरी हो जायेगी। वह तो ठीक पर वह अंक तो कल ही भटनागर साहब ले गये हैं। हम लोग पूरे पैंतालीस मिनट पुस्तकालय में यहाँ से वहाँ तक चंक्रमण करते पर हमें न तो ऐसी कोई पत्रिका मिलती जिसे भटनागर साहब पढ़ न चुके हों या पढ़ न रहे हों। हम लोगों के बीच उन दिनों एक उक्ति प्रचलित थी–जो भटनागर साहब ने नहीं पढ़ा, वह पुस्तकालय में नहीं है और जो पुस्तकालय में नहीं है, वही भटनागर साहब की आँखों से ओझल है।'

भटनागर साहब बहुत समय वत्सल थे–कक्षा में न एक मिनट देर से आते, न एक मिनट पहिले कक्षा छोड़ते। एम.ए. पूर्वार्द्ध में हम लोग पाँच छात्र थे, कक्षा में आते ही वे एक नजर कक्षा को देखते–यहाँ से वहाँ तक। कौन सी कुर्सी खाली है यानी आज कौन कक्षा से अनुपस्थित है। उनकी हाजिरी हो जाती। रजिस्टर में वे अनुपस्थित छात्र के नाम के सम्मुख एक बिन्दु रखते और पढ़ाई शुरू। बीच में न कोई गपशप, न ही कोई अन्य वृतान्त। पूरे पैंतालिस मिनिट तथ्यों से, प्रमाणों से, उद्धरणों से भरे रहते। अन्य अध्यापकों का पीरियड पौन घण्टे का होता, भटनागर साहब का पूरे पैंतालीस मिनिट का। कभी-कभी हम लोग 45 मिनिट में साठ का गुणा करते–कहते कि आज तो पीरियड कुछ ज्यादा ही लम्बा हो गया पूरे 45-60 सेकेंड का।

कक्षा में हमने उन्हें हँसते हुए शायद ही कभी देखा हो। श्यामपट पर वे खड़िया से विवेच्य विषय के बिन्दुओं का अंकन करते जाते, चार्ट बनाते जाते, सारिणी द्वारा एक-एक बात स्पष्ट करते जाते। हम विद्यार्थी पढ़ाते समय उनका चेहरा कम ही देख पाते, उनकी पीठ ही हमें अधिक दिखाई देती। जो श्यामपट का व्यवहार करेगा, उसकी पीठ ही तो दिखेगी! श्यामपट कक्षा में उनकी अनिवार्यता थी। एक

बार जब हमारी कक्षा एक ऐसे नवनिर्मित कमरे में लगी जिसमें श्यामपट नहीं था तो उन्होंने हम सारे विद्यार्थियों को अपनी मेज के आस-पास बुला लिया और हममें से एक की कापी खींचकर उसी पर चार्ट बनाने लगे। वे मूलतः विज्ञान के विद्यार्थी थे, उन्होंने लखनऊ विश्वविद्यालय से बी.एससी. की उपाधि अर्जित की थी, कुछ दिनों के लिए वे मेडीसन के छात्र भी रहे थे। दोनों तथ्याश्रित अनुशासन हैं। अतः साहित्य का परीक्षण एवं मूल्यांकन भी वे तर्क और तथ्यों के निकष पर करते हों तो क्या आश्चर्य? उन्होंने लखनऊ विश्वविद्यालय से ही विधि की उपाधि भी ली थी अतः जो कुछ भी विवेचन करो, निष्कर्ष निकालो, सबके सब प्रथम दृष्टया सूचना के आधार पर होने चाहिए, कूट परीक्षण से उनका अनुमोदन होना चाहिए।

वे भले श्यामपट की ओर आँखें कर कक्षा को सम्बोधित कर रहे हों पर क्या मजाल कोई छात्र कक्षा के बाहर देख रहा हो या मानसिक रूप से कक्षा में अनुपस्थित हो। हम सब जानते थे कि डॉ. भटनागर की कक्षा में हम जो मिस करेंगे, वह हमें फिर कभी कहीं प्राप्त नहीं होगा। उनकी लिखावट सधी हुई थी, उनकी आवाज में एक अनुनासिकता थी। वे सदैव चाहिए को चाहिएँ बोलते। शायद कौरव जनपद का प्रभाव। उनका जन्म उत्तर प्रदेश की रामपुर रियासत में हुआ था। उनके पिता मुंशी गोविन्द राम वकील रामपुर के नवाब के दरबार में काज़ी थे। वकीलों जैसी जिरह और कूट परीक्षण उन्हें बचपन से ही देखने-सुनने को मिला था। किसी भी मुद्दे का सर्वाश्लेषी विवेचन, समग्र परीक्षण, सूक्ष्म विश्लेषण उनकी अध्यापन शैली की ही विशेषताएँ नहीं थीं, उनकी समीक्षा पद्धति के भी अनिवार्य गुण थे। अपने अध्यापन में वे विषय के प्रति एक तटस्थ मनोभाव का परिचय देते। शृंगार रस के पदों को पढ़ाते हुए जहाँ अन्य अध्यापकों के कपोल रक्तिम हो जाते या नयन मुँद जाते, वहाँ भटनागर साहब उस काल के स्थापत्य, मूर्तिकला, संगीत और नृत्य के सन्दर्भों से उस पद के अर्थ को पारदर्शी बना देते। मुझे स्मरण है कि एक बार हिन्दी विभाग के विद्यार्थियों की एक पिकनिक खजुराहो गयी थी। उसमें छात्र भी थे, छात्राएँ भी। खजुराहो के मन्दिरों की भित्तियों पर उत्कीर्ण युगनद्ध मूर्तियों को देखकर आचार्य नन्ददुलारे वाजपेयी के कपोल आरक्त हो उठे थे उन्होंने पिकनिक के आयोजक गंगाधर झा से कहा भी कि तुम हमें यहाँ कहाँ ले आये? गंगाधर झा उस समय हिन्दी विभाग में शोधछात्र थे। वाजपेयी जी मन्दिर के अलिन्द को छोड़कर बस में आकर बैठ गये थे। वाजपेयी जी के इस व्यवहार से हम सभी बड़े असमंजस में थे। भटनागर साहब ने वाजपेयी जी की वितृष्णा और हम विद्यार्थियों की दुविधा भाँपी, उन्होंने कंधरिया महादेव के मन्दिर पर उत्कीर्ण उन मिथुन मूर्तियों की सांस्कृतिक व्याख्या करनी प्रारम्भ की। कहा कि कंधरिया कंदर्पारि का अपभ्रंश है कंदर्प के विनाशक शंकर के मन्दिर के प्रांगण में, फिर तो शंकर, कामदेव, रतिरानी, प्रकृति और पुरुष सभी उपस्थित हो गये, हम लोग भूल ही गये कि कंधरिया महादेव के

मन्दिर की भित्तियों पर विश्व की तथाकथित अश्लीलतम मानी जाने वाली त्रिआयामी मिथुन मूर्तियाँ उत्कीर्ण हैं। हम उन मूर्तियों के दिगम्बरत्व को विस्मृत कर, अपने विभागाध्यक्ष के संकोच का अतिक्रमण कर भटनागर साहब के सांस्कृतिक विवेचन में इतने तल्लीन थे कि देश, काल, पात्र सभी का न तो हमें ध्यान रह गया था, न ही उनका ज्ञान। अपने विषय में तल्लीन होकर भटनागर साहब विषयी को भी ज्ञान की मधुमति भूमिका में पहुँचा देते।

भटनागर साहब प्रथम प्रारूप लेखक थे। उनके लेखों का जो प्रथम प्रारूप होता, वही अन्तिम होता। प्रथम प्रारूप लेखक में जो अन्विति होनी चाहिए, जो सुवैचारिकता होनी चाहिए, जो तथ्याश्रित एकाग्रता होनी चाहिए, वह उनमें थी। मैंने उन्हें अपने हाथ से लिखते हुए शायद ही कभी देखा हो, कम से कम अपने घर के अध्ययन कक्ष में तो वे टाईप राइटर पर ही लिखते। विभाग के अध्यापकों में निजी टाइपराइटर उन दिनों शायद उन्हीं के पास था। मैं जब भी उनके निवास पर गया, मैंने उन्हें अपने अध्ययन कक्ष में, टाइप राइटर के सामने ही बैठा पाया। कोई पुस्तक चाहिए तो लो, कुछ पूछना हो तो पूछो, कुछ सुधरवाना हो तो सुधरवा लो। और कैसे हो—यानी अब चलो, मेरा समय मूल्यवान है, तुम्हें भी अपना समय यों ही नहीं गँवाना चाहिए। मैंने कभी उनको किसी विवाद में पड़ते हुए नहीं देखा। विश्व विद्यालय की राजनीति से वे सदैव असंपृक्त रहते, जल कमल पत्रवत्। वाजपेयी जी का सांध्य दरबार उन दिनों विश्वविद्यालय में विख्यात था। हिन्दी के ही नहीं, अन्य विभागों के अध्यापक और शोधकर्ता उस दरबार में उपस्थित होकर अपनी एक झलक दिखलाने को अपनी कृतकार्यता समझते। पर मैंने भटनागर साहब को उस दरबार में कभी नहीं देखा। ऐसा वे किसी अहंकारवश नहीं करते थे, स्वभाववश करते थे। हाँ, सामाजिकता के निर्वाह के लिए, औपचारिकता की पूर्ति के लिए होली-दिवाली पर वे वाजपेयी जी के यहाँ न जाते हों, ऐसा भी नहीं है। वे अपरिग्रही थे, कांग्रेस की राष्ट्रीय विचारधारा के पोषक। कक्षा में वे खादी के खुले गले के कोट और पेंट में आते, टाई नहीं बाँधते। घर में खादी का कुर्ता-पैजामा। उनकी खादी स्वच्छ होती, बिना सलवट की, उनके व्यक्तित्व की तरह। वाजपेयी जी शोध और अनुसन्धान को कबाड़ी का काम मानते थे पर ये भी भटनागर साहब के श्रम, उनकी सन्धान निष्ठा, उनकी नवनवोन्मेष शालिनी तथ्य संग्राहक क्षमता के प्रशंसक थे। उन दिनों हिन्दी विभाग में शोध के लिए सांस्कृतिक पीठिका, साहित्य की सांस्कृतिक पृष्ठभूमि जैसे विषयों पर बहुत से शोधछात्र कार्यरत् थे—भटनागर साहब के ही निर्देशन में नहीं, अन्यान्य विभागीय अध्यापकों के निर्देशन में भी। उसका एक कारण था। भटनागर साहब के अध्ययन कक्ष में रोज प्रातः काल जब झाड़ू लगती तो टाइप किये हुए बहुत से पृष्ठ, समाचार पत्रों की कतरनें, विभिन्न लेखकों के उद्धरण बाहर फेंक दिये जाते। उनके घर का बरांडा ऊँचा था। उस ऊँचे बरांडे से वह सारी शोध सामग्री

सांस्कृतिक पक्षों पर कार्य करने वाले शोध छात्रों द्वारा बटोर ली जाती। वह उनके शोध प्रबन्धों की शोभा बढ़ाती।

भटनागर साहब ने बहुत लिखा—हिन्दी साहित्य के लगभग प्रत्येक कृति लेखक पर। उनकी 'एक अध्ययन' शृंखला की पुस्तकें उन दिनों छात्रों के बीच बहुत लोकप्रिय थीं। विद्यार्थी को चन्द बरदाई पर, सूर, तुलसी, बिहारी, केशव या घनानन्द पर, भारतेन्दु या प्रसाद पर जो भी सामग्री वांछित होती, वह उनमें होती।

इस एक अध्ययन शृंखला के कारण वे छात्रों के समीक्षक मान लिए गये। इस मान्यता से वे कभी न तो संकुचित हुए, न ही पराङ्मुख। हाँ, एक बात अवश्य हुई, उन्होंने अध्ययनेतर जो पुस्तकें लिखीं, उनकी ओर विद्वानों का ध्यान नहीं गया। उनका जो साहित्य प्रकाशित हुआ है, उससे अधिक वह है जो प्रकाशित नहीं हो सका। इस अप्रकाशित साहित्य में उनके काव्य संकलन हैं, समीक्षा ग्रन्थ हैं, इतिहास विषयक पुस्तकें हैं और संस्कृति सम्बन्धी निबन्ध हैं। ऐसी ही एक पांडुलिपि है आचार्य नन्ददुलारे वाजपेयी के व्यक्तित्व एवं कृतित्व पर। विभिन्न अवसरों पर लिखे गये उनके निबन्धों का संग्रह। वाजपेयी जी पर इसके पूर्व एकाधिक पुस्तक प्रकाशित हो चुकी थी। रामाधार शर्मा ने एम.ए. के छात्र के रूप में वाजपेयी जी समीक्षा पद्धति पर 53-54 में पहिली पुस्तक लिखी थी। डॉ. प्रेमशंकर और प्रो. राममूर्ति त्रिपाठी ने भी वाजपेयी जी पर अधिनिबन्ध लिखे हैं। सम्मेलन पत्रिका का एक अंक भी वाजपेयी जी पर एकाग्र है। इधर वाजपेयी जी के सुयोग्य शिष्य कवि-समीक्षक डॉ. विजय बहादुर सिंह ने वाजपेयी जी की रचनावली का अत्यन्त प्रामाणिक सम्पादन किया है और अपनी लम्बी भूमिका से उनकी जीवनी, व्यक्तित्व और समीक्षा-दृष्टि पर विस्तृत विचार किया है। विजय बहादुर जी रचनावली सम्पादन विशेषज्ञ हैं। उनकी यह रचनावली निश्चय ही वाजपेयी जी को नये सिरे से जानने और समझने में सहायक है। डॉ. भटनागर की पुस्तक अनेक दृष्टियों से छायावाद के प्राण प्रतिष्ठापक और शुक्लोत्तर समीक्षा के कृती व्यक्तित्व के जीवन, व्यक्तित्व और कृतित्व का विभिन्न दृष्टियों से विवेचन करने वाली गम्भीर कृति है। डॉ. रामरतन भटनागर 1932-33 में ही लखनऊ में तरुण नन्ददुलारे वाजपेयी के सम्पर्क में आ गये थे। भटनागर साहब उन दिनों 'हसरत' के नाम से कविता करते थे। 'निराला' जी के आस-पास लखनऊ में साहित्यकारों की जो मण्डली एकत्र हो रही थी, उसमें वाजपेयी जी और 'हसरत' दोनों सम्भावना पूर्ण थे। रामविलास शर्मा भी उन्हीं दिनों 'निराला' मण्डल के सदस्य बने थे। लखनऊ से उन दिनों 'माधुरी' पत्रिका निकलती थी। प्रेमचन्द ने कृष्णबिहारी मिश्र के साथ 'माधुरी' का सम्पादन करके उसे हिन्दी की श्रेष्ठ पत्रिका बना दिया था। लखनऊ उन दिनों तरुण हिन्दी साहित्यकारों का गुलिस्तां था। रूपनारायण पाण्डेय उन दिनों लखनऊ में ही थे—ये वही रूपनारायण पाण्डेय थे जिन्होंने बँगला के अमर कथा शिल्पी शरच्चन्द्र चट्टोपाध्याय के कथा साहित्य का

हिन्दी में रूपांतरण कर उन्हें हिन्दी पाठकों का कण्ठहार बना दिया था। वे सरल, मुहावरेदार, बोलचाल की हिन्दी के पक्षधर थे। रामरतन भटनागर ने संस्कृत बहुल हिन्दी के स्थान पर सीधी मुहावरेदार हिन्दी की राह पर चलना उन्हीं से सीखा था। रामविलास शर्मा ने पाण्डेय जी के प्रभाव का उल्लेख करते हुए लिखा है—पाण्डेय जी मेज के पास बैठकर अपनी अधखुली आँखों से साहित्य की पूरी दुनिया देखने, इशारे से नये लेखकों को संस्कृत गर्भित कठिन हिन्दी के मार्ग से हटा कर सीधी मुहावरेदार हिन्दी की राह पर चलाते। बलभद्र दीक्षित 'पढ़ीस', अमृतलाल नागर, कुंवर चन्द्रप्रकाश सिंह, 'अंचल', दयानन्द गुप्त, लखनऊ के सभी तरुण साहित्यकारों को साहित्य रचना की प्रेरणा 'निराला' से मिलती। केदारनाथ अग्रवाल कानपुर से इस मित्र मण्डली से मिलने लखनऊ आते। उन दिनों वे 'बालेन्दु' थे। पं. नन्ददुलारे वाजपेयी तो उनके सुहृद ही थे। 'निराला' इन तरुणों से हँसकर बातें करते। राम विलास शर्मा ने नवयुवकों की इस टोली को निराला मण्डली नाम दिया है। लिखा है—"निराला के व्यवहार में छोटे-बड़े का भेद न था। वह दूसरे के व्यक्तित्व, उसके सम्मान और मर्यादा का बराबर ध्यान रखते। वह व्यंग्य करके कभी हँसते भी तो बराबर वालों पर, छोटों पर नहीं।"

जिन लोगों ने वाजपेयी जी के व्यक्तित्व और कृतित्व पर लिखा है, उनमें रामरतन भटनागर ही ऐसे हैं जो वाजपेयी जी से 'बन्धुता' का दावा कर सकते हैं। उन्होंने वाजपेयी जी पर जितनी कविताएँ लिखीं हैं, उतनी किसी अन्य ने नहीं। भटनागर साहब को कविताओं में वही शैली अपनाई गयी है जो 'निराला' ने अपने अनेक समकालीनों पर सम्बोधन परक कविताएँ लिखते हुए अपनाई है। रामविलास शर्मा ने 'निराला' पर 'अपराजेय निराला' वाली कविता में इसी शैली का पालन किया है। डॉ. भटनागर ने वाजपेयी जी के सम्बन्ध में लिखा है:

जिस पथ पर तुम बढ़े, सहज आलोक छा गया
नव बसन्त का कोकिल, नव मधु गीत गा गया

अंग्रेजी साहित्य का अध्ययन करते हुए भटनागर साहब को अंग्रेजी के रचनाकारों को और समीक्षकों को सूक्ष्मता से पढ़ने का अवसर मिला था। इसलिए वे जब वाजपेयी जी की समीक्षा पद्धति का विवेचन करते हैं तो सहज ही टी.एस. इलियट, वालपोल जैसे पाश्चात्य समीक्षक उनको याद आते हैं। वाजपेयी जी और टी.एस. इलियट का अन्तर रेखांकित करते हुए भटनागर साहब लिखते हैं कि 'यह प्रश्न इलियट के मन में भी उठा था कि साहित्यिक समीक्षा को कैसे नियोजित किया जाये कि वह साहित्यिक भी बनी रहे और समीक्षा भी। जिन दिनों वाजपेयी जी काव्य साहित्य के मूल्यांकन में विशुद्धता का आन्दोलन चला रहे थे, उन दिनों इलियट विभिन्न शास्त्रीय भूमिकाओं पर काव्य और साहित्य के मूल्यांकन का आग्रह कर रहे थे। काव्य के रूप में काव्य को समझने के लिए शास्त्रीय भूमिकाएँ अनिवार्य नहीं

है—इस मंतव्य पर वह बहुत बाद में पहुँचे और उन्होंने जाना कि सम्भवतः समीक्षा से ऊबकर उन्होंने चुनौती के रूप में अपना पहिला दृष्टिकोण विकसित एवं प्रचारित किया है। वाजपेयी जी कोरे पाण्डित्व को महत्त्व देने वाले समीक्षक नहीं हैं। काव्य की संवेदनशीलता और शक्ति उनके लिए अधिक सार्थक थी। मनोरागों की तीव्र अभिव्यक्ति और हृदय को गहनता से स्पर्श करने की क्षमता ही उनके अनुसार श्रेष्ठ काव्य की अनिवार्यता थी। समीक्षा उनकी दृष्टि में व्यक्ति और समाज की अभिरुचि के परिष्कार और भावनाओं के उदात्तीकरण के लिए वांछनीय है।

डॉ. भटनागर ने इन निबन्धों में आचार्य वाजपेयी जी की समीक्षा दृष्टि के सम्बन्ध में अनेक मौलिक स्थापनाएँ की हैं जिनकी ओर विद्वानों का ध्यान जाना चाहिए। एक तो यही कि हमें वाजपेयी जी के समीक्षा कर्म को आचार्य रामचन्द्र शुक्ल से न जोड़कर जयशंकर प्रसाद से जोड़ना चाहिए। भटनागर जी की मान्यता है कि प्रसाद की समीक्षा दृष्टि अधिक व्यापक, अधिक गम्भीर और अधिक मौलिक है और उसके पीछे उन्नीसवीं शताब्दी का वह सारा आलोड़न-विलोड़न है जो अंग्रेजी भाषा के माध्यम से प्राच्यविद्या विशारदों और नवोदित अंग्रेजी शिक्षा प्राप्त भारतीयों के द्वारा मासिक पत्रों, त्रैमासिकों और शोध निबन्धों के रूप में प्रस्तुत हो चुका था।...प्रसाद के साहित्यिक और समीक्षात्मक विचारों में वाजपेयी जी के कृतित्व और मनोजगत के कितने सूत्र छिपे पड़े हैं, यह बात शोध का विषय है परन्तु समानता का सूत्र इतना स्पष्ट है कि हिन्दी समीक्षा के इतिहास का कोई भी अध्येता उसे आँख की ओट नहीं कर सकता।

डॉ. भटनागर आचार्य वाजपेयी को शुक्ल जी का उत्तराधिकारी नहीं मानते क्योंकि "उनकी (वाजपेयी जी की) समीक्षा की कितनी ही मान्यताएँ आचार्य शुक्ल के विरोध पर आधारित हैं और उनका अपना स्वतन्त्र स्थान उनके उत्तराधिकारी की अस्वीकृति पर ही टिक सकेगा।"

डॉ. भटनागर के इस अभिमत का शायद ही कोई विरोध करे कि "वाजपेयी जी ने आलोचना में एक मध्यम मार्ग की प्रतिष्ठा की है जो न एकदम क्लासिकल है, न रोमांटिक। उनकी पकड़ स्वच्छन्दतावादी है परन्तु अभिव्यंजना मर्यादावादी।"

डॉ. भटनागर ने वाजपेयी जी की समीक्षा यात्रा के विभिन्न पड़ावों का भी उल्लेख किया है। वे देखते हैं कि वाजपेयी जी की प्रारम्भिक समीक्षाएँ आक्रोश जन्य हैं, उनमें कहीं कहीं असन्तुलन और असहिष्णुता भी है। इस काल की समीक्षाएँ वाद-विवाद मूलक हैं और पत्रकारिता का अनिवार्य परिणाम है किन्तु धीरे-धीरे अपने अध्यापन की अपरिहार्य अपेक्षाओं के कारण उनकी समीक्षा मर्यादित होती गयी जिसके प्रचुर प्रमाण उनकीं आधुनिक साहित्य, नया साहित्य : नये प्रश्न जैसे ग्रन्थों में उपलब्ध होते हैं। 'राष्ट्रीय साहित्य' काल की समीक्षाओं को डॉ. भटनागर वाजपेयी जी की विकास यात्रा का तीसरा चरण मानते हैं। इस काल की समीक्षाएँ अधिक सन्तुलित,

सर्वेक्षण मूलक और तलस्पर्शी हैं। वाजपेयी जी की सर्वाधिक सार्थक एवं प्रभावशाली समीक्षाएँ कवि निराला और 'नयी कविता' में संकलित हैं।

इन पुस्तकों के निबन्ध समय-समय पर लिखे गये हैं किन्तु पुस्तक का आद्यंत अनुशीलन करने पर वाजपेयी जी की समीक्षा पद्धति की एक समग्र छवि हमारे सम्मुख उपिस्थत होती है। जो वाजपेयी जी को निकट से जानते हैं, उनका डॉ. भटनागर के आकलन एवं विवेचन से साधारणीकरण होगा। जो उन्हें केवल उनके साहित्यिक कृतित्व के माध्यम से जानते हैं, वे वाजपेयी जी के व्यक्तित्व का आकलन किसी एक निश्चित काल बिन्दु पर खड़े होकर नहीं करते वरन विभिन्न कालखण्डों में उनके व्यक्तित्व की तेजस्विता, समृद्धि एवं पारदर्शिता में जो नये आयाम जुड़ते चले गये हैं, उनके परिपार्श्व में उन्हें परखने का प्रयास करते हैं। '28 अगस्त 1967 को वाजपेयी जी के देहावसान पर लिखे गये अपने लेख में वे कहते हैं 'शॉ' ने व्यंग्य में लिखा था कि समीक्षक का कोई स्मारक नहीं बनता, कवि और सर्जनात्मक साहित्यकार ही इसके लिए उपयुक्त समझे जाते हैं। परन्तु क्या यह भी ठीक नहीं है कि समीक्षक की प्रमुख देन भाषा के नव संस्कार और युग की रुचि के परिष्कार में है और वह अपने जीवन काल में ही भाषा के नये प्रतिवेदनों और जनरुचि के नये संस्कारी आयामों में ढलकर, एकान्तः और सम्पूर्णतः निःशेष होकर, युग चेतना के रूप में ही स्मारक बन जाता है। श्रेष्ठ समीक्षक की देन बाहर से आरोहित नहीं होती, वह भाषा, साहित्य और सुरुचि के भीतर से विकसित होती है।' इस सन्दर्भ में डॉ. भटनागर ड्राइडन, कालरिज, आर्नाल्ड, एडविन, इलियट जैसे तत्वान्वेषी समीक्षकों का नाम लेते हैं। वे निस्संकोच कहते हैं कि सर्जन के निरन्तर विकासमान आयामों में भी वे (वाजपेयी जी) हमारी लेखनी नियन्त्रित करते रहते हैं और हमारी सुरुचि पर अंकुश रखते हैं।'

डॉ. भटनागर वाजपेयी जी की साहित्य महत्ता के प्रति आश्वस्त ही नहीं, निश्चित भी हैं। वे जानते हैं कि हिन्दी के क्षेत्र में ऐसा कोई समीक्षक नहीं हुआ जो अपने जीवन काल में इतनी चर्चा का विषय बना हो या जिसकी स्थापनाएँ इतनी प्रामाणिकता एवं लोकप्रियता प्राप्त कर सकी हों।

अभी रामरतन भटनागर जी की गद्य की नौ और काव्य की 21 पुस्तकें अप्रकाशित हैं। गद्य की पुस्तकों में 'पाश्चात्य सौन्दर्यशास्त्र का विवेचनात्मक इतिहास' और 'मध्ययुगीन हिन्दी साहित्य में हिन्दी समाज एवं संस्कृति का स्वरूप' जैसी पुस्तकें भी हैं। सौन्दर्य शास्त्र एवं साहित्य और संस्कृति के अन्तरावलम्बन पर हिन्दी में अभी बहुत नहीं लिखा गया है। इन पुस्तकों के प्रकाशन से हिन्दी साहित्य का एक बहुत बड़ा अभाव दूर हो सकेगा और भटनागर साहब के गम्भीर चिन्तन से विद्वान् परिचित हो सकेंगे। कविता पुस्तकों में सभी रूप और रंग की कविताएँ हैं, इनमें हिन्दी काव्य के छायावादोत्तर विकास के पदचिन्हों का प्रामाणिक और आत्मीय ज्ञान हो सकेगा।

मुझे भटनागर जी के छात्र होने का गौरव प्राप्त है। एम.ए. उत्तीर्ण करने के बाद जब मैं 10.6.55 को उनसे एक प्रमाण पत्र लेने गया तो उन्होंने मुझे उदारता पूर्वक प्रमाण पत्र दिया था जिसमें उन्होंने मेरी उपलब्धियों के साथ यह भी लिखा था—'भाषा शैली की साधना उन्हें बौद्धिक और साहित्यिक जगत में अधिकार पूर्ण रूप से प्रवेश करने का सामर्थ्य दे सकेगी, ऐसी मेरी मान्यता है।'

मुझे सन्तोष है कि मैंने अपने गुरु की मान्यता को झूठा नहीं होने दिया।

रामेश्वर गुरु 'कुमार हृदय' : परसाई के गद्यगुरु

मैंने अपने गले में पड़ी सेवंती के रंग-बिरंगे फूलों की माला उतारने को हाथ उठाया ही था कि अध्यक्षता कर रहे गुरुजी ने मेरा हाथ दबाया और अपने गले में पड़ी माला को छूकर जैसे संकेत किया, नहीं माला गले में ही पड़ी रहने दें, उतारे नहीं। मैं उस समय उनके संकेत का मर्म ठीक-ठीक समझ नहीं पाया पर वे मुझसे बड़े थे, अनुभवी थे और सबसे बड़ी बात यह कि वे मेरे हितैषी थे। मैंने अपने गले की माला गले में ही पड़ी रहने दी—पूरे कार्यक्रम भर। जबलपुर में सोवियत संघ से इंडोसोवियत कल्चरल सोसायटी का एक प्रतिनिधि मण्डल आया हुआ था। गुरुजी इसकस के प्रदेशाध्यक्ष थे, उन्होंने सोवियत संघ से भारत आये इस तरुण दल को जबलपुर आमन्त्रित किया था। इसकस के प्रतिनिधि मण्डल के सदस्य रामेश्वर गुरु के पिताश्री प्रसिद्ध वैयाकरण कामताप्रसाद गुरु की महिमा से परिचित थे। दीक्षितपुरा स्थित गुरु जी का निवास स्थान और उनका पुस्तकालय उनके लिए राष्ट्रीय स्मारक जैसा महत्त्व रखता था। पं. रामेश्वर गुरु दल को अपना पैतृक आवास दिखा चुके थे, हिन्दी व्याकरण की पाण्डुलिपि देखकर दल के सदस्य अभिभूत थे। गुरुजी ने जबलपुर के सारे साहित्यकारों को इसकस के सदस्यों से मिलाने के लिए पास के ही विद्यालय में एक सभा का आयोजन किया था। नगर के सारे प्रतिष्ठित साहित्यकार तो उस सभा में थे ही, तरुण वैयाकरणों और भाषाविदों को उन्होंने विशेष रूप से आग्रहपूर्वक बुलाया था। मैं नागपुर से स्थानान्तरित होकर जबलपुर के भाषा एवं शोध संस्थान में हिन्दी का व्याख्याता होकर नया-नया आया था। मेरे पिता पं. कामताप्रसाद गुरु के छात्र रह चुके थे, इस नाते मेरा रामेश्वर गुरु जी से परिचय था। मेरे लिए वे बड़े कक्का थे। यह आयोजन मेरे लिए तो बिल्ली के भाग्य से छींका टूटने जैसा ही था। छींका क्या टूटा, गुरुजी ने हिन्दी के तरुण वैयाकरणों के प्रतिनिधि के रूप में मुझे मंच पर अपनी बगल में ही बिठा लिया। गुरु जी के संकेत पर मैंने स्वागतकर्त्ताओं द्वारा पहिनाई गयी सेवंती के फूलों की वह माला सारे कार्यक्रम भर अपने गले में पड़ी तो रहने दी पर मुझे वह माला कुछ ज्यादा ही भारी लग रही थी। आयोजन के बाद जब विदेशी अतिथि बिदा हो गये तब मैंने गुरुजी से

पूछा-कक्का, आपने मुझे माला उतारने से मना क्यों कर दिया? बुन्देलखण्ड में ताऊ या चाचा को कक्का कहने का आम रिवाज है। गुरु जी ने अपनी रूस यात्रा का अनुभव सुनाया। बताया कि रूस में अतिथि का गले से माला उतारकर सामने मेज पर या कुर्सी के हत्थे पर रख देना बुरा माना जाता है। माना जाता है कि आपने आयोजकों द्वारा किया गया अपना सम्मान स्वीकार नहीं किया है। आयोजक इसे अपना अपमान मानते हैं। अपमान नहीं तो अवहेलना जैसा कुछ। गले से माला उतारकर आप स्वागतकर्त्ताओं को उनकी अपात्रता का बोध करा रहे होते हैं। मुझे उनकी बात में वजन लगा। गुरु जी के विवेचन से मुझे अंग्रेजी की उस कहावत का नया अर्थ खुला जिसमें कहा गया है कि जब तक आप रोम में हैं तब तक रोमनों जैसा ही आचरण करें। नया अर्थ यह था कि रोम में तो आप रोम निवासियों जैसा आचरण करें ही, रोमनिवासियों के सम्मुख भी आप कहीं भी हों, रोम निवासियों जैसा ही आचरण करें। मैत्री का नया मंच, पंचशील की नयी व्याख्या, सद्भावना के वितान का नया आयाम। रूस से लौटने के बाद गुरु जी गले में पड़ी हुई स्वागत माला आयोजन की अवधि भर उतारते नहीं थे। गले से माला उतारना भारतीय परम्परा में विनम्रता का सूचक है पर हमें अपने विदेशी मित्रों की भावना का ध्यान रखना चाहिए। विशेषकर ऐसे देशों के अभ्यागतों के प्रसंग में जो हमें अपना सुहृद् और आत्मीय मानते हों। 'सिर पर लाल टोपी रूसी फिर भी दिल है हिन्दुस्तानी' का यह नया भाष्य था। हिन्दी रूसी भाई भाई का पुष्ट प्रमाण।

यह पं. रामेश्वर गुरु के मृदूनि कुसुमादपि वाले व्यक्तित्व का उदाहरण था। मैंने उनके कठोराणि बज्रादपि स्वरूप की भी झलक देखी है। सिद्धान्तों के मामले में वे कोई समझौता नहीं करते थे। जो कहना होता, खरी खरी कह देते, किसी को अच्छा लगे या बुरा। केवल केदार जी ही खरी खरी नहीं कहते थे, गुरुजी भी कहते थे। बुन्देली व्यक्तित्व की विशेषता। कहते हैं कि जब अकबर महान ने गढ़मण्डल की रानी दुर्गावती के पास उसका राज्य आत्मसात् करने की गरज से अपना सफीर भेजा तो शेरों के शिकार की शौकीन उस वीरांगना ने सफीर से तो कुछ नहीं कहा, राजदूत अबध्य जो होता है पर उसने सौगात स्वरूप उस दूत के हाथों अकबर को एक करेला भिजवाया-जहाँपनाह, मैं अकेली अबला भले हूँ पर मैं बुन्देलखण्डन हूँ—मेरा राज्य करेले जैसा ऊबड़-खाबड़ है और उसी जैसा कड़ुआ। न तो मुझ पर विजय पाना आसान होगा, न ही मेरे राज्य को हड़पना। गुरु जी भी बातों बातों में अपने स्वाभिमान के इस करेलेपन की झलक प्रदर्शित करने में नहीं चूकते थे। प्रसिद्ध उपन्यासकार चतुरसेन शास्त्री जबलपुर आये हुए थे। महाकौशल कला महाविद्यालय के हिन्दी विभाग द्वारा 'वयं रक्षामः' और 'वैशाली की नगरवधू' के शिल्पी का स्वागत समारोह आयोजित था। समारोह में महाविद्यालय के विभिन्न विभागों के साहित्यरसिक अध्यापक तो थे ही, नगर के सभी गणमान्य साहित्यकार भी आहूत

थे। 'अंचल' जी थे, पं. रामेश्वर गुरु थे, परसाई जी थे, हनुमान वर्मा थे, श्रीबाल पाण्डेय थे, अजय चौहान थे। हिन्दी विभागाध्यक्ष के रूप में पं. विनय मोहन शर्मा थे, रजनीश महाविद्यालय के दर्शनशास्त्र विभाग में व्याख्याता थे, वे भी थे। अपने उद्‌बोधन भाषण में चतुरसेन जी ने ऐसी बात कह दी कि विवाद मच गया। शास्त्री जी ने उस समय के विश्वचर्चित उपन्यासकार नोबोकोव के विवादास्पद उपन्यास 'लोलिता' का जिक्र किया और उसके अश्लील प्रसंगों की भूरि-भूरि भर्त्सना की। अश्लीलता तरुण रजनीश के चिन्तन का प्रिय विषय था। भाषण समाप्त होने पर रजनीश ने अपनी अनुनासिक स्वरलहरी में शास्त्री जी से जिज्ञासा की कि अपने उपन्यासों में यौन प्रसंगों का चित्रण आप बड़ी रसात्मकता से करते हैं जबकि पश्चिम में उपन्यासकार का यौन चित्रण किसी मनोवैज्ञानिक ग्रन्थि के उद्‌घाटन के लिए किया जाता है। जैसा कि 'लोलिता' में है—लोलिता का प्रेमी 'निंफोमैनियेक' है। शास्त्री जी ने रजनीश की जिज्ञासा का उत्तर नहीं दिया। कहा—मैं विदेशी साहित्य नहीं पढ़ता। उससे मेरी मौलिकता नष्ट होती है। उन्होंने स्वीकार किया कि उन्होंने न तो नोवोकोव का नाम सुना है, न ही 'लोलिता' पढ़ी है। वे नहीं जानते कि यह निंफोमेनिया क्या होता है। उन्हें यह भी नहीं पता कि नोवोकोव को नोबल पुरस्कार मिला है। इस पर रामेश्वर गुरु उखड़ गये। कहा कि मौलिकता वरेण्य है किन्तु हिन्दी के आप जैसे साहित्यकार का यह अज्ञान किसी भी प्रकार क्षम्य नहीं है। रजनीश बात आगे बढ़ाना चाहते थे पर महाविद्यालय के समारोहों की अपनी सीमाएँ होती हैं। जब विभागाध्यक्ष विनय मोहन जी ने जो इस कार्यक्रम की अध्यक्षता कर रहे थे, आयोजन की, समयाभाव के कारण, समाप्ति की घोषणा की तो रामेश्वर गुरु ने उठकर कहा कि साहित्य में मौलिकता, अश्लीलता जैसे प्रश्नों को समयाभाव की ओट में दरकिनार नहीं किया जा सकता। उनके निवास पर आज ही रात्रि आठ बजे इन सारे प्रश्नों पर विचार करने के लिए एक गोष्ठी का आयोजन है जिसमें आप सभी सादर आमन्त्रित हैं। वहाँ शास्त्री जी से उनके उपन्यासों में वर्णित यौन प्रसंगों पर, अश्लीलता और साहित्यकार की मौलिकता जैसे विषयों पर खुलकर चर्चा होगी। रात्रि को गुरु जी के आवास पर गोष्ठी हुई, उसमें रजनीश थे, परसाई जी थे, अंचल जी थे, श्रीबाल पाण्डे थे, प्रमोद वर्मा थे, नहीं थे तो केवल चतुरसेन शास्त्री नहीं थे। गुरु जी साहित्यकार को केवल लेखक ही नहीं मानते थे, वे उसे समाज का सबसे संवेदनशील और प्रबुद्ध नागरिक भी मानते थे। वे मौलिकता के नाम पर साहित्यकार की अपढ़ता को क्षमा नहीं करते थे। उनके लिए मौलिक कूपमंडूक से अमौलिक कठफोड़वा ज्यादा सार्थक था। उन्होंने गोष्ठी में यह बात भी कही कि सन्तुष्ट शूकर से असन्तुष्ट सुकरात बेहतर और बड़ा होता है। मुझे लगता कि आचार्य चतुरसेन ने 'होली की चिट्‌ठी' में रामानुज लाल श्रीवास्तव की रामेश्वर गुरु के लिए लिखी गयी ये पंक्तियाँ पढ़ ली थीं—

गुरुआ तो अति करुआ करै प्रहार
साँची साँची कह दे या दाड़ीजार

(गुरु तो बड़े कड़ुए प्रहार करता है। यह दाड़ी जार सच्ची सच्ची कहने में नहीं हिचकता)

●

हिन्दी के उन गद्य लेखकों में जिनका गद्य किसी भी देशी अथवा बाह्य प्रभाव से नितान्त अछूता है, रामेश्वर गुरु अनन्य हैं। हिन्दी का अपना जातीय गद्य जिन लेखकों में देखा जा सकता है, उनमें से कुछ हैं भारतेन्दु हरिश्चन्द्र, बालमुकुंद गुप्त, महावीर प्रसाद द्विवेदी, हजारीप्रसाद द्विवेदी, रामेश्वर गुरु, हरिशंकर परसाई, नागार्जुन और शरद जोशी। इसका कारण यही है कि ये सभी गद्यकार गद्य की किसी सायास भंगिमा के पीछे नहीं भागते। वे जैसा बोलते हैं, वैसा ही लिखते भी हैं। उन्हें न उर्दू के शब्दों से गुरेज है, न अंग्रेजी शब्दों से। सबसे बड़ी बात, ये सारे लेखक तद्भव हिन्दी से अपना जीवन-रस संचित करते हैं। लोक बोलियाँ उन्हें आकृष्ट करती हैं। वे जानते हैं कि बोलियों में जो बात एक काकु से, एक मुहावरे से कही जाती है, वह परिष्कृत हिन्दी के पूरे वाक्य में भी नहीं कही जा सकती। गुरु जी इस मर्म को समझते थे। ऐसी हिन्दी को स्वायत्त करने का उनका अपना तरीका था। शान्तिपुरी झोला कन्धे पर लटकाओ और जबलपुर की गलियों में जनसम्पर्क के लिए निकल जाओ। इस ठेले पर खड़े होकर चाट खा लो, उस गुमठी पर ठहर कर पान। इसमें न उनका मेयरत्व आड़े आता था, न सम्पादकत्व या गुरुत्व। वे अपने पिता पं. कामताप्रसाद गुरु की लिखी हिन्दी व्याकरण की सारी हिदायतें दीक्षितपुरा के अपने पैतृक निवास में छोड़कर ही बाहर निकलते थे और देहरी से बाहर कदम रखते ही 'मुल्लू भैया' बन जाते थे। बराबरी वालों या बड़ों के लिए मुल्लू भैया, छोटों के लिए मुल्लू कक्का। उनसे बात करना आत्मीयता से बात करना होता। वे 'भैया' एक बार कहकर तृप्त नहीं होते थे। भैया, भैया, भैया—जब तक आपको तीन बार भैया न कह लें, वे अपनी बात आगे बढ़ाते ही नहीं थे। जब वे मुल्लू कक्का अथवा मुल्लू भैया नहीं होते थे तो या तो 'चिम्मो बीबी' होते थे या 'तुसीतुला'। 'कुमार हृदय' तो वे जमाने से थे।

उन्हें 'चुनकाई चौबे' बनते भी देर नहीं लगती थी। 'प्रहरी' के पृष्ठों पर वे बहुत सी बातें 'रासभ' के मुँह से भी करते। उन्हें जबलपुर की गली गली की जानकारी थी। वे पत्रकार थे, कई अंग्रेजी और हिन्दी पत्रों के संवाददाता। गुरुजी उस युग के 22x7 खबरिया चैनल थे जब रेडियो तक आम आदमी की पहुँच नहीं थी, टी. वी. का तो प्रश्न ही नहीं उठता। बीबी चिम्मो भारत की पहिली जनसंचार विशेषज्ञ थी। वह एक भटियारिन थी—उसका भटियारखाना आठों पहर खुला रहता—दिल्ली से बाहर का कोई भी, कभी भी राजधानी आता तो बीबी चिम्मो के भटियारखाने

पर जरूर हाजिरी देता। उस घुड़सवार को दिल्ली के वास्तविक हालात की जानकारी मिलती और बीबी चिम्मो को दुनिया जहान की खबरें। उसके भटियारखाने पर अमीर खुसरो जैसे कलामर्मज्ञ और सत्ता पुरुष भी पहुँचते। रामेश्वर गुरु 'बीबी चिम्मो का पत्र' नामक स्तम्भ 'प्रहरी' के अंकों में लिखते—कभी मौलाना अबुल कलाम आजाद के नाम, कभी तरुण पत्रकारों के नाम। बेचैन तरुण पत्रकारों की बीबी चिम्मो की सलाह थी—

साफ कहो, सच कहो, भले हो रूखी पैनी कड़वी बात
हांजू हांजू मीठी मीठी लऊँ लंऊ बात न एक सुहात
डटो उसूलों पर बस प्यारे, बेर दूध दुहनियाँ दोस—
लम्बी मंजिल जर्नलिज्म की अभी चले हो दो दस कोस

चिम्मो जनसंचार के लिए गुरुजी का आदर्श थी। उन्होंने लिखा है—'चिम्पो का रूप इस सदी के शुरु में अति प्रसिद्ध पत्रकार और समालोचक बाबू बाल मुकुंद गुप्त ने धारण किया और मैं भी उसकी लोकप्रिय मेहमानबाजी से प्रेरित होकर चिम्मो बन गया।" चिम्मो की जानकारी और निरीक्षण शक्ति के अमीर खुसरो कायल थे। उसके बारे में अमीर खुसरो ने जो टिप्पणी की थी, गुरु जी उसे अपने जीवन में उतारना चाहते थे—

औरों की चौपहरी बाजे, चिम्मो की अठपहरी
बाहर से कोई आये नाहीं, आयें सारे शहरी
और जहाँ पर तिनका देखें, चिम्पो देखे मूसल

गुरुजी को जो अनकहनी कहनी होती वे 'तुसीतुला' के नाम से कहते। आर.एल. स्टीवेंसन अंग्रेजी के प्रसिद्ध कथाकार, कवि और निबन्धकार हो गये हैं। जीवन के अन्तिम दिनों में वे समौआ द्वीप में जा बसे थे। वे सरल, निरभिमानी और आत्मीय थे। गुरुजी को समौआ के आर.एल. में आर.जी. की छवि दिखाई पड़ती—रामेश्वर गुरु की। समौआ द्वीप के निवासी आर.एल. को तुसीतुला कहते। समौआई बोली में तुसीतुला का अर्थ होता है—अच्छी अच्छी बातें कहने वाला। गुरुजी 'जबलपुर टाइम्स' के माध्यम से हर हफ्ते अनकहनी को आत्मीयता की चासनी में पाग कर अपने परिचितों और दोस्तों से अपनी बात कहते। प्रबुद्ध पंजीकृत स्नातकों के नाम खुली चिट्ठी में तुसीतुला कहते हैं—

तुसीतुला की एक वार्निंग सुनो ध्यान से
तुसीतुला की एक वार्निंग गुनो ध्यान से
सुनो सभी की किन्तु करो केवल बस अपनी
साहस लेकर बढ़ो पहिनकर सिर पर कफनी

गुरु जी को हिन्दी कविता में न 'वार्निंग' लिखने में संकोच होता था, न 'कफनी' लिखने में। वे गद्य में भी ऐसी ही भाषा का प्रयोग करते। अपने छोटे-छोटे वाक्यों से

वे ऐसी इमारत बनाते जैसी प्राचीनकाल में लाखौरी ईंटों से बनती थी। दीना बरौआ का परिचय गुरु जी इन शब्दों में देते हैं–

"तीन वर्ष नौकरी करते हो गये दीना को। सरकारी नौकर होता तो पेंशन का हकदार हो जाता। यहाँ पेंशन उसे नहीं मिली है और न मिलेगी। यदि वह चाहे तो पीढ़ी-दर-पीढ़ी इसी घर में नौकरी चली आ सकती है पर दीना ऐसा करेगा नहीं। बड़ी समझ का और आत्माभिमान का आदमी है वह। ...उसे अपनी ईमानदारी और स्वभाव पर भरोसा हो सकता है। दूसरों की जमानत वह कैसे और क्यों ले?"

यह छोटे-छोटे वाक्यों वाली भाषा जबलपुर स्कूल की भाषा है। कविता में यह सुभद्राकुमारी चौहान और भवानीप्रसाद मिश्र में प्रकट होती है और गद्य में हरिशंकर परसाई और मोहनलाल वाजपेयी में। रामेश्वर गुरु इसी भाषा में अपनी कविताएँ भी लिखते हैं और लेख भी। वस्तुतः यह जीवन के स्कूल की भाषा है–पत्रकारिता की भाषा। न कोई नक्काशी, न कोई बेलबूटा पर रवानगी पूरी-सौन्दर्य में कमी नहीं। भेड़ाघाट में न तो कोई नक्काशी है, न ही कोई कसीदाकारी। पर रवानगी? पानी है कि धुआँ बना जा रहा है, लोगों को अपनी ओर खींचता चलता है। रामानुजलाल श्रीवास्तव इसी भाषा के कायल थे। गुरु जी जबलपुर के गलीकूचों में पैदल चल चल कर भाषा के तेवर एकत्र करते थे। रामानुज बाबू जब रायपुर पहुँचे तो बूढ़ापारा में रहे–रिक्शेवालों, ठेले वालों, सब्जी बेचने वालों, छोटे दूकानदारों और कारकुनों के मुहल्ले में। परसाई ने एक स्थान पर लिखा है कि वे दिन में यात्रा करते थे। वह भी बसों में ताकि सहयात्रियों से बातें कर सके और बोलने वालों के लहजे और बोलीबानी को हृदयंगम कर सकें। ऐसा वही करेगा जो जीवन के बीच से अपने साहित्य के विषय उठाना चाहेगा। परसाई जी ने अपनी भाषा के बारे में एक बहुत मार्के की बात कही है। रामेश्वर गुरु को लिखे एक पत्र में उन्होंने स्वीकार किया है कि "मैंने खुद आपसे सशक्त गद्य लिखना सीखा है। वैसी ही जीवन्त भाषा, वही प्रवाह, वही ओज, वही मुहावरे दानी, वही काव्यात्मक गय शैली।" परसाई का आदर्श जिसे गुरु जी ने सिद्ध कर लिया था।

गुरुजी के लिए साहित्य की कोई भी विधा अगम नहीं थी। अपने लेखन के प्रारम्भिक दौर में उन्होंने नाटक भी लिखे। रंगमंच का उन्हें प्रत्यक्ष अनुभव था। उन्होंने एक अधूरा उपन्यास भी लिखा। कवि तो वे जन्मजात थे। छायावादी युग के कवि होकर भी वे जीवन यथार्थ का चित्रण करने में रुचि लेते। एक पत्रकार के रूप में वे जो अनुभव एकत्र करते, उसका उपयोग वे पद्यबद्ध रचना के रूप में करते–छन्द और बेछन्द उन्हें दोनों स्वायत्त थे। पत्रों के रूप में वे कभी जवाहरलाल नेहरू की, कभी आजाद की, कभी विजयाराजे सिंधिया की, कभी राजीव गाँधी की आँखों में सुरमा

लगाते, कभी उनकी पीठ ठोकते, फटकारने का मौका आता तो वे फटकारने से भी नहीं चूकते। उनकी मान्यता थी कि पत्रकार को कभी समझौता नहीं करना चाहिए और सच कहने से डरना नहीं चाहिए। 'जोश' मलीहावादी जैसे इन्कलाबी कवि के पाकिस्तान का रुख करने पर उन्होंने लिखा था—'मलीहाबाद का शायर बड़ा कायर नजर आया।' पर वे लेखन में जितनी संवेदना से काम लेते, उससे कम अध्ययन में नहीं। वे मानते थे कि लेखक को हर विषय का ज्ञान होना चाहिए। वे हिन्दी का तो अद्यतन पढ़ते ही, भारतीय भाषाओं के नये से नये साहित्य का भी पारायण करते। विश्व के क्लैसिकल साहित्य में उनकी गम्भीर गति थी। अंग्रेजी का पत्रकार होने के कारण उनका ध्यान पूरे विश्व परिदृश्य पर होता। पर अध्ययन से अधिक उनके लिए महत्त्व था चिन्तन का। जबलपुर के हर विचारधारा के चिन्तक से उनके आत्मीय सम्बन्ध थे। वे किसी भी विचारधारा के अन्ध अनुगामी नहीं थे। उनके चिन्तन का एक ही निकष था—समाज की बेहतरी के लिए क्या श्रेयस्कर है? उन्होंने एक पत्र में मुझे लिखा कि किसी भी यशोकामी लेखक को जितना लिखना चाहिए, उससे दो गुना पढ़ना चाहिए और उससे चार गुना सोचना चाहिए। वे मानते थे कि हिन्दी के साहित्यकार का काम केवल त्रिभाषा से नहीं चल सकता। उसे उर्दू भी आनी चाहिए, अंग्रेजी और संस्कृत भी। अपनी मातृ बोली का भी उसे ज्ञान होना चाहिए। 'तुमाई बोली में तुमाई बात' वे खाँटी बुन्देली में लिखते। वे मुझे बुन्देली में पत्र लिखते। 10.09.86 के पत्र में उन्होंने मुझे लिखा—बुन्देली में कविताएँ लिखने का मूड है। दस दिन बाद ही 'ईसुरी' पत्रिका के स्वरूप और प्रयोजन के लिए उन्होंने मेरी पीठ ठोकी ठेठ बुन्देली में—"आपकी साधना से हमाई बुन्देली बोली के लाने कोई कहबे-सुनबे वारो तो मिलो। धन्न है आप जो जे जग्गकर रयै।" फिर उनकी विनम्रता उनकी कलम को छांद देती-लिखा—(त्रुटियाँ सुधार लें—जबलपुर की बोली सागर घाईं मीठी और लचकदार नइयां-लाचारी है)। यही 'लाचारी' गुरु जी का सबसे बड़ा अस्त्र थी—अपनी आत्मीयता से, अपनी विनम्रता से, अपने निरभिमान से सामने वाले को निहत्था कर देना।

गुरु जी किसी भी कार्य को आधे मन से नहीं करते थे। जिसका साथ देते, उसके लिए प्राण लगा देते—जिसका विरोध करना हो, खुलेआम करते। जब साथ दिया है तो डरना क्या?

मैंने 1982 में जब सागर विश्वविद्यालय से बुन्देली लोक और संस्कृति विषयक 'ईसुरी' पत्रिका का प्रकाशन प्रारम्भ किया तो विश्वविद्यालयों के ऐकेडेमिक-जड़ और अभिजात-ग्रन्थि-पीड़ित विद्वानों ने उसका बड़ा विरोध किया। आंचलिक बोलियों पर शोध करना राष्ट्रीय जड़ों की उपेक्षा करना है—हम विश्वविद्यालय के लोग हैं, अपने को बुन्देलखण्ड, छत्तीसगढ़ या मालवा में सीमित करना हमें शोभा नहीं देता। आदि आदि। कुछ ने तो मुझे बुन्देली प्रोफेसर भी कहना शुरु कर दिया। मेरे लिए बड़ी चुनौती थी। 'ईसुरी' को ऐकेडेमिक मान्यता भी मिले और प्रत्येक अंक में बुन्देलखण्ड

के साहित्य और संस्कृति विषयक मौलिक और मूल्यवान सामग्री भी छपे। ऐसे में दो विद्वान् मेरे बड़े काम आये। पं. श्यामाचरण दुबे और पं. रामेश्वर गुरु। दुबे जी ने अपने एक पत्र में मुझे लिखा—'जो आपको बुन्देली प्रोफेसर कहते हैं, कहने दीजिए। आंचलिक इतिहास और संस्कृति की खोज किसी भी प्रकार राष्ट्र विरोधी नहीं हो सकती' पर गुरु जी ने तो अपना पूरा संग्रहालय ही मुझे सौंप दिया। आज बनारसीदास चतुर्वेदी के पुराने पत्रों का पैकेट चला आ रहा है तो कल ठाकुर लक्ष्मण सिंह चौहान के दुर्लभ नाटकों का बन्डल। एक बार तो भारतेन्दु हरिश्चन्द्र की जबलपुर यात्रा का विवरण भी उन्होंने भेजा—सब मूल में। मैंने कहा भी कि अच्छा हो, आप इनकी फोटो कापी भेजा करें तो उनका उत्तर था—आपके पास ये ज्यादा सुरक्षित हैं।

रामेश्वर गुरु को अपने समय के साहित्यकारों और हिन्दी प्रेमियों से पत्र व्यवहार का व्यसन था। उनके पिता पं. कामताप्रसाद गुरु हिन्दी के प्रथम वैयाकरण ही नहीं, द्विवेदी युग के प्रतिष्ठित साहित्यकार भी थे। उनका सम्बन्ध अपने समय के बड़े-बड़े सम्पादकों और साहित्यकारों से था। स्वाभाविक ही है कि रामेश्वर गुरु जी को 'बड़े गुरु जी' के सम्पर्क में आने वाले सभी का स्नेह प्राप्त था। गुरु जी को पत्र-व्यवहार का ही शौक नहीं था, अपने पिता जी और स्वयं को लिखे गये पत्रों को सुरक्षित रखने का भी शौक था। उनके तोशखाने में देश और विदेश के साहित्यप्रेमियों, विद्वानों और प्राच्यविदों के पत्रों का अनुपम भण्डार सुरक्षित है। मैथिलीशरण गुप्त, सुमित्रानन्दन पन्त, वृन्दावनलाल वर्मा, सोहनलाल द्विवेदी, बनारसीदास चतुर्वेदी जैसों से उनका जो पत्र व्यवहार था, उस आधार पर उस युग की साहित्यिक गतिविधियों, साहित्यिक आन्दोलनों और आपसी सम्बन्धों का इतिहास लिखा जा सकता है। रूस में कोई हिन्दी प्रेमी है, पोलेंड में कोई प्राच्य विद्या विशारद है, बँगाल में कोई कबीर के पदों का भक्त है, मराठी में कोई हिन्दी से या हिन्दी में अनुवादक है तो यह सम्भव ही नहीं है कि उसके पत्र गुरुजी के भण्डार में न हों। गुरु जी को लिखे गये पत्र केवल कुशलक्षेम की ही सूचना नहीं देते, पता नहीं किन-किन विषयों की जानकारी देते हैं। वृन्दावनलाल वर्मा को दुर्गावती पर एक उपन्यास लिखना है, वे गुरु जी से जबलपुर के आसपास फैले हुए पुराने स्मारकों के सम्बन्ध में जिज्ञासा करते हैं। लिखते हैं कि बदरीनारायण भट्ट का 'दुर्गावती' नाटक अपने काम का नहीं है, उसमें बहुत ऊपर ऊपर की ही बातें हैं। दुर्गावती सम्बन्धी सामग्री अकबरनामा में है। केवल गजेटियर पढ़कर ही मैं अपने उपन्यास की सामग्री का संचयन नहीं करना चाहता। मैं चाहता हूँ कि जबलपुर आकर मैं रानीताल, आधारताल, चेरीताल भी देखूँ। मदनमहल विषयक किंवदंतियों का भी संग्रह करूँ। रानी दुर्गावती की समाधि पर फूल चढ़ाये बिना मेरी यात्रा पूरी नहीं होगी। फिर चौरागढ़ है, मण्डला है, सिंगरौर गढ़ है, उन्हें भी तो देखना होगा। रामनगर का शिलालेख पढ़े बिना रानी दुर्गावती पर उपन्यास पूरा नहीं हो पायेगा।

गुरु जी को लोकगीतों के संग्रह की धुन थी। वे मानते थे कि जननायकों और इतिहासवीरों का सच्चा वृत्त पुस्तकों में नहीं, जनता के कण्ठ में निवास करता है। गौंड स्त्रियों को उन्होंने रानी दुर्गावती के गीत गाते सुना था। उन्होंने इसकी चर्चा वृन्दावनलाल वर्मा से की होगी। वर्मा जी ने उनको 03.12.60 के अपने पत्र में लिखा—इन गीतों का संग्रह कर लो या करवा लो-बहुत काम की चीज हैं। महाराज कुमार रघुवीर सिंह की लोकवार्त्ता विषयक रूचि से वे प्रेरित और प्रभावित थे। उन्होंने एक पत्र में गुरु जी को लिखा था—दुर्गावती अद्भुत चरित्र है। वह अद्भुत आखेटक भी—वह भी सिंहों की। मृगनयनी से भी बढ़कर।

पं. रामेश्वर गुरु को जबलपुर के बाहर कम ही लोग जानते हैं, मध्य प्रदेश के बाहर तो और भी कम। यह गुरु जी का दुर्भाग्य नहीं, हिन्दी साहित्य का दुर्भाग्य है। फिर यदि गंगा-यमुना की तुलना में सरस्वती को जानने वाले कम हैं तो इसे लोगों का दोष कम, सरस्वती का ही दोष ज्यादा मानना होगा। गुरु जी ने 28.11.86 को अपने पत्र में मुझे लिखा—"साहित्य में उपेक्षा के पात्र वे सभी होते हैं जो गुट नहीं बना सकते, विज्ञापन के तरीके नहीं जानते और अपने संकल्पों की और अपनी साधना की चर्चा नहीं करते।" गंगा और यमुना पर तो बाँध बनाये जाते हैं, उनसे बिजली भी उत्पन्न होती है पर सरस्वती पर किसी ने बाँध बनाया हो या उसके जल से बिजली उत्पन्न करने का विचार किया हो, पता नहीं। पं. रामेश्वर गुरु हिन्दी के जानसन हैं, वे हिन्दी के 'चकबस्त' हैं। वे हिन्दी का अपना जातीय गद्य लिखने में अप्रतिम हैं। वे 'वसुधा' के आदि सम्पादक हैं, वे हिन्दी के अपर्याय व्यंग्यकार परसाई के गद्य-गुरु हैं। गुरु जी पर उनके सहयोगी एवं सहायक श्री दुर्गाशंकर शुक्ल ने एक अनूठे स्मृति ग्रन्थ का प्रकाशन किया था सन् 91 में—'पं. रामेश्वर गुरु : व्यक्तित्व और कृतित्व' नाम से। माधवराव स्मृति समाचार पत्र संग्रहालय के यशस्वी संस्थापक-निदेशक विजयदत्त श्रीधर ने अपने संग्रहालय के हिन्दी प्रखण्ड का नाम गुरुजी के नाम पर रखकर अपनी कृतज्ञता व्यक्त की। पर यह सब अपर्याप्त है। गुरु जी को लिखे गये अमूल्य पत्रों का प्रकाशन किया जा सके तो स्वतन्त्र भारत के ठीक पहिले और बाद के हिन्दी साहित्य के इतिहास और साहित्यकारों के पारस्परिक सम्बन्धों की ऐतिहासिक महत्त्व की जानकारी मिल सकेगी। जबलपुर में साहित्य प्रेमियों की कमी नहीं है, न गुरुजी के आत्मीयों की। चि. अशेष गुरु ने मुझे लिखा था कि वे अपने पिता के पुस्तकालय और गद्यसाहित्य को व्यवस्थित कर रहे हैं। उन्हें इस दिशा में आगे आना चाहिए। फिर राजेन्द्र तिवारी हैं, सभी प्रकार समर्थ। हिन्दी में इन दिनों साहित्यकारों की रचनावलियाँ खूब निकल रही हैं—रामेश्वर गुरु रचनावली की ओर भी ध्यान दिया जाना चाहिए।

डॉ. लक्ष्मीनारायण सिलाकारी : बीड़ी कामगारों का मसीहा

हिन्दी के सुप्रसिद्ध कवि त्रिलोचन जी अप्रैल 84 में जब मुक्तिबोध पीठ पर सागर विश्वविद्यालय आये तो सबसे पहिले वे कैंपस स्थित मेरे निवास पर आये। यों तो मुक्तिबोध पीठ के तत्कालीन अध्यक्ष के रूप में उन्हें रिसीव करने के लिए स्टेशन मुझे ही जाना चाहिए था पर उन दिनों मैं अस्वस्थ था और डाक्टरों ने मुझे पूर्ण बेडरेस्ट की सलाह दी थी। त्रिलोचन जी सपत्नीक पधारे थे। उन्होंने न चाय पी, न ही नाश्ता किया, बातें जरूर कीं, नयी और पुरानी दोनों। उन्हें याद था कि बनारस हिन्दू विश्वविद्यालय में पढ़ते समय सागर का एक तरुण उनका समसामयिक था। उन्हें उसका नाम भी याद था–लक्ष्मीनारायण सिलाकारी। मैं सिलाकारी जी को जानता था। सागर के प्रसिद्ध कवि शिवकुमार श्रीवास्तव के यहाँ सिलाकारी जी से मेरी भेंट प्रायः हो जाती थी और शिवकुमार जी के साथ मैं बड़ा बाजार स्थित सिलाकारी जी के घर भी हो आया था। मकान पुराने ढंग का, पत्थरों का बना था, बहुत सुविधाजनक तो नहीं था पर अपना था। उस अपने पुराने ढंग के मकान में लक्ष्मीनारायण जी यों गर्व से रहते थे जैसे बकिंघम पैलेस में इंग्लैंड के सम्राट रहते हों। उन्हें खण्डवा के उस कपड़े सीने वाले कवि की यह पंक्ति अच्छी लगती थी–'अपना भी घर बन जायेगा, अपना भी सर तन जायेगा'। लक्ष्मीनारायण जी के मुँह से न मैंने कभी अपने अभावों का रोना सुना, न कभी परिवारजनों को सुख सुविधा प्रदान न कर सकने की शिकायत। उनमें एक बुन्देलखण्डी ठसक थी–को का कैरऔ का अन्दाज। 1978 मैं जब मैं उनसे परिचित हुआ तो वे साठ पार कर चुके थे। त्रिलोचन जी ने मुझे बताया था कि हिन्दी के अप्रतिम नाट्य शिल्पी जब अपना अन्तिम नाटक 'ध्रुव स्वामिनी' लिख चुके तो वाराणसी के क्रान्ति चेता तरुणों को लगा कि हिन्दी नाटकों की आदि विद्रोहिणी "ध्रुवस्वामिनी" का मंचन होना चाहिए। समुद्रगुप्त, चन्द्रगुप्त, रामगुप्त, शकराज जैसे पुरुष पात्रों के लिए अभिनेताओं की तो उस विशाल विश्वविद्यालय में कमी नहीं थी पर ध्रुवस्वामिनी का क्या होगा? उस जैसी अपरूप लावण्यवती, विदग्ध, प्रखर, गौरवर्ण और आग से बनी नायिका का मिलना तो यों ही दुर्लभ था फिर वह रंगमंच पर बिना किसी भय या संकोच

के 'ध्रुवस्वामिनी' का अभिनय कर सके। पूरे विश्वविद्यालय को खंगाला गया पर 'ध्रुवस्वामिनी' का संधान नहीं हो सका। त्रिलोचन जी 'ध्रुवस्वामिनी' के मंचन में सक्रिय रूचि ले रहे थे। अरे, अपना लक्ष्मीनारायण तो 'ध्रुवस्वामिनी' के लिए बिल्कुल उचित पात्र है। बगल में लड़का, शहर में ढिंढोरा। वही कांति, वही प्रभाव। वही दैदीप्यमान मुखमण्डल। स्वर में वही खनक। स्त्री परिधान में लक्ष्मीनारायण को मंच पर खड़ा कर दो फिर लक्ष्मी ही ध्रुव लगेगा। लक्ष्मीनारायण जी को ध्रुव स्वामिनी का चरित्र पसन्द था। वही जुझारू भाव, वही शौर्य, वही निर्भीकता, वही स्वाभिमान। लक्ष्मीनारायण सिलकारी यौवन के प्रथम उद्वेग में ही समाजवादियों के प्रभाव में आ गये थे। प्रेमचन्द के सम्बन्धी डॉ. दशरथलाल उन दिनों सागर में समाजवादी विचारों के शिरा केन्द्र थे। समाजवादी साहित्य का अवगाहन, क्रान्तिकारी समाज की स्थापना का स्वप्न उनके व्यक्तित्व का सिल्वरथ्रेड था। लक्ष्मीनारायण जी उनके संसर्ग में जो समाजवादी विचारों से परिचित हुए तो समाजवादी बन गये, समाजवादी विचारक वक्ता अच्छे होते हैं। जय प्रकाश नारायण, राम मनोहर लोहिया इसके असंदिग्ध उदाहरण हैं। लक्ष्मीनारायण जी ड्राइंग रूम विचारक नहीं थे, वे अपने विचारों को समाज में फैलाने और समाज को अपने विचारों के अनुरूप बनाने में विश्वास रखते थे। जो जितना शोषित था लक्ष्मीनारायण जी के उतने ही पास था।

डॉ. लक्ष्मीनारायण सिलाकारी सागर के बीड़ी बनाने वाले मजदूरों के नेता थे। वे जानते थे कि बीड़ी मजदूरों का जितना शोषण होता है उतना किसी अन्य उत्पाद के कर्मियों का नहीं। सागर जैसे बुन्देलखण्ड के नगर में तो बीड़ी उद्योग घरेलू उद्योग जैसा ही है। सबेरे से पूरा परिवार बीड़ी बनाने के काम में जुट जाता है। बीड़ी बनाने के लिए तेंदू के पत्तों की छंटाई, उन्हें पानी से गीला करना, उन्हें काटना, बीड़ी के लिए तम्बाखू तैयार करना, बीड़ी के खोल में तम्बाखू भरकर उन्हें मुँह बन्द करना और धागे से बाँधना निम्नवर्ग के मुहल्लों का आम दृश्य है। इस धन्धे में पूँजी कुछ नहीं लगती, सारा कच्चामाल बीड़ी निर्माता, उद्योगपति का होता है। बीड़ी की छंटाई करते समय उद्योगपति के सट्टेदार आधी से अधिक बीड़ी को छाँटकर अलग कर देते है, ठीक नहीं बनी। बदले में बीड़ी बनाने वाले मजदूर को क्या मिलता है? छह आना के हिसाब से। सारी मिहनत बीड़ी कमागार की, अपने को तो बस थोड़े से पैसे और जीवन भर के रोग बलगम में खून, टी.बी., दमा। मजदूरों के घरों के सामने बीड़ी के पत्तों का ढेर और बदबू। डॉ. सिलाकारी जैसे संवेदनशील व्यक्ति को बीड़ी बनाने वालों की यह दुर्गति पसन्द नहीं थी। इस युग में जो भी श्रमजीवी असंगठित रहेगा, उसका शोषण होगा ही। सिलाकारी जी ने सागर में बीड़ी बनाने वाले मजदूरों का संगठन किया, उनके लिए स्वास्थ्य योजनाएँ बनाई और उनके श्रम के बदले पर्याप्त पारिश्रमिक की व्यवस्था की। बीड़ी उद्योग का नाम लेते ही जैसे नगर के बीड़ी उद्योगपतियों की याद आती है वैसे ही बीड़ी कर्मियों के नेता

डॉ. लक्ष्मीनारायण सिलाकारी की भी। बीड़ी मजदूरों के प्रति उनकी सहानुभूति केवल बौद्धिक नहीं थी, वह संवेदनात्मक थी। बीड़ी मजदूरों के यहाँ भोजन करना, उनके मांगलिक कार्यो में शरीक होना, उनके यहाँ होने वाली गमी में भाग लेना, उनके साथ पीना-पिलाना डॉ. सिलाकारी की दैनिक चर्या के हिस्से थे। बाद में उनके साथ प्रायः होते थे नगर के कांग्रेसी नेता और जनप्रिय कवि शिवकुमार श्रीवास्तव। बीड़ी मजदूरों के साथ निकटता के कई चित्र शिवकुमार के साहित्य में उपलब्ध है। उनकी एक कविता की पंक्तियाँ—

सुबह हुई
अम्मा बासन माज रही हैं
भौजी बीड़ी भांज रही हैं
बिन्ना काजल आंज रही हैं

निम्न वर्गीय समाज की महिला वर्ग का ऐसा बिम्बात्मक चित्रण हिन्दी के किसी अन्य कवि ने शायद ही किया हो। 'कठपुतलियों का दौर' जैसे उपन्यासों में शिवकुमार जी ने डॉ. सिलाकारी के साहचर्य के अपने अनुभवों का बड़ा मार्मिक चित्रण किया है।

सागर में एक शब्द प्रचलित है बीड़ीभांज। बीड़ीभांज समाज के निचले स्तर पर रहने वाला व्यक्ति है। मध्य युग के चुरकट्टा के समान। चुरकट यानी चरकट यानी चारा काटने वाला। बीपीएल का व्यक्ति। जैसे समाज में चुरकट्टा को सम्मान से नहीं देखा जाता वैसे ही बीड़ीभांज को भी। डॉ. सिलाकारी ने बीड़ी भांज जैसे समाज के उपेक्षित, तिरस्कृत, शोषित पात्रों को सम्मान दिलवाया, उनका जीवन स्तर सुधारने का उपाय किया। डॉ. लक्ष्मीनारायण सिलाकारी लाल टोपी लगाते थे पर लाल टोपी उनके सिर के ऊपर का परिधान नहीं था, वह उनके सिर के भीतर रहने वाली चेतना का परिधान था। जब तुर्की के मुस्तफा कमाल पाशा ने फैज कैप को तुर्की के नागरिकों के लिए अनिवार्य बना दिया था तब 'विश्व इतिहास की झलक' में पं. जवाहरलाल नेहरू ने लिखा था कि कमाल पाशा यह भूल गये लगते थे कि जो चीज महत्त्वपूर्ण है वह सिर के ऊपर नहीं रहती, सिर के भीतर रहती है। लक्ष्मीनारायण जी ने लाल टोपी को सागर में वर्ग संघर्ष का प्रतीक बना दिया था।

डॉ. लक्ष्मीनारायण सिलाकारी, ए.एम.एस., उम्र 33 साल बल्द पं. राधेलाल सिलाकारी, निवासी चकराघाट, तहसील सागर, जिला सागर ने सागर नगर पालिका के अध्यक्ष पद के लिए 1957 में चुनाव का फार्म भर तो दिया है पर उसे यह बाद में पता चला कि यह असमानों का युद्ध है। उसके विरुद्ध कौन खड़ा है? नगर के बीड़ी उद्योगपति चिन्तामन राव गोंदिया वाले। चिन्तामन राव केवल सागर नगर के ही बीड़ी सेठ नहीं थे, वे अखिल भारतीय बीड़ी मैनुफेकचरर्स एसोशियेन के अध्यक्ष भी थे। उनकी फर्में कहाँ नहीं थीं? उनका मुख्य कार्यालय दिल्ली में था। वे जबलपुर

को सेठ हरगोविन्द दास की फुहारा छाप, शेर छाप, पहलवान छाप जैसी बीड़ियों को टक्कर देते थे। सागर में कोई उन्हें सागर वाले के नाम से नहीं जानता था, सब उन्हें गोंदियावाले कहते। वे गोंदिया से आकर सागर में बस गये थे। विलक्षण व्यापार बुद्धि, मिष्टभाषी, सुदर्शन, एक बार जो उनसे मिल ले, उनका होकर रह जाये। वे जानते थे कि पूँजी से पूँजी कैसे कमाई जाती है। बीड़ी उद्योग में रहकर अब तक उन्हें पता चल गया था कि बीड़ी केवल तेंदू के पत्तों और तम्बाखू से नहीं बनती। बीड़ी बनाने के लिए तेंदू के पत्तों और तम्बाखू से भी ज्यादा जरूरी होती है गरीबी और बेकारी और लाचारी। उनके सट्टेदारों ने उन्हें बताया कि मालक, गोंदिया में काय की गरीबी? गरीबी देखनी होय तो सागर में आकर देखो चाहिए। गरीब गुरका के घर सबेरे रोटी बन गयी तो शाम को चूल्हा नईं परचत। नोन के पानी में डुबो के रोटी खा लई और अफर गये। कल की कल देखी जैहे। जिस के यहाँ रोटी के संगे दाल बन गयी या तीयन को जुगाड़ हो गऔ वे राजा नईं तो लम्बरदार। तांगा कित्ते लोग चलैंहें। पल्लेदारी कहाँ धरी है? मजदूरी की बिसात नइंया, सब्जी भाजी उगाबे खों। ने खेत, ने बाड़ी। सो गोंदिया वारे सेठने सागर में बीड़ी को उद्योग का खोलो, हमायै तो भाग जग गये। धनी के सट्टेदार मुहल्ले मुहल्ले घूमते और लोगों को बीड़ी बताने का सामान मुहैया कराते। तुमायै घर में लुगाई हैं, तीन जनीं, वे दिन भर का करत रैत हैं? उनसे कहो, वे सोई बीड़ी बनायै। हौ मालिक। सो सारा घर बीड़ी बनाने में लगा हुआ है। आजादी मिलने के बाद सारा सागर जैसे बीड़ी भांजों का नगर बन गया था। गोंदिया वाले सेठ ने समझ लिया कि बीड़ी उद्योग के लिए सागर से ज्यादा मुफीद जगह दूसरी नहीं है। लोगों की गरीबी और बेकारी के पहियों से सागर में बीड़ी की गाड़ी जो चली तो पुरब्याऊ, मछरयाई, शनीचरी, शुक्रवारी जैसे मुहल्ले बीड़ी के कारखानों में बदल गये। गृह उद्योग में रत बीड़ी मजदूर ने बीड़ी सेठ चिन्तामन राव को न देखा था, न कभी उनसे बात की थी। सट्टेदार आते और बीड़ी मजदूरों को गिनकर तेंदूपत्ती की गड्डियाँ, तम्बाखू दे जाते। कतरनी, खपचा, धागा भी सेठ का। हाँ, बीड़ी का सामान सहेजने के लिए सुपली मजदूर की। बीड़ी बनाने वाले मजदूर या जनी को छै आना हजार मिलते, सट्टेदार आधी से अधिकारी बीड़ी अगल कर देते, अगल यानी अलग यानी छांट यानी रिजेक्ट। हजार बीड़ी के बदले में छह आने।

बनारस हिन्दू विश्वविद्यालय से सागर के कर्मकांडी बेटे डॉ. लक्ष्मीनारायण ने आयुर्वेद की उपाधि प्राप्त की और सागर लौटकर म्यूनिसिपल हाई स्कूल के पास ठीक तीन बत्ती पर जब अपना दवाखाना खोला तो उसके यहाँ मरीजों का तांता लग गया। बीड़ी मालिक मजदूरों को बलगम में खून देता मजदूरों का डॉक्टर उन्हें तपेदिक से मुक्ति के उपाय बतलाता। सागर में लाल टोपियों की संख्या बढ़ रही थी। लाल टोपी उन दिनों सागर में गरीब गुरबो का रक्षा कवच बन गयी थी। डॉक्टर कहता

भैये, हम महात्मा गाँधी नोईं जो हर आँख के आंसू पोंछ सके पर इत्तो जान लो, हमें सागर के हर बीड़ी मजदूर के मुँह से निकलने वाला खून जरूर बन्द कर देने। वह चाहता था कि सागर का बीड़ी कामगर सुकून की नींद सोये, पेट भर रोटी खाये और उसके बेटे-बेटियाँ बीड़ीभांज न कहलायें। युवा डाक्टर सागर की टोपोग्राफी से परिचित था। सागर अजीब शहर है, तीन बत्ती से गुजराती बाजार तक तो समतल है बाकी सब टौरियाँ। टीरियाँ यानी छोटी पथरीली पहाड़ियाँ। सागर में मुख्य मार्ग तो बस तीन थे जो तीनों तीन बत्ती पर आकर मिलते। बाकी तो सब कुलियाँ। डा. लक्ष्मीनारायण संस्कृत का ज्ञाता था। वह जानता था कि कुलियाँ संस्कृत कल्या का बिगड़ा रूप है। जैसे नदी से नहरें। डॉ. लक्ष्मीनारायण ने तीन बत्ती को अपना केन्द्रीय कार्यालय बनाया। शहर का हर नेता चाहे वह शिवकुमार श्रीवास्तव हो, चाहे रघु ठाकुर, चाहे नारायण प्रसाद त्रिवेदी, चाहे बिट्ठल भाई हो या महेन्द्र फुसकेले, शाम को तीन बत्ती आना जरूरी समझता—तीन बत्ती नहीं तो स्टूडेंट बुक सेंटर या पटेरिया मिष्ठान भंडार। तीन बत्ती का कटरा बाजार सागर नगर के बुद्धि जीवियों की संगम स्थली थी। जहाँ इन दिनों डॉ गौर की प्रतिमा है वहाँ पुराने दिनों में तीन बत्तियाँ हुआ करती थीं, काँच की कंदीलें जो तीनों दिशाओं में उजेला फेंकती। तीन बत्ती के नीचे तख्त डाल लो, लो मंच तैयार है। डॉ. लक्ष्मीनारायण सिलाकारी अपनी लाल टोपी पहिन कर उस मंच पर से भाषण देता, तो मस्जिद तक फैले हुए लोग ठिठक जाते। उसकी जिह्वा पर सरस्वती का निवास था। वह स्त्रियों के लिए लक्ष्मी नहीं, लक्ष्मण था। मुहल्ले की स्त्रियाँ बताती थीं कि लक्ष्मीनारायण उन्हें आवाज से पहिचानता था, चेहरा देखकर नहीं। पता नहीं किसने उसका नाम लक्ष्मीनारायण रखा था नाम तो उसका होना था दरिद्र नारायण-दरिद्रों का नारायण पर नाम तो जो था वह था, इस चुनाव का वह क्या करे? न उसे दीनता आती थी, न पलायन। उसे बचपन में अपनी नानी से सुनी एक कहावत याद आयी, ओखली में सिर दिया है तो मूसलों का क्या डर। उसे मूसलों से बिल्कुल डर नहीं लगता था, क्योंकि वह जानता था कि मूसल कितने भी भारी हो, लाल टोपी का कुछ नहीं बिगाड़ सकते। सिर से जो खून बहेगा, वह लाल टोपी को और लाल ही बनायेगा। सागर सिलाकारी की ननिहाल थी, गली गली में उसके मामा, भानजे फैले हुए थे। वह मजदूरों का डॉक्टर था, वह बीड़ी बनाने वाले मजदूरों के रोगों का निवारण ही नहीं करता था, वह उनके दुःख दर्द में भी शामिल होता। यदि आप बुन्देलखण्ड में हैं तो रिश्तों से आप नहीं बच सकते। काय कक्का से जो रिश्तेदारी शुरू होती वह नाना जू तक पहुँचती। भैया, भनेज, ककिया ससुर, बड्डे, मँझले, छोटे-उस सम्बन्ध-ताल की सीढ़ियाँ थीं। सभी आत्मीयता और आदर के जल में डूबी हुई। सिलाकारी जी ने पहिले कर्रापुर में अपना दवाखाना खोला, फिर म्यूनिसिपल हाई स्कूल के पास में, त्रिवेदी जी की समोसे जलेबी की दूकान के बगल में। सिलाकारी जी की फीस थी

एक चवन्नी। पर चवन्नी भी नहीं है तो कोई बात नहीं, भैया, तुम्हें जल्दी नोने हो जाने। घर को कमैया आड़ो हो गयौ तो पूरे परिवार को उपासे रैन परत है। डॉक्टर के हाथों में जस था, वह मरीज को उठाकर मिट्टी भी दे देता तो मरीज अच्छा हो जाता। डॉक्टर के मरीज कौन थे, खाँसी के साथ बलगम में खून थूकते हुए अधेड़, खाँसी से चलनी हो गये फेफड़ों वाले बूढ़े और दमा से बेहाल हुए जवान। वह जो बोलता, हृदय से बोलता, अपने उर के रक्त में सानकर बोलता। शाम को लक्ष्मीनारायण को सुनने के लिए सभी कटरा में जुड़ते-धीरे धीरे कटरा की सीमेंट रोड लाल टोपी धारियों की रोड बन गयी। जीतेगा भई जीतेगा अपना साथी जीतेगा। दाहिने कोतवाली, बायें परकोटा और सामने मस्जिद तक केवल लक्ष्मीनारायण डॉक्टर का जलवा था। डॉक्टर भाषण देता जाता हरे धागे से बँधी सेठ गोंदियावाले के फर्म की बनी बीड़ी के सुट्टे भी लेता जाता मानो बताता। मैं मजदूरों के विरोधी को धुएँ में उड़ा दूँगा।

पर यह तो बात हुई-बड़े सयानों की। उनका क्या हो जो अभी बच्चे हैं। डॉक्टर जानता था—

वक्त से पहिले ही पक जाती हैं कच्ची उमरें
मुफलिसी नाम है बचपन में बड़ा होने का।

लक्ष्मीनारायण जी को समाजवाद का वह कथन याद आता है कि विश्व में वास्तविक क्रान्ति लौंडे-लपाड़ी ही करेंगे-लफूट। सो उसने लौंडे-लपाडियों को अपनी सेना में भरती कर लिया। तुम कुछ मत करो, केवल बचपन का खेल खेलो। डॉक्टर के चुनाव के दिन तो तीन बत्ती पर और स्टूडेंट बुक डिपो के तख्त पर कट जाते पर रात? रात को डॉक्टर को नींद नहीं आती। उसके घर के कबेलू यहाँ वहाँ से टूटे हुए हैं। अँधेरी रात में टूटे हुए कबेलुओं से अँधेरा कब आता है और कब जाता है, उसे पता नहीं चलता पर चाँदनी रातें तो उसके घर की पलस्तर उखड़ी दीवारों पर अजीब अजीब चित्रांकन करतीं। एक रात उसनींदे से डॉक्टर ने देखा कि वह बच्चा है—किशोर और लकड़ी के घोड़े जुती गाड़ी चला रहा है। बचपन में बुन्देल खण्ड में घुल्लों वाली गाड़ी चलाने का खेल निठल्ले मोड़े मोड़ियों का प्रिय खेल होता है। मान्यता है कि राम ने अश्वमेध यज्ञ के बाद दिग्विजय के लिए अपना घोड़ा छोड़ दिया था—उस घोड़े का प्रताप कुछ ऐसा था कि बड़े बड़ों की हिम्मत नहीं होती थी कि उस घोड़े की रास पकड़ ले। लव ने हिम्मत दिखाई। उसे पता नहीं था कि यह दिग्विजयी अश्व उसके पिताश्री के अश्वमेध का घोड़ा है। उस घोड़े की रास थामे थामे तेजस्वी लव वीर वेश में रामकथा कहता हुआ गली गली में घूम रहा है। घोड़े के प्रति वह अत्यधिक संवेदनशील है—बैठ धुल्ला पानी पी। उसनींदे डॉक्टर ने एक सपना देखा कि बीड़ी कामगारों के बेटों को वह लकड़ी के घोड़े वाली गाड़ी देगा—बनारस में विश्वनाथ की गली में उसने लकड़ी के बड़े सुन्दर चित्ताकर्षक घोड़े-हाथी देखे थे।

कभी कभी वह सुधा, मधु और ज्योति के लिए हाथी-घोड़े लाता भी। हाय हाय! बच्चे कितने खुश होते। उसने कल्पना की कि वह मिट्टी के चको वाली घोड़ा गाड़ी पर अपना चुनाव चिन्ह झोपड़ी रखवायेगा और उसे कटरा में घुमवायेगा। घुमवायेगा किससे? बेटा मधु, तुम घोड़ा गाड़ी पर रखी हुई खरपतवार की झोपड़ी के पहिले हँकैया होगे। उसे घर के पुस्तकालय में शूद्रक की 'मिट्टी की गाड़ी' मिल गयी है। वह बीड़ी कामगारों के बेटों को क्षुद्रक बनायेगा। दूसरे दिन डाक्टर तीन बत्ती पर बिछे तख्त से धुआंधार भाषण दे रहा है और उसका बेटा मधु अपने साथियों के साथ घोड़ा गाड़ी पर लदी झोपड़ी ढड़का रहा है। फिर तो यह खेल इतना किशोर प्रिय हुआ कि तीन बत्ती आने वाली हर गली घोड़े और झोपड़ी वाली गाड़ी सें भर गयी। कटरा उन दिनों गाड़ीवालों का कटरा बन गया। डॉ. लक्ष्मीनारायण सिलाकारी के चुनाव ने सागर नगर पालिका चुनाव को वर्ग संघर्ष का प्रतीक बना दिया। एक तरफ बीड़ी उद्योगपति की कारें, बग्घियाँ और ताँगे, दूसरी तरह लौंडों की मिट्टी की गाड़ियाँ। जीतेगी भई जीतेगी, अपनी गाड़ी जीतेगी। डॉ. सिलाकारी ने समाजवाद के अपने दीक्षा गुरुओं से लेनिन का वह अपर कथन सुना था कि विश्व में मजदूरों का सच्चा राज्य लौंडे लपाड़ियों और लफ्फंगों के कारण आयेगा। सो अपन सागर से यह प्रयोग शुरू करते हैं। लेनिन कितना बड़ा क्रान्तिद्रष्टा था, यह पता चल जायेगा। बीड़ी कामगारों के यहाँ बच्चों की कमी नहीं थी। बीड़ी उद्योग की तरह बच्चों का उत्पादन भी उनका प्रिय शगल था—उसने राधाकृष्णन के अमर ग्रन्थ 'इण्डियन फिलासफी' में पढ़ा था कि sex is the only in door game for the poor तो बीड़ी मजदूर से गरीब और कौन होगा और बीड़ी मजदूरों के बच्चों से ज्यादा बच्चे और किसके आँगन में होंगे? डॉ. सिलकारी यह भी जानते थे कि बीड़ी मजदूरों के यहाँ चूल्हा शाम को परचता है। बुन्देलखण्ड में यह कहावत प्रचलित है कि बनिये के यहाँ चूल्हा सबेरे, मजदूर के यहाँ शाम को और भड़या यानी चोर के यहाँ रात को जलता है सो बीड़ी मजदूरों को बेटों के खाने पीने की चिन्ता नहीं होती थी। वह जानता था कि उसका बेटा रात को जंगल से लाये तेंदू पत्तों की गड्डी सबेरे फड़ पर जमा करेगा, जो कुछ पैसे मिलेंगे, उनसे गुमटी पर समोसे का नाश्ता करेगा—एक गड़ा समोसा से उसका पेट भर जायेगा। पाँच समोसे बहुत होते हैं समोसा सागर निवासी का एक तरह से राष्ट्रीय खाद्य है—पेट में समोसा पहुँचते ही सागर का बूढ़ा हो चाहे जवान, लड़की हो या लड़का चैतन्य हो जाता है। बेटा दोपहर को भोजन के लिए घर मत आना। शाम को इकट्ठे ब्यालू के लिए ही आनादिन भर तीन बत्ती पर डॉक्टर साहब की झोपड़ी को घोड़ागाड़ी पर लादकर ढड़काना-अपन को डॉक्टर साहब को जिताना है। जीतेगा भई जीतेगा, अपना डॉक्टर जीतेगा। बीड़ी कामगारों का मसीहा जीतेगा।

चुनाव में मजदूरों के डॉक्टर लक्ष्मी नारायण सिलाकारी की जीत हुई। क्या तो

जुलूस निकला उसकी विजय का। मजदूरों ने उसे एक क्षण के लिए अपने कन्धों से नीचे उतरने ही नहीं दिया। तीन बत्ती से मस्जिद तक वे डॉक्टर को कन्धों पर लिए लिए नाचते रहे।

डॉ. लक्ष्मीनारायण सिलाकारी की अध्यक्षता के दिन सागर में लाल टोपी के वर्चस्व के दिन थे। उन्हीं दिनों यहाँ पेय जल की सुगम व्यवस्था हुई। आसपास के लोग पहिले अपनी बेटियों का ब्याह सागर में करने से हिचकते-हमाई फूल सी मोड़ी के मीठो पानी भरत भरत हड्डा घिसु जाने। पर नहीं, नये अध्यक्ष की प्राथमिकताओं में पेयजल है सार्वजनिक टी.बी. अस्पताल है, बच्चों की शिक्षा है, कुलियों की साफ सफाई है। सागर का सार्वजनिक स्तर सहसा ऊँचा हो गया है।

डॉ. सिलाकारी वाग्मी थे। उनसे अंग्रेजी में भाषण दिलवा लें, संस्कृत में वाद विवाद करवा लें, हिन्दी तो खैर उनकी मातृभाषा थी। अंग्रेजी भाषण में उनके आदर्श सर्वपल्ली थे–सर्वपल्ली राधाकृष्णन्। सर्वपल्ली अंग्रेजों से अधिक अच्छी अंग्रेजी बोलते। वाराणसी में रहते हुए लक्ष्मीनारायण ने उनको सुना था और यह भी सुना था कि एक बार जब राष्ट्रपति के रूप में वे लंदन गये थे तब हाऊस आफ कामंस और हाउस आफ लार्डस की समवेत संसद ने उन्हें सम्बोधन के लिए आमन्त्रित किया था। जब सर्वपल्ली बोल चुके तो इंग्लैंड के प्रधानमन्त्री ने औपचारिक धन्यवाद ज्ञापन किया। कहा कि भारत के राष्ट्रपति सर्वपल्ली राधाकृष्णन के अंग्रेजी भाषण के बाद उन्हें अंग्रेजी बोलते हुए ऐसा लग रहा है जैसे वे जुते हुए खेत में नंगे पावों दौड़ रहे हों। एक बार डॉ. लक्ष्मीनारायण को आइन्स्टीन पर बोलने के लिए आमन्त्रित किया गया, वह भी भौतिकीविदों के अन्तर्राष्ट्रीय समागम में, सागर विश्वविद्यालय में। तत्कालीन कुलपति पं. द्वारिका प्रसाद मिश्र ने तत्कालीन विभागाध्यक्ष से अनुरोध किया था कि सागर नगर पालिका अध्यक्ष डॉ. सिलाकारी से इस महत कार्य के लिए निवेदन किया जाये। भौतिकी के अध्यक्ष मन ही मन हँसे थे। भौतिकी परिषद् के सचिव डॉ. शिवरामन ने मुझे बताया कि हँसे तो वे भी थे पर कुलपति डॉ. मिश्र का अनुरोध किसी आदेश से कम नहीं था। कुलपति की नाराजी की तुलना में अपने और विभाग के सम्मुख उपहास का पात्र बनना उन्हें ज्यादा लाभकारी लगा। डॉ. सिलाकारी भौतिकी विभाग पहुँचे, शान्तिपुरी धोती, बँगाली काट के कुर्ते और शान्ति निकेतनी चप्पलों में। काँधे पर शान्ति निकेतनी झोला लटकाये। सभागार में उपस्थित भौतिकीविद हँसे थे पर डॉ. लक्ष्मीनारायण ने अंग्रेजी में दो वाक्य ही बोले थे कि हॉल में सनाका खिंच गया। आइन्स्टीन के बारे में उन्हें भी उतना पता नहीं था जितनी आयुर्वेद के स्नातक इस धोती कुर्ताधारी बुन्देलखण्डी डॉक्टर को पता था और अंग्रेजी उन्हें लगा कि ऐसी अंग्रेजी तो भारत में केवल एक ही व्यक्ति बोलता है–बोल सकता है–डॉ. एस. राधाकृष्णन्। उस दिन भौतिकी के अन्तर्राष्ट्रीय विद्वानों के सम्मुख सागर के लक्ष्मीनारायण ने 'विजयी विश्व' का झंडा सबसे ऊँचा

कर दिखाया था। संस्कृत महाविद्यालय में कालिदास पर बोलना होता तो संस्कृत के नामी गिरामी विद्वानों में देववाणी का ऐसा वक्ता तो दूसरा शायद ही होता। जीवन के अन्तिम दिनों में डॉ. सिलाकारी फौज से सेवा निवृत्त अपने बँगाली भृत्य टीकाराम भट्टाचार्य से बंगाली सीख रहे थे। हिन्दी और बुन्देली तो उनके लिए दाल की हैसियत रखते थे। उनकी भाषण कला में राधाकृष्णन का धारा प्रवाह, राममनोहर लोहिया की तेजस्विता ओर महामना मदन मोहन मालवीय की आत्मीयता होती। जिन्होंने भिलाई लौह संयत्र में पिघले हुए फौलाद की धारा को बहते हुए देखा है वे डॉ. लक्ष्मीनारायण की वाग्मिता का समुचित आकलन कर सकते हैं। डॉ. लक्ष्मीनारायण सिलाकारी के भाषणों में खुले हुए बिजली के तारों के समान आलोक फैलाने की शक्ति ही नहीं होती थी, वे बिजली के खुले तारों के समान झटका भी देते थे। उन्हें सुनने के बाद सुननेवाला वही नहीं रह जाता था जो वह सुनने के पहिले होता था। आप कल्पना कीजिए कि मंच पर खड़ा हुआ बेहद सुदर्शन, बेहद नयनाभिराम, बेहद कोमल कोमल प्राण व्यक्ति आग उगल रहा हो। वे मौलिक विचारक थे। वे जब भी बोलते, कुछ नया बोलते। वे रेगमाल थे, उनके संभाषण आपकी सारी जंग उतार देते। शब्दों का चुनाव उनका बिल्कुल अपना होता। उन्हें न अंग्रेजी शब्दों से परहेज था, न उर्दू लफ्जों से। वे बीच-बीच में बुन्देली की ऐसी छौंक लगाते कि उनके भाषण का जायका बढ़ जाता। मैं एक बार बुरा फँस गया। मैं 1978 में सीधा हिन्दी के प्रोफेसर पद पर सागर विश्वविद्यालय में नियुक्त हुआ था, माखनलाल चतुर्वेदी पीठ पर। कटरा के छात्र संघ गृह में कोई व्याख्यान था। मैं भी वहाँ पहुँचा था। डॉ. सिलकारी बोल चुके थे, अब मेरे बोलने की बारी थी। मेरी हालत राष्ट्रपति राधाकृष्णन के बोल चुकने के बाद इंग्लैंड के प्रधानमन्त्री जैसी थी। माखनलाल चतुर्वेदी अपने दौर के अद्‌भुत वक्ता थे, मैंने उन्हें मन ही मन स्मरण किया। दादा, मेरी लाज आज तुम्हारे हाथों में है। मैंने मुक्तिबोध के उस प्रसिद्ध चित्र से अपनी बात शुरू की जिसमें वे बीड़ी पी रहे हैं। बीड़ी साली बुझ-बुझ जाती है पर मुक्ति बोध उसे सुलगाने की जैसे जिद ठाने बैठें हों। मुक्तिबोध ने कभी सिगरेट नहीं पी थी, न ही कभी चुरुट या सिगार। ये नफीसों के पेय हैं। लक्ष्मीनारायण जी बीड़ी मजदूरों के नेता थे। वे भी बीड़ी पीने वाले। रोज कुआँ खोदकर रोज पानी पीने वाले। थूक के साथ लहू थूकने वाले बीड़ी कामगारों की जिन्दगी की बार-बार बुझने वाली बीड़ी में लौ उठाने में लगे हुए थे। ऐसे लोग कभी हारते नहीं। ऐसे लोगों का संघर्ष कभी खत्म नहीं होता। ऐसे लोगों के लिए बीड़ी भाँज होना न तो शर्म की बात है, न ही संकोच की। वे हमारी पूँजीवादी व्यवस्था की देन हैं। सूटबूट पहिने हुए, रेशमी टाई बाँधे हुए विश्वविद्यालय के किसी प्रोफेसर से उन्हें इस प्रकार के बीड़ी स्तवन और बीड़ी कामगारों के प्रति संवेदना की उम्मीद नहीं थी। मेरा भाषण खत्म हुआ तो लक्ष्मीनारायण सिलाकारी ने मुझे अपने गले से लगा लिया। बोले-यार, सागर में

तुम तो अपनी बिरादरी के आदमी हो। मैं उनका प्रिय बन गया। मेरी पहिली कमाई थी—अमूल्य और ऊष्मा से भरी हुई।

डॉ. सिलाकारी कबीर की जाति के थे, यदि उनका डी.एन.ए. टेस्ट किया जाता तो उसमें कबीर के 'अनभै साँचा" के गुण सूत्र मिलते। वे देश और समाज के यथार्थ को ललकार कर कहने से कभी नहीं चूके निराला की भाँति वे यह कहने का साहस रखते थे—आज की यह शर्वरी हिंस्र पशुओं से भरी। अपनी गर्वीली गरीबी के कारण उन्हें मुक्तिबोध के साथ खड़ा देखा जा सकता था। वे बीड़ी कामगारों के नेता थे उन्हीं के साथ उन्होंने स्वयं को तद्रुप कर लिया था उनका जीवनादर्श था—"जो है उससे बेहतर चाहिए।" अपने जीवन के अन्तिम क्षण तक वे परिवेश की बेहतरी के लिए हाँक लगाते रहे। 1989 का नवम्बर महीना था। डॉ. सिलाकारी तिली अस्पताल में भर्ती थे—L.V.F. के लिए। L.V.F. यानी लेपट बात्व फैल्योर के कारण। यदि मजदूर नेता का वाम वाल्व फेल हो जाये तो? मुक्तिबोध को भी वाम पक्ष के आघात के कारण अस्पताल में भर्ती किया गया था। प्रेमचन्द को भी वाम पक्ष की ही शिकायत थी। प्रेमचन्द को शैयाग्रस्त देखकर 'निराला' जी ने शिवरानी जी से कहा था—शेर को भरपूर गोली लगी है। सागर के शेर को भी भरपूर गोली लगी थी। तिली के सिविल सर्जन उनका उपचार कर रहे थे। डॉ. सिलाकारी अस्पताल में व्याप्त गन्दगी से सिविल सर्जन से उखड़ गये थे। डॉ. सिलकारी के पुत्र मधु को यह बात खली, उन्हें लगा कि चिकित्सारत डॉक्टर को डाँटना उचित नहीं है। उन्हें कवि की वाणी याद आयी-साँई ये न विरोधिये गुरु पंडित कवि यार। कवि यानी वैद्यराज यानी डॉक्टर। सी.एस. डॉ. चतुर्वेदी ने मधु के मन की बात शायद ताड़ ली थी। उन्होंने मधु को आश्वस्त किया—शेर अन्तिम क्षण तक शेर ही रहता है। शेर को दहाड़ने दो, मैं डॉक्टर हूँ शेर की दहाड़ से मेरे कर्तव्य पर कोई असर नहीं पड़ेगा। 21 नवम्बर 1989 को सागर का शेर नहीं रहा। शेर को बेड रेस्ट लेते हुए शायद ही किसी ने देखा हो पर बीड़ी मजदूरों के मसीहा के लिए जो कुछ है उससे बेहतर के लिए—आप किसी शेर को कैसे रोक सकते हैं?

भीमसेन त्यागी : न मिल पाने का अफसोस

मुझे जीवन में जिन बातों का अफसोस है, उनमें से एक है भीम सेन त्यागी से न मिल पाना। एक कथाकार और सम्पादक के रूप में तो मैं उन्हें जानता था पर मेरा उनसे कोई व्यक्तिगत परिचय नहीं था। उनका इधर के समारोहों और गोष्ठियों में कभी आना-जाना नहीं हुआ और मैं दिल्ली गया भी तो अपने पूर्व परिचितों और मित्रों से मिलकर लौट आया। भीमसेन जी से मिलना सम्भव नहीं हुआ। दिल्ली में इतने मठ और मठाधीश हैं कि उन सबसे मिलने के लिए आपको दिल्ली में ही बस जाना चाहिए। जब मैं संस्मरण लेखक के रूप थोड़ा बदनाम हुआ तो भीमसेन जी ने मुझको लिखा कि आप दिल्ली तो आते ही रहते होंगे, अगली बार जब भी आयें तो मुझे अवश्य सूचित करें, मैं स्वयं आपसे आकर मिल लूँगा। मुझे यह बदतमीजी लगी कि आप तो इतने व्यस्त हैं कि किसी से मिलने का समय नहीं निकाल पा रहे और सामने वाले को भटका रहे हैं। कई लोग होते हैं जो आप को दिन में दस बार टेलीफोन करते हैं पर दूसरों से यही कहते हैं कि क्या करूँ, दिन भर जब देखो तब उनके टेलीफोन आते रहते हैं और आज तो गजब हो गया, बिना सूचना दिये ही फलां आ धमके। कस्बाई मानसिकता। भीमसेन जी का बचपन जरवल (बहराइच) और बुढ़ापा (मुजफ्फरनगर) जैसे कस्बों में बीता था। मैं तो खैर, ठेठ कस्बाई भी नहीं, बैकुंठपुर जैसे धुर आदिवासी क्षेत्र का था। पर चूँकि मैं त्यागी जी का सम्मान भी करता था, उनसे प्रेम तो बाद में हुआ, इसलिए सोचा कि दिल्ली जाऊँगा तो भीम जी से मिलकर ही लौटूँगा। पर इसी बीच इन्दौर की 'नयी दुनिया' से मुझे समीक्षा के लिए एक उपन्यास मिला—'जमीन'। नाम की ही तरह सीधा, सच्चा, साफ सुथरा और बाँधने वाला। बिना किसी शिल्पगत पेचोखम के अपनी सहजता में बिल्कुल प्रेमचन्द्र के उपन्यासों की तरह। मैंने उस पर समीक्षा लिखी-लिखा कि यदि यह उपन्यास प्रेमचन्द जी पढ़ पाते तो 'जमीन' की पछाँही में कहते—'वाह पुत्तर, तैं तो मेरा सच्चा वारिस निकला'। किसी ने मेरी समीक्षा की कटिंग भीमसेन जी को भेजी। प्रेमचन्द, भीमसेन जी के दिलो दिमाग पर छाये रहते हैं "प्रेमचन्द्र का सम्पूर्ण साहित्य इस दुःख से (वंचितों और शोषितों के दुःख से) साक्षात्कार का साहित्य है।

साक्षात्कार के अतिरिक्त उस दुःख के कारणों की गहरी छानबीन, समाज के विभिन्न वर्गों के राजनीतिक, आर्थिक, सामाजिक तथा सांस्कृतिक अन्तः सम्बन्धों की परख और उन्हें बेहतर बना सकने की ललक—ये सब प्रेमचन्द्र की चिन्ता के विषय थे। वह शाश्वतता के पीछे न भागकर सार्थक साहित्य सृजन के पक्षधर थे।" भीमसेन त्यागी भी सार्थक साहित्य-सृजन के पक्षधर थे। मुझे 'जमीन' उपन्यास सार्थक लगा—नेहरू युग के मोहभंग की कथा—अपनी सारी उपलब्धियों और कदर्थताओं के साथ। लोगों ने मुझसे कहा भी कि आप पुस्तक समीक्षा लिखकर अपना वक्त क्यों जाया करते हैं। पुस्तक समीक्षा अब या तो तदर्थ व्याख्याता लिखते हैं या शोधछात्र। मुझे उनके इस कथन में एक गर्राहट लगी। यानी दूसरा तो अपने जीवन का निचोड़ प्रस्तुत कर रहा है और आप इतने महान् बने बैठे हैं कि आप के पास न तो नया कुछ पढ़ने का समय है, न ही उस पर कुछ लिखने का। भीमसेन जी को भी हिन्दी समीक्षकों की इस 'होलियर दैन दाऊ' वाली मनोवृत्ति से घनघोर वितृष्णा थी। वे स्वयं अच्छी रचनाओं के पाठक और प्रशंसक थे। दूसरों की प्रशंसा करने में उन्हें कठिनाई नहीं होती थी। वे अच्छे लेखक का एक गुण यह भी मानते थे कि वह अपने पीढ़ी के लेखकों को ही नहीं, अपने से युवतर लेखकों को भी पढ़े, उनका मार्गदर्शन करे और उन्हें प्रोत्साहित करे। 'भारतीय लेखक' के संस्मरण अंक के लिए उन्होंने मुझसे एक संस्मरण चाहा। इसके अतिथि सम्पादक हरिपाल त्यागी थे—स्वयं भी कुशल कथाकार और श्रेष्ठ संस्मरण लेखक। मैंने एक संस्मरण लिखा था—ताजमहल के पिछवाड़े का कवि-नजीर अकबराबादी। यह संस्मरण विधा में एक नया प्रयोग था। जिससे आप कभी मिले नहीं, जो आपका समसामयिक नहीं है, क्या उस पर भी संस्मरण लिखा जा सकता है? हाँ, लिखा जा सकता है। संस्मरण व्यक्तियों पर ही लिखे जायें, यह क्यों अनिवार्य हो? क्या किसी पेड़ पर, पशु या पक्षी पर, परिवेश पर, किसी मज़ार पर संस्मरण लिखना उचित नहीं है? उचित और सम्भव? 'भारतीय लेखक' में 'ताजमहल के पिछवाड़े का कवि' छपा। भीमसेन जी त्यागी ने मुझे गुलदस्ता भेजा—"संस्मरण विशेषांक पर प्रतिक्रिया आनी शुरू हो गयी हैं। कई लेखकों और पाठकों ने 'ताजमहल के पिछवाड़े का कवि' को अंक की सर्वश्रेष्ठ रचना माना है। मैं तो पहिले ही माने बैठा था।' वगैरह वगैरह।

भीमसेन जी अँगुली पकड़कर पहुँचा पकड़ने की कला में सिद्धहस्त थे। ऐसा वे किसी चतुराईवश नहीं करते थे, आत्मीयता वश करते थे। उन्होंने नज़ीर के वहाने मेरी अँगुली पकड़ी फिर धीरे से परसाई के बहाने मेरा पहुँचा पकड़ लिया। मैं न उँगली छुड़ा पाया, न पहुँचा। उनकी पकड़ में जबर्दस्त ऊष्मा, जबर्दस्त जोश और जबर्दस्त आत्मीयता होती थी—सभी एक ईमानदारी की डोर में बँधी हुई। उनका पहुँचा पकड़ने का अन्दाज देखिए :

"संस्मरण अंक का काम तो पूरा हुआ, अब परसाई अंक सामने है। इसका भार

कमजोर कन्धों पर नहीं, सबसे बलिष्ठ कन्धों पर है। आश्वस्त हूँ कि आप दूसरी व्यस्तताओं के साथ परसाई के इस काम को भी पूरी संलग्नता के साथ अंजाम देंगे। अंक परसाई जी और आपकी गरिमा के अनुरूप होगा ही। अच्छा हो, अंक का एक प्रारूप तैयार कर लें और एक सुनिश्चित योजना के अनुरूप परसाई के व्यक्तित्व और कृतित्व के सभी पक्षों का मूल्यांकन करने का प्रयास करें। दिल्ली में जिन मित्रों को आमन्त्रित करना है उनकी सूची मुझे भेज दें ताकि मैं उन्हें फोन पर खड़खड़ाता रहूँ। इसके अतिरिक्त मेरे योग्य जो भी काम हो, निः संकोच लिखें।"

जालिम की यही अदा जानलेवा थी। बाहों में आपको बाँधे है और न कहने का मौका ही नहीं दे रहा है। उसकी इस दिलकश अदा के सामने जो कमबख्त न कहना चाहे, वो वाकई कमबख्त।

भीमसेन जी अपने लेखन और सम्पादन को अलग अलग नहीं मानते थे। दोनों उनकी रचनात्मकता के पहलू थे। उनका सारा साहित्य-कर्म जीवन को बेहतर बनाने का उपक्रम था इसलिए प्रारम्भ से ही वे सम्पादन के प्रति भी गम्भीर थे और लेखन के प्रति भी। उन्हें जब भी किसी पत्रिका के सम्पादन का अवसर मिला, उन्होंने उसका भरपूर उपयोग किया। मैंने टेलीफोन पर उन्हें लखनऊ के एक नबाब का किस्सा सुनाया। लखनऊ के नवाब साहब ने जीवन में पहिली वार टाइपराइटर देखा। देखा तो देखते रह गये। बोले—खुदा भी बड़ा कारसाज है—क्या क्या चीजें उसकी कायनात में मौजूद हैं। मारो कहीं, लगे वहीं। भीमसेन त्यागी भी हिन्दी कायनात के उन उदाहरणों में थे जो मारो कहीं, लगे वहीं। उनके व्यवहार और विचारधारा में कोई फाँक नहीं थी। उनकी कहानियाँ पढ़ें, उनके उपन्यास देखें, उनके सम्पादकीयों में से होकर गुजरें-सब में वही लक्ष्योन्मुखता, वही एकाग्र दृष्टि, तीर की तरह चलने का वही भाव विद्यमान था। परसाई अंक की सामग्री भेज चुकने के बाद मुझे अनुराग का पत्र मिला। लिखा कि त्यागी जी ने सारी सामग्री देख ली है। वह छपकर आ पाती कि 19 सितम्बर 2006 को उन्हें जाना पड़ा। परसाई अंक में त्यागी जी का कुछ न होना मुझे खल रहा था। वैसे इस अंक में सब कुछ उन्हीं का था—मैं तो बस निमित्त मात्र था। अनुराग ने मेरी कसक समझी और मुझे भीमसेन जी का लिखा एक व्यक्तिगत पत्र भेजा। यह पत्र त्यागी जी ने हरिशंकर परसाई को लिखा था 'एक और भी बड़ी चोरी' के नाम से। वहीं फक्कड़ाना अन्दाज, वही परसाइत। फैंटेसी का वही कमाल। परसाई जी ने एक लेख लिखा था—'एक बड़ी चोरी' जिसमें उन्होंने अपने घर में चोरी कराने की महत्त्वाकांक्षा का इज़हार किया था। "जिसके यहाँ आयकर वालों का छापा न पड़े, जिसके यहाँ कोई बड़ी चोरी न हो, जिसके घर में एकाध हवालात में रह चुका नेता न हो वह हमारे समाज में बड़ा आदमी नहीं माना जाता।" परसाई फैंटेसी रचने की कला के उस्ताद हैं। भीमसेन जी उस फैंटेसी में गिरह लगाते हैं—कहते हैं—"हाँ, तो तुम तैयार रहना, बन्धु। प्रतिष्ठा का क्षण

आने ही वाला है। पूरे शहर में मुनादी करवा दो कि तुम्हारी पात्रता स्वीकार कर ली गयी है। मैं तुम्हारे यहाँ चोरी करना चाहता हूँ। लेकिन तुम्हारे 50 हजार रुपयों, सोने के कलम और कलमदान-कुंडल और सोने के टी सेट में मेरी कतई दिलचस्पी नहीं है। दिलचस्पी तो खैर है लेकिन मैं जानता हूँ कि यह तमाम सामान तुम्हारे दो तालों में बन्द घर में नहीं हैं। हाँ, इन सबसे कहीं ज्यादा कीमती कुछ चीजें तुम्हारे पास जरूर है तुम्हारा दिमाग, दूसरी चीज दायें हाथ की उंगलियाँ और तीसरी चीज है तुम्हारी विषबुझी मुस्कान। इन तीनों चीजों को चुराने के लिए मैं जल्दी ही किसी दिन आ रहा हूँ। मुझे विश्वास है कि अगर मेरी यह पहली चोरी फल गयी तो तुम्हें चोरी कराने का विज्ञापन देने पर अफसोस होगा।"

क्या इस चोरी प्रसंग को पढ़कर आपको भारतेन्दु युगीन 'राजा भोज का सपना' या 'एक अद्‌भुत अपूर्व स्वप्न की याद नहीं आती? मुझे तो आती है। यह हमारे जातीय यथार्थ की परम्परा है। यह राजा शिव प्रसाद 'सितारे हिन्द' और भारतेन्दु हरिश्चन्द्र की परम्परा की फैंटेसी है। यह उस चिट्ठे की अगली कड़ी है जो बालमुकुंद गुप्त ने शिवशम्भु के चिट्ठे के नाम से सार्वजनिक उपभोग के लिए लिखा था। परसाई की रचनात्मकता को इससे बड़ा रिकागनीशन किसी दूसरे ने नहीं दिया। यही विट, यही कल्पना का रचनात्मक वितान, यथार्थ की यही पकड़ भीमसेन को भीम बनाती है—शक्ति सम्पन्न, जुझारू, न दैन्यन न च पलायनम्‌ की अपराजेय जिजीविषा से आप्लावित।

त्यागी जी की प्राणों की बाती छीज रही है। पर इससे वे न हताश हैं, न निष्क्रिय। लिखना उनके लिए सम्भव नहीं रह गया है पर पत्रों का उत्तर वे अनुराग से दिलवा रहे हैं, अपना कथात्मक उपन्यास पूरा करने के लिए वे कम्प्यूटर सीख रहे हैं, पढ़ रहे हैं, मित्रों से गपशप कर रहे हैं। बिस्तर पर गावतकिया लग गया है, वे अध लेटे हैं, सोचते जाते हैं और लिखते जाते हैं। वे हाथों से लिखते थे—यह कहना उतना सही नहीं है जितना यह कहना कि वे हाथों की अँगुलियों से सोचते थे और हाथों की अँगुलियों से ही लिखते भी थे। सोचना और लिखने में कोई मध्यस्थता, कोई व्यवधान उन्हें पसन्द नहीं था। हरिपाल त्यागी, विवेक और अनुराग ने उन्हें सुझाव दिया कि वे डिक्टेट कर दिया करें और फाइनल एक बार देख लें। पर यह उनकी फितरत नहीं थी। मैंने सोचा कि अब उन्हें पत्र लिखने से ज्यादा ठीक होगा टेलीफोन पर उनसे बात करना। बे टेलीफोन पर बातें करते करते, कहते'—"सागर की बाढ़ और उसके दुष्प्रभाव समापन पर होंगे। बाढ़-सूखा और शीत सब गरीबों को ही सताते हैं। जो लोग बेघर हो गये, शासन उनके लिए राहत के नाम पर कुछ नहीं कर पाता।"

असल में टेलीफोन पर संवाद करने की सूझ मुझे उनके एक पत्र से मिली। मैंने उनको दो पत्र लिखे होंगे—काफी अर्सा बीत गया पर उत्तर नहीं। यह तो भीम

जी जैसी बात नहीं न हुई। पर अचानक एक दिन उनका पत्र आया—इस बार न बन्धुवर कान्तिकुमार के नाम, न ही प्रिय कान्ति जी के नाम। सीधे प्यारे भाई के नाम। मैं पत्र के मुखड़े से ही पत्र लेखक का मूड, उसके अन्तरंग में व्याप्त भावावरण को भाँप लेता हूँ। समझ गया कि प्यारे भाई भीम जी के मन में कोई ग्लानि है जिसका प्रक्षालन करने के लिए वे प्यारे भाई का स्प्रिंग बोर्ड तैयार कर रहे हैं। प्यारे भाई को सूचित किया जा रहा है कि "यह तो गजब हो गया। संलग्न दोनों पत्र दो महीने से भी अधिक पहले लिखे गये थे और मैं और अनुराग आपके उत्तर की प्रतीक्षा करते रहे थे। कई दिन उत्तर न आया तो मान लिया कि आप व्यवस्तता के कारण नहीं लिख सके। फिर मुझे इलाज के लिए जयपुर जाना पड़ा। वहाँ से आये भी कई दिन बीत गये। मैं आपके उत्तर की प्रतीक्षा के बाद दोबारा लिखने की सोच ही रहा था कि एक फाइल में दबे ये दोनों पत्र मिल गये। असावधानी से ये डिस्पैच होने से रह गये थे और फाइल में दब गये थे। समझा में नहीं आ रहा-इस विडम्बना पर रोऊँ या हँसू?"

यह तो अच्छा हुआ कि उन्हें हरिपाल जी जैसे आत्मीय और विश्वसनीय सुहृद मिले। जैसे कृष्ण की गोपियों के पास उद्धव से नैनों से, बैनों से और सैनों से बहुत कुछ कह लेने के बाद भी कहने के लिए बहुत कुछ बचा रहता था जिसकी अभिव्यक्ति वे 'हिचकीनि' के माध्यम से ही कर पाते थे वैसे ही मेरे लिए हरिपाल जी और अनुराग के पत्र भीमसेन जी की हिचकियाँ थे, हरिपाल जी और अनुराग के पत्र आते तो मैं समझ जाता कि मेरे भाई को हिचकियाँ आ रही होंगी। उन्हें हिचकियाँ आने का अर्थ था वे अपने परम आत्मीयों को याद कर रहे हैं। अनुराग मुझे लिखते कि त्यागी जी आपको बहुत याद करते हैं। थोड़ा बहुत बोलने की स्थिति में होते हैं तो परसाई अंक के बारे में जरूर बात करते हैं। हरिपाल जी डियर कान्तिकुमार जी को बताते कि "संस्मरण अंक की सफलता से भीमसेन जी प्रसन्न हैं। इस अंक को पाठकों और लेखकों से काफी प्रशंसा मिल रही है। उसका सबसे बड़ा भाग मैं आपको सौंप रहा हूँ।"

मैं धीरे धीरे अनजाने ही 'भारतीय लेखक' परिवार का अन्तरंग सदस्य बन गया। अपने सम्पादन दायित्व के साथ अपने लेखन दायित्व के प्रति भी वे पूरी तरह सजग थे। 'जमीन' दो को पूरा करने के लिए मैं उन्हें बराबर कोंचता रहा हूँ। पत्रों से भी, दूरभाष पर भी। मैं जानता हूँ कि उनका स्वास्थ्य खराब है पर इसीलिए तो अधूरे काम प्राथमिकता के आधार पर पूरे करने होंगे। वे मेरी बात से सहमत हैं। लिखते हैं—मेरा स्वास्थ्य धीमी गति से निरन्तर सुधार पर है। इसी गति से "जमीन" दो पर काम कर रहा हूँ। निश्चिन्त रहें इसे पूरा किये बिना जाने वाला नहीं हूँ।

भीमसेन जी, आपके मुँह में घी शक्कर। वायदा खिलाफी मत कीजियेगा। आप जैसे लोग वायदा खिलाफी करें तो अच्छा नहीं लगता।

पता नहीं, वे 'जमीन' को कितना लिख पाये। उन्होंने जितना भी लिखा होगा स्वतन्त्र भारत की—नेहरू युगीन भारत की—सच्ची तस्वीर होंगी। पूरा सूर्य न भी दिखे, प्रिज्म में उसके सातों रंग तो दिखाई पड़ते ही हैं। भीमसेन जी का लेखन बिल्लौरी काँच जैसा था—कम लिखा ज्यादा समझना। पाठक को वे समझदार मानते थे, उससे वे वरदहस्त या अभयदान की मुद्रा में रूबरू नहीं होते थे मित्र की मुद्रा में होते थे—गलबहियाँ डालकर। कुछ तुम कहो, कुछ हम कहें। तुम हमारे मन की समझो, हम तुम्हारे मन की।

उनका यह स्वरूप उनके रचनात्मक लेखन में ही प्रत्यक्ष नहीं होता, उनके सम्पादकीयों में भी दिखता है। उनके सम्पादकीयों के लिए ही जैसे रामानुजलाल श्रीवास्तव ने लिखा था "न ग़ज़ल है, न गीत है प्यारे, दिल की दिल से बातचीत है प्यारे।" वे "भारतीय लेखक" के हर अंक में 'दशा और दिशा' के नाम से साहित्य, समाज, राजनीति के ज्वलंत मुद्दों पर लिखते थे। वे मानते थे कि सम्पादक का काम रचनाओं को एकत्र करना भर नहीं है, पाठकों को जागृत करना भी है। इसीलिए इन सम्पादकीयों में भीमसेन जी एक साहित्यकार से ऊपर उठकर एक सजग नागरिक के रूप में हमारे सामने आते हैं। किसी भी अच्छी पत्रिका की पहिली पहिचान मेरी दृष्टि में यह है कि पाठक रचनाओं को पढ़ने से पहिले उसका सम्पादकीय पढ़े। 'भारतीय लेखक' के संस्मरण अंक के औचित्य को सिद्ध करते हुए भीमसेन जी ने लिखा—"अपने समय के द्वन्द्वपूर्ण यथार्थ से टकराने के लिए समर्थ लेखक के प्रामाणिक रचना संसार की सम्भावनाओं का आकलन साहित्य सृष्टा के सामने एक बड़ी चुनौती है। संस्मरण साहित्य इसी चुनौती का स्वीकार है।" वे मानते थे कि भविष्य का साहित्य कल्पना आधारित न हो, यथार्थ जीवन का यथार्थ सृजन ही हो। यह सृजन अधिक प्रामाणिक और इसीलिए अधिक विश्वसनीय भी होगा। "त्यागी जी साहित्य और जीवन की समस्याओं पर व्यावहारिक दृष्टिकोण से विचार करने के आदी थी। न कोई काल्पनिक यूटोपिया, न ही कोई स्वप्न का जादू महल, किसी वाद का कोई दसघोंटू शिकंजा भी नहीं। जीवन जैसा है वैसा और उसी के अनुकूल उसे बेहतर बनाने की चेष्टा। उनकी यही चेष्टा उन्हें पठनीय, विश्वसनीय और आत्मीय बनाती है।

भीमसेन जी किसी भी समस्या पर एक वकील की तरह विचार करते थे। समस्या को प्रस्तुत करने का उनका तरीका पिरामिडों की तरह था। पहिले वे समस्या की पूरी जमीन तैयार करते, फिर धीरे-धीरे उसका आयतन कम करते जाते। शीर्ष पर पहुँचकर वे समस्या को एकाग्र करते। उनकी इस कला का आला उदाहरण है "भारतीय लेखक" के अप्रैल-जून 2003 के अंक में प्रकाशित "तीनों लेखक संगठनों को विसर्जित कर, साझा लेखक-संगठन बनायें।" इस सम्पादकीय में वे त्रिलोचन, मैंनेजर पाण्डेय, जसम की वैचारिकता की प्रामाणिकता को खंगालते हैं। सम्पादकीय

में भीमसेन जी किसी को नहीं बख्शते। उनका यह सम्पादकीय हिन्दी में प्रगतिशील विचारधारा के पनपने और बिखरने की बड़ी त्रासद रिपोर्ट पेश करता है। उन्होंने अपने सम्पादकीय में एक प्रसंग का उल्लेख किया है।

कुआओ मो-जो चीन के महत्त्वपूर्ण लेखक थे। वह जितने बड़े लेखक थे, उतने ही कड़े कम्युनिस्ट भी। अध्यक्ष माओ-जे-डोंग ने कुआओ मो-जो से कहा—मैं आपको कुछ बड़ी जिम्मेदारी सौंपना चाहता हूँ। आप पार्टी के सदस्य बन जाइये।

कुआओ मो-जो ने उत्तर दिया—कामरेड, मैं लेखक पहिले हूँ और राजनीतिक कार्यकर्ता बाद में। पार्टी की सदस्यता लेने का मतलब है—पार्टी के हर निर्णय को स्वीकार करना। मैं पार्टी के किसी निर्णय से असहमत भी हो सकता हूँ और उस असहमति की प्रकट करना अपना लेखकीय दायित्व समझता हूँ।

काश, हिन्दी के लेखक कुआओ मो—जो जैसी हिम्मत और ईमानदारी का परिचय दे सकते। और 'पदो का मोह छोड़कर' एक साझा मंच पर आ सकते और एक साझा लेखक संगठन बना सकते।

भीमसेन त्यागी व्यक्ति के छल, छद्म अथवा अतिरिक्त चतुराई को न तो अनदेखा करते थे, न ही उसको उजागर करने में कोई कोताही। उन्हें चाटुकारिता पसन्द नहीं थी, वे दूसरों को लंगड़ी मारकर आगे बढ़नेवालों को क्षमा नहीं करते थे। 'भारतीय लेखक' के जुलाई-सितबर 04 की दशा-दिशा में उन्होंने 'चक्रव्यूह में साहित्य अकादमी' शीर्षक बड़ा तीखा सम्पादकीय लिखा जिसमें उन्होंने न गोपीचन्द नारंग को बख्शा, न ही नामदेव दसाल को। कमलेश्वर को भी नहीं। त्यागी जी ने बड़े दुःख से लिखा कि "बदली हुई परिस्थितियों में आदर्श और सिद्धान्त हार गये और संस्थाएँ भ्रष्टाचार से सुनियोजित ढंग से चलाने का माध्यम बन गयी। वे अपने घोषित उद्देश्य से भटक गयीं। वे अवसरवादी लोगों की महत्त्वाकांक्षाओं का शिकार हो गयीं।" इस प्रवृत्ति का बड़ा रोचक वर्णन परसाई जी ने मुझे लिखे अपने एक पत्र में किया था। लिखा था कि हमारा लोकतन्त्र बेरी पर आम फलाने की कला में पारंगत हो गया है। बेरी पर आम फलाने वालों को त्यागी जी बख्शते नहीं थे, चाहे वे उनके कितने ही करीब क्यों न हों। त्यागी जी ने अपने मित्र कमलेश्वर की इस कला पर भी टिप्पणी की। लिखा—"कमलेश्वर ने अपनी छद्म प्रगतिशीलता को धता बताकर अध्यक्ष के चुनाव में भाजपा के उम्मीदवार का समर्थन किया था। इसलिए उनके दोयम दर्जे के उपन्यास 'कितने पाकिस्तान' को पुरस्कृत किया गया।"

त्यागी जी दक्षिण पन्थ के खतरों से परिचित थे। अपने सम्पादकीयों में वे यह लिखना नहीं भूलते थे कि "यह कैसा समय है कि जिस देश में करोड़ों की तादाद में बेरोजगार युवक सड़कों पर भटक रहे हों, लोगों को पेट भर अन्न और पीने का पानी तक न मिल रहा हो, हजारों की संख्या में किसान आत्महत्या करने के लिए मजबूर हों, उस देश के नेता बेशर्मी से कहें India is shining, Feel Good।"

भाजपा के भाषा तथा संस्कृति प्रेम के भी वे लत्ते लेते हैं। फिजी के विश्व हिन्दी सम्मेलन के दौरान जो कुछ हुआ, वह दुःखी करने वाला था। वहाँ किस तरह हिन्दी की लाज' उतारी जा रही थी, उसे देखकर विभिन्न देशों के हिन्दी प्रतिनिधि हतप्रभ रह गये और कमलेश्वर की आँखों में तो आँसू आ गये लेकिन कमलेश्वर को विश्व हिन्दी सम्मेलन में जाने से पहिले सोचना चाहिए था कि वे भारत की किस सरकार की ओर से सम्मेलन में जा रहे हैं, उसकी असली मंशा क्या है? "मैंने कमलेश्वर की असली मंशा का उद्घाटन करने वाला एक तीखा लेख उन्हें भेजा–'कमलेश्वर की दास्ताने दारू, दारा और दावत।' वह कुछ ज्यादा ही तीखा था। भीमसेन जी में गाँधी जी की या कहूँ तो प्रेमचन्द की मर्यादा और नैतिकता का भी संस्पर्श था। नारियों की मर्यादा का उन्हें ध्यान रहता था। गृहस्थी की मर्यादाओं का भी उन्होंने मुझे लिखा कि आपके लेख में डोज़ थोड़ा हेवी हो गया है। और वह उन्होंने नहीं छापा। पर इससे मेरे मन में उनके प्रति न सम्मान कम हुआ, न ही आत्मीयता। मैं उनकी लाचारी समझ गया। वे मेरी आक्रामकता पर अंकुश लगाते रहते थे। इलाहाबाद के अभिनव ओझा और अम्बाला कैंट के स्वामी वाहिद काजमी मौके बेमौके मेरे संस्मरणों से अपनी नाइत्ताकाफी जाहिर करते रहते थे। मुझे मूढ़ता से एलर्जी है! मैंने 'वागर्थ' में ओझा जी और स्वामी जी को कठघरे में खड़ा किया। इसके पहिले मैं कमलेश्वर ओर गोपाल राय को भी कठघरे में खड़ा कर चुका था। भीमसेन जी ने लिखा कि "कमलेश्वर और गोपाल राय तो फिर भी ठीक हैं पर अभिनव ओझा और स्वामी वाहिद काजमी जैसे टाम, डिकों पर आप अपनी शक्ति क्यों जाया करते हैं? उन्हें उनके हाल पर छोड़ दें।" भीमसेन जी ने टामडिक लिखा कि मैं होता तो ऐरे गैरे नत्थू खैरे लिखता, मैं भीमसेन जी का इशारा समझ गया। अभिनव और स्वामी जैसे लोग बदनाम होना ही इसलिए चाहते हैं कि उनका थोड़ा बहुत नाम हों जाये। मैंने भीम भाई की सलाह मानी और अपनी पुस्तक 'अब तो बात फैल गयी' से अभिनव ओझा और स्वामी वाहिद काज़मी वाली टिप्पणियां निकाल दीं। ओझा और स्वामी जैसे धुर्र नासमझों के लिए, मुझे भीमसेन जी की हिकमत अमली मुफीद लगी।

मुझे वे व्यक्ति करिश्माई लगते हैं जो अपनी मृत्यु के वरण के लिए ठीक उसी दिन या तिथि का चयन करते हैं जो उनके जन्म का दिन या तिथि भी होती है। वरण सम्भवतः गलत शब्द है। हममें से कोई न तो अपने जन्म के क्षण को सुनिश्चित कर सकता है, न ही अपनी मृत्यु की तिथि या दिनांक का। सभवतः यह संयोग ही होता हो। टाल्सटाय की प्रसिद्ध कहानी 'आदमी को कितनी जमीन चाहिए' में नायक पोखम अपनी यात्रा ठीक सूर्योदय के साथ प्रारम्भ करता है। शर्त यही है कि वह सूर्य के बिम्ब के अस्त होने तक ठीक वहीं पहुँच जायेगा जहाँ से उसने यात्रा प्रारम्भ की थी। पर जमीन की माया, उर्वर धरती का मोह, नदी-निर्झर सिंचित खेतों का आकर्षण उसे भटकाता है और जब सूर्यस्त होने को होता है तो वह अचेत

होकर गिर पड़ता है अपने लक्ष्य से बस पाँच छह हाथ दूर। आदमी को कितनी जमीन चाहिए—तीन हाथ और बड़ा 'घणा तो साढ़े तीन।' भीमसेन जी जानते थे कि कूये यार में वे कितनी जमीन के पात्र हैं। ठीक उसी दिन उनकी यात्रा समाप्त हुई जिस दिन उनकी यात्रा प्रारम्भ हुई थी। 71 वर्षों बाद 19 सितम्बर 35 को जन्मे भीमसेन की इह यात्रा ठीक 19 सितम्बर को निशेष हुई 2006 को। यह संयोग ही कहा जायेगा। ऐसा संयोग शेक्सपियर के साथ घटित हुआ था, हरिशंकर परसाई के साथ भी। शायद जो मृत्यु से भयभीत नहीं होते वही अपनी मृत्यु का दिन सुनिश्चित कर सकते हैं। इच्छा मृत्यु। भीम सेन जी को मृत्यु से भय नहीं लगता था। कैंसर का पता चलने पर प्रारम्भ में लगा था पर शीघ्र ही उन्होंने मृत्युभय पर विजय प्राप्त कर ली थी, विजय न भी पाई हो, उससे समझौता तो कर ही लिया था। त्यागी जी का एक संस्मरण प्रकाशित हुआ 'मेरी प्रेमिका' नाम से। उन्होंने मुझे लिखा कि आप उसे अवश्य पढ़े और अपनी प्रतिक्रिया लिखें। उस संस्मरण में उन्होंने मृत्यु को अपनी प्रेमिका माना था—जीवन के अन्तिम पाहुन। अब मुझे मौत से कतई डर नहीं लगता। मौत मुझमें और मैं मौत में जी रहा हूँ। लगता है जैसे मैं अपने परममित्र के साथ दुनिया की इस सैरगाह में घूमने निकला हूँ। वह जब भी मेरी ओर मुस्कराकर कहेगी—मितवा, घर चलें तो मैं खुशी खुशी उसके साथ हो लूंगा। मौत मुझमें और मैं मौत में जी रहा हूँ—कबीर ने इसी बात को जल और कुम्भ के बिम्ब से व्यक्त किया था—जल में कुम्भ, कुम्भ में जल है, भीतर बाहर पानी। फूटा कुम्भ जल जलहि समाना, बूझो तत्व ग्याना।" भीमसेन ग्यानी ने जीवन और मृत्यु का यह तत्व बूझ लिया था। ऐसी वीर मृत्यु कम ही लोगों के भाग्य में होती है। भीमसेन जी की मृत्यु से मुझे दुःख नहीं हुआ, मृत्यु के दिन घर जाते वक्त उनकी मेज साफ थी, कोई हड़बड़ी नहीं, कोई पेंडिंग काम नहीं। मुझे एक ही बात का दुःख है कि मैं भीमसेन त्यागी से जीवन काल में मिल नहीं पाया। मिल सका होता तो मुझे यह आश्वस्ति होती कि कुछ लोग दूर से ही नहीं, पास से भी अच्छे लगते हैं।

मायाराम सुरजन ने कविता लिखना क्यों छोड़ा?

मायारामजी कवि भी हैं यह मेरे लिए उतना ही अप्रत्याशित था जितना हरिशंकर परसाई का कवि होना। जब कोई लेखक सफल कवि के रूप में स्थापित हो जाता है तब वह नहीं चाहता कि लोग उसे कवि के रूप में ही याद करें। गद्य यथार्थ का उद्घाटन माना जाता है और कविता का सम्बन्ध चिरकाल से रस और रूमान से जोड़ा जाता रहा है। पहले अच्छा गद्य वह माना जाता था जिसमें कविता हो, आजकल अच्छी कविता को गद्यनुमा होना पड़ता है। मायाराम के कवि होने की चुगली उनके कुछ मित्रों ने उसी तरह की जिस तरह रामविलास शर्मा (डॉक्टर नहीं) ने परसाई के कवि होने का भांडा फोड़ दिया था। जनवरी 69 की बात होगी। मायारामजी के बड़े बेटे ललित के विवाह के अवसर पर नागपुर में अनेकानेक साहित्यकार जुड़े थे। देश–देश के भूपति नाना। हिन्दी साहित्य सम्मेलन के नवनिर्मित मोर भवन एक कवि गोष्ठी झुकाई गयी थी। कवि कविता पढ़ रहे थे, जो ढँके मुँदे कवि थे उनके मेकअप उतारे जा रहे थे। सहसा किसी ने मंच से आवाज लगाई–मायाराम मायाराम। मायाराम के लाडले बेटे का विवाह था–हँसी-खुशी का माहौल-मायाराम से इन्कार करते नहीं बना। वे इन्कार करते भी कैसे? वे 1939 से कविता लिख रहे थे–कविता में भी गीत। यह वह दौर था जब मुक्तिबोध भी गीत लिख रहे थे और भवानीप्रसाद मिश्र भी। मध्य प्रदेश में उन दिनों तरुण गीतकारों का मेला लगा हुआ था। हर नवोदित कवि माखनलाल चतुर्वेदी जैसी कविता लिखना चाहता है। मैथिलीशरण गुप्त प्रबन्ध काव्य के कवि थे–उनकी कविता में जहाँ कहीं तुक और लय के लिए शब्द की कमी पड़ती, कोई न कोई विशेषण दस्तबस्ता हाजिर हो ाता–चारु चन्द्र की चंचल किरणें, खेल रही थीं जल-थल में। स्वच्छ चाँदनी बिछी हुई थी, अवनि और अंबर तल में साफ देखा जा सकता है कि चारु, चंचल और स्वच्छ यहाँ अनिवार्य नहीं है छन्द की माँग पर उपस्थित है। माखनलाल चतुर्वेदी के गीतों का अपना डिक्शन था–आली, सजनी, री रे सखि की आवश्यकता हो न हो, 'एक भारतीय आत्मा' इन सम्बोधनों के प्रयोग से कविता में रस और रूमानियत का लेप करते। उन दिनों 'कर्मवीर' मध्य प्रदेश के नवोदित कवियों की नर्सरी थी–इस

नर्सरी में रे, री, सखि, सजनि के सहारे कविता के पौधे संवारे जाते थे। भवानीप्रसाद मिश्र तो यों भी दादा माखनलाल के लाड़ले कवि थे, मुक्तिबोध भी जब तब कर्मवीर के चक्कर लगाते रहते। मायारामजी को भी अपने गीतों के लिए मैथिलीशरण गुप्त की तुलना में माखनलाल चतुर्वेदी की कहने की अदा पसन्द थी। वैसे भी मध्य प्रदेश का कवि उन दिनों अपने कथन के वैशिष्ट्य के लिए ज्यादा जाना जाता था। मायाराम ने 1939 में रे री के चप्पूओं से अपनी कविता की नौका खेनी शुरू की थी। वह लगभग 20 वर्षों तक वैसी ही चलती रही। उनका अन्तिम डायरीबद्ध गीत कुछ इस प्रकार है—

आज अकेले चलो पाँव रे, वे दिन बीत गये
सुख सुहाग के दिन थोड़े थे जब बारात सजी
हर पड़ाव पर नेह निहोरे यश सौगात बँटी।

भवानी मिश्र, मायाराम के समवयस्क थे—मायाराम की तरह वे भी गाँधीवादी। दोनों की मंज़िल तय है पर मंजिल तक एक-एक कदम बढ़ाकर ही पहुँचा जा सकता है। भवानी मिश्र ने लिखा—

बूँद-बूँद से सागर भरती, नदी-नदी से सागर
किरण इकट्ठा हुई कि होता सारा जगत उजागर
फागुन में फूलों का मेला कली-कली की दम से
घास, फूल, पत्ती को शोभा मिलती है शबनम से
साँस सुधारे जीवन सुधरे, पाँव सुधारे मंजिल
प्रभु का नाम बड़ा है जग में, कटती है हर मुश्किल

असल में भवानीप्रसाद मिश्र, मोहनलाल वाजपेयी, भवानी प्रसाद तिवारी, रामेश्वर गुरु जैसे अनेक कवि उन दिनों गीतकार ही थे। गीत लिखना मनोभिव्यक्ति का सबसे सुगम साधन था। बच्चन, नरेन्द्र शर्मा, नीरज के गीतों की लोकप्रियता नवोदित कवियों का सबसे बड़ा आकर्षण था। फिर जहाँ तक पहुँचने और मुहब्बत का अपना पैगाम जहाँ तक पहुँचाने का सबसे बड़ा माध्यम उन दिनों गीत ही थे। उन दिनों बच्चन की लोकप्रियता किसी अभिनेता से कम नहीं थी। गाँधीवादी संस्कारों में ढले तरुणों के लिए गीत लोक शिक्षण का बहुत बड़ा माध्यम थे। गाँधीजी, बच्चन जैसे कवियों को यह प्रमाण पत्र दे ही चुके थे कि वे जो काम अपनी प्रार्थना सभाओं में ईश्वर अल्ला तेरे नाम जैसे भजनों से कर रहे थे, वही काम बच्चन जैसे कवि 'भेद कराते मन्दिर-मस्जिद, मेल कराती मधुशाला' जैसी रुबाइयों से। फिर, मायारामजी बन कण्ठ भी अच्छा था, सहगल और मुकेश उनके प्रिय गायक थे, इसलिए आश्चर्य नहीं कि तरुण मायाराम, प्रियदर्शन मायाराम, नफासत पसन्द मायाराम कविता की अन्य विधाओं की तुलना में गीतों की तरफ आकर्षित हुए हों। वह तो हमारे आलोचकों ने शतमुख, शतरव गीतों की इतनी आलोचना की है कि प्रगतिकामी, जो कुछ है उससे

बेहतर चाहिए की कविता करने वाले कवियों को गीतों से एलर्जी होने लगी थी—पर मायारामजी गीतों की प्रेषणीय क्षमता के प्रति आश्वस्त थे। मंच पर से सुनाये जाने वाले बच्चन, सुमन, दिनकर के गीतों से वे प्रभावित थे, अतः आश्चर्य नहीं कि वे गीतों के प्रति आकर्षित हुए हों। वह तो जीवन संघर्षों ने उनके साहित्यिक विकास की दिशा बदल दी, अन्यथा आज मायारामजी भी हिन्दी गीत विधा के शिखर पुरुष होते और छायावादोत्तर गीतकारों में उनका नाम अनिवार्यतः जुड़ा होता।

एक तरह से यह अच्छा ही हुआ, अपने परिवेश के प्रति संवेदनशील, विचारवान और जागरुक रचनाकार के लिए गीत एक अपर्याप्त विधा है, वहाँ कवि को बहुत सारी बातें संकेतों में कहनी पड़ती हैं और परिवेश का, परिस्थितियों का, मूल्य चर्या के कढ़ाह भर दूध से कटोरी भर नवनीत निकालना पड़ता है। इसीलिए विशुद्ध गीतकार जब स्वयं के लिए बृहत्तर क्षेत्र का संधान करना चाहता है तो उसे गद्य का रुख करना ही पड़ता है। निराला, महादेवी, माखनलाल चतुर्वेदी, अज्ञेय, दिनकर, बच्चन जैसे अनेक नाम इस सन्दर्भ में हमें सहज ही याद आते हैं। दूसरे, अपने लिए बृहत्तर और व्यापक जलग्रहण क्षेत्र की तलाश करने वाले तरुण को गद्य में ज्यादा गुंजाइश होती है। मायाराम को भी हुई। हमारे साहित्याचार्यों ने व्यर्थ ही पत्रकारिता को साहित्यकारिता की तुलना में दोयम स्थान दे रखा है। हिन्दी के आधुनिक साहित्य के सन्दर्भ में तो यह भेदभाव निश्चित ही एकांगी अपूर्ण और भ्रामक है। भारतेन्दु हरिश्चन्द्र से लेकर आज तक हिन्दी साहित्य का जो कुछ भी श्रेष्ठ है, वह पत्र-पत्रिकाओं के माध्यम से पहले सामान्यजन तक पहुँचता है फिर पुस्तकों के रूप में पाठकों के हाथों में। पत्र-पत्रिकाओं में छपा हुआ प्रतिदिन, प्रति सप्ताह था प्रतिमाह सस्ते दामों में यात्रा करने वालों के पास, होटलों में चाय प्रीने वालों के पास, छात्रावास में रहने वाले विद्यार्थियों के पास, दिन का प्रारम्भ करने वाले गृहस्थ के पास, जितनी आसानी से पहुँच जाता है पुस्तकें उतनी आसानी से पाठकों तक नहीं पहुँच पातीं। पत्र-पत्रिकाएँ घर बैठे पाठकों तक पहुँच जाती हैं। पुस्तकें नहीं। इसलिए तरुण मायाराम ने लोक शिक्षण के लिए घर-घर पहुँचने के लिए, जनता की अभिरुचियों में परिवर्तन के लिए उसे एकता, सख्य और स्वातंत्र्य की भावनाओं से आप्लावित करने के लिए गीत की विधा को तुलना में पत्रकारिता को वरीयता दी, तो इसे युवा मायाराम की दूरदृष्टि ही कहना होगा। कभी-कभी हमें ताजमहल का मोह छोड़कर लालकिले को प्राथमिकता और वरीयता देनी होती है। ताजमहल चाँदनी रात में या फुरसत के दिनों में सैर के लिए अच्छा है पर जब देश पर आक्रमण हो रहे हों, हमारा जीवन संकट में हो, विपत्तियों से घिरे हों तब ताजमहल में आप आश्रय नहीं ले सकते। तब हमें लालकिले की आवश्यकता होती है। तब हमें तुलसीदास चाहिए बिहारी नहीं। गीत साहित्य का ताजमहल है, पत्रकारिता जीवन का लालकिला। मुझे यह सोच सोचकर आश्चर्य होता है कि ताजमहल और बिहारी सतसई का रचनाकाल

एक ही है। शाहजहाँ पत्थरों का बिहारी है और बिहारी शब्दों का शाहजहाँ। मायाराम ने अपने रचनात्मक जीवन के प्रारम्भ में ही अपनी अन्तःसंज्ञा से समझ लिया था, कि हमारे युग को ताजमहल नहीं, लालकिला चाहिए। हमें आज महात्मा गाँधी और उन्हें कर्मवीर कहने वाले माखनलाल चतुर्वेदी की आवश्यकता है अतः उन्होंने राग और रंग के गीतों का परित्याग कर पत्रकारिता के यथार्थ और तात्कालिकता का वरण किया। किन्तु पत्रकारिता भी उनकी कोरमकोर क्षण-क्षण परिवर्तित होने वाली रिपोर्टिंग की पत्रकारिता नहीं थी। यहाँ भी उनकी रचनाशीलता उनको बराबर कुछ न कुछ साहित्य रचने को बाध्य कर रही थी। असल में मायाराम उन रचनाकारों में हैं जो पत्रकारिता और साहित्यकारिता को लव और कुश के समान जुड़वाँ मानते हैं। उन्होंने देखा था कि द्वितीय महायुद्ध के समय यूरोप के बहुत सारे साहित्यकारों को ज्ञात था, कि गोलों और शोलों के दौर में सौन्दर्य और राग ही दृष्टि को सीमित रखना न अपने साथ न्याय करना है, न ही समय के साथ, अतः उन्होंने पत्रकारिता और साहित्यकारिता को एक कर दिया। जैसे बुन्देलखण्ड में बिर्रा की रोटी का अपना अलग स्वाद होता है और वह सुपाच्य भी बहुत होती है, वैसे मायाराम ने पत्रकारिता के आटे और साहित्यकारिता के बेसन को मिलाकर संस्मरण लिखे। उनके संस्मरणों में पत्रकारिता का तत्काल है और साहित्यकारिता का स्थायित्व। इस सन्दर्भ में मैं उनके 'मुख्यमन्त्री मध्य प्रदेश के' नामक पुस्तक में संकलित संस्मरणों का उल्लेख करना चाहूँगा। मायारामजी अपने जीवनकाल में नये और पुराने मध्य प्रदेश के लगभग हर मुख्यमन्त्री से मिले ही नहीं हैं, उनके निकट भी रहे हैं। मायाराम की राजनीतिक दृष्टि इतनी सूक्ष्म, विश्लेषण क्षमता इतनी अचूक और इतिहास बोध इतना सटीक होता था कि वे जटिल से जटिल परिस्थिति का सम्यक आकलन कर सकते थे। जो काम बड़े-बड़े एक्ज़िट पोल नहीं कर सकते थे मायाराम अकेले कर दिया करते थे। अर्जुन सिंह तो मायाराम के चुनाव सम्बन्धी आकलनों को इतना मूल्यवान मानते थे कि प्रत्येक चुनाव में मयाराम जी से विमर्श करना वांछनीय समझते थे और मायारामजी शायद ही कभी चूके हों। गानवगन की मायाराम जी को ऐसी पारदर्शी समझ थी कि हमारे राजगुरुओं के मन को वे हस्तापलकवत देख सकते थे। अतः उनके ये संस्मरण केवल तत्कालीन पत्रकारिता के ही दस्तावेज नहीं हैं, चिरकालिक साहित्यकारिता के भी स्थायी पृष्ठ हैं। इलिया ऐहरनबुर्ज और हेमिंग्वे की तरह मायारामजी मानते थे कि पत्रकारिता त्वरा में की गयी साहित्यकारिता है और साहित्यकारिता निश्चिंत होकर की गयी पत्रकारिता। अतः मायारामजी अपनी पत्रकारिता और साहित्यकारिता में दोजख और जन्नत को आसानी से मिला सकते थे।

जन्नत को दोजख से मिला दें या रब
सैर के वास्ते थोड़ी सी फ़िज़ा और सही।

यह समस्या केवल मायारामजी के सामने ही नहीं थी। वर्तमान युग की जटिलताओं

और कविताओं को समझने वाले हर प्रबुद्ध और संवेदनशील रचनाकार की समस्या थी—भारतेन्दु हरिश्चन्द्र यदि केवल साहित्यकार ही होते तो वे 'पै धन विदेश चलि जात अहै अतिख्यारी' न लिखते। गुरुदेव रवीन्द्रनाथ ठाकुर, गीतांजलि के साथ-साथ 'रूसेर चिट्ठी' लिखने के लिए प्रयत्नशील न होते, माखनलाल चतुर्वेदी 'री सजनि बनराजि तो लिखते,' 'क्या गाती हो क्यों रह जाती हो', कोकिल बोली तो 'जैसा विप्लव गीत न लिखते और 'गुनाहों का देवता' लिखने वाले धर्मवीर भारती बांग्लादेश के मुक्तिसंग्राम के दिनों के युद्धरत सोनार बांग्ला के खेतों और रणक्षेत्रों का पर्यटन न कर रहे होते। आज का संवेदनशील रचनाकार हरिशंकर परसाई और गजानन माधव मुक्तिबोध की तरह कूड़े के ढेर पर अन्न के दानों की तलाश करते हुए मुर्गों की पहचान करना चाहती है और 'जो है उससे बेहतर चाहिए' के अपने संकल्प को भी मूर्तिमंत होते देखना चाहता है। मायाराम एक साथ वर्तमान में जी रहे थे और भविष्य में भी। उनकी आँखें एक स्वप्नदृष्टा की आँखें थी और बाहु एक योद्धा के।

●

जब मैंने सागर विश्वविद्यालय के एम. फिल की एक छात्रा को लघु शोध प्रबन्ध लिखने के लिए 'मायाराम सुरजन की पत्रकारिता और साहित्य को देन' नामक विषय सुझाया और उसने मायारामजी को उनके जीवन और रचनाकर्म से सम्बद्ध आवश्यक तथ्यों के लिए पत्र लिखा तो मायारामजी ने मुझे लिखा कि 'तुमने ऐसा विषय पता नहीं क्या सोचकर दिया। मैं तो एक सामान्य सा पत्रकार हूँ, साहित्य को मेरी कोई देन नहीं है। ऐसा विषय देने के लिए तुम्हारी बहुत आलोचना होगी।' निश्चय ही यह मायारामजी की विनम्रता थी और साहित्य तथा पत्रकारिता के पारम्परिक सम्बन्धों को लेकर कल युग का परिणाम। वास्तव में मैंने अध्यक्ष एवं लघुशोध निदेशक के रूप में यह संकल्प किया था कि काफ़्का और कामू पर लघुशोध प्रबन्ध लिखवाने की अपेक्षा उन पर शोध कार्य करवाऊँगा जो हमारी जड़ों से जुड़े हों और जिनका अब तक समुचित मूल्यांकन नहीं हुआ है। इसलिए मेरी शोध सूची में केशवप्रसाद पाठक, रामानुजलाल श्रीवास्तव, रामेश्वर गुरु, ज्वालाप्रसाद ज्योतिषी, मास्टर अब्दुल गनी, लोकनाथ द्विवेदी सिलाकारी, डॉक्टर बलदेव प्रसाद, देवीदयाल चतुर्वेदी 'मस्त', भवानी तिवारी जैसे पत्रकार और साहित्यकार थे। इन विभूतियों के कृतित्व के आकलन के बिना हमारे समय और समाज का ठीक-ठीक मूल्यांकन सम्भव नहीं था। इसी क्रम में मुझे मायाराम सुरजन का नाम महत्त्वपूर्ण लगा था। अन्त तक जब वे अपने ऊपर किये जाने वाले शोध कार्य के प्रति बहुत आश्वस्त नहीं हो पाये तो मैंने सात्विक अमर्ष में मैंने उनसे कहा, कि कौन शोध का उचित पात्र है कौन नहीं, यह विश्वविद्यालय आचार्यों का काम है। हम तुलसी या सूर से पूछने नहीं जाते कि आप पर शोध करायें या नहीं। आप हामी भरें या नहीं, आप पर शोध प्रबन्ध तो लिखा ही

जायेगा। आप सहयोग देंगे तो शोध प्रबन्ध के तथ्य पूर्णतः प्रामाणिक होंगे। इलाहाबाद जैसे अनेक विश्वविद्यालयों में जीवितों पर शोध कराने की परम्परा नहीं है। जिसका रचनाकर्म अभी पूरा नहीं हुआ है उस पर अन्तिम रूप से कुछ कैसे कहा जा सकता है? पर मेरे गुरु आचार्य नन्ददुलारे वाजपेयी की तर्क शृंखला बिल्कुल दूसरी थी। जो साहित्यकार जीवित हैं, उससे मिलकर, पूछकर शोधकर्ता उनके जीवन और कृतित्व के प्राथमिक तथ्य एकत्र कर सकता है, अन्यथा हम इसका अनुमान ही लगाते रह जायेंगे कि सूर जन्मान्ध थे या बाद में अंधे हुए। मायारामजी की उस शोध छात्रा ने प्राथमिक सामग्री एकत्र की और अपनी उपाधि अर्जित की।

मैं समझता था कि मायारामजी अपनी रचनाओं का प्रारूप दो-तीन बार में अन्तिम करते हैं, पर मैं गलत था। वे फर्स्ट ड्राफ्ट राइटर हैं। उनकी स्मरण शक्ति ग़ज़ब की है, घटनाओं की पूर्वपरता निश्चित करने में उनसे कभी चूक नहीं होती। भाषा पर उनका अचूक अधिकार है। उधर सामग्री प्रेस में जा रही है, इधर मायारामजी सिर गड़ाये हुए लिखने में तल्लीन हैं। अतिथि बैठे हुए हैं, बैठें, पान खाएँ अतिथि मायारामजी की एकाग्रता की शक्ति से परिचित हैं, वे न तो इस बीच में उनसे कोई प्रश्न पूछते हैं, न ही जाने की हड़बड़ी मचाते हैं। सम्पादकीय या प्रतिवेदन पूरा हुआ, अब बातचीत होगी, चाय पी जायेगी और पान खाये जायेंगे। जहाँ मायारामजी होते हैं, वहाँ उजाले का एक वृत सा बन जाता है, जिसमें सामने वाला एक आश्वस्ति का अनुभव करता है। कहते हैं सच्चा बड़ा आदमी वह है, जो सामने वाले को बड़प्पन से भर दे। मायारामजी सामने वाले को बड़ा बना देते हैं, उसकी छोटी-सी छोटी राय को भी समुचित महत्त्व देते हुए। आगन्तुक स्वयं को महत्त्वपूर्ण मानने लगता है। मैंने मायारामजी को कभी लाग-लपेट करते नहीं देखा। जो उचित है, ठीक वही कहेंगे। कहेंगे इस तरह कि सुनने वाला आहत न हो। प्रकृति, अभ्यास और व्यवहार से वे लगभग अन्तिम गाँधीवादी थे। उनकी गणना मैं पं. विनयमोहन शर्मा, रामनारायण उपाध्याय, भवानीप्रसाद मिश्र जैसे गाँधीवादियों में करना चाहूँगा। उन्होंने पत्रकारिता को अपना जीवन मिशन नहीं बनाया होता तो वे गीतकार होते और उनके गीत मौथिलीशरण गुप्त, सोहनलाल द्विवेदी के गीतों की तरह प्रभातफेरियों में गाये जाते—'जो जीवन से हार गया हो, उसमें प्राण जगाओ साथी।' उन्होंने जिन पत्रों का सम्पादन किया वे भी प्रभाती ही थे—सुबह उठते ही जीवन संघर्षों पर विजय पाने की कामना से की गयी पत्रकारिता। उन्होंने अपनी पत्रकारिता को प्रभावी बना दिया। हरबोलों की तरह। अपनी दृढ़ता, एकाग्रता और तील्लनता में वे हरबोले ही थे। उनको सबसे बड़ा सम्मान बिलासपुर के सोनथलियाजी ने दिया था। मैं और प्रमोद वर्मा प्रसिद्ध पत्रकार सोनथलियाजी के यहाँ बैठे थे। जब उन्हें पता चला कि हम दोनों मायारामजी के आत्मीय हैं तो वे वहुत प्रसन्न हुए। बोले—मायारामजी के एक गुण का आप लोगों को पता नहीं होगा। मैंने मायारामजी के साथ—अनेक प्रसंगों में

काम किया है। मैंने देखा है कि मायारामजी को कोई बात पट भर जाये, उसे पूरा करने में वे जी जान से जुट जायेंगे। उन्हें कोई रेल का इंजन पसन्द आ जाये तो वे बिना आगा पीछा सोचे उस इंजन को खरीद लेगे। मायारामजी को पत्रकारिता का इंजन पसन्द आ गया था, उन्होंने प्राणों की बाजी लगाकर अपना सर्वस्व देकर उसे अपनाने में देर नहीं की और जिसे एक बार अपना लिया उसे लेकर कभी पछतावा भी प्रकट नहीं किया।

महेश दत्त मिश्र : वसुधा ही जिनका रहा कुटुम्ब

महेश भाई सरापा आत्मीयता हैं। यदि कोई मूर्तिकार आत्मीयता की मूर्ति बनाना चाहे तो मैं उसको प्रो. महेशदत्त मिश्र की मूर्ति बनाने का सुझाव दूँगा। सन् 1989 के वित्तीय वर्ष के अन्त के पूर्व मुझे डॉ. हरीसिंह गौर विश्वविद्यालय के हिन्दी विभाग के तत्वावधान में "माखनलाल चतुर्वेदी की इक्कीसवीं शताब्दी को देन" विषय पर विश्वविद्यालय अनुदान आयोग की वित्तीय सहायता से एक राष्ट्रीय संगोष्ठी का आयोजन करना था। मैं चाहता था कि इस संगोष्ठी में माखनलाल जी को जानने वाले, उनके परिचित–आत्मीय सभी विद्वान् और साहित्यकार आयें। परसाई जी शय्याग्रस्त थे, यात्रा उनके लिए सम्भव नहीं थी। महेश भाई? हाँ, महेश भाई आ जाएँ तो बात बन जाए। पर वे आयें कैसे? वे आज यहाँ तो कल वहाँ। उनके स्थायी पते पर पत्र लिखे, उत्तर नदारद। कहीं वह उन्हें मिले ही नहीं। टेलीफोन पर घण्टी बजती रहती, कोई उठाता नहीं था। मैंने जबलपुर के अपने मित्रों को, परसाई जी को, हनुमान वर्मा को लिखा, कहा कि जैसे भी हो, महेश भाई को, खबर करो–खबर ही नहीं करो–कहो कि उन्हें 29 मार्च को सागर आना ही है।

वाडिया हाल में सब एकत्र थे। इस संगोष्ठी के आयोजन का विरोध करने वाले मेरे सभी हितैषी तन-मन-धन से सक्रिय थे। कुलपति से कहा गया था कि कोई नहीं आयेगा, काहे की राष्ट्रीय संगोष्ठी, अखिल राज्य संगोष्ठी ही हो जाए तो बहुत है। कुलपति एम-एल जैन, आई.पी.एस. वह भी अपराध अन्वेषण ब्यूरो के अध्यक्ष रह चुके, मेरे प्रशंसक थे। उन्होंने भोपाल की अपनी यात्रा स्थगित कर मेरी संगोष्ठी में उपस्थित रहने का निश्चय किया था। मैं बहुत नर्वस था। महेश भाई क्या आयेंगे–न कोई वायदा, न यकीं, न उम्मीद। पर देखता क्या हूँ कि महेश भाई सूट, टाई से सजे-सँवरे फेज कैप लगाए, खरामा-खरामा वाडिया हाल की सीढ़ियाँ चढ़ रहे हैं। 'आय गयो हनुमान ज्यों करुणा में वीर रस।' उद्बोधन हुआ, महेश भाई ने दादा के कई अनजाने, अनसुने, अनछुए प्रसंग सुनाए। हिन्दी कविता को दादा की देन का उल्लेख किया। कहा कि माखनलाल जी की 'पुष्प की अभिलाषा' ने न जाने कितने क्रान्तिकारियों को सरफरोशी की प्रेरणा दी। हम कौन थे, क्या हो गये और क्या होंगे

अभी और 'सारे जहाँ ले अच्छा हिन्दोस्ताँ हमारा' की तरह 'चाह नहीं मैं सुरबाला के गहनों में गूँथा जाऊँ' जेल में हमारा जीवन गीत हुआ करता था। उन्होंने यह भी कहा कि दादा ने हिन्दी कविता के कपाटों पर सबसे पहिले राजनीति की दस्तकें दीं। फिर तो सुभद्राकुमारी चौहान, उनके पति लक्ष्मणसिंह चौहान, बालकृष्ण शर्मा 'नवीन' की न जाने कितनी स्मृतियाँ, कितनी पंक्तियाँ महेश भाई को याद आतीं गयीं और लगा हिमाच्छादित पर्वत कैसे पिघल-पिघल कर पुण्यतोया गंगा के निर्मल, अविरल प्रवाह में रूपान्तरित हो रहा है। उद्घाटन सत्र के बाद भी वे संगोष्ठी कक्ष में उपस्थित रहे आये। माइक के एकदम पास वाली कुर्सी पर बैठे हुए, कानों में श्रवण यंत्र लगाए हुए, वक्ता का एक-एक शब्द आत्मसात् करने का दुर्जेय आग्रह लिए हुए। बीच में इशारे से उन्होंने मुझे बुलाया कहा, "एक कप काफी मिल सकती है?" पास ही में एक शोध छात्रा खड़ी थी, वे अपनी स्कूटी पर घर गयीं, थर्मस में गर्मागर्म काफी बना कर ले आईं। काफी पीकर बोले कि अब कान्ति, तुम्हारी गोष्ठी आधी रात तक भी चले तो मैं बैठूँगा।

मैंने उनसे बाद में पूछा कि महेश भाई आपको खबर कैसे मिली, ने कोई टेलीफोन, न कोई सन्देश, न कोई पत्र। बताया कि एक दिन पहिले इलाहाबाद में सर्वोदय की कोई जरूरी बैठक थी, उसमें सम्मिलित होना अनिवार्य था। वापिसी में कटनी में याद आया कि सागर से परसाई और हनुमान के पास तुम्हारा एस.ओ. एस. पहुँचा था। मैंने जबलपुर जाना छोड़ा, कटनी में शाम वाली गाड़ी पकड़ी और तुम्हारी संगोष्ठी में हाजिर हो गया।

महेश भाई की आत्मीयता के किस्से हजारों हैं। एक का उल्लेख मुल्लू भैया ने किया है। मुल्लू भैया बोले तो पं. रामेश्वर गुरु। महेश भाई वैसे तो राजनीतिशास्त्र के आचार्य हैं, गाँधीवादी, सर्वोदयी हैं पर साहित्यकारों के बीच बैठे हों तो वे साहित्य पर अधिकार पूर्वक छींटे कसने में पारंगत हैं। प्रसिद्ध कथाकार और 'हंस' के सम्पादक राजेन्द्र यादव की बहुउद्धृत मान्यता है कि व्यंग्य तो मध्य प्रदेश में ही पैदा होता है। वे अपनी इस मान्यता के समर्थन में परसाई, शरद जोशी, ज्ञान चतुर्वेदी, विष्णु नागर, कैलाश मण्डलेकर आदि के नाम लेतें हैं। राजेन्द्र यादव की बात सच है पर वह सच अधूरा है। व्यंग्य मध्य प्रदेश में ही होता है पर वह भी नर्मदा के तट पर पले बढ़े साहित्यकारों के लेखन मे जो नियमित व्यंग्य लेखक नहीं है, वह भी अपनी बातचीत में, अपने अन्दाजे बयाँ में बिना व्यंग्य के एक इन्च आगे नहीं बढ़ता। महेशदत्त मिश्र के परम आत्मीय रामानुजलाल श्रीवास्तव और रामेश्वर गुरा की गवाही काफी होगी। महेश भाई भी हरदा निवासी हैं, उन्हें उर्दू के ढेरों शेर याद हैं। लिखा—"हम इलाहाबाद से हरदा जाते—आते जब-तब जबलपुर उतर जाते।" हमने "गाँधीवाद का अन्त" शीर्षक से लेख माला शुरु की और अपनी परम स्वतन्त्र आदत के मुताबिक अधूरी छोड़ दी। फिर जब पहिली बार यूरोप और रूस गये (1952-53) तो वहाँ के

संस्मरण भी दो या तीन लिखकर बन्द कर दिये। परसाई जी के बारे में कहते हैं कि वे मुझे सन् 1939-40 से जानते हैं। मुझसे छोटे हैं और राधास्वामी स्कूल, टिमरनी में पढ़ते थे। उन दिनों हम युवा नेता माने जाते थे। इस पहचान को मैं अपने ऊपर उनका अहसान मानता हूँ। हालाँकि उस समय यदि परिचय हो जाता तो मैं उन्हें परसाई जी या परसाई न कहकर स्कूली नाम से पुकारना शुरु कर देता तो आज तक वही चलता। उपनाम का सम्बोधन बहुत फासला पैदा कर देता है। यही नहीं, परसाई जी पर हँसते-हँसते वे स्वयं पर भी हँसना नहीं भूलते। लिखते हैं–"हम दोनों ने विवाह नहीं किया या नहीं कर पाए या काफी आकर्षक दिखते हुए भी दोनों को किसी युवती ने पसन्द नहीं किया। तब हमने आपस में ही साढू भाई का रिश्ता कायम कर लिया और ऊपर वाले को अपना साला बना लिया।"

आत्मीयता के तत्त्व के वर्चस्व के ही कारण महेश भाई परसाई जी की प्रगतिशीलता, सामाजिक सरोकारों और सर्वव्यापी संवेदनशीलता की जड़ों में कौटुम्बिक संवेदनशीलता को ही देखते हैं। महेश भाई ने लिखा–"उन्होंने (परसाई जी ने) बहिन के कुटुम्ब को जिस तरह अपनाया वैसा भारतीय संस्कृति की दुहाई देने वाले या अपने को प्रगतिवादी और सुसंस्कृत मानने वाले भी बहुत ही कम लोग हैं।" परसाई पूरी तरह भारतीय हैं। जब मायाराम सुरजन, जो अपने पुत्र की परसाई भक्ति के दबाव में परसाई की बहुत फिकर रखते थे, ने परसाई को दो पुरस्कार मिलने पर लिखा कि इसमें हमारा हिस्सा क्या है? तो परसाई ने जवाब दिया कि हाँ, अब इस लायक हो गया हूँ कि जब भांजी की शादी होगी तो तुम सब लोगों के सामने हाथ नहीं फैलाना पड़ेंगे। उनका यह व्यंग्य, हास्य या हाजिर जवाबी का अन्दाज कितना दर्द भरा है, पुत्रियों के विवाह की चिन्ता में कोई प्रगतिवादी आदर्श सहारा नहीं देता। हम इस मामले में अपनें कुटुम्ब, रिश्तेदारों और जाति प्रथा को न भी मानें तो भी जातियों का जो वातावरण और सोच है उसके बहुत ऊपर नहीं उठ पाते। महेश भाई की परसाई की इस दर्द भरी व्यंग्यात्मक टिप्पणी पर टिप्पणी है–"मैंने परसाई को इसी कारण और पहचान लिया क्योंकि मेरे कुटुम्ब में भी लगभग एक दर्जन भतीजियों और भानजियों के विवाह की चिन्ता बरसों छाई रही है और राजनीति के बदलते तेवर कदम-कदम पर हमें लालच देते रहे हैं। बावजूद हम दोनों के अकेलेपन के हम लोगों का कुटुम्ब इतना बड़ा होता गया है कि बीसियों कुटुम्ब हम दोनों यतीमों को अपनाए हुए हैं और लिखने या काम करने की प्रेरणा और सम्बल देते हैं।"

मैंने कहा कि महेश भाई यदि आप और परसाई यतीम हैं तो भरे-पूरे कुटुम्ब वाले कैसे होते हैं? आपने तो पूरी वसुधा को अपना कुटुम्ब मान लिया है। मैं भी स्वयं को आपके कुटुम्ब का हिस्सा मानता हूँ। यदि ऐसा न होता तो भला माखनलाल चतुर्वेदी की संगोष्ठी में आप अनायास, बिना किसी पूर्व सूचना के, लाख असुविधा उठाकर वाडिया हाल में मेरी रक्षा और उद्धार करने के लिए क्या यों ही आ गये होते!

बस्तर नरेश प्रवीरचन्द्र भंजदेव : भगवान का प्राइवेट जीवन और सार्वजनिक मृत्यु

फूलो बदहवास थी। वह हाँफ रही थी। वह सामने के कुएँ से पानी भरने गयी थीं। दाहिने हाथ में भरी बाल्टी पकड़े, सिर पर ईंडुरी के ऊपर पानी से भरा घड़ा साधे, बाएँ हाथ में रस्सी थामें वह घर के भीतर घुसी ही थी कि सिर का घड़ा चौखट से टकराकर फर्श पर गिरा और टुकड़े-टुकड़े हो गया। साधना उसे कई बार डाँट चुकी थीं—ठड़गी है, सिर झुकाकर घर में घुसा कर। ठड़गी यानी ऊँची। पानी से पूरा कमरा तरबतर था पर बजाय टुकड़े बटोरने या पानी पोंछने के वह चिल्ला रही थी, साहब, बड़का महाराज बाहर खड़े हय। तोला बलावत हय। सँभलकर जाबे। फिर उसने दंतेश्वरी देवी के मन्दिर की दिशा में हाथ जोड़कर मेरी मंगलकामना की, देवी, गिरहथ ला बचाबे। गिरहथ अर्थात् गृहस्थ। मैं कुछ समझा नहीं। जगदलपुर के केवड़ा मुंडा ताल के किनारे बने हुए महराजा क्वार्टर्स मे आये मुझे अभी महीना भर ही बीता था। नवम्बर का दूसरा सप्ताह था, 1962 में। मैं कालेज जाने की तैयारी कर रहा था। ऐसे में यह महराज कौन आ गया। मैंने पत्नी से पूछा भी कि तुमने किसी पंडित को तो नहीं बुलाया है। नहीं तो। फूलो थोड़ी सैल बिल्लू थी पर उसकी चिन्ताकुलता देख मैं चकित था। बाहर आया। सामने के छोटे से बगीचे के बाहर टेलीफोन खम्भे के पास चार लोग थे—एक खाली रिक्शा भी था। रिक्शे वाले को मैंने पहिचान लिया। मोतीलाल ओड़िया। वह कभी कभी अपने रिक्शे पर मुझे राजमहल परिसर स्थित महाविद्यालय से घर लाया करता था। बस्तर नरेश महाराजा प्रवीरचन्द्र भंजदेव को भी मैंने पहिचाना। पिछले महीने ही केस जीतने के बाद कोर्ट आफ़ वार्ड्स से उनकी सम्पत्ति रिलीज़ कर दी गयी थी। अब वे अपनी सम्पत्ति के खुद मुख्तार स्वामी थे। वह क्वार्टर जिसमें मैं रहता था, उन्हीं की मिल्कियत थी। वे किराया वसूल करने आये थे पूरे ताम झाम के साथ। दो और व्यक्ति भी उनके साथ थे—लाल वर्दी पहिने, चपरास बाँधे एक उनका छत्रधारी था, दूसरा चंवरधारी। दोनों महाराजा के रिक्शे के साथ-साथ दौड़ लगाते हुए आये थे—छत्र छाया करते

हुए और चंवर डुलाते हुए। प्रजा को यह बताना जरूरी था कि अब वे किसी के अधीन नहीं हैं, और अपना सारा काम काज उन्होंने सँभाल लिया है। महाराजा चाहे महल में हो, चाहे रिक्शे पर, चाहे धरती पर ही क्यों न खड़े हों, महाराज ही हैं। वे रिक्शे से उतर चुके थे। उनके बायें हाथ में दूध की बोतल थी, दाहिने हाथ से वे कुर्त्ते की जेब से इलायची निकाल निकाल कर, उसके बीज दाँतों से खींच खींच कर चवा रहे थे। एक इलायची, फिर दूध का एक घूँट। कोसे की लाल धोती, कोस का ही केशरिया कुर्त्ता। गोरे चिट्टे, पिंगलवर्णी लहराती हुई केशराशि, देवशिशु सा भोला चेहरा, सिन्दूर तिलकित भाल। आँखों में असामान्य चमक। उन्हें कोई जल्दी नहीं थी पर उनके परिचारिकों को थी। वे बस्तर के महाराज के वेतनभोगी थे। साक्षात् भगवान के वेतनभोगी। उन्होंने फूलो को घर के भीतर घुसते देखा था। फूलो हमारी बुतकरिन थी-चौका झाड़ू करने वाली, पानी भरने वाली। वह महल परिसर में ही रहती थी, आनी मौसी के साथ। महल की सारी गतिविधियों की जानकार। महल के सारे कारिन्दे उसको जानते थे। चंवरधरी कारिन्दे ने उससे कहा था भाड़ाबीता ला भेज। कहिबे, महराज आइस हय। फूलो कांकेर की थी, छत्तीसगढ़हिन। वह छत्तीसगढ़ी बोलती थी, हल्बी समझ लेती थी। महराज के आने से वह आशंकित थी। पता नहीं, महाराज क्या करैया हैं? मैं बाहर आया। देखा, प्रवीरचन्द्र भंजदेव काकतीय। वस्तर के पदच्युत शासक। बस्तर की कुलदेवी दंतेश्वरी के पुरोहित। आदिवासियों के भगवान। योगाचार्य महाप्रभु। वे रोज संध्या को महाविद्यालय के महल परिसर स्थित बेडमिंटन कोर्ट में खेलने आते। बहुत कम बोलते पर कोई बढ़िया शॉट मारे, अच्छी सर्विस करे, उम्दा प्लेसिंग करे तो वंडरफुल, स्प्लेंडिड, ब्रिलियेंट। सहखिलाड़ियों से मूड में होने पर धर्म, योग, दर्शन, भाषा, साहित्य की बातें करते। मैंने वरांडे में खड़े होकर उनका अभिवादन किया। महाराज, भीतर आयें। मैं बाहर आया। कुछ समझ में नहीं आया कि इस तामझाम के साथ महाप्रभु के यों पधारने का क्या मंतव्य हो सकता है? मंतव्य महाराज के छत्रधारी ने बताया—इस माह से महाराज ने अपने सारे क्वार्टरों का किराया बढ़ा दिया है। तिगुना। आप लोग अभी तक 32.00 महीना भाड़ा देते थे। अब आप लोगों को 96.00 देने होंगे। आप जल्दी से भाड़ा ले आयें। कहकर उसने रसीद बही निकाली और रसीद काटने को हुआ। 32.00 का तिगुना 96.00 यानी सौ में चार कम। यह मुझे ज्यादा लगा। मैंने कहा भी-महाराज, ये ज्यादा है। पर अब मेरे खर्चे भी तो ज्यादा हो गये हैं। मैं समझ गया, कोर्ट आफ वार्ड्स से सम्पत्ति रिलीज हो जाने का गरूर। 'अब मुझसे कोई क्या कह सकता है।' पर मैंने कहा—महाराज, हम लिखने-पढ़ने वाले लोग हैं। आप किराया बढ़ा देंगे तो हम न पत्रिकाएँ खरीद पायेंगे, न पुस्तकें। मैं जानता था कि प्रवीरचन्द्र बस्तर की बोलियों के ज्ञाता ही नहीं, प्रेमी भी हैं। उनके महल के पुस्तकालय में बस्तर की बोलियों पर कई दुर्लभ और अमूल्य पुस्तकें और पांडुलिपियाँ संग्रहीत हैं।

पितृदाय। उसके पिता महाराज प्रफुल्लचन्द्र भंजदेव विद्याव्यसनी थे। भाषाविद्। उनके गुणसूत्र प्रवीर में भी आये थे। उसे अपनी कार का गियर बदलने में भले देर लगती हो पर माड़िया से मुड़िया या भतरा से गदबा बोलने में उसे कोई प्रयास नहीं करना पड़ता था। मैंने जुर्रत की-महाराज, ग्रीगसन की दण्डामी माड़िया—ए डायलेक्ट आफ बस्तर है तो दो रुपये की पर मोतीलाल बनारसीदास उसके 200.00 रुपये माँग रहे हैं। ग्रीगसन और दण्डामी माड़िया का नाम सुन उनकी मुद्रा किंचित् परिवर्त्तित हुई। अभी भी वे दुग्धपान और इलायची चर्वण कर रहे थे। उन्होंने दुग्धपान को भी विराम दिया और इलायची चर्वण को भी। माड़िया प्रजाति उनके भविष्य के सपनों का आधार थी। उनका राजपाट छिन गया था, वे चाहते थे कि आदिवासियों को प्रलुब्ध कर, उन्हें उत्तेजित कर, अपनी भगवत्ता के प्रति उनकी आस्था को सुदृढ़ कर। अबूझमाड़ दण्डामी माड़िया प्रजाति का यंत्र है। माड़ यानी अरण्य। अबूझमाड़ यानी दुर्गम वन प्रांतर। हमको राजा बना दो, भले ही क्षेत्र का फिर तुम भरसाई में जाओ। भरसाई यानी भाड़ में। महाराज ने अंग्रेजी का वह भाषित सुन रखा था कि नरक में राज्य करना स्वर्ग में चाकरी करने से बेहतर है। वे कांग्रेस चाकरी से तंग आ गये थे। पं. नेहरू से उन्हें एलर्जी थी-यह समाजवादी समाज क्या होता है? क्या राजा और प्रजा कभी समान हो सकते हैं? महाराज को याद आया कि वे भाड़ा वसूलने के अभियान पर हैं। यह ऐकेडेमिक चर्चा का उचित अवसर नहीं है फिर भी उन्होंने जिज्ञासा मुझसे की, ग्रीगसन की पुस्तक का आप क्या करेंगे? मैंने कहा कि मैं छत्तीसगढ़ी का अध्ययन कर रहा हूँ, अपने पी-एच.डी. के शोध प्रबन्ध के लिए। मैं आर्य छत्तीसगढ़ी पर द्रविड़ आदिवासी बोलियों का प्रभाव जानना चाहता हूँ। वे प्रभावित थे—ठीक है। कल राजमहल आ जाइये। पुस्तक मिल जायेगी। वे रिक्शे में बैठने को हुए। पर किराया—आप उसकी चिन्ता मत कीजिए। आप 32.00 रुपये ही दें। उन्होंने हल्वी में छत्रधारी से कुछ कहा—उसने 96.00 रुपये कटी हुई रसीद में संशोधन किया। रसीद मुझे थमाई, किराया लिया और रिक्शे पर आरूढ़ हो गये। कल्पिन धाम से बचाने के लिए छाता खोले रिक्शे ही चाल दौड़ने लगा।

घर के भीतर आया तो फूलो अभी तक सकते में थी। महाराज ने नभुझ को बन्दी बनाया है, न ही मेरे दाहिने हाथ की कानी अँगुली काटकर अपने साथ ले गये हैं। उसमें मेरे दोनों हाथ सावधानी से देखे फिर दंतेश्वरी के मन्दिर की ओर हाथ जोड़ कर मेरी सुरक्षा के लिए माई को धन्यवाद दिया। माई, माई अनहोनी ले बचाबे।

मुझे कुछ दिनों पहिले की बस्तर के कलेक्टर मुहम्मद अकबर से अपनी भेंट की याद आयी। अकबर साहब को मैं अपने नागपुर के दिनों से जानता था। बेहद विदग्ध, कौतुकप्रिय, परिहास रसिक। उनकी पुत्री नूरजहाँ महाविद्यालय में मेरी छात्रा थी। उसने कहा कि पापा आपको याद कर रहे थे। एक दिन सबेरे जब मैं कलेक्टर निवास पहुँचा तो वे बाहर बगीचे में टहल रहे थे। उनके साथ दो तीन आदिवासी भी

थे। कमर में लंगोटी, सिर पर साफा, काँधे पर टंगिया। उनके खेत का सरई का पेड़ तहसीलदार ने किसी मारवाड़ी को बेंच दिया था। वे मुआवजे की माँग के लिए गुहार लगाने कलेक्टर साहब के पास आये थे। बगीचे में पानी की चौड़ी चौड़ी नालियाँ थीं। उनमें प्लास्टिक के मगरमच्छ पड़े हुए थे। पेड़ों के तनों पर प्लास्थिक की छिपकलियाँ चिपकी हुई थी। कलेक्टर साहब कह रहे थे कि उनका काम हो जायेगा, बदले में उन्हें उनका भी एक काम करना होगा। नाली ले मगर ला निकाल। आदिवासी डरते सहमते नाली में हाथ डालते, कलेक्टर साहब खिलखिलाते। थोड़े से कौतुक के बाद वे उनका काम कर देते। उनके पास कैक्टस की प्रजातियों का अद्भुत समुच्चय था। हजार से कम क्या होंगे—सब ऊँचे, बड़े गमलों में। वे मुझे अपना कैक्टस कानन दिखा रहे थे। एक भोले से दिखने वाले, सुन्दर, सौम्य, कैक्टस को मैं छूने को हुआ तो उन्होंने बरजा, नहीं, उसकी सूरत पर न जाइये। वह बेहद खतरनाक किस्म का है। एक बार उनके रोएँ अँगुलियों में चुभे कि जिन्दगी भर खुजाते रहिये। पता नहीं, उन्हें क्या याद आया कि बोले—आप अभी तक प्रवीरचन्द्र भंजदेव से मिले या नहीं। जब वह अंग्रेजी बोलता है तो लगता है जैसे कोई अंग्रेज हो और जब हल्बी बोलता है तो बिल्कुल हल्बा लगता है। अकबर साहब जब प्रवीरचन्द्र भंजदेव की बातें कर रहे थे तब उनकी बातचीत में बार बार पैरानोइया, मेगालोमेनिया, स्रीजोफेनिया जैसे शब्द आ रहे थे। मैं इनका अर्थ जानता था। बी.ए. में मनोविज्ञान मेरा विषय था। अकबर साहब ने कहा कि प्रवीर डॉ. जैकल है और मिस्टर हाइड भी। पलक झपकते ही वह जैकल से हाइड और हाइड से जैकल बन जाता है।

उस बेपढ़ी, गँवार महामूढ़मतिमन्द फूलो ने मुझे चेताया था कि महराज ले मिले बर जाबे तो सँभल कर जाबे और ये पढ़े लिखे जिम्मेदार आइ.ए.एस. कलेक्टर प्रवीर की तुलना डॉ. जैकल ओर मिस्टर हाइड से कर रहे हैं। सबेरे जो कुछ मुझे अनुभव हुआ उसमें सँभलने जैसा कुछ नहीं था, न ही डॉ. जैकल और मिस्टर हाइड का कुछ झमेला था। बेहद शान्त, शालीन, निरुद्विग्न, उदात्त, संभ्रान्त व्यवहार। क्या फूलो की चेतावनी अनावश्यक थी, क्या कलेक्टर साहब के निष्कर्ष दुर्भावनापूर्ण थे?

नहीं, दोनों सच थे। पर उस सत्य तक पहुँचने में मुझे थोड़ी देर लगी। दो तीन घण्टे की देर।

●

11.00 बजे जब मैं महाविद्यालय पहुँचा तो प्रवेश द्वार पर भारी अफरातफरी मची हुई थी। 25-30 तो रिक्शेवाले ही थे। सब उड़िया। कुछ पुलिस वाले भी थे। छात्र कक्षाओं के बाहर घूम रहे थे। स्टाफ रूम से सारे अध्यापक बाहर निकल आये थे। स्टाफ रूम से लगा हवालात का कमरा था जिसका एकमात्र हवालाती अपनी परदनिया उठा उठाकर दंतेश्वरी माई के सामने एकत्र आदिवासी स्त्रियों के लिए

गन्दे गन्दे इशारे कर रहा था। आदिवासी स्त्रियाँ अपने पुरुषों को ताने मार रहीं थीं-तीर धनुष क्या चूल्हे में लकड़ी के बदले जलाने के लिए लाये हो। थोड़ा आगे महल परिसर में सन्नाटा पसरा हुआ था, दरबार हाल के बाहर पोर्च में खून ही खून था। दंतेश्वरी देवी के कपाट बन्द कर दिये गये थे, पूजा अर्चना सम्पन्न हो चुकी थी। नौबतखाना भी खाली था। मैं भीड़ को पार कर दंतेश्वरी देवी के मन्दिर और नौवतखाने के बीच से होता हुआ स्टाफ रूम के पास पहुँचा ही था कि राजनीतिशास्त्र के प्राध्यापक जयनारायण पाण्डेय की चीखने की आवाजें वातावरण को उत्तेजित कर रहीं थीं, आप भगवान हैं तो क्या किसी के हाथ काट लेंगे। पाण्डेय जी लोहियावादी थे, मेरे मित्र। मैंने पूछा कि आखिर हुआ क्या? मालूम हुआ कि कोर्ट आफ वार्ड्स द्वारा अपनी सम्पत्ति के मुक्त किये जाने की खुशी में आज सबेरे महाराज अपने क्वार्टरों का किराया लेकर घण्टा भर पहिले ही वापिस लौटे थे। रास्तेभर दानभट्टता के अनुसार और खुद मुख्तार होने को सिद्ध करने के लिए वे नोटों की वर्षा करते आये थे—उभयहस्त। आखिर पाँच-छैः सौ रुपयों की झमाझम वर्षा कितनी देर चलती? महल पहुँचकर जब वे रिक्शे का किराया दिये बिना भीतर जाने लगे तो उड़िया रिक्शेवाले ने हिमाकत की-महाराज, मोर भाड़ा। महाराज को यह उम्मीद नहीं थी-उन्हें यह अपना अपमान लगा। बोले—थम, मैं अभी देता हूँ। वे भीतर गये, हाथों को पीछे बाँधकर बाहर आये—बोले—ले भाड़ा झोंक। रिक्शे वाला कुछ समझा नहीं-उसने दाहिना हाथ आगे बढ़ाया—नाहीं-दोनों ले झोंक। रिक्शेवाले ने संपुट आगे किया। खचाक् खचाक्। रिक्शेवाला चिल्लाया—ठाकुर, मारि डाले भोला। वह अचेत पाँव में गिर पड़ा। महाराज ने सिद्ध कर दिया कि डॉक्टर जैकल से मिस्टर हाइड में रूपान्तरित होने में उन्हें देर नहीं लगती। वे बाहर से भले देवशिशु जैसे शान्त, पवित्र और उद्वेगहीन लगते हों पर भीतर कहीं न कहीं उनमें घनघोर हिंसा, दुर्दम जिंघासा और असीम परपीड़न का लावा उबलता रहता है। कौन कब बाँध फोड़कर बहने लगे, कोई नहीं जानता था। वे स्वयं तो कतई नहीं।

यह जैकलत्व और हाइडगिरी प्रवीर के जीवन में कोई नयी नहीं थी। दोनों के बीजाणु उसके अन्तश्चेतन मं बचपन से ही पनप रहे थे। माँ प्रफुल्ल कुमारी देवी का निधन इंग्लैण्ड में अपेंडीसाइटिस के आपरेशन के दौरान 1936 में ही चुका था जब प्रवीर केवल सात बरस का था। पिता प्रफुल्लचन्द्र भंजदेव ब्रिटिश शासकों द्वारा राज्य बदर घोषित कर दिये गये थे। वे न अपने बेटे प्रवीर से मिल सकते थे, न उसे देख सकते थे। ब्रिटिश शासन ने पिता को प्रवीर के पालन पोषण से पूर्णतः बेदखल कर दिया था। राष्ट्रीयता से ओतप्रोत विद्यानुरागी महाराज प्रफुल्लचन्द्र भंजदेव पर अंग्रेजों को रत्ती भर विश्वास नहीं था। लंदन में रहते हुए वे कृष्ण मेनन की इंडिया लीग के सदस्य थे। ऐसे पिता को बस्तर के भावी शासक की शिक्षा दीक्षा और पालन पोषण का भार कैसे सौंपा जा सकता है? बहिनें दोनों दूर थीं-बड़ी कमल कुमारी

अल्पायु में कालकवलित हो गयी थी। मस्तिष्क विकार के कारण। छोटी गीता किसी छोटे से रजवाड़े में ब्याही जाकर दुःखी और तंगदस्त थी। एकमात्र भाई विजयचन्द्र था पर वह अनुज कम, सत्ता एवं सम्पत्ति के प्रतिद्वन्द्वी के रूप में निर्मित किया जा रहा था। कोई साथी नहीं, कोई समवयस्क नहीं जिसके साथ वह खेल सके। एकान्त, एकान्त और एकान्त। प्रवीर जिद्दी और अमर्यादित हो रहा था। बस्तर कोर्ट आफ वाईस के अधीन कर दिया गया था। हाथ तंग थे, दानभट्टता पर लगाम थी। विलास बिना पैसों के सम्भव नहीं होता। प्रवीर कभी कलकत्ता की डी.डी.टी. की थोक एजेंसी लेता, कभी सरई बीजों का ठेका। पर सभी उसे ठगते, घाटा ही घाटा। बस्तर में कांग्रेस के विरोध को दूर कैसे किया जाये, आदिवासी मतदाताओं पर प्रवीर और उसके प्रभाव से मुक्ति कैसे पाई जाये? महाराज, आप स्विट्ज़रलैंड जायें, वहाँ राजयक्ष्मा के रोगी के लिए सभी सुविधाएँ उपलब्ध हैं। फिर वहाँ पागलखाने भी बहुत अच्छे हैं। तुम कहते हो कि तुम्हें न तपेदिक है, न ही तुम पागल हो पर कहने वाले तुम कौन, फैसला तो हमें करना है, कांग्रेसी हाईप्रभुओं की बस्तर के महाप्रभु से जो खटकी सो खटकी ही रही-आजीवन। महाराजा बनने की उसकी स्पृहा कुलांचे भरती, आदिवासियों की अडिग आस्था उसकी स्पृहा को आसमान की बुलंदियों तक पहुँचाती पर लोकतान्त्रिक व्यवस्था का समतामूलक यथार्थ उसे जमीन पर पटक देता—लहूलुहान, अपमानित, विवश और अगण्य सिद्ध करता हुआ।

प्रवीर के असन्तुलित, दुविधा विभक्त, परपीड़क व्यक्तित्व और पारे से चंचल स्वभाव के उदाहरणों के लिए जगदलपुर के प्रशासनिक हल्कों में कई किंवदंतियाँ प्रचलित थीं। वह अपने दैनंदिन व्यवहार में तो स्वैराचारी था ही, गम्भीर और उत्तरदायित्व के प्रशासनिक अवसरों पर भी वह क्या कर गुजरेगा, कोई नहीं कह सकता था। जब बस्तर राज्य का भारतीय संघ में विलय हुआ तो मध्य प्रदेश के तत्कालीन मुख्यमन्त्री पं. रविशंकर शुक्ल बस्तर के राज्य और प्रवीरचन्द्र की व्यक्तिगत सम्पत्ति के निर्धारण के लिए स्वयं जगदलपुर आये थे। पं. रविशंकर शुक्ल का व्यक्तित्व बेहद सुदर्शन और प्रभावशाली था—गौरांग, शुभ्र धवल, मुखमण्डल पर रौबदार श्मश्रुराशि। ऊँचे पूरे, विशुद्ध भारतीय वेशभूषा। उनकी हँसी संक्रामक होती। वे बड़े विनोदप्रिय थे। मध्य प्रदेश हिन्दी साहित्य सम्मेलन में उनकी तूती बोलती। बड़े-बड़े खुर्राट अफसरों को अपनी परिहास रसिकता से वे निरुत्तर कर देते। एक बार बीरबल नामक अवर सचिव को उन्होंने परामर्श के लिए अपने निवास पर बुलाया। वहाँ अकबर नामक अवर सचिव पहिले से उपस्थित थे। बोले—बीरबल, आने में देर मत लगाना। यहाँ अकबर पहिले से बैठे हैं। पर बछेड़े प्रवीर को काबू में रखना उनके लिए कठिन सिद्ध हुआ। वे जितने शालीन, शिष्ट और विनोदी होते जाते, प्रवीर उतना ही

उद्धत, अशिष्ट और अहंकार स्फीत। शुक्ल जी को सब सम्मान और आत्मीयता से कक्का जी कहते। पर प्रवीर मिस्टर शुक्ला की ही रट लगाये हुए था। इन्द्रावती के तट पर जगदलपुर में एक अत्यन्त सुरम्य विश्रामगृह है। इन्द्रावती बड़ी खूबसूरत नदी है। वह बस्तर की जीवन रेखा तो है ही, बस्तर का प्रवहमान इतिहास भी है। अंग्रेजी के एस अक्षर की अनवरत शृंखला। वह अपने प्रवाह में इतने मोड़ लेती है कि एक स्थान पर खड़े होकर देखो तो पता ही नहीं चलता कि वह किधर से आ रही है और किधर का जायेगी। जगदलपर का विश्रामगृह एक बंकिम मोड़ पर अवस्थित है। कक्का जी चाहते थे कि जो भी राज्य अतिथि जगदलपुर आये, वह भारत के इस सर्वाधिक सुन्दर कहे जाने वाले अतिथि गृह की स्मृतियाँ लेकर जाये पर प्रवीर अड़ गया। जब शुक्ल जी ने उससे कहा, महाराज, आप इस विश्रामगृह को मध्य प्रदेश राज्य के पास रहने दें तो प्रवीर ने बिफरते हुए कहा–मिस्टर शुक्ला, आप मेरी शर्ट ले लें, मेरा पेंट ले लें। और कुर्सी से उठते हुए उसने बटन खोलकर अपनी कमीज एक कोने में उछाल दी और पेंट के बटन खोलने शुरू किये, मिस्टर शुक्ला, आई केन डोनेट माई अण्डरवियर टू युओर स्टेट इफ यू सो इनसिस्ट। और उस उद्धत छोकरे ने कक्का जी के सामने अपनी पेंट उतार कर दादा की उम्र के उस बुजुर्ग को हतप्रभ कर दिया था।

यही नहीं, भारत के राष्ट्रपति डॉ. राजेन्द्र प्रसाद 1953 में जब बस्तर की राजकीय यात्रा पर आये तो वह उनसे नहीं मिला। मैं सामान्य इन्सानों से नहीं मिलता। मिलना हो तो राष्ट्रपति मेरे महल में आयें। बाद में भारत सरकार के गृह मन्त्रालय ने उसके इस असंवैधानिक व्यवहार के लिए स्पष्टीकरण भी माँगा था।

यही प्रवीर, विद्धानों के समुख इतना विनीत और नत शीश रहता कि लोग उसकी शिष्टाचार प्रवणता से अभिभूत हो जाते। सन् 1950 के 21, 22 तथा 23 अक्टूबर को जगदलपुर में मध्य प्रदेश हिन्दी साहित्य सम्मेलन का एक विराट् अधिवेशन हुआ था जिसमें सुनीतिकुमार चार्टुज्या, आचार्य क्षितिमोहन सेन, भदंत आनन्द कौसल्यायन, दादा धर्माधिकारी जैसे विद्वान् पधारे थे। पदुमलाल पुन्नालाल बख्शी, भवानी प्रसाद तिवारी, भवानी प्रसाद मिश्र, रामानुजलाल श्रीवास्तव जैसे हिन्दी के साहित्कार भी वहाँ पहुँचे थे। स्वागताध्यक्ष के रूप में प्रवीरचन्द्र भंजदेव हर छोटे बड़े विद्वान् और रचनाकार से कहता फिर रहा था, यात्रा में आपको बड़ा कष्ट हुआ होगा। यहाँ मैं आपके निवास और स्वागत का भी यथोचित प्रबन्ध नहीं कर पाया। जो मेरी त्रुटि या कमी है उसे यहाँ की प्रकृति, यहाँ के आदिवासी जबकि देन समझें। आप विद्वानों ने बस्तर के आदिवासियों को मनुष्य समझा। ये अशिक्षित हैं, पर असंस्कृत नहीं। मैं चाहता हूँ आप सब बारबार यहाँ आते रहें। मेरा हृदय आपके प्रति आदर-सम्मान की भावना से भरा हुआ है। मैं अन्त में यही अनुरोध करना चहता हूँ–

प्रेम प्रीति को बिरवा चल्यौ लगाय
सींचन की सुध लीजियौ, मुरझि न जाय।

प्रवीरचन्द्र क्रिकेट, बिलियर्ड और टेनिस का अच्छा खिलाड़ी था। कोई खेल प्रतियोगिता हो, कोई मैच हो, प्रवीर तन मन धन से हाजिर रहता। वह इन्द्रावती के पुल तक जाकर खिलाड़ियों का स्वागत करता।

लगता है सत्ता पुरुषों से उसे एलर्जी थी, वह अपनी भगवत्ता के आगे किसी को सत्ता केन्द्र मानने को प्रस्तुत ही नहीं था। पशु पक्षी उसे अच्छे लगते। विशेष कर कुत्ते। कुत्तों की स्वामि भक्ति को वह आदर्श मानता। उसके पास एक बड़ा सुन्दर कुत्ता था। डाबरमैन। पुच्छकटित। वह मर गया। बड़ी धूमधाम से उसकी शव यात्रा निकाली गयी। कुत्ते ही आत्मा की शान्ति के लिए ब्राह्मण भोज की भी व्यवस्था की गयी थी और आगन्तुकों के लिए उसने अपने हाथ से पत्तलें बिछायी थीं। श्वानप्रिय प्रवीर ने मुझसे कहा था—मुझे कुत्ते अच्छे लगते हैं। वे स्वामिभक्त होते हैं। वे अपनी पूँछ काट दिये जाने की शिकायत नहीं करते।

●

यह तो मुझे बाद में पता चला कि प्रवीर के व्यक्तित्व में एक साथ उपस्थित डॉ. जैकल और मिस्टर हाइड का झगड़ा वास्तव में प्रवीर का झगड़ा था ही नहीं। वह तो दो अंग्रेज दम्पत्तियों का झगड़ा था। प्रवीर तो महज अखाड़ा था—डब्ल्यू.एफ. का रिंग जिसमें न किसी संवेदना की गुंजाइश होती है न किसी लिहाज की।

माँ है नहीं, पिता की छाया प्रतिबन्धित है। फिर बालक प्रवीर का लालन पालन कैसे हो? युक्ति निकाली गयी-कोर्ट आफ वार्ड्स। यह अंग्रेजों की पुरानी युक्ति थी। महारानी प्रफुल्ल कुमारी देवी की मृत्यु के बाद बस्तर के कोर्ट आफ वार्ड्स के पहिले प्रशासक सेवानिवृत्त अधिकारी लेफ्टीनेंट कर्नल जे.जी. गिब्सन नियुक्त किये गये। उनकी पत्नी सात वर्षीय प्रवीर की संरक्षिका बनी। मातृ स्थानीया। गिब्सन दम्पत्ति विक्टोरियन आदर्शों की प्रतिमूर्त्ति था, नैतिक, अनुशासनप्रिय, कड़क, कोई छूट नहीं। ऐसे बैठोगे, ऐसे खाओगे, टोस्ट चबाते हुए ना न्वाइज़। एक बार प्रवीर के नन्हें हाथों से काँटा गिर गया, जब तक मिसेज गिब्सन काँटा उठायें, लेफ्टीनेंट कर्नल के झन्नाटेदार फौजी हाथ ने प्रवीर के दाहिने गाल पर पंजाब का नक्शा बना दिया। ढिस इज़ लास्ट टाइम यू ड्राप ए फोर्क। गिब्सन दम्पत्ति 30 जून 1945 तक कोर्ट आफ वार्ड्स के अनुशासक रहे। जब वे सेवानिवृत्त हुए तब तक विक्टोरियाई नैतिकता प्रवीर की धमनियों में बहने लगी थी। प्रवीर अब सोलह साल का था। बनता आदमी सोलह साल तक ही है। बिगड़ने का क्रम भी सोलह साल में ही प्रारम्भ होता है। सोलह का हुआ तो उसके अंग-प्रत्यंगों में मधूक का उत्ताप भरने लगा था। उसकी शिक्षा दीक्षा अब तक न तो किसी संस्था में हुई थी, न ही वह किसी शाला में गया

था, सिर्फ सन् 40-11 में वह रायपुर के राजकुमार कालेज में रहा था, फिर कुछ समय के लिए डेली कालेज, इन्दौर में भी रहने का सुख उसे मिला था। मिलिट्री एकेडेमी, देहरादून; पब्लिक स्कूल, कलकत्ता शायद उसके अब तक के जीवन के सर्वोत्तम दिन थे पर वे बहुत थोड़े थे। हाँ, अंग्रेज महिलाओं के सान्निध्य ने उसे फर्राटेदार अंग्रेजी बोलने में पारंगत कर दिया था, फिर तीन साल वह अपनी माँ के साथ इंग्लैण्ड में भी तो रहा था! सहसा एक घटना ने उसकी जीवनचर्या ही नहीं बदल दी, उसका जीवन दर्शन भी बदल दिया, गिब्सन दम्पत्ति कुछ अर्से के लिए बाहर गये थे। प्रवीर के खाने पीने का जिम्मा पैलेस सेक्रेटरी गौरीदत्त जोशी पर आ पड़ा। जोशी नितान्त भारतीय वैष्णव ब्राह्मण थे। पटे पर बैठो, खाने के पहिले, दाहिनी अंजलि में जल लेकर थाली का चतुर्दिक जलसिंचन करो। कढ़ी, रायता, अचार, चटनी, पापड़, थाली पीठ का स्वाद प्रवीर ने पहिली बार चखा। अरे! इतने सारे स्वाद, खाने में इतनी विविधता, जब गिब्सन छुट्टियों से लौटे तो उसे फिर वही एकरस भोजन मिलने लगा। वह हाथ की अंगुलियाँ चाटने का आदी हो चुका था। कढ़ी पीते हुए आवाज करना उसे अच्छा लगता, फुर्की ध्या गिब्सन ने उसे एक दिन चाय की मेज पर डाँट दिया—डोंट ड्रिंक लाइक एन इण्डियन फूल। प्रवीर उखड़ गया। उसने पुराना बदला लिया। गिब्सन के गाल पर एक चाँटा रिपोर्ट हुई। पोलिटिकल एजेंट साहब आये, कोर्ट आफ वार्ड्स तो रहेगा पर प्रशासक बदले जायेंगे। 1 जनवरी 46 को प्रवीर के नये अभिभावक नियुक्त हुए पी.सी. मैथ्यूज और उनकी पत्नी। ये दोनों गिब्सनों से बिल्कुल उलट थे। मैथ्यूज चरित्रहीन था। गे जैसा कि न्यायमूर्ति कन्हैयालाल पाण्डेय ने लिखा है—मैथ्यूजों के अभिभावकत्व में प्रवीरचन्द्र भंजदेव के जीवन के साथ खिलवाड़ का नितान्त कल्पनातीत दौर प्रारम्भ हुआ। दारू पियो, गाँजे की लौ उठाओ। श्रीमती मैथ्यूज को प्रवीर के साथ आँख मिचौली खेलने में मजा आता। विशाल महल में न कमरों की कमी थी, न कोने आन्तरों की। तुम छिपो मैं पकडूँगी, मैं छिपूँ तुम मुझे पकड़ो। ऐसे नहीं, ऐसे। अच्छे से पियो। न, न कोई आवाज नहीं। बचपन में ही माँ की ममता से वंचित प्रवीर मातृग्रंथि से पीड़ित था। उसे मातृस्थानीया अधेड़ स्त्रियाँ अच्छी लगतीं। ईडीपस कामप्लेक्स। प्रवीर में दुर्निवार कामेच्छा जगाने का काम श्रीमती मैथ्यूज ने किया। प्रवीर मैथ्यूजों का एडिक्ट हो गया। उसे डबल ड्यूटी करनी पड़ती। मैथ्यू साहब को खुश करो, उसे मेम साहब को भी खुश करना पड़ता। दो फटों के बीच में बेचारा प्रवीर कब तक साबुत रहता। मैथ्यू मेम साहब पालना खसोट थीं-पालना खसोट आप नहीं समझे न! पालने मे वह नवजात बालक को देखतीं और भावी सोलह वर्षों के अपने तनोरंजन की योजनाएँ बनाने लगतीं। पा.ख. इसी जुगत के लिए प्रसिद्ध होती हैं। सोलह वर्षों तक एक-एक सीढ़ी चढ़ो-उतरो पर मैथ्यू मेम साब को इतनी लम्बी प्रतीक्षा नहीं करनी पड़ी। प्रवीर, माशा अल्ला, सोलह का हो चुका था। ये वे दिन थे जब साहब और मेमसाहब के

साथ उसकी सुबह होती थी, शाम होती थी और जवानी यों ही तमाम होती थी। अंकगणित का सीधा सा सवाल है—एक मजदूर एक खेत आठ दिनों में काटता है तो दो कितने दिनों में काटेंगे। चार दिनों में। तो चार दिनों की प्रवीर की चाँदनी को खत्म होते देर नहीं लगी, अँधेरी रात आयी तो फिर गयी नहीं। जगदलपुर में, रायपुर में, नागपुर में मैथ्यूजों के इन्द्रजाल की सुगबुगाहट तो थी ही। 31 मार्च 47 को दोनों अभिभावकों को पद से हटा दिया गया किन्तु तीन माह बाद पूर्ण शासनाधिकार मिलते ही तरुण प्रवीर ने, महाराज प्रवीर ने, बस्तर नरेश प्रवीर ने सबसे पहिला जो काम किया, वह था मैथ्यूजों की पुनः बहाली। अब उसकी गाड़ी मैथ्यूजों की युगल पटरियों पर बिना ब्रेक के दौड़ रही थी। पिता प्रफुल्लचन्द्र भंजदेव दूर थे पर थे तो पिता ही। प्रवीर के आसपास चरित्रहीन कामातुरा पुंश्चली स्त्रियों के जमघट से वे इतने दुःखी हुए कि शासन को उन्हें गोपनीय पत्र लिखना पड़ा—प्रवीर में रति रोगों ने घर कर लिया है। वह चरित्रहीन स्त्रियों पर धन लुटा रहा है। बम्बई की एक अधेड़ अभिनेत्री ने उसे फांस रखा है। वह चाटुकारों से घिरा है। वह अविश्वसनीय, गैर जिम्मेदार और अस्थिर चित्त हो गया है। मैथ्यूजीकरण की उसकी प्रक्रिया पूरी हो रही थी। जगदलपुर में जी हुजूरों और छित्रारियों से उसका मन भर जाता तो वह बाहर चला जाता, बम्बई, लखनऊ या रायपुर। इन नगरों की होटलों में वह दूसरी मंजिल के कमरे मे ठहरता। वहाँ से खिड़की खोल कर वह सौ के नोट टपकाता। केवल यह तमाशा देखने के लिए कि नोटों की छीना झपटी के लिए क्या क्या होता है। तान्त्रिक कोई त्रिवेदी भी ठहरा था। अपने शिकार की टोह में वह ईस्टर्न स्टेट एजेंसी की रियासतों के चक्कर काटता ही रहता। बढ़ी हुई दाढ़ी, आँखों के कोने लाल, माथे पर त्रिपुण्ड, डरावनी हँसी। जब उसने दूसरी मंजिल से नोटों की वर्षा देखी तो उसे कुतूहल हुआ, वाह, वाह, मुझे तो मेरी मंजिल मिल गयी। वह प्रवीर के साथ उसी कार में जगदलपुर आ गया। पाँचों मकार-मांस, मदिरा, मैथुन, मुद्रा और मत्स्य-वाह राजा, तुम भी चखो, हमें भी भोगने दो। मैं तुम्हें तुम्हारा राज्य भी वापिस दिलाऊँगा, तुम्हारा विवाह भी कराऊँगा, तुम्हारा खोया हुआ पुंसत्व भी वापिस लौटेगा। गुरु ने बताया कि प्रातःकाल दंतेश्वरी माई की पूजा अर्चना के बाद तुम मेरे साथ एकान्त कक्ष में बैठो, श्मशान जगाओ, भैरवी का अमृत चखो। नहीं, तुम्हें किसी से डरने की आवश्यकता नहीं। पुलिस गोलियाँ चलायेगी, तुम ऊँ क्लिंग दंतेश्वरी का जाप करना, गोलियाँ पानी में बदल जायेंगी, तुम हवा में उड़ने लगोगे, आदिवासियों के कन्धों पर पैर रखकर तुम अबूझमाड़ के राजा बनोगे, महाप्रभु। और स्वामी जी, विवाह? वे अपने दोनों नेत्र बन्द कर लेते। तीसरे नेत्र से ध्यान करते जनता मुझसे प्रायः पूछती है, महारानी कब लाबे। दशहरा के अवसर पर लकड़ी के रथ में तैं अकेल्ला अच्छा नईं लगे। त्रिवेदी गुरु के पास इसका भी समाधान था। राजस्थान की शुभराज कुंवरि अभी तक कुंवारी बैठी थीं-प्रवीर से बड़ी तो क्या हुआ,

तान्त्रिक क्रियाओं में इसका भी उपाय है। विवाह दिल्ली में होगा, तुम्हारे माता-पिता नहीं हैं तो क्या हुआ? मैं तो हूँ। उन्होंने एक केन्द्रीय मन्त्री को पटाया। दिल्ली में फेरे हुए। जुलाई 61 में। पर सात फेरों का धैर्य प्रवीर में नहीं था। पाँच फेरे ही हो पाये थे कि वह विवाह वेदी से उठ खड़ा हुआ। गाँठ छोड़कर बार रूम में चला गया। शुभराज कुंवरि का नया नामकरण हुआ महारानी वेदवती। 6 अक्टूबर 1962 को वे जगदलपुर आयीं थी। आदिवासी प्रजा ने उन्हें सिर आँखों पर बिठाया। उस वर्ष जैसी रथयात्रा जगदलपुर में बहुत वर्षों बाद निकली। डेढ़ लाख से अधिक आदिवासी दूरस्थ अंचलों से जगदलपुर आये थे। पर शुभराज कुंवरि वस्तर के आदिवासियों की महारानी बनने नहीं, प्रवीर की प्राणेश्वरी बनने जगदलपुर आईं थीं। जगदलपुर के राजमहल में उसे कार से उतारा था प्रवीर की उपपत्नी सुभद्रा और अंगभारधारिणी परिचारिका महादेई ने। उसका माथा ठनका। फिर अमावस्या की रात आयी। प्रवीर का रत्यागार सजा। प्रवीर भगवान था। अक्षत भगवतियों पर उसका अनन्य अधिकार था। पर महाराज मंय हर अतेक डौकी मन के साथ कर हूँ का। पर, महाराज, मैं इतनी स्त्रियों के साथ करूँगा क्या? तान्त्रिक ने इसका उपाय भी सुझाया। महाराज रत्यागार में चीनांशुक धारण कर, राजमुकुट से सुशोभित, स्वर्ण खचित पादुकाएँ पहिनकर परिक्रामी सिंहासन पर आसीन होते। उनके हाथ में रजतदण्ड होता। वृत्ताकार कक्ष में दीवारों से पीठ टेके तन्वी श्यामा, शिखरि दशना, पक्व बिबाधरोष्ठी, चकित हिरणी प्रेक्षणा निम्रनाभि वाली अनावृत्त जघना कन्याएँ भगवान के रजत दण्ड की प्रतीक्षा में बैठतीं-वाल टू वाल। सृष्टि दण्ड तो नहीं, भगवान रजतदण्ड संचालन में कुशल थे। वे बिलियर्ड के कुशल खिलाड़ी रह चुके थे। बिलियर्ड का अच्छा खिलाड़ी वह होता है जो बिलियर्ड की मेज के मखमल को बिना क्षति पहुँचाये विलियर्ड दण्ड के कुशल संचालन से चतुर्दिक स्थित रंध्रों को अपनी उपस्थिति का भान कराता रहे। खेल लम्बा चलता। भगवान शिथिल हो जाते, उन्हें नींद आने लगती। वे उसी परिक्रामी सिंहासन पर ऊँघने लगते। सुभद्रा और महादेई उन्हें शयन कक्ष में पहुँचाती। तान्त्रिक प्रक्रिया पूरी होती। वे अपनी भगवत्ता सिद्ध करते। उन्हें लगता कि उन्होंने अबूझमाड़ को स्वायत्त कर लिया है। सभी खुश। भगवतियों को भगवान के रजत दण्ड को स्वायत्त करने के पुरस्कार स्वरूप लाल साड़ी मिलती। पैरी और मुँदरी भी। राजा सुबह जागता तो लगता, अब उसे अपने महाराजत्व की घोषण कर देनी चाहिए। अर्थ, धर्म, काम, मोक्ष सभी उसके अधीन हैं। अर्थ की उसे कोई कमी नहीं थी। दंतेश्वरी के पुरोहित के पास माँ देवी का स्वर्ण मुकुट भी था और स्वर्ण शलाकाएँ भी। महल के कोषागार में मणि माणिक्यों की कमी नहीं थी। धर्म की पूर्त्ति के लिए वह नित्य प्रातः कुलराध्या की उपासना करता, स्वर्ण खचित धोती पहिनकर। काम के लिए उसे तान्त्रिक स्वामी का मार्गदर्शन प्राप्त था। मोक्ष उसे नहीं मिलेगा तो किसे मिलेगा? वह स्वयं निर्वाण पुरूष है—मोक्षदाता।

प्रवीरचन्द्र ने वेदवती से विवाह स्वयं की पत्नी प्राप्त करने के लिए कम, बस्तर की भोली निरीह प्रजा को महारानी प्रदान करने के लिए ज्यादा किया था। प्रवीर जानता था कि धार्मिक कार्यों में पति के साथ पत्नी की उपस्थिति के बिना कोई मांगलिक अनुष्ठान पूरा नहीं मानाा जाता। विजयादशमी के पर्व पर जब वह रथ पर अकेला बैठता तो उसके पार्श्व खाली आसन को देखकर रथ खींचने वाले असंख्य आदिवासी निराश होते। इस आसन की पूर्ति के लिए उसने एक महारानी लाने का निश्चय किया था। शुभराज कुमारी महारानी के रूप में वेदवती बनकर जगदलपुर पधारीं थी किन्तु प्रवीर का दुर्भाग्य बढ़ाने के लिए ही। महारानी के जगदलपुर आगमन के बाद आयोजित रथ यात्रा में सम्मिलित होने के लिए पूरा नगर सड़कों पर था। रथ के निर्माण के लिए दूरस्थ अंचलों से आदिवासी अपने अपने देवी-देवताओं के साथ जगदलपुर आये थे। वे आते, अपने साथ रथ के लिए काष्ठ लाते—पेड़ों के बड़े-बड़े तने। महल परिसर के सामने सीरासार की ऐन बगल में वे रथ के पहियों को आकार दे रहे होते, महाप्रत के लिए भव्य आसन तैयार कर रहे होते। सारा रथ काष्ठ विनिर्मित। न लोहे की एक कील, न लोहे की एक पत्ती। दस दस साल वे रथ महल के सामने खड़े रहते, वर्षातप में उनका कुछ नहीं बिगड़ता। काष्ठशिल्प की ऐसी पूर्णता। राजा अपनी महारानी के साथ महल से बाहर आये, दंतेश्वरी देवी की पूजा की, सीरासार में जाकर धन्यधान्य की देवी से अपनी प्रजा के सुख और समृद्धि की कामना की। रथ खींचने के लिए हर आदिवासी अपना कंधा लगाने के लिए आतुर। उनके साथ आदिवासी स्त्रियाँ भी आतीं पर वे रथ खींचने में कोई सहायता नहीं करतीं। रथयात्रा के दिनों में विजयादशमी पर्व पर जगदलपुर में इतनी भीड़ होती कि सड़कों पर चलना असम्भव हो जाता। पर न कहीं कोई अव्यवस्था : न कोई गन्दगी। इन्हीं दिनों की बात होगी। मैं केवड़ा मुंडा स्थित अपने क्वार्टर में रात बाहर की बिजली बुझाकर सो गया था। पर सबेरे जब दरवाजा खोला तो जैसे चिड़ियों के उड़ने की सी आवाज आयी। 15-20 आदिवासी स्त्रियाँ फुर्र से निकलकर केवड़ा मुंडा की तरफ जाती हुई दिखीं। न किसी का वस्त्र छूटा, न ही कंघी। वे नगर में बिना किसी साजो सामान के। एकवस्त्रा स्त्रियाँ। अब वे केवड़ा मुंडा में स्नान करेंगी, अपने वस्त्र धोयेंगी, उन्हें सुखायेंगी फिर उन्हीं को धारण कर हँसती-खिलखिलाती महल परिसर की ओर चल देंगी। न कोई संकोच, न कोई असमंजस। राजा के आदेश होते कि नगर की दुकानों से वे जो चाहें खरीदें, उनसे पैसा नहीं लिया जायेगा, सब राज्य के खाते में लिखा जायेगा। वे खरीदतीं भी क्या, उनकी सारी आवश्यकताएँ प्रकृति से पूरी हो जातीं। शायद नमक, शायद मिट्टी का तेल, शायद लूगा यानी साड़ी।

उस दिन पूरे नगर में रथ की परिक्रमा में सामान्य से दुगुना समय लगा। जगह जगह रथ के सामने पूजा अर्चना की जा रही है। महाराजा और महारानी का जैकारा

गूंज रहा है। देवशिशु अपनी वयस्का महारानी के साथ रथारूढ़ हो अपनी प्रजा को दर्शन दे रहा है। अब मैंने तुम्हारी सारी इच्छाएँ पूरी कर दी हैं, तुम महारानी चाहते थे, वह तुम्हें मिल गयी। अब तुम मुझे मेरा राज्य वापिस दिलवाओ। आदिवासियों की आस्था का अपने राजनीतिक लाभ के लिए उपयोग करने में प्रवीर पारंगत था।

तान्त्रिक गुरु के निरन्तर साहचर्य में प्रवीर को लगने लगा था कि उसकी तान्त्रिक उपलब्धियाँ अब ज्ञानात्मक स्तर से उठकर प्रायोगिक स्तर तक पहुँच चुकी हैं और उनका व्यावहारिक निदर्शन किया जा सकता है। तन्त्र कक्ष में अब उसकी चिलम से जो लौ उठती वह उसे शून्य स्थित परमचक्र में अन्तर्ध्यान होती दिखती। कभी वह स्वयं को केकड़े में परिवर्त्तित हुआ अनुभव करता, कभी हिरण में। राजवाड़े के विशाल प्रांगण में आदिवासी वैगाओं, परधानों और माझियों को पंक्तिबद्ध खड़ा कर वह उनके सिर पर पैर रख ब्रह्मांड को नापने का प्रयास करता। नया वामनावतार। आस्था की अद्‌भुत शक्ति। संक्रामक और अडिग। समेकित आदिवासी उसकी इन लीलाओं से प्रमुदित होते। कलेक्टर चिन्तित। बस्तर के जिलाधीश ने उसे अपने कक्ष में तलब किया। महाप्रभु पूरे फार्म में हैं। उन्होंने जिलाधीश को सूचित किया—आप तो केवल जिले के अधीश है, मैं सम्पूर्ण सृष्टि का अधीश हूँ। न मेरी नियुक्ति होती है, न स्थानान्तरण। मैं साक्षात् भगवान् हूँ। उसने स्वलिखित लेख की एक प्रति भी कलेक्टर की ओर खिसकाई। आप इसे पढ़े, आपके सारे भ्रम दूर हो जायेंगे। मैं जिस दिन चाहूँ, आपके प्रशासन को ठप्प कर सकता हूँ। कहें तो कल अमावस्या की रात आपके और एस.पी. के बँगले को जलाकर राख कर दूँ। इन्द्रावती के पुल को बाढ़ में बहा देना मेरे बायें हाथ में हैं। बायाँ हाथ आप जानते हैं न? उसने बायाँ हाथ उठाकर पाँचों अँगुलियों में रत्नजड़ित मुद्रिकाओं का प्रदर्शन किया। जिला जेल पर आक्रमण, बस्तर के सारे तार और टेलीफोन के तारों को काटने की भी उसने अपनी मंशा प्रकट की। मैं जगदलपुर को जलियांवाला बाग बना दूँगा। काहे का भोपाल, काहे का दिल्ली। मेरे पास आदिवासियों की विशाल सेना है। मैं राम हूँ, कृष्ण भी मैं ही हूँ। जितनी गोपियाँ मेरे महल में हैं, कृष्ण के पास भी नहीं होंगी। कलेक्टर केवल सुन सकते थे और संभागायुक्त को रायपुर और गृहसचिव को भोपाल सूचित कर सकते थे। कलेक्टर से मिलने के बाद उसने आदिवासियों की एक रैली को राजबाड़े में सम्बोधित किया। सारे सरकारी गोदाम तुम्हारे हैं, सरकारी गोदामों का सारा अन्न तुम्हारा है। थानेदार मघारिया उस रैली में सबसे पीछे खड़ा था—उसने अपनी गोपनीय रिपोर्ट पेश की। लिखा—यदि प्रवीरचन्द्र भंजदेव की सभाओं और जूलूसों पर रोक नहीं लगाई गयी तो बस्तर में 1910 जैसा विद्रोह हो सकता है। जगदलपुर और रायपुर के अधिकारियों ने इस रिपोर्ट की गम्भीरता समझी। भोपाल के कौटिल्प ने बिसात बिछाई। कौन अधिकारी क्या करेगा और कैसे करेगा। कुछ ही वर्ष पूर्व लोहांडीगुड़ा में जबलपुर के युवा पुलिस अधिकारी जनक ने गोली चालन

कर निरीह आदिवासियों को भून दिया था। जनक जबलपुर में मेरा छात्र रह चुका था। लोहांडीगुड़ा की फायरिंग ने उसका विरुद कर दिया था फायरकुमार। फायरिंग हुई, निहत्थे लोग मरे, जांच कमीशन बैठा कर सब कुछ उचित सिद्ध किया गया। लोहांडीगुड़ा प्रवीरचन्द्र भंजदेव के राजनीतिक जीवन नाटक का ड्रेस रिहर्सल था। नाटक का पटाक्षेप 25 मार्च 1966 को होना था। जैसा कि इस प्रकार की घटनाओं में होता है, एक सामान्य सी घटना ने बारूद के ढेर में चिन्गारी फेंक दी। महल स्थित हवालात पर कुछ आदिवासियों ने कुल्हाड़ी से हमला कर दिया और 19 अपराधियों में से 2 को छुड़ाकर ले गये। आदिवासी महल के अंदर से तीर चला रहे थे और पुलिस के जवान महल की फसीलों पर मोर्चा लिए बैठे थे।

प्रवीरचन्द्र भंजदेव महल के भीतर बाहर हो रहे थे यह जानने के लिए कि उनके समर्थकों के तीरों का पुलिस पार्टी पर क्या प्रभाव ही रहा है और पुलिस की बन्दूकों से गोलियाँ निकल रहीं है या पानी। बन्दूकों से गोलियाँ ही निकल रहीं थीं। तीन गोलियाँ प्रवीर को भी लगीं-दाहिनी आँख के नीचे, जाँघों के नीचे अण्डकोश में मूलाधार पर और बायीं भुजा के ऊपरी हिस्से में। अर्थात् तीन दिशाओं से। प्रवीर का शव ड्राइंग रूम के अंदर दरवाजे से केवल दो फुट दूर पड़ा था। शव रात भर वहीं पड़ा रहा। भगवान का शव। 25 मार्च 1966 को राजमहल के पिछवाड़े इन्द्रावती पर अभी सर्यास्त नहीं हो पाया था कि बस्तर नरेश प्रवीरचन्द्र भंजदेव काकतीय का चन्द्र अस्त हो गया। दिनदहाड़े ही-सरे आम। राजमहल में अमानिशा का अंधकार था, गोलियों की आवाजें थम गयीं थीं, बाणों की सरसराहट सुनाई नहीं पड़ रही थी। फसीलों पर न तो राज्य शासन के सैनिक थे, न ही राजमहल में आदिवासियों के जत्थे। दूसरे दिन प्रातःकाल नये राजमहल के पोर्च में जिला प्रशासन के प्रतिनिधि खड़े थे। आयुक्त वीरभद्रसिंह देव, जिलाधीश मुहम्मद अकबर और पुलिस अधीक्षक। उन्हें पता था कि आदिवासियों के भगवान के शरीर से बहने वाल रक्त रात भर में जम गया होगा पर वे आश्वस्त होना चाहते थे। कंकाली मन्दिर के पास उन्हें दो आदिवासी दिखे। मुहम्मद अकबर ने उन्हें इशारे से बुलाया। कहा—भीतर जाकर देख और बता कि कितने आदिवासी राजमहल में हैं। महाराज, कोई नहीं। आयुक्त को लगा कि यह जिज्ञासा व्यर्थ थी, उनकी वास्तविक जिज्ञासा होनी चाहिए कि राजा कहाँ है। उन्होंने उन आदिवासियों को पुनः महल में जाने के लिए बाध्य किया। वे दोनों भीतर गये। आज पचासेक वर्ष बाद प्रवीर का एक प्रसंग मुझे बार-बार याद आ रहा है। जगदलपुर के राजमहल परिसर में उवस्थित शासकीय महाविद्यालय के बैडमिंटन कोर्ट में अपनी बारी की प्रतीक्षा करते हुए मैं प्रवीर के साथ कुर्सियों पर बैठा था। कुछ देर पहिले ही परिहास का एक ऐसा प्रसंग घटित हुआ था कि राजा वेहद अच्छे मूड में था। मैंने रसायनशास्त्र विभाग में नये नये आये सहायक प्राध्यापक मलेबार का परिचय वनस्पतिशास्त्र विभाग के सहायक प्राध्यापक डी.के. तिवारी से

कराया था। मलेबार को अपने खिलाड़ी होने पर बड़ा नाज था। मैंने दोनों का परिचय कराते हुए कहा था–मीट मिस्टर तिवारी-ए पर्फेक्ट जेंटलमैन एवं तिवारी जी-दिस इज प्रो. मलेबार-ए पर्फेक्ट स्पोर्ट्र्समैन। प्रवीर ने दोनों जुमले सुने थे। उसका मूड अच्छा हो गया था। भारतीय नदियों की बात चल पड़ी। मैंने कहा, मुझे इन्द्रावती अच्छी लगती है। वह जीवन का प्रवहमान प्रतीक है। जीवन के समान ही निरन्तर और अनिश्चित। बाल्मीकि ने उसे ठीक ही अष्टवक्रा कहा है। प्रवीर गम्भीर हो गया–मैं बस्तर की इन्द्रवती हूँ। उच्छल, वेगवान, अनिश्चित। अष्टमवक्रा मोड़ों से भरा हुआ।

उस समय मैंने इसे उसका बड़बोलापन समझा था पर आज उसकी इस बड़बोली स्वीकारोक्ति का मर्म मैं ज्यादा अच्छी तरह समझ पा रहा हूँ। प्रवीर का उच्छल, असुरक्षित बचपन। दूसरा वक्र अनुशासनप्रिय विक्टोरियाई मानसिकता वाले गिब्सन दम्पत्ति का उसका अभिभावकत्व। तीसरा मोड़ स्वैराचारी और लिंग लंपट मैथ्यूजों का उसके जीवन में प्रवेश। चौथा मोड़ था 17 वर्ष के अवयस्क प्रवीर का बस्तर जैसे खनिज समृद्ध और वनस्पति बहुल क्षेत्र का अप्रतिहत अधिनायकत्व। बस्तर की आदिवासी जनता ने उसे अपना भगवान माना, उसके प्रति अकंप आस्था प्रकट की-पाँचवा मोड़ जो उसे स्वयं को सत्ता कामी अधिनायक मानने के लिए पर्याप्त था। लखनऊ के चतुर और लोलुप तान्त्रिक त्रिवेदी का उसे दिवास्वप्नों के संसार में ढकेलना उसके जीवन प्रवाह का छठवां मोड़ था। अतिशय इन्द्रिय भोगों ने उसे क्लीब बना दिया था–भोग के साधन तो उसके पास थे किन्तु भोग की शक्ति उसके पास नहीं थी। अपने पौरुष की परीक्षा में असफलता का निरन्तर दंश। पत्नी वेदवती से विवाह विच्छेद ने उसे ध्रुवस्वामिनी का रामगुप्त बना दिया था। अन्तिम एवं आठवां मोड़ था मध्य प्रदेश के चाणक्य कहे जाने वाले गृहमन्त्री और बाद में मुख्यमन्त्री द्वारकाप्रसाद मिश्र से उसकी अनबन। अष्टवक्रा इन्द्रावती के समान उसने जीवन के बहुत थपेड़े खाये। कहते हैं इन्द्रावती की बालुकाराशि में स्वर्णकण होते हैं पर इन स्वर्ण कणों का संचय कौन करे? जिसको संचय का उत्तरदायित्व सौंपो, वही बेईमानी करने लगता है। प्रवीर भाग्य का मारा हुआ था, अभिशापग्रस्त। जीवन की दु:ख भरी महत्त्वकांक्षी कथा का महानायक।

इस दुर्भाग्य और अभिशाप की कथा प्रवीर के जन्म से बहुत पहिले ही प्रारम्भ हो गयी थी। त्रेतायुग में।

बस्तर दण्डकारण्य का एक भाग है उसका प्रथम शासक दण्ड था। सूर्यवंश के मूल पुरुष महाराज इक्ष्वाकु का सौवाँ पुत्र। सौ पुत्र उत्पन्न करने में और उनका समुचित लालन पालन करने में किसी भी राजा का जीवन खप जाता है। सौवें पुत्र की शिक्षा दीक्षा के लिए प्रतापी इक्ष्वाकु के पास न तो अवकाश शेष था, न ही उत्साह। वयोवृद्ध इक्ष्वाकु शिथिल थे, अन्तिम पुत्र का वे क्या करें? जो कुछ करना हो, वह अन्तिम कुंवर साहब को ही करना था। अब यह अशिक्षित, असंस्कृत,

मूढ़, राजपुत्र क्या करे? पता नहीं, उसका वास्तविक नाम क्या था? शायद राजा साहब उसका नाम रखना भी भूल गये थे। सौवाँ पुत्र उनके जीवन का सबसे बड़ा दण्ड था। सभी उसे दण्ड कहते, इतिहास भी उसे दण्ड के ही नाम से जानता है। पिताश्री इक्ष्वाकु ने शतकपुत्र दण्ड की बंडता से उकताकर उसे विन्ध्य और शैवाल पर्वत श्रेणियों के बीच का भयावह, दुर्गम प्रदेश दे दिया। जाओ बेटा, मरो या खपो, आँखों से दूर रहो। दण्ड न मरा, न खपा। उसने उस अगम्य, अपरिचित भीषण प्रदेश में—उस अबूझमाड़ में—अपना राज्य स्थापित किया। अब राजा है तो एक राजगुरु भी चाहिए न! शुक्राचार्य के दिशा निर्देश में वहाँ धर्मपूर्वक राज्य का प्रारम्भ किया। फाल्गुन आ गया था, वासन्ती बयार बह रही थी, राजगुरु बहुत दिनों से राजमहल नहीं पधारे थे सो राजराजेश्वर ने सोचा, चलो, हमीं चलें गुरुजी के आश्रम के प्रवेश द्वार पर उर्जा आयी-उर्जा यानी गुरु शुक्राचार्य की अनिन्द्य सुन्दरी, यौवन से लबरेज तरुण कन्या। सुन्दरी, तुम कौन हो और यहाँ क्या कर रही हो? तुम्हारा स्थान तो मेरे अन्तःपुर में है। पर उर्जा आचार्य कन्या थी। उसे मर्यादा का ध्यान थ। राजा ने उसका स्पर्श करना चाहा—बोली-कोई देख लेगा। उर्जा की आपत्ति जायज थी। कोई देख न ले इसलिए दण्डराज उसे आश्रम स्थित लताभवन में ले गये। कुंजकुटीरों और लताभवनों का विधान आश्रमों में यों ही नहीं किया जाता! दण्ड में धैर्य की कमी थी। अतः उसने उद्दण्डतापूर्वक कुमारी कन्या का शीलभंग कर दिया। शुक्र को जब इस पापमय कुकृत्य का संज्ञान हुआ तो उन्होंने दण्ड को शाप दिया—अधम, पातकी, सात दिनों में तुम्हारा यौवन, तुम्हारा वैभव, तुम्हारा राज्य निःशेष हो जायेगा। इस भू-भाग का कोई भी राजा न सुख की नींद सो पायेगा, न सुख की मौत मर पायेगा। वह न राज्य का भोग कर पायेगा, न ही अपने यौवन का। अन्नम देव-काकतीय वंश के संस्थापक नरेश से लेकर उसकी बीसवीं पीढ़ी के अन्तिम प्रवीरचन्द्र भंजदेव काकतीय तक, वंश के समस्त शासकों के जीवन और मृत्यु का इतिहास लगभग एक सा ही रहा। प्रवीर के पास सब कुछ था पर लगता है श्री, सुख, समृद्धि, स्वास्थ्य का भोग उसके भाग्य में नहीं था। दुःख ही उसके जीवन की कथा रही। प्रवीर की मृत्यु के बाद 'कल्पना' में दुष्यंत कुमार की एक कविता छपी थी—'ईश्वर को शूली' पर प्रवीर का जीवन कविता का नहीं, अपन्यास का विषय था। उसका जीवन अतृप्ति का पर्याय था, उसकी मृत्यु प्रतिशोध एवं राजनीतिक कुचक्रों का। दुःखों ने जीवन भर उसका पीछा किया। मृत्यु में भी दुःखों ने उसका साथ नहीं छोड़ा। जिसके शरीर को 303 की तीन गोलियाँ क्षत विक्षत कर दें और जिसके शव का कोई दावेदार न हो वह काहे का भगवान, काहे का महाप्रभु। महाप्रभु, ऐसा जीवन और ऐसी मृत्यु किसी शत्रु की भी न हो!

ठाकुर सूरजभान सिंह ठाकुर : एक भस्मक रोगी का आख्यान

कोई उन्हें ठाकुर सूरजभान सिंह कहता तो वे बुरा मानते थे। अकेले सूरजभान सिंह कहने का तो और भी। वे चाहते थे कि लोग उन्हें ठाकुर सूरजभान सिंह ठाकुर कहें। यदि यह नाम आपको कुछ बड़ा लगता तो आप उन्हें टी.एस.एस.टी. कह सकते थे। वे भारी भरकम थे, विकट भूधराकार शरीर। आगे पीछे एक समान। स्वयं को संचालित करने के लिए उन्हें ठाकुर रूपी दो दो एंजिनों की दरकार होती। उनका जन्म बैतूल के पास के किसी गाँव में हुआ था जहाँ रेलगाड़ियों को चढ़ाई पर चढ़ने के लिए दो दो एंजिनों की जरूरत पड़ती थी। एक आगे और एक पीछे। कहते, केवल एक एंजिन रेलगाड़ी का लोड नहीं ले पाता था इसीलिए अपनी देहरूपी गाड़ी का लोड खींचने के लिए वे नाम के आगे भी ठाकुर लगाते और नाम के पीछे भी। लोगों को उन्हें चिढ़ाने में मजा आता-कहते, कहिये सिंह साहब, क्या हाल हैं। मिलने जुलने वाले आते तो ठाकुर साहब को पायलागी कहते। पर इन अधूरे सम्बोधनों से उन्हें अपना व्यक्तित्व अधूरा लगता! उन्होंने मैट्रिक में अंग्रेजी की एक कविता पढ़ी थी। "चार्ज आफ द लाइट ब्रिगेड।" "कैनंस इन फ्रंट आफ देम, कैनंस बिहाइंड देम, वालीड एण्ड थंडर्ड।" सो अपनी तोप को मारक बनाने के लिए फ्रंट और बिहाइंड में ठाकुर के दो आस्पदों का प्रयोग उन्हें वांछनीय लगता। दो दो एंजिनों की अनिवार्यता की प्रतीति मुझे उसी दिन हो गयी थी जब मैंने 15 जून 1956 को पहिली बार नागपुर में उनके दीदार किये थे। उनको पूरी तरह देखने के लिए मुझे अपनी आँखें फाड़नी पड़ी थीं। मैं महाविद्यालयीन सेवा में अपनी पहिली नियुक्ति पर पुराने मध्य प्रदेश और बरार की राजधानी नागपुर पहुँचा था। वहाँ नागपुर टाइम्स कार्यालय के पास मेरे पुराने मित्र इन्द्रकुमार जैन रहते थे—ठाकुर कुंज में। ऊपरी मंजिल पर। नीचे की पहिली मंजिल पर गृहस्वामी ठाकुर साहब का आवास था। इन्द्रकुमार को सब प्यार से इन्दर कहते। वे अकेले थे, अविवाहित। वहाँ चैबर आफ कामर्स में अधिकारी थे। उन्होंने मुझसे अपने साथ रहने का आग्रह किया। मैंने प्रसन्नता से स्वीकार कर लिया। ठाकुर कुंज साफ सुथरे मुहल्ले में था। मेरे विज्ञान महाविद्यालय के पास। खाने का होटल भी पास में ही था—जेल रोड पर। जनता

होटल। आप चाहें तो होटल जाकर भोजन कर लें, चाहें तो खाने का डिब्बा घर मँगवा लें। होटल के सामने की दीवार पर साफ-साफ लिखा था—घर पोंच डिबा घी के साथ 68 रुपया और घर पोंच डिबा बगैर घी 60 रुपया। मेरे सारे अविवाहित मित्र इसी होटल में खाते थे। पहिले ही दिन जब गृहस्वामी से भेंट हुई तो लगा कि इन्हें तो विश्व के आठवें आश्चर्य में परिगणित होना चाहिए था। कहाँ लगती है चीन की दीवार या सांची स्तूप इनके सामने। इन्दर ने सबेरे सबेरे स्टोव जलाया था, चाय का पानी चढ़ाया था, पूछा था, तुम कितने कप लोगे—दो। मैं भी दो ही लेता हूँ। पर उसने पानी चढ़ाया आठ कप। मैंने पूछा भी कि आठ कप पानी क्यों? वह कुछ बोला नहीं, मुस्कराता रहा। थोड़ी देर में आठ कप पानी का रहस्य तुम्हें खुद पता चल जायेगा। सीढ़ियों पर धप धप की आवाज हुई। लगा कि घर हिल रहा है। यह मेरा भ्रम ही था। कमरे के दरवाजे पर खड़ा कोई आवाज लगा रहा था। इन्दर, तुम कल रात काफी देर से घर आये। तबियत तो ठीक है न! इन्दर मेरी ओर देखकर मुस्कराया। तबियत तो बिल्कुल ठीक है। गरमागरम चाय पीकर और भी ठीक हो जायेगी। द्वारस्थित उपस्थिति भीतर आयी। मैंने वैसा आदमी पहिले नहीं देखा था। मैं चौंकता कि इन्दर ने परिचय कराया—ठाकुर साहब, ये कान्तिकुमार हैं। मेरे मित्र। आपके महाविद्यालय में हिन्दी के व्याख्याता होकर आये हैं—रमेशचन्द्र गंगराडे के स्थान पर। लोक सेवा आयोग द्वारा चयनित। मेरे साथ ही रहेंगे। मैंने इन्दर की ओर देखा जैसे कह रहा होऊँ कि यह तो मैं हुआ पर ये अवतारी पुरुष कौन हैं? इन्दर को अपनी भूल का ज्ञान हुआ—बोला—ये ठाकुर साहब हैं—ठाकुर कुंज के स्वामी। विज्ञान महाविद्यालय में जंतुशास्त्र के अध्यक्ष। जंतुशास्त्री ठाकुर साहब कमरे की एकमात्र कुर्सी पर विराजमान हो चुके थे। कुर्सी लकड़ी की थी, हत्थोंवाली। ठाकुर साहब कुर्सी पर क्या बैठे कि दोनों एकाकार हो गये। पता ही नहीं चलता था कि ठाकुर साहब का विस्तार कहाँ समाप्त होता है और कुर्सी का कहाँ प्रारम्भ। सजीव और निर्जीव की तद्रूपता का अद्भुत दृश्य था। इन्दर ने काँच के दो बड़े ग्लासें में चाय ढाली, एक मुझे दिया, एक स्वयं के लिए रखा। अल्यूमीनियम की टोंटी वाली केटली में बाकी चाय रहने दी। केटली की टोंटी से भाप निकल रही थी। ठाकुर साहब उस भाप को धुँआ कहते थे। उन्होंने उस धुँआ उगलती केटली से सामने रखे काँच के ग्लास में चाय उड़ेली और देखते देखते ग्लास खाली कर दिया। मैंने जब उनका ग्लास खाली देखा तो मुझे शरम आयी, उनका ग्लास खाली हो गया था और मैंने एक घूँट भी नहीं पी थी। इन्दर ने भी पहिला ही घूँट मारा था कि जीभ जल गयी। ग्लास जहाँ का तहाँ धर दिया। ठाकुर साहब ने चाय का ग्लास दूसरी बार भरा और वह भी एक घूँट में खाली हो गया। चाय पीकर वे कृतकार्य लगे। अब बैठना बेकार था। बोले—चलूँगा। कुछ लोग मिलने आने वाले हैं। अब हम लोग उन्हें रोकते भी तो वे रुकने वाले नहीं थे। वे चलने के लिए उठे पर यह

क्या, कुर्सी भी उनके साथ उठी। वे कुर्सी से बाहर निकलने का जितना प्रयास कर रहे थे, कुर्सी उनसे उतनी ही चिपकती जा रही थी। "जहाँ जहाँ जाता हूँ, वहीं चली आती हो" जैसी पंक्ति शायद इसी सिचुयेशन के लिए लिखी गयी थी। इस स्थिति में मुझे हँसी आ रही थी पर इन्दर स्थित प्रज्ञ था। उसके लिए यह रोज का अनुभव था। आज इस स्थिति से निपटना उसे आसान लग रहा था। उसने मुझसे कहा कि तुम कुर्सी के पीछे जाओ और कुर्सी की पीठ पकड़कर अपनी ओर खींचो। इन्दर ने कुर्सी के आगे खड़े होकर एक पैर से कुर्सी के सामने वाले हिस्से को दबाया, दोनों हाथों से ठाकुर साहब के दोनों हाथ पकड़े और हाँक लगयी-जोर लगा के हइयो। मुझे भी लगा कि हाँक लगाना जरूरी है। बिना हाँक लगाये यह बुलडोजर कुर्सी के बाहर नहीं निकलने का। मैंने आँखें बन्द की, दोनों हाथों से कुसी का पिछवाड़ा जकड़ा और जोर से 'जोर लगा के' कहा ही था कि चमत्कार हुआ। दूध का दूध और पानी का पानी के मुहावरे की तरह ठाकुर साहब और कुर्सी दोनों अलग अलग हो गये। एकाध मिनट ठाकुर साहब अपना वजन सँभालते रहे, स्थिर हुए, बाहर जाते जाते इन्दर से बोले—तुम अभी तक कमरे में अकेले थे, कमरे का किराया देते थे 60/-महीना। अब तुम्हारे साथ तुम्हारे दोस्त भी रहेंगे तो पानी का, बिजली का, पंखे का, बाथरूम का उपयोग करेंगे न! इसके लिए तुम्हें 30/-अतिरिक्त देने होंगे।

जब ठाकुर साहब आधी सीढ़ियाँ उतर गये तो मैंने इन्दर से पूछा कि आज तो मैं था इसलिए ठाकुर साहब कुर्सी से आसानी से बाहर आ गये। अगर मैं ने होता तो तुम किसे बुलाते। मौसम बदल रहा है इसलिए उन्होंने मलमल का घुटन्ना और बंडी उतार दी है। कल वे मममल में थे तो कुर्सी में फँसे नहीं, आज लंकलाट में हैं तो उनका व्यास बढ़ गया न। कुर्सी तो वही कल वाली थी पर ठाकुर साहब कल वाले नहीं थे। मुझे इन्दर की बात तर्कपूर्ण लगी। सोचा, कल फिर यही करतब करना होगा क्योंकि कल भी ठण्ड पड़ेगी और ठाकुर साहब लंकलाट का घुटन्ना और बंडी पहिनकर चाय पीने आयेंगे।

यह ठाकुर साहब से मेरी पहिली मुलाकात थी। फिर तो ठाकुर साहब से रोज ही भेंट होती। घर में भी, कॉलेज में भी। कभी कभी रास्ते में भी। ठाकुर साहब ने एक रिक्शेवाले को अपनी कोठी के पीछे वाली कोठरी दे दी थी रहने के लिए। उसके लिए एक रिक्शा भी खरीद दिया था। शर्त केवल इतनी थी कि वह रोज ठाकुर साहब को कालेज पहुँचायेगा और उनके पीरियड समाप्त होने पर घर वापिस लायेगा। बाई साहब बाजार से जो भी सामान लाने को कहें, लायेगा। दिन भर वह रिक्शा चलाये और जो भी भाड़ा मिले वह उसका। रिक्शे पर वे सीधे नहीं बैठ सकते थे। नागपुर के रिक्शे यों भी उलार थे। सीट सँकरी, पैर रखने की जगह भी छोटी। सामान्य सवारी को भी तिरछे होकर बैइना पड़ता था। ठाकुर साहब सीधे बैठना भी चाहते हों तो उनका पेट रिक्शा चालक को उसके सीट के बाहर ढकेलने को बाध्य

होता। साहब, तिरछे होकर बैठो नहीं तो रिक्शा तिरछा तिरछा चलेगा। ठाकुर साहब अपने भूरे बन्द गले के जयपुरी में रिक्शे पर क्या बैठते, लगता आलू के बोरे पर बड़ा सा कद्दू रखा हुआ है। ठाकुर कुंज से विज्ञान महाविद्यालय का रास्ता महाराजा बाग से होकर था। मैं उन्हें पैदल चलता हुआ दिखता तो कहते, आओ, तुम भी रिक्शे में आ जाओ। रिक्शेवाले को अठन्नी दे देना। अठन्नी दे तो देता पर रिक्शे में बैइने की जगह कहाँ थी? मुझे रिक्शे वाले पर जितनी दया आती, उससे ज्यादा अपनीं सुरक्षा की चिन्ता होती। ठाकुर साहब रिक्शे में टस से मस होते तो मेरी दो चार पसलियाँ जरूर भुरकम हो जातीं। फिर मैं जानता था कि पैदल चलकर मैं कालेज पहिले पहुँच जाऊँगा।

ठाकुर साहब के पास कॉलेज जाने के लिए खास पोशाक थी। घर में वे घुटन्ने और आधी बाँह की बंडी में रहते। गर्मी में घुटन्ना और बंडी मलमल की होती, जाड़े और बरसात में गाढ़े की। मलमल उन्हें खरीदना पड़ता, गाढ़ा नहीं। वे वरिष्ठता के कारण विश्वविद्यालयीन परीक्षाओं के अधीक्षक होते। प्रतिवर्ष परीक्षार्थियों की उत्तर पुस्तिकाओं के बंडल परीक्षकों के पास भेजने के लिए लंकलाट का पूरा थान उन्हें मिलता। आधा कालेज में रहता, बंडलों के लिए, आधा घर आ जाता। घर आये लंकलाट से पूरे परिवार के कपड़े सिलते। स्वयं के लिए घुटन्ना और बंडी, पत्नी के लिए पेटीकोट और ब्लाउज, पुत्र के लिए कुर्ता, पैजामा और पुत्री के लिए चड्डी-शमीज। पत्नी उनकी गोरी-कृशांगी, लम्बी थीं, ठाकुर साहब के साथ वे बाहर कम ही निकलतीं। मैं उन्हें जब भी हस्तिकाय ठाकुर साहब के साथ देखता तो मुझे बुन्देलखण्ड के गाँवों में ऐसे असमान जोड़ों के लिए प्रचलित कहावत याद आती-मैं सींक सी पतरी, पिया मिले हनुमान। उनका बड़ा बेटा अविकसित था। देह 15-16 वर्ष की, बुद्धि सात आठ के बालक की। बोलता तो तुतलाता, मैंने उससे उसका नाम पूछा तो बोला—घर का या स्कूल का। मैंने कहा—स्कूल का। बोला म्यूनिसिपल प्रायमरी पाठशाला। बेठी बेटे से साल भर छोटी हो तो हो। वह पिता पर गयी थी। 13-14 वर्ष में ही वह 18-19 की लगने लगी थी। बंडल के लिए आये लंकलाट से पूरे परिवार के लिए कपड़े सिलेंगे तो कतर-ब्योंत करनी ही पड़ेगी। माँ कहतीं बिट्टो के लिए नये कपड़े ला दो। वह सहेलियों के सामने निकलने से कतराती है। पर ठाकुर साहब को न बड़ी होती हुई बेटी की देह दिखाई पड़ती थी, न उसके तंग होते हुए कपड़े।

कॉलेज के लिए ठाकुर साहब के पास बन्द गले का सूट था। धुस्से का। ऊँट के रंग का। टोपी भी उसी रंग की थी। यह उनके ठण्ड का परिधान था। शेष ऋतुओं के लिए इसी रंग की खादी का कोट और पतलून थी-टोपी भी। टोपी मल्टीपर्पज थी। कालेज से लौटते तो बर्डी पर रुककर साग-सब्जी खरीदते। मौसम के दिनों के फल-फ्रूट भी। उन दिनों पन्नी वगैरह का चलन नहीं था। ठाकुर साहब अपने

सिर की टोपी उतारते–उसे लम्बा करते, अब भैया, तुम कद्दू, बैगन, खीरा सब इसी में डाल दो। घर आये, ठकुरानी साहब ने थैला खाली किया और उसे टोपी बनाकर खूँटी पर टाँग दिया। अगले दिन ठाकुर साहब जब कॉलेज जायेंगे तो टोपी की जरूरत पड़ेगी न!

ठाकुर साहब का यह तो लांग शॉट का रूप था, उन्हें क्लोज शाट में देखा जगदलपुर में जहाँ वे मेरे प्राचार्य थे। वे वहाँ डॉक्टर श्रीनाथ मेहरोत्रा के स्थानान्तरण के उपरान्त आये थे। डॉ. मेहरोत्रा बेहद सुदर्शन, बेहद नियम प्रेमी, बेहद सूरुचि सम्पन्न। बिल्कुल अंग्रेज। ठाकुर साहब सभी बातों में उनके विलोम थे–शत प्रतिशत। ठाकुर साहब जगदलपुर क्या आये–अपने परिवार के बीच ही आ गये। विज्ञान विषयों के सारे प्राध्यापक नागपुर और रायपुर में या तो उनके सहयोगी रह चुके थे या उनके विद्यार्थी। वे ठाकुर साहब को जानते थे। कॉलेज में ठाकुर राज कुछ तो जगलदपुर के आदिवासी अंचल में होने के कारण चल रहा था, कुछ उनके पूर्व परिचितों के कारण। भदेसपन कण कण में व्याप्त था। किस क्षण क्या भदेस घट जाये, कोई नहीं जानता था। बस्तर के जिलाधीश उन दिनों मुहमम्मद अकबर थे। वे नागपुर महाविद्यालय में ठाकुर साहब के सहपाठी रह चुके थे। दोनों के सम्बन्ध अब भी सखा सखा के ही थे। अकबर साहब बड़े कौतुकी, परिहास रसिक, जिन्दादिल व्यक्ति थे। अष्टवक्रा इन्द्रावती के तट पर उनका कलेक्टर निवास बड़ा कुशादा था, सामने बड़ा भारी उद्यान। पूर उद्यान में नहरों का जाल बिछा था। अकबर साहब सबेरे से बगीचे में बैठ जाते, वहाँ से जिले का प्रशासन भी करते और अपना कौतुक आखेट भी चलाते। नहरों में मगरमच्छ पड़े हुए हैं, कहीं साँप कुंडली मारे बैठे हुए हैं, कहीं किनारों पर बगुले एक टांग पर खड़े तपस्यालीन हैं। सभी प्लास्टिक के। कोई आदिवासी अपनी समस्या लेकर आता तो कलेक्टर साहब पहिले उससे कौतुक करते। साहब, मोर खेत कर सागौन ला मड़वारी हर कटवा डारे हय। मड़वारी अर्थात, मारवाड़ी। तोर काम हो जाही। चल, मगर ला पानी ले निकाला। बेचारा एक नजर मगरमच्छ को देखता, एक नजर कलेक्टर साहब को। एक हाथ मगरमच्छ की पूँछ पकड़ने को बढ़ाता, दो हाथ पीछे हट जाता। पाँच दस मिनट यह कौतुक चलता फिर अकबर साहब कुर्सी से उठते और मगरमच्छ का जबड़ा पकड़ कर नहर से बाहर खींच लेते। डरा हुआ, सहमा हुआ आदिवासी समझता कि साहब आदमी नहीं, देव हैं–ले थाम। मंतर के परताप से अब ये मगरमच्छ प्लास्टिक के बन गये है। बेचारा आदिवासी हाथ में मगरमच्छ थामे थर थर कांप रहा है, अकबर साहब अपने पी.ए. को निर्देश दे रहे हैं कि इसका काम आज शाम तक हो जाना चाहिए। कलेक्टर साहब अनपढ़ आदिवासी और एम.एस-सी. प्राचार्य ठाकुर साहब में कोई भेंद नहीं करते। ठाकुर साहब के साथ भी ऐसी क्रीड़ा चलती। ठाकुर साहब के बँगले में पाश्चात्य शैली का टायलेट नहीं था, बेचारों को बड़ी परेशानी होती। वे एक आवेदन पत्र लिखकर

अपने पुराने यार के पास पहुँचे हैं। कलेक्टर साहब अपने पुराने यार के साथ खेल खेल रहे हैं। भूल गये हैं कि ठाकुर साहब उनका यार भर नहीं, महाविद्यालय का प्राचार्य भी है। पर जब तक वे ठाकुर साहब को मगरमच्छ की पूँछ नहीं पकड़वा देते, आवेदन पत्र पर अपनी टिप्पणी नहीं लिखते थे। कलेक्टररानी साहिब ठाकुर साहब को जानतीं थी। भीतर से गुलाब जामुनों की प्लेटें भिजवातीं। ठाकुर साहब की पसन्दीदा मिठाई। ठाकुर साहब टकले थे—निफ्ट खल्वाट। उनका सिर खरबूजे के समान बड़ा और बेल जैसा चिकना था। उस पर कुछ नहीं ठहरता। कलेक्टर साहब उनके चिकने मुंड पर एक गुलाब जामुन रखते। शीरे सहित। कहते बिना हाथ से छुए इसे मुँह में पहुँचाओ। वे इसमे ठाकुर साहब की सहायता करते। रसगुल्ले को थोड़ा आगे, थोड़ा दायें, थोड़ा बायें घुमाते, कहते चेहरा उठाओ, मुँह फाड़ो। इस बीच ठाकुर साहब शीरा सराबोर हो जाते। चप चप चप। रसगुल्ला कलेक्टर साहब के हाथ की चम्मच से ठाकुर साहब के मुँह में जाता पर चेहरे पर चारों ओर शीरे की धारियाँ बन जातीं। ठाकुर साहब इसका बुरा नहीं मानते थे। अँगुलियों से शीरे की धारियों को समेटते—स्वाद ले लेकर अंगुलियाँ चाटते—एक रसगुल्ला, फिर दूसरा, फिर तीसरा। ठाकुर साहब चटकारे लेते रहते, अकबर साहब चपरासी को आवाज देते—तसला और पानी का जग लाओ। अपने हाथ धोते, तौलिये से पोंछते। ठाकुर साहब के लाये हुए आवेदन पत्र टीप लिखते—लोक निर्माण विभाग के प्रमुख यंत्री के नाम-प्राथमिकता के आधार पर कार्य सम्पन्न किया जाये, पर ठाकुर साहब महाविद्यालय के प्राचार्य थे। विश्वविद्यालयीन परीक्षाओं के व्यवस्थापक। परीक्षा के दिन हैं, सुबह के आठ बज चुके हैं। पहिली पाली शुरू होने को है। ठाकुर साहब कालेज के प्रवेशद्वार पर चंक्रमण कर रहे हैं। कालेज के प्रवेश द्वार पर नौबतखाना था, दंतेश्वरी देवी का मन्दिर भी। घण्टे घड़ियाल बज रहे हैं। परीक्षार्थी अपनी अपनी घड़ियों के हिसाब से परीक्षा कक्षों में पहुँच रहे हैं। ठाकुर साहब अपने आखेट की तलाश में हैं। भागता दौड़ता बन्द टाकीज वाले मार्ग से उन्हें एक छात्र आता हुआ दिखा—ठाकुर साहब ने उसे पहिचान लिया—बन्द गली के मिठाई वाले का बेटा। इस मिठाई वाले की जलेबियाँ बहुत प्रसिद्ध थी—नौ बजे तक कड़ाही खाली। मिठया पुत्र ने ठाकुर साहब को अनदेखा कर महाविद्यालय प्रांगण में प्रवेश करना चाहा—ऐ, कहाँ जाता है। देर हो गयी। आखिरी घण्टी कब की बज चुकी है। नहीं सर पाँच मिनट बाकी हैं। तो जा-वापिस जा। एक दोने में गरमागरम जलेबियाँ लेकर आ। लड़का असमंजस में है। वह अनुभव से जानता है, किवदंतियाँ उसे बताती हैं कि बिना अपना कर वसूले प्राचार्य महोदय उसे अंदर नहीं जाने देंगे। वह लौटता है—भागाभागा अपनी दूकान तक जाता है। एक बड़े दोने में आधा किलो जलेबियाँ बँधवाता है। साथ में एक दोना और बँधवाता है—कचौड़ियों का। जानता है, वह कचौड़ी नहीं ले गया तो से फिर भागना पड़ेगा। लड़का वांछित पकवान के साथ लौट आया है। ठाकुर साहब

अपने कक्ष में आ गये हैं। जलेबी, कचौड़ी। चाय के लिए उन्हें चिन्ता नहीं करनी पड़ती। स्टाफ रूम में चाय बनेगी। उनके लिए एक टंबलर चाय तय है। धुँआ उगलती हुई। आज का दिन अच्छा बीतेगा–शुरूआत इतनी अच्छी हुई। परीक्षा का क्या है? परीक्षाएँ तो होती ही रहती हैं। अधीक्षक हैं, वीक्षक हैं। सब उनके अधीनस्थ, कुछ उनके छात्र हैं। बइलाराम उनका खास चपरासी है। बइलाराम-जाओ, चौरास्ते की दूकान से बीड़ा पान लाओ। मीठा मसाला डलवाना मत भूलना। बइलाराम उनसे पान के पैसे माँगे–इतना मूर्ख नहीं है। बीस पैसे खर्च करेगा–रुपया कमायेगा–कालेज की छोटी मोटी खरीददारी उसे ही करनी होती है। बीड़ापान आ गया है। बइलाराम के कल्लों में भी बीड़ापान दबे हुए हैं। सब मिल बाँटकर खाओ तो कोई कठिनाई नहीं होती। सारा खेल अण्डरस्टेंडिंग का है।

एक दिन ठाकुर साहब का एकदम नया रूप देखने को मिला। इतवार था–महाविद्यालय बन्द था पर उससे क्या होता है–जठर में जो कारखाना था, वह तो चालू था। पेट के एजिन में कुछ न कुछ तो झोंकना ही होगा। जो सामने मिल जाये, सब स्वीकार्य। लक्कड़ हजम, पत्थर हजम। गन्ने का एक ठेला दिखा बाजार जा रहा था, वहाँ ठेलेवाला अपना ठेला बेचेगा–कुशियार पिरैया को। वह गन्ने का रस निकालेगा। ग्लास के हिसाब से ग्राहकों को पिलायेंगा। चवन्नी ग्लास। ठाकुर साहब को गन्ने के ठेले में सम्भावना दिखी। बइलाराम बँगले के पिछवाड़े रहता था, हाँक लगाई। बइलाराम आया। ठेले के पीछे पीछे ठाकुर चन्द्रभान सिंह ठाकुर, प्राचार्य शासकीय महाविद्यालय जगदलपुर और उनका चपरासी बइलाराम। जहाँ ठेला रुकता, वे भी रुक जाते। चढ़ाई आती तो दोनों ठेले को ढकेलने में मदद करते। ठेला महाराज क्वार्टर्स के सामने से गुजरा। ठाकुर साहब ने बइला को कुछ हिदायत दी। बइला भागा भागा मेरे यहाँ आया, साहब, सर एकठो फोल्डिंग चेयर माँगे हैं। मैं कुछ समझा, कुछ नहीं। बाहर निकल कर जो दृश्य देख, सब हस्तामलकवत् था। ठेले वाला गन्नों का सौदा करेगा, गन्नों का रस निकाला जायेगा। ठाकुर साहब रस पान करेंगे–कब तक रस की प्रतीक्षा में खड़े रहेंगे? तो कुर्सी रहेगी तो बैंठने में सुविधा होगी। दस गिलास पिये जा चुके हैं। पेट में शान्ति है, मुख पर तृप्ति है। रसवाला पैसे माँग रहा है–दस गिलास के पच्चीस पैसे के हिसाब से ढाई रुपये हुए। ठाकुर साहब ने बइला की ओर देखा–पेमेंट कर। अब बइला इस तैयारी से तो आये नहीं थे। साहेब, मोर पास तो नया पैसा घलोकत्रीं है। साले, सस्पेंड कर दूँगा। प्रिंसिपल का चपरासी है, प्रिंसिपल के साथ इतवारी हाट आता है, खाली जेब। जा, जैन साहब के यहाँ जा, कहना ठाकुर साहब ढाई रुपया मंगाये हैं। बइला को मैंने तीन रुपये दिये। सारा वृतान्त सुनकर कहा–दो गिलास तू भी पीना और सुन, आगे से जब भी ठाकुर साहब की अर्दली में रहे, खाली जेब मत रहना। ठाकुर साहब खाली पेट नहीं रहे सकते, उनका अर्दला खाली जेब रहे, यह उनको अपनी तौहीन लगती है।

सवाल केवल रस पीने का नहीं था, बाजार से वापिस लौटने का भी था। ठाकुर साहब की प्रतिभा ऐसे संकट के समय जाग उठती है, गगन बिहारी हो जाती है। ठेले वाला चला गया था, वहाँ कुछ खाली गाड़ियाँ खड़ी थी, बइलागाड़ी। एकका गड़वान बैलों को पानी पिलाने केवला मुंडा तक ले गया था। ठाकुर साहब उस गाड़ी में आरूढ़ हुए। गाड़ीवाला वापिस लौटा तो बइलाराम ने अपना दर्द बताया—हलबी में। गाड़ीवाला समझदार था, उसने बैल जोते, मेरी कुर्सी भी गाड़ी में रखी। बइला से कहा—तू आगे चल। जहाँ कहेगा, कुर्सी उतार दूँगा, साहब को भी। पर बइलाराम को पैदल नहीं चलना पड़ा। ठाकुर साहब के वजन से गाड़ी उलार हो रही थी। बइला राम को गड़वान के साथ आगे बैठना पड़ा। रास्ते में मेरी कुर्सी उतारी गयी। जब ठाकुर साहब अपने बँगले के सामने गाड़ी से उतर रहे थे, तब गाड़ी के पीछे टेका लगाया गया था।

अगले दिन यह प्रसंग पूरे महाविद्यालय में फैला। बी.ए. तृतीय वर्ष मे भट्टी ठेकेदार का लड़का किशोर पढ़ता था। उसने जब यह सुना तो बड़ा शर्मिन्दा हुआ। उसने ठाकुर साहब से निवेदन किया कि सर, आगे से आप जब भी हाट आयें, सीधे भट्टी चले आयें। वहीं बैठें, जो पीना हो पियें। बइलाराम को भी हिदायत दी कि मेरे रहते सर को पीने-पिलाने की दिक्कत नहीं होनी चाहिए। ठाकुर साहब प्रसन्न। अंधा क्या चाहे, दो आँखें। ठाकुर साहब क्या चाहें—पेट भर आहार। उसके बाद ठाकुर साहब जब तक जगदलपुर में रहे, इतवार की दोपहर का भोजन-पान सब किशोर के यहाँ होता। किशोर को परीक्षाओं में इसका लाभ मिलता।

एक दिन गजब हो गया। सबेरे सबेरे। ठाकुर साहब महाराजा क्वार्टर्स वाले हमारे निवास में पधारे। निकले तो थे घूमने पर पराठे सिंकने की गंध सड़क तक पहुँची होगी तो वे अपने को रोक नहीं पाये। मैं नहीं आया तुम्हारे द्वार पथ ही मुड़ गया था। मेरी बड़ी बेटी गोपा छोटी थी। साधना उसे स्कूल भेजने की तैयारी कर रहीं थीं। उसके टिफिन में गरम गरम पराठे और आलू का सूखा भुंजिया रख दिया था। इधर गोपा का रिक्शा रवाना हुआ, उधर ठाकुर साहब का हाथी घर की दहलीज में घुसा। वे वरांडे में नहीं रुके, न कोई आवाज दी। घी के पराठों और आलू की भुजिया में कुछ ऐसा आमन्त्रण था कि वे रसोई पर तक आ गये। अरे बहू, कहाँ हो। वहाँ उन्होंने देखा कि पराठे सिंक रहे हैं।। मैंने बहुत दिनों से पराठे नहीं खाये। सुना, तुम्हारे हाथों में बहुत स्वाद है। साधना क्या कहतीं, बोली, बैठक में बैठिये, आपके लिए वहीं लातीं हूँ। नहीं बैठक में नहीं, यहीं बैठता हूँ। उन्होंने कोने में टिकी फोल्डिंग कुर्सी खींची बिराजमान हुए, सामने एक स्टूल रखी और बोले, तुम तो मुझे यहीं चौके में परोस दो!

साधना पराठे सेंक रहीं हैं—ठाकुर साहब की थाली में परोस रही हैं—एक दो तीन चार पाँच छः सात आठ नौ दस ग्यारह बारह, पराठों का आटा खतम हो गया,

आलू की भुजिया तो पहिले ही निर्वाण को प्राप्त कर चुकी थी। ठाकुर साहब कतई हतप्रभ नहीं थे, बोले बहू, चिन्ता न करो, आटा फिर से सान लो, मैं अचार के साथ खा लूँगा। साधना ने आठेक पराठों का आटा फिर से साना, उन्हें स्वयं भी नाश्ता करना था, मेरे लिए भी पराठे बनाने थे। पर बीच में स्टोव ने दगा दे दीया–मिट्टी का तेल खतम हो गया। ठाकुर साहब की बुभुक्षा अभी शांत नहीं हुई थी। तुम गोपा के लिए बिस्कुट फुस्कुट तो रखती होगी न। हम लोगों ने गोपा के लिए जे. बी. मंघाराम के कारखाने से ग्वालियर से जुआलाजिकल बिस्कुट मंगवाये थे। देखो बेटा, यह तितली है, यह शेर, यह घोड़ा है, अरे, इससे बचकर रहना, यह मगरमच्छ है। उस दिन पधारे मगरमच्छ ने टीन भर बिस्कुट सब उदरस्थ कर लिए। तुम्हारे यहाँ कुछ लड्डू तो होंगे न। चलो, वही ले आओ, प्रिंसिपल साहब ने उस दिन चौके की सारी खाद्य सामग्री खतम कर दी, भंडार खाली कर दिया पर अभी उनके पेट की आग शांत नहीं हुई थी। उन्होंने यहाँ वहाँ निराश भाव से देखा पर हार नहीं मानी। बोले, कोई बात नहीं, मैं पड़ोस के आर.एन. श्रीवास्तव के यहाँ चलता हूँ। आर.एन. विज्ञान महाविद्यालय, नागपुर में ठाकुर साहब के विद्यार्थी रह चुके थे। ठाकुर साहब वहाँ चले गये। पता नहीं, वहाँ से महाविद्यालय गये या आगे भोलाराम जी के यहाँ पहुँचे। भोलाराम जी महाविद्यालय में अंग्रेजी के प्रोफेसर थे। बेचारों ने कुछ न कुछ आवाभगत तो की ही होगी।

ठाकुर साहब चले तो गये पर ऐसा लगा कि हाथियों का झुण्ड अभी गाँवों को रौंद कर गया है। मुझे महमूद बघर्रा की याद आयी। बघर्रा गुजरात का शासक था, पेटू, खाऊ। उसकी भूख कभी शांत होती ही नहीं थी। अपनी रियासत में जब वह दौरे पर निकलता तो गाँव के गाँव खाली हो जाते। गाँवों में न बकरे बचते, न भेड़ें। दूध, दही, घी, गुड़, बूरा सबकी एक ही गति होती। उदरंगति। वृन्दावन लाल वर्मा ने अपने एक उपन्यास में महमूद बघर्रा का बड़ा विशद और रोचक वर्णन किया है। वर्मा जी स्वयं खाने के बहुत शौकीन थे। उनके खाने के बहुत से किस्से मशहूर थे। एक बार वे शासकीय महाविद्यालय, सीहोर के स्नेह सम्मेलन के उद्घाटन के लिए पधारे। सरकट हाउस में उनके भोजन-विश्राम की व्यवस्था थी। जब वे चले गये तो सरकट हाउस के केअर टेकर ने उनके नाश्ते और भोजन का बिल प्राचार्य को भेजा। नाश्ते में पाँच सेर दूध, दो सेर जलेबी, 50 बड़े, भोजन में 50 रोटियाँ, पाव भर घी, सेर भर दही, पाँच सेर आलू का भरता, एक सेर दाल, बीस पापड़। प्राचार्य जी ने देयक का भुगतान करने से मना कर दिया। उन देयकों पर वर्मा जी के हस्ताक्षर थे। केअर टेकर जानता था कि इस पर शक किया जायेगा। बाद में एक अध्यापक को झांसी भेजा गया, वर्मा जी से यह प्रमाण पत्र लेने के लिए कि वास्तव में यह सारा भोजन उन्होंने ही किया था। वर्मा जी ने उद्घाटन समारोह का उद्घाटन भी बड़े अनूठे ढंग से किया था। वे मंच पर बाँहें फैला कर खड़े हो गये थे। कहा, कहाँ हैं

तुम्हारी यूनियन के अध्यक्ष और सचिव, आयें और मेरी बाँह से लटक जायें। बड़ी देर तक के इसी मुद्रा में खड़े रहे थे। वह तो प्राचार्य जी ने उनसे निवेदन किया था कि लड़कों में से किसी की हिम्मत नहीं हो रही है कि उनकी चुनौती स्वीकार कर ले। वर्मा जी ने उस दिन जीवन में दण्ड बैठक निकालने, खूब तर भोजन करने और रोज दस मील दौड़ने की महत्ता पर व्याख्यान दिया था। सारे उपस्थित समुदाय की आँखें फटी की फटी रह गयी थी और मुँह खुला का खुला! वे पहलवान थे, कसरती। वे इतनी मेहनत करते तो खाने के लिए शरीर गिज़ा माँगता। उनकी यह कथा पूरे प्रदेश भर में फैली। ठाकुर साहब को कोई अपनी संस्था या अपने निवास में नाश्ते या भोजन के लिए आमन्त्रित नहीं करता था। खेत की टिड्डियों के सामने फिर भी थोड़ा बहुत सुरक्षित रहने की सम्भावना हो सकती थी, ठाकुर साहब के अतिथि बनने पर आपके चौके और भंडार का तो भगवान ही मालिक था। पर ठाकुर साहब को आमन्त्रण देकर बुलाता कौन था? शत्रु सेना को भला कोई आमन्त्रित करता है?

वे सेना भले न हों पर खाने के मामले में वन मैन आर्मी तो थे ही। गाँवों में जब हाथियों का दल घुसता है तो गाँव वाले जहाँ जगह मिलती है, जान बचाने के लिए भाग खड़े होते हैं। ठाकुर साहब अकेले हाथियों के किसी झुण्ड से कम नहीं थे। जिसको खबर मिलती कि ठाकुर साहब ने उसके घर का रुख किया है, वह ही नहीं, मुहल्ले के सारे पुरा पड़ोसी घरों में ताला डालकर यहाँ वहाँ चले जाते।

अब मुझे लगता है कि ठाकुर चन्द्रभान सिंह ठाकुर उपहास के नहीं, करुणा के पात्र थे। वे बीमार थे, उन्हें भस्सक रोग था। हार्मोंस की कोई विकृति। ऐसे लोग कुछ भी खायें, कितना भी खायें, उनकी भूख शांत ही नहीं होती। ऐसे लोग अंग्रेजी में ग्लटन कहलाते हैं। बहुभुक, बहुभक्षी। धनानन्द को भस्सक रोग का ज्ञान था। उनका वियोगी उदर के भस्सक रोग से नहीं, नेत्र के भस्सक रोग से ग्रस्त था। सुजान को वह कितना भी देखता, देखने की तृष्णा शांत ही नहीं होती थी। करेले पर नीम चढ़ा कि उसे सुजान के दर्शन ही नहीं हो रहे थे। भस्सक विथा पै नित लंघन करत हैं। बचपन में मैंने एक कहानी पढ़ी थी तीन तिकट, महाविकट। इन तीन विकटों में एक को भस्सक रोग था। ऐसे रोगी असन्तुलित हो जाते हैं—भावना विहीन। उन्हें न अपने पद का, न प्रतिष्ठा का, न वय का कोई ध्यान रहता हैं। एक दुर्निवार बुभुक्षा, एक आप्लावनकारी आहार लिप्सा, एक हाहाकारी जठराग्नि उनके सभी कार्यों की नियंता बन जाती है।

ठाकुर साहब के जीवन में एक बड़ी त्रासद घटना घटी। उनका बड़ा लड़का असन्तुलित था—मूढ़। लड़की समझदार थी, संवेदनशील। पिता जी को देखती, दुःखी रहती। वह उनके घुटन्ना और बंडी से शर्म का अनुभव करती। ठाकुर साहब उसे भी महाविद्यालय की परीक्षाओं के लिए आने वाले लंकलाट के थान से मारे गये कपड़े की शमीज, चड्डी पहिनाते। वह घर से बाहर कम ही निकलती क्योंकि स्कूल

की ड्रेस केवल स्कूल के लिए ही थी। वह बड़ी हो रही थी उसकी देह अब पिछले साल के सिलवाये कपड़ों में अट नहीं रही थी। नयी शमीज और नयी चड्डी तभी न बनवाई जायेगी जब इस साल की परीक्षा होगी और उसकी उत्तर पुस्तिकाओं के बंडलों के लिए लंकलाट का नया थान आयेगा। एक दिन उसकी सहपाठिन आईं, कुछ सहपाठी भी आये। सहपाठनियों और सहपाठियों से वह मिली तो पर गर्मी के दिनों में भी शाल ओढ़कर। रात को उसने चूहामार दवा खा ली, सबेरे वह नहीं उठी तो नहीं ही उठी।

ठाकुर साहब उसका दाहकर्म लौटे। उन्हें एक बात का सन्तोष था कि बिटियारानी ने मौत का वरण बहुत समझदारी से क्रिया। घर में नींद की गोलियों की शीशी भी थी। ठाकुर साहब को रोज ही उनकी आवश्यकता पड़ती। बेटी चाहती तो चिर निद्रा के लिए चूहामार गोलियों के स्थान पर नींद की गोलियाँ खा सकती थी। पर आखिर वह किसकी बेटी थी? मेरी न, मरने में भी उसने समझदारी दिखाई। नींद की मँहगी गोलियाँ नहीं खायीं, चूहा मारने की सस्ती गोलियों से काम निकाला।

प्रो. प्रेमशंकर : अर्धसत्य के प्रयोग उर्फ़ पेशवाजी के करिश्मे

प्रेमशंकर जी में कोई चारित्रिक दुर्बलता नहीं थी, कम से कम स्त्रियों के सम्बन्ध में। अनुभवी स्त्रियाँ जानती हैं कि पुरुषों में एक मैन्यूफैक्चरिंग डिफेक्ट होता ही होता है। 'द सेकेंड सेक्स' की विश्वविख्यात लेखिका सिमान द बुआ हों या 'द नेकेड एप' के लेखक डेस्मांड मारिस-दोनों ने इसका उल्लेख किया है किन्तु जो विद्वान पश्चिम के विचारकों को विश्वसनीय नहीं मानते और उनकी तुलना में भारतीय मनीषा को श्रेष्ठ और प्रामाणिक मानते हैं, उनके लिए इस बात का उल्लेख वांछनीय है कि अपने यहाँ के आचार्य वात्स्यायन ने हजारों वर्ष पूर्व पुरुष की इस भ्रामरी वृत्ति को भौंप लिया था पर, भगवान झूठ न बुलाये, डॉ. प्रेमशंकर में इस मैन्यूफैक्चरिंग डिफेक्ट अथच भ्रामरी वृत्ति का लेशमात्र भी नहीं था। उनकी पत्नी पता नहीं, शिकायत के स्वर में या मजाकिया लहजे में, हो सकता है कनफेशन के मूड में, अपनी हमजोलियों से कहतीं-हम दोनों तो पता नहीं कब से भाई-बहिन की तरह रहते हैं। अपने वार्धक्य में प्रेमशंकर जी अपने यौवनकाल की एक घटना बहुत रस लेकर सुनाया करते थे—शायद वह उनके जीवन का सुन्दरतम क्षण था। वे नये नये व्याख्याता हुए थे, अत्यन्त लोकप्रिय शिक्षक थे, विभाग में सूट-बूट पहिनने वाले एक मात्र अध्यापक। कक्षा में नयी से नयी साहित्यिक प्रवृत्तियों की चर्चा करते, बड़े हावभाव के साथ। कोटि मनोज लजावन हारे की मुद्रा में। सागर में उन दिनों आसपास के गाँवों, खेड़ों से आने वाली लड़कियों की संख्या अधिक होती-हाय रे, "प्रेमशंकर सर कित्ता अच्छा पढ़ाते हैं, दिखते भी कित्ते अच्छे हैं।" हिन्दी के अन्य अध्यापकों की तुलना में प्रेमशंकर जी आचार विचार और परिधान में आधुनिक माने जाते। एक बार वे बीमार पड़े। मलेरिया था। बुखार आता। ठण्ड देकर। घर के सारे कम्बल, रजाइयाँ ओढ़ा दी गयी, पास पड़ोस से भी मँगानी पड़ीं पर उनका काँपना कम नहीं हुआ। तमाम लोग मिज़ाजपुर्सी के लिए आते, कन्याएँ भी, शोध छात्राएँ भी। अधिकांश मैडम जी से सर के समाचार पूछ कर चली जातीं। एक दिन जब सर ठण्ड से काँप रहे थे और ठण्ड भगाने की सारी हिकमतें नाकाम हो गयीं थीं, एक शोध छात्रा आयी, सर जी के अंडर स्वच्छन्दतावाद पर काम कर रही थी, स्वयं भी थोड़ी स्वच्छन्द थी। मैडम जी से बरांडे में ही पता चल गया कि सर

को जूड़ीताप है पर वह स्वयं जुड़ी की मात्रा देखना चाहती थी। मैडम जी इन मामलों में बहुत उदार हैं—अण्डरस्टेंडिंग की बात है। बोलीं—जाओ, जाओ, अन्दर हैं, उन्हें थोड़ी गर्मी पहुँचाओ। वह चपल नार भीतर गयी, प्रेमशंकर जी चित्त पड़े थे, छत में लगे निस्यंद पंखे को निहारते हुए। सहसा उन्हें अपने दायें कपोल पर मृदुल स्पर्श का अनुभव हुआ। सुन्दरी कपोल पर बायीं हथेली का भार देकर जिज्ञासा कर रही थी, सर, अब तबियत कैसी है? ठण्ड तो नहीं लग रही? मैं माथे पर अमृतांजन लगा दूँ? सर गद्‌गद्। उन्होंने करवट ली और सुन्दरी का वाम मृदु करतल अपने दक्षिण कपोल से दबा लिया। सुन्दरी को कोई आपत्ति नहीं हुई। वह सर के कुछ काम तो आ रही है। दो चार माह बाद ही उसे अपना शोध प्रबन्ध प्रस्तुत करना था। वह चाहती थी कि दो चार महीने उसकी हथेली सर के कपोल से इसी तरह दबी रहे। सर ने कपोल कल्पना का नाम तो सुना था पर वह इतनी मादक होती है उन्हें नहीं पता था। सारा जीवन गुरुओं की सेवा में और सीधा रसद का जुगाड़ करने में ही बीत गया। सर जी न गाल उठा रहे हैं, रमणी रत्न न हथेली खींच रही है। ऐसे सुख का अनुभव सर के लिए अनिर्वचनीय था। मलेरिया के यदि ये मज़े हैं तो हे भगवान्! मुझे हर साल मलेरिया हो। पर भगवान ने उनकी नहीं सुनी, उन्हें फिर दूसरे गैर शायराना रोग तो बराबर होते रहे पर कँपकँपी छूटने का यह रोग फिर नहीं हुआ तो नहीं ही हुआ। प्रेमशंकर जी उस अलौकिक स्वर्गिक स्पर्श की अनुभूति जीवन भर नहीं भूल पाये। रस की व्याख्या करते हुए उन्होंने अपने गुरुओं से ब्रह्मानन्द सहोदर का नाम सुना था पर वह ऐसा होता है, उसकी कल्पना नहीं की थी। प्रेमशंकर जी उस स्वर्गिक स्पर्श की स्मृति से जीवन भर रोमांचित होते रहे। कहते, प्रसिद्ध रसाचार्य आनन्दवर्धन को निश्चय ही कभी जूड़ीताप हुआ होगा और किसी तरुणी ने अपने मृदुल स्पर्श से उनका आनन्द वर्धन किया होगा। 'एक क्षण तुमको छुऊँ तो एक युग जीता रहूँ मैं' उनको बहुत अच्छी कविता पंक्ति लगती थी। इसीलिए राजनारायण बिसारिया को वे श्रेष्ठ कवि कहते थे। उन्होंने जीवन के उस विलक्षण क्षण को स्थायी बनाने के लिए एक कविता भी लिखी थी जो उनके एकमात्र काव्यसंग्रह 'पहाड़ पर बच्चा' में संकलित है।

एक दिन क्वाँरी हथेली पर
किसी ने नाम कोई लिख दिया
ईर्ष्या से जल उठीं
विधुर लकीरें हाथ की
देख के उस देश में
अनपेक्षित अतिथि का आना उन्हें अखरा बहुत
या फिर
सबको नहीं अधिकार इतना

प्रेमशंकर जी की अन्तरंग संरचना को ठीक ठीक समझने का एक बिम्ब

अनायास ही मेरे हाथ आया। बिल्कुल 'यूरेका' जैसा मामला था। सब कुछ स्पष्ट, पारदर्शी, उद्घाटक, त्रिकाल सत्य। मैं विश्वविद्यालय के छात्रावासों का चीफ बार्डेन था। छात्रावास के कुछ लड़के पास के ही गाँव से राई नाचने वाली कुछ बेड़िने पकड़ लाये थे। राई बुन्देलखण्ड का लोक नृत्य है। बेड़िने हाथ नचा नचाकर, कूल्हे मटका मटका कर, बड़े स्वच्छन्द भाव से लहरें लेती हैं—हम तो राजा तोरे बन की हिरनियाँ, तुपक धाल मारत काय नइयाँ। वे अपने हाथों, कूल्हों और पैरों की चपल गति से कम रिझाती, अपनी पेशवाजों से ज्यादा। उनका घाघरा हवा में लहरा रहा है, आपकी आँखे घाघरा की अठखेलियों की एक भी मुद्रा चूकने के मूड में नहीं हैं। आप इस सम्भावना से बँधे हुए हैं कि कभी न कभी लहराते हुए घाघरे के भीतर के लोक की एक झलक तो मिलेगी ही मिलेगी। पर वहाँ आपको कुछ भी हासिल नहीं हो रहा। नर्तकी पेशवाज पहिने हुए है अतः आश्वस्त है, निश्चिन्त है, स्वच्छन्द है। पेशवाज उसकी बेपर्दगी को ढँक लेगी, उसकी बेशर्मिन्दगी को अपनी आड में ले लेगी। पेशवाज आप जानते हैं न? वही तंग चूड़ीदार पैजामा जैसी चीज़ जो नर्तकियाँ घाघरे या लहँगे के नीचे पहिनती हैं। घाघरा या लहँगा उठे तो उठ जाये पर हमारी पर्दादारी बनी रहे। प्रेमशंकर जी भी सदैव एक पेशवाज अपने साथ रखते हैं। जो जितना तंग है, वह उनके उतने ही काम का है। वे कुछ भी करें, जानते हैं कि पेशवाज उनके सारे मकर, उनकी सारी चतुराई को ढाँक लेगा। आज बतौर पेशवाज प्रेमशंकर जी के साथ गोविन्दा हैं। गोविन्दा उनके छात्र रह चुके हैं, शोध कार्य भी उन्होंने प्रेमशंकर जी के निर्देशन में ही किया है। फिलहाल वे विभाग में शोध सहायक हैं—उनका भविष्य प्रेमशंकर जी के हाथों में है अतः पेशवाजी के दायित्वों का निर्वाह उनका धर्म है। सहसा गोविन्दा जी ने अपने होठों पर अपने दाहिने हाथ की तर्जनी रखी, उल्टी और मुझसे बोले—धीरे बोलिये, दीवारों के भी कान होते हैं। मैंने चारों ओर देखा, वहाँ दीवारें कहीं नहीं थीं। हम लोग विभाग से निकलकर कुलसचिव कार्यालय की ओर जा रहे थे—स्थापना शाखा में। मैं छात्रावासों का प्रतिपालक था। छात्रावास के भृत्य रामचरण का हिन्दी विभाग में स्थानान्तरण का आदेश आ चुका था पर उसके स्थान पर किसी द्वारकाधीश की नियुक्ति की गयी थी। प्रेमशंकर जी चाहते थे कि रामचरण को मैं छात्रावास से कार्यमुक्त कर दूँ। प्रेमशंकर जी उन दिनों हिन्दी के विभागाध्यक्ष थे। मेरे मित्र भी। तय हुआ था कि रामचरण छात्रावास से हिन्दी विभाग में आ जायेगा और उसके द्वारा रिक्त पद पर मैं अपने मनचाहे व्यक्ति की नियुक्ति करवा लूंगा। मेरा मनचाहा व्यक्ति जोरावर का दामाद था। मैंने जोरावर के दामाद के लिए कुल सचिव को पत्र भी लिखा था। वे मेरी अनुशंसा से सहमत थे। जोरावर तब से छात्रावास में भृत्य था जब में 48-49 में छात्रावासी था। अब वह सेवा निवृत्त होने को था। उसका दामाद बेरोजगार था। बेटी-दामाद उसके साथ ही रहते थे पर निवृत्त हो जाने के बाद उसको विश्वविद्यालय द्वारा दिया गया

आवास भी छोड़ना पड़ेगा और बेटी-दामाद के परिवार का बोझ उठाना उसके लिए दुर्वह हो जायेगा। उन दिनों अनुकंपा नियुक्ति की प्रथा नहीं थी। प्रेमशंकर जी ने मेरे प्रस्ताव पर कहा था—आप कितने वत्सल हैं। ऐसी उदारता इस युग में विरल है। उन्होंने रामचरण के स्थानान्तरण आवेदन पत्र पर मेरी अनुशंसा पर अपनी बंकिम, लहरियादार हस्तलिपि में लिखा था—सहमत। तो अचानक यह द्वारकाधीश कहाँ से आ गया? मैंने प्रेमशंकर जी से कहा भी कि चूँकि उनकी और मेरी इच्छाओं का पालन नहीं हुआ है अतः मैं रामचरण को कार्यमुक्त नहीं करूँगा। उन्होंने रामचरण के स्थान पर द्वारकाधीश की नियुक्ति पर अपनी अनभिज्ञता जाहिर की तो मैंने कहा—चलिए, अस्तबल चलते हैं और सारी बातें घोड़े के मुँह से ही जान लेते हैं। प्रेमशंकर जी कार्यालय के लिए अस्तबल और कुल सचिव के लिए घोड़ा सुनकर प्रसन्न हो गये, वाह कान्ति भाई, आप भी कमाल करते हैं पर वे आशंकित थे कि मैं कहीं सचमुच घोड़े से उनका आमना सामना न करवा दूँ। वे चाहते थे कि पूरे प्रकरण में वे दूध के धुले बने रहें। उन्होंने पूरे प्रकरण में कबूतर बनाया था गोविन्दा जी को अतः गोविन्दा जी आशंकित थे कि कहीं उनका नाम सामने न आ जाये। मैंने रामचरण को कार्यमुक्त नहीं किया। द्वारकाधीश की नियुक्ति निरस्त करवाई, बाद में पता चला कि द्वारकाधीश पिछले चार-पाँच महीने से प्रेमशंकर जी के आउट हाउस में रह रहा था और उनके यहाँ खाना बना रहा था—इस उम्मीद से कि कभी न कभी उसके संरक्षक उसकी नियुक्ति करवा ही देंगे। बाद में प्रेमशंकर जी ने सफाई दी—गोविन्दा की बातों का आप बुरा न मानें। अभी लड़के हैं, अनुभवहीन। सच बात, अनुभव याफ्ता तो लँहगा ही होता है। पेशवाज तो नाचते समय की बेपर्दगी और शर्मिन्दगी ढँकने भर के काम आता है।

जहाँ तक हिकमते पेशवाजी का सवाल है, प्रेमशंकर जी जड़ और चेतन में, सप्राण और निष्प्राण में कोई भेद नहीं करते। यह उनकी आदत में शुमार है—एक तरह का रिफ्लेक्स। पेशवाजी के लिए वे कुर्सी से भी वही काम ले सकते हैं जैसा अपने किसी विश्वस्त चेले या सहयोगी से। हिन्दी शोध उपाधि समिति की बैठक हो रही थी। बाह्य विशेषज्ञ के रूप में डॉ. रघुवंश जी उपस्थित हैं। रघुवंश जी की सुविधा के लिए समिति के सभी सदस्य आराम कुर्सियों पर आसीन हैं—दीवार से लगी आराम कुर्सियों पर। शोधछात्र के लिए सामने एक कुर्सी है। प्रेमशंकर जी विभागाध्यक्ष के रूप में एक एक कर शोधार्थी की फाइल निकालते हैं, शोध छात्र से कोई मज़ाक करते हैं, शोध निर्देशक पर टिप्पणी करते हैं। सकारात्मक। आप बड़े भाग्यशाली हैं जो झा साहब ने आपको अपने निर्देशन में लेना स्वीकार किया। बस समय पर अपना कार्य पूरा कर लें। विषय में कोई परिवर्तन नहीं। रूपरेखा यथावत् स्वीकार्य। सभी स्तम्भों की पूर्ति वे स्वयं ही कर रहे हैं। फाइल पर प्रे.शं. टाँकते हैं—फाइल आगे बढ़ाते हैं पहिले मेरे पास-अधिष्ठाता के हस्ताक्षरों के लिए

फिर रघुवंश जी के पास। रघुवंश जी दाहिने पैर की अँगुलियों में कलम फँसाकर हस्ताक्षर कर रहे हैं—इच्छाशक्ति का करिश्मा। यह करिश्मा हेलेन कीलर के बाद रघुवंश जी में ही मैंने देखा। शोधशाखा का सहायक फदाली लाल उनकी सहायता कर रहा है—सर, यहाँ। प्रेमशंकर जी बड़े सन्नद्ध, बड़े मेथाडिकल ढंग से काम करते हैं—व्यवस्थित, भूत-भविष्य का स्मरण करते हुए। कोई चूक नहीं होनी चाहिए। दो फाइले हैं जिन्हें वे नीचे सरकाते जा रहे हैं—नालायक, अभी तक नहीं आये। मैंने इन्हें तार भी भिजवाया था। नयी पीढ़ी कितनी गैर जिम्मेदार हो गयी है। इतने में उन्हें खिड़की से एक ऑटो हिन्दी विभाग की ओर आता दिखाई पड़ता है। ठीक विभाग के सामने घर्र घर्र की आवाज थम गयी है। उनकी छठवीं इन्द्रिय काम करने लगती है—हो न हो, वही नालायक होंगे। बैतूल वाली ट्रेन लेट होगी। उन्हें याद आया, उन्होंने अभी तक रघुवंश जी को चाय नहीं पिलवाई है। रामचरण, बढ़िया चाय पिलवाओ। उन्होंने जेब से पर्स निकाला, उसमें से दस रुपये का एक कड़क नोट निकाला। पर्स पेंट की पिछली जेब को सौंपने के लिए उनका हाथ पीछे गया तो पर्स बजाय जेब के कुर्सी के पीछे गिर पड़ा। उसे उठाने के लिए उन्होंने हाथ कुर्सी के पीछे डाला पर हाथ में पर्स आने के स्थान पर बार बार फाइलें आ रहीं थीं। नींचे गिरी फाइलों को यहाँ वहाँ घुमाने के बाद ही उन्हें अपना पर्स मिला।

नालायक द्वय अब तक कक्ष में प्रविष्ट हो चुके थे। प्रेमशंकर जी चहक रहे थे—टी वी टुट्‌ टुट्‌ टुट्‌। तुम लोग कितने भाग्यशाली हो जो समय रहते आ गये। हम लोग उठने ही वाले थे। रघुवंश जी को गाड़ी पकड़नी है। रघुवंश जी, ये दोनों बैतूल के शासकीय महाविद्यालय में सहायक प्राध्यापक है। यहीं के छात्र हैं। मेरे परम प्रिय। इन दोनों का पंजीयन हो जायेगा तो ये पीएच.डी. हों जायेंगे—बड़े परिश्रमी हैं। उन्होंने शोध सेक्शन के फदाली बाबू से कहा—इनकी फाइलें निकालिए। बाबू फाइलें फेंट रहे हैं—ऊपर से नीचे, नीचे से ऊपर पर वांछित फाइलें मिल नहीं रही हैं। उन्होंने फाइलों की गिनती की। सर, मैं तो अठारह फाइलें लाया था, ये तो सोलह ही हैं। कहीं नीचे न गिर गयी हों। प्रेमशंकर जी आत्मीयता की मूर्ति बन गये हैं। एफ.एल. तुम एक ही नालायक हो—अभी सठियाने में तुम्हें काफी देर है। लगता है आज घर से झगड़ा करके आये हो। तुम्हारा चित्त आज ठिकाने नहीं है। जाओ, शोध शाखा में इन दोनों बालकों की फाइलें ढूँढो। आज इनका पंजीयन हो ही जाना है। फदाली बाबू शोध शाखा की ओर भाग रहे हैं। दोनों बालक जिनकी दाढ़ी के बाल सफेद होने शुरू हो गये हैं, फाँसी पर टँगे हैं। चाय आ गयी है, चाय पी जा रही है। प्रेमशंकर जी दाक्षिण्य की मूर्ति बने बैठे हैं। दोनों नालायकों का उद्धार किये बिना उठेंगे नहीं। रघुवंश जी, चिन्ता न करें। शोभा जी ने नयी कार खरीद ली है। वे आपको स्टेशन तक पहुँचा देंगी। फदाली बाबू वापिस आ गये हैं। उनको खाली हाथ आते देखकर नालायक द्वय के हाथों के तोते उड़ गये हैं। सर,

फाइलें तो वहाँ नहीं है। एफ.एल., तुम बड़े लापरवाह होते जा रहे हो। बेचारे बैतूल से भागे चले आ रहे हैं। और तुम, इनकी फाइलें नहीं ढूँढ पा रहे। सारा तन्त्र ही नष्ट हो गया है। रघुवंश जी उठने की जल्दी में हैं। मुझे इस मेलो ड्रामा में मज़ा आ रहा है। प्रेमशंकर जी प्रसाद के विशेषज्ञ हैं। मानते हैं कि प्रसाद के नाटक न सुखांत होते हैं, न दुःखांत। फलागम और कैटेस्ट्राफी को मिलाकर वे प्रसादांत का निर्माण करते हैं। मैंने स्थिति को प्रसादांत बनाने के लिए प्रेमशंकर जी से कहा—प्रेमशंकर जी, आपने इन नालायकों के आने के ठीक पूर्व दो फाइलें अपनी आरामकुर्सी के पीछे सरका दी थी, कहीं वे तो नहीं। प्रेमशंकर जी को इसकी उम्मीद नहीं थी। अरे, आप भी कैसी बातें करते हैं। नालायकों का विवर्ण मुख मुझसे देखा नहीं गया, अब तक मैं प्रेमशंकर जी की हिकमत-ए-पेशवाजी से वाक़िफ हो गया था। मैंने अपनी कुर्सी आगे सरकाई, प्रेमशंकर जी की कुर्सी के पिछवाड़े से दोनों फाइलें खींची, रघुवंश जी से कहा—दोनों शोधार्थी प्रेमशंकर जी के हैं, विषय भी उन्हीं के दिये हुए हैं, रूपरेखा पर हस्ताक्षर भी उन्हीं के हैं। शोधार्थी अनुभवी अध्यापक है अतः इनसे क्या पूछना और इनका क्या देखना। मैंने अधिष्ठाता के रूप में हस्ताक्षर किये, बाबू को इशारा किया, उसने डॉ. रघुवंश से पादाक्षर करवाये, फाइलें प्रेमशंकर जी को सौंप दीं। बाबू की अक्षमता का प्रक्षालन हुआ, वह प्रसन्न था। नालायकों को अगली बैठक तक प्रतीक्षा नहीं करनी पड़ी। वे प्रसन्न थे। प्रसन्न तो रघुवंश जी भी थे, वे प्रेमशंकर जी की कुचक्र कला से अनभिज्ञ थे। प्रसन्न मैं भी था। प्रेमशंकर जी की पेशवाजी का एक और उदाहरण। मुझे इस ज्ञान से भविष्य में बड़ी सुविधा होगी।

उन नालायकों का उस दिन पंजीकरण तो हो गया पर पंजीकरण मात्र हो जाने से क्या होता है? 200 दिनों की उपस्थिति का प्रमाण पत्र तो निर्देशक के रूप में प्रेमशंकर जी ही देंगे न? विभिन्न अध्यायों की जाँच भी तो उन्हीं को करनी है फिर प्रबन्ध पूरा हो गया तो अग्रसरित कौन करेगा? हम ही न। फिर परीक्षकों की सूची कौन बनायेगा, मौखिकी कौन सम्पन्न करायेगा? तो नालायको, पानी में रहकर मगर से बैर करके तुम कब तक बचोगे? आज तुम्हारा उद्धार हो गया पर तुमने कुछ भविष्य की भी सोची है? प्रेमशंकर जी की स्मृति सर्प की स्मृति है। वे न भूलते हैं, न क्षमा करते हैं। अपराध छोटा हो, चाहे बड़ा, अपराध ही है फिर गुरु द्रोह-अक्षम्य। त्रिकाल में अक्षम्य। तुम जब एम.ए. में पढ़ते थे तब रात्रि में चोरी छिपे गंगाधर झा के यहाँ जाते थे। भले ही मेरी बुराई न करते हो पर बैरी की छाया परे अंधा होत भुजंग। तुम आजीवन अंधकार की कारा में भटको। मुझे इस सबका पता चला चारेक वर्ष बाद भोपाल में। मैं भोपाल विश्वविद्यालय की हिन्दी शोध उपाधि समिति का विशेषज्ञ सदस्य था। सहसा उन नालायकों में से एक साक्षात्कार के लिए प्रकट हुआ। विषय वही, रूपरेखा वही जो प्रेमशंकर जी ने बनवाई थी। मुझे उस नालायक का प्रकरण इसलिए भी याद रहा आया कि उसका प्रेमशंकर प्रस्तावित विषय था—तुलसी

के काव्य में प्रक्षिप्त जीवन मूल्य। प्रक्षिप्त प्रेमशंकर जी के शोध का प्रिय शब्द है। प्रिय नहीं प्रियतम। शब्दकोशों में प्रक्षिप्त का जो भी अर्थ हो प्रेमशंकर जी के लिए प्रक्षिप्त का अर्थ होता है चित्रित। मैंने उस नालायक के शोध विषय से प्रक्षिप्त शब्द निकाला, उसके स्थान पर चित्रित किया। अब उसके शोध निदेशक दूसरे थे। उसे पीएच.डी. की उपाधि मिल गयी पर अन्त तक उसे यह चिन्ता परेशान करती रही कि कहीं उसके परीक्षकों में प्रातः स्मरणीय प्रेमशंकर जी न हों, उसकी चिन्ता का निराकरण करना पड़ा।

प्रेमशंकर जी की आत्मीयता का लहँगा इतना फहर फहर फहराता है, लहर लहर लहराता है कि सारा ध्यान लँहगे पर ही केन्द्रित हो जाता है। प्रेमशंकर जी इस बात को जानते हैं पर उन गुलों का क्या कीजे जो माली के तौर तरीक़ों से वाक़िफ नहीं हैं। वे अपने शोध छात्रों से कैसा ब्लांका जैसी अविचल भक्ति चाहते हैं। अब 'त्वमेव माता च पिता त्वमेव त्वमेव बन्धुश्च सखा त्वमेव' जैसी निष्ठा भक्तिकाल के अध्येता प्रेमशंकर जी को आधुनिक काल में कहाँ मिलेगी? वे स्वयं भी तो इस परीक्षा में उत्तीर्ण नहीं हुए। पर नालायको, तुम मेरी बराबरी करोगे? पहिले मेरे जैसी चतुराई तो अर्जित करो।

प्रेमशंकर जी का शोधकार्य पूरा हो गया है। सागर विश्वविद्यालय में आचार्य नन्द दुलारे वाजपेयी के निर्देशन में। भारतीय विश्वविद्यालयों में प्रसाद विषयक पहिला शोधकार्य। जब हिन्दी विभाग में अगले वर्ष हिन्दी के व्याख्याताओं की नियुक्ति होगी तो वाजपेयी जी अपने परम प्रिय शिष्य को वरीयता देंगे ही देंगे। पंडित जी, मेरा कैरियर बहुत अच्छा नहीं है। थर्ड, थर्ड। केवल एम.ए. में एक नम्बर से सेकेंड है। पंडित जी क्या करू जीवन संघर्षों ने मुझे इतना अवकाश ही नहीं दिया कि अपने कैरियर की चिन्ता कर सकूँ। बनारस में महामना की अनुकंपा से शिव प्रसाद जी की बगीची से सीधा मिल जाता था, डॉ. राधाकृष्णन् ने भी निर्धन छात्रवृत्ति की व्यवस्था करा दी थी, लखनऊ में आचार्य नरेन्द्र देव के प्रसाद से इन्टरमीडियेट महाविद्यालय में व्याख्याता की नियुक्ति हो गयी थी। पर मुझे वह छोड़नी पड़ी—अब आपका ही अवलम्ब है। पंडित जी बड़े उदार हैं—ऐसो को उदार जग माँहीं। जब मेरी शरण में आ ही गये हो तो तथास्तु। निश्चिन्त रहो। तुम्हें विभाग में आना ही है। पर प्रेमशंकर जी, जैसा कि हरिशंकर परसाई ने लिखा है—आशंका ग्रस्त हैं। किसी पर पूरी तरह विश्वास नहीं कर पाते। अंचल जी के अनुज भी सागर में प्रत्याशी होंगे। कहीं वाजपेयी जी का घुटना पेट की तरफ मुड़ गया तो? दोनों उन्नाव के हैं फिर पं. द्वारका प्रसाद मिश्र कुलपति हैं। उनका भी दबाव होगा। प्रेमशंकर जी डॉ. विजय चौहान के साथ कुलपति जी के यहाँ जा रहे हैं। 'कृष्णायन' की तुलना होमर और मिल्टन के महाकाव्यों से कर रहे हैं। भारत के अन्य संभावित विशेषज्ञ कौन हो सकते हैं? 'प्रसाद का काव्य' शोध प्रबन्ध छप गया है। सहसा एक उपाय

कौंधता है। उसका समर्पण प्रेमशंकर जी ने किया है वाजपेयी जी को—तेरा तुझको सौंपते क्या लागे है मोर। पर अन्यों को समर्पित करने में थोड़ा ख़र्च तो करना ही पड़ेगा। यदि दिल्ली के डॉ. नागेन्द्र विषय विशेषज्ञ हो गये तो? या फिर उज्जैन के डॉ. शिवमंगल सिंह 'सुमन' हैं, वाराणसी के विश्वनाथ प्रसाद मिश्र हैं या प्रयाग के धीरेन्द्र वर्मा हैं। इन्हें भी पटाना होगा। उन्होंने अपने मित्र के सागर प्रेस से 'प्रसाद का काव्य' नामक पुस्तक में लगे कागज जैसे कागज पर उसी साइज में 8-0 पृष्ठ छपवाये हैं—एक में हिन्दी काव्य के मनोवैज्ञानिक समीक्षक डॉ. नागेन्द्र को प्रणतिपूर्वक सादर समर्पित छपा है, दूसरी में छायावादोत्तर काव्य के कर्ता कवि शिवमंगल 'सुमन' के माँगलिक व्यक्तित्व को, तीसरे में 'वाङ्मय विमर्श' के यशस्वी विवेचक आचार्य विश्वनाथ प्रसाद मिश्र को अंकित है। मूल पुस्तक से आचार्य वाजपेयी के समर्पण वाला पृष्ठ निकाल दिया गया है और उसके स्थान पर एक एक प्रति में ये नये पृष्ठ चिपका दिये गये हैं। मित्र के प्रेस में सबेरे जलेबी लेकर प्रेमशंकर जी पहुँच जाते हैं—प्रेस मैन भाई मियाँ को भी जलेबी का नाश्ता कराया जा रहा है—भाई मियाँ, इतनी सफाई से यह नया वाला पेज जोड़ना है कि अच्छे खाँ को भी शक न होने पाये। भाई मियाँ ने अपना पूरा हुनर लगा दिया है। अब हमें एक बार भारत भ्रमण पर निकलना है। जिसकी प्रति है उसे सौंपकर हम निश्चिन्त हो जायेंगे। वे निश्चिन्त हुए भी। जब कोई चारों खूँट साध ले तो उसे सफल होना ही है। फिर थोड़ा सा वाक्कौशल भी तो होना चाहिए। दिल्ली में हैं। नगेन्द्र जी के दरबार में। वे जानते हैं कि वाजपेयी जी और डॉ. नगेन्द्र में नहीं पटती तो दिल्लीश्वर के चरणों में उनकी प्रति रख रहे हैं। और कह रहे हैं—मुझे वाजपेयी जी पर विश्वास नहीं है, वे कानों के बड़े कच्चे हैं। बस आप ही मेरा उद्धार कर सकते हैं। एक भरोसो, एक बल, एक आस विश्वास।

अब अपने विरोधी की निन्दा सुनकर कौन प्रसन्न नहीं होगा? कौन ऐसा है जिसके कानों में प्रतिद्वन्द्वी की बुराई अमृत बनकर नहीं टपकेगी? प्रेमशंकर जी दिग्विजय करके सागर लौट आये हैं पर नहीं, अभी पूर्णतः निश्चिन्त नहीं हुआ जा सकता। चयन समिति ने उनका चयन कर दिया पर नियुक्ति आदेश तो कुलसचिव के हस्ताक्षरों से निकलेगा न? अरे, याद आया चयन समिति की सूची की संस्तुति कार्य परिषद् को करनी होती है। कार्य परिषद् के स्वगोत्रीय सदस्यों की सूची बनाई जा रही है। पता लगाया जा रहा है कि किसकी बेटी विवाह योग्य है, किसकी साली के विवाह का भार किस सदस्य पर है, कौन अपने चाचा के यहाँ रहकर मेट्रिक कर रही है। संकेत देने के लिए पेशवाज भेजे जा रहे हैं। अपनी जात का है, न माँ, न बाप। नौकरी से लग जायेगा तो स्थायी रूप से सागर में रहेगा। देखने में सुन्दर है, आज तक उसके बारे में कोई ऊँच नीच नहीं सुनी गयी। एक से इसने बात की, दूसरे से उसने, तीसरे के लिए भी कोई न कोई पेशवाज है। अरे अपना

क्या, प्रत्याशियों में पब्लिश्ड वर्क और किसका है? मैंने तो झा साहब से पहिले ही कहा था कि आप भी अपना प्रबन्ध छपवा लो। चार छः हजार लग भी जायें तो नौकरी के सामने क्या है? पर हा हा हा, प्रेमशंकर जी हँसते हँसते हँसी को ऐसी लगाम लगाते हैं कि सामने वाला भौंचक। सामने वाले का उपहास भी पूरा हो गया और अपनी शालीनता भी बची रही। एक बार नियुक्ति पत्र मिल भर जाये। लहँगा फहर फहर फहरा रहा है, अपन ने तो किसी को वचन दिया नहीं। बेचारे बाप, भारतीय बाप या चाचा या मामा अपनी बेटी, भतीजी या भानजी के हाथ पीले करने के लिए कितने रेगिस्तानों के चक्कर लगाता है। प्रेमशंकर जी स्वगोत्रियों तक ही अपने कबूतर नहीं भेजते—जो स्वजातीय नहीं हैं, उन तक भी कबूतर जा रहे हैं। अरे, आचार्य नरेन्द्र देव के प्रभाव से उसने तिवाड़ी लिखना छोड़ दिया है। एक बार नियुक्ति हो भर जाये फिर देखिए, आपको लगेगा ही नहीं कि कुंवर साहब किसी अन्य धर्म या जाति के हैं।

नियुक्ति पत्र मिल गया है। अब मा या पिता तो हैं नहीं, मौसियों, चाचाओं, भतीजों की मृत्यु का सिलसिला प्रारम्भ हो गया है। शाक में कहीं विवाह होता है। मामा जी बरेली की लड़की से विवाह पर ज़ोर डाल रहे हैं। मामा जी ने मुझे मा-बाप के समान पाला है। उनकी इच्छा का उल्लंघन नहीं कर सकता।

बिस्मार्क के बारे में कहा जाता है कि वह एक साथ तीन गेंदें हवा में उछाल सकता था, क्या मजाल उनमें से एक भी धरती पर गिर जाये। प्रेमशंकर जी में बिस्मार्क वाला वह कौशल था। बिस्मार्क की विदेश नीति कभी असफल नहीं होती थी। वह कहता था मेरी विदेश नीति में न कोई स्थायी शत्रु हैं, न स्थायी मित्र। केवल स्थायी स्वार्थ हैं।

प्रेमशंकर जी को अन्तरंगता से जानने वाले कहते हैं यह आपका पूर्वाग्रह है। प्रेमशंकर जी और प्रो. ए.पी. श्रीवास्तव-पुराने मित्र हैं—विश्वविद्यालय में ही नहीं, अखिल विश्व में। श्रीवास्तव जी भौतिकी के अध्यक्ष थे। शिक्षकों के हित के लिए प्रेमशंकर जी के साथ मिलकर उन्होंने बड़े आन्दोलन किये थे। कोई ए.पी.एस. कहता तो पता ही नहीं चलता था कि वह ए.पी.एस. (प्रेमशंकर) कह रहा है या ए.पी. श्रीवास्तव। कुलदीपक बी.एससी. हो गये हैं—एम.एस-सी. में किस विभाग में प्रवेश दिलाया जाये? मित्रवर का विभाग है न! भौतिकी में प्रवेश मिला। प्रायोगिक परीक्षाओं में किसकी हिम्मत है जो हेड ऑफ द की इच्छाओं के खिलाफ जाये। छतरपुर में एक अध्यापक हैं। वे सागर के छात्र रह चुके हैं, स्वजातीय हैं पर नेमधरम के पक्के हैं। डॉक्टर साहब, बालक का जो भी प्राप्य होगा, उससे पाँच अंक ज्यादा ही दूँगा पर प्रेमशंकर जी 35 में से कुलदीपक के लिए 33 चाहते थे। प्रेमशंकर जी ने अपने अनन्य मित्र और भौतिकी के विभागाध्यक्ष की सहायता ली। आप एक पत्र लिख दें, मैं स्वयं छतरपुर जाऊँगा। आपकी बात वह मुदर्रिस टाल नहीं सकता। प्रेमशंकर

जी गये, पत्र दिया, 33 अंक रखवाये। बालक को प्रथम श्रेणी मिली पर उत्तरार्ध में परीक्षकों की नियुक्ति अध्ययन मण्डल का अध्यक्ष ही करेगा न! सो प्रो. क को पटाने की जुगत सोची गयी। सबेरे घूमना शुरू किया गया। क साहब को प्रातः भ्रमण का शौक था। डॉक्टर साहब, आप अध्यक्ष, अध्ययन मण्डल तो हो ही गये हैं, आप विभागाध्यक्ष भी हो सकते हैं? कैसे? कल आप रात्रि में भोज हमारे साथ करें। डिनर पर बड़ा हँसी ठट्ठा रहा, जब अतिथि जाने लगा तो प्रेमशंकर जी ने श्रीवास्तव साहब के पत्र की फोटो प्रति निकाली जिसमें उन्होंने मित्र के बालक को 33 अंक देने के निर्देश दिये थे। कल आप अपने चेलों को इस पत्र के साथ कुलपति जी के पास भेजें। कुछ नारे वारे लगवायें–विभाग बचाओ, भ्रष्ट अध्यक्ष हटाओ। चेलोत्तमों ने वह पत्र कुलपति को सौंपा। कुलपति एम.एल. जैन, आई.पी.एस. बेहद कड़क और ईमानदार। उन्होंने ए.पी.एस. को तलब किया–वह पत्र दिखाया–ए.पी.एस. के मुँह से निकला–यह पत्र आपको कहाँ से मिला? प्रश्न यह नहीं है, प्रश्न यह है कि आपने यह लिखा या नहीं? डॉक्टर साहब, आप बेहतर विभागाध्यक्ष पद से इस्तीफा दे दें अन्यथा मुझे आपको पद से हटाना पड़ेगा।

ए.पी. साहब ने इस्तीफा दिया, उन्हें रक्तचाप हो गया, वे हृदय के रोगी हो गये, सहसा बूढ़े हो गये। उनके मित्र प्रो. अर्जुन मिश्र उनसे कहते–यार-तुम क्या प्रेमशंकर को जानते नहीं थे जो तुमने अपनी लिखावट में वह पत्र उन्हें दे दिया। मिश्र जी, मुझे इस विश्वासघात की उम्मीद नहीं थी। प्रेमशंकर मुझे डबल क्रास करेगा, यह मेरे लिए अविश्वनीय था।

सो प्रेमशंकर जी का न कोई स्थायी मित्र था, न कोई स्थायी शत्रु। बस उनके स्थायी स्वार्थ थे। अब इस स्वार्थ सिद्धि में जो बलि चढ़ जाये। डार्लिंग, हम मित्र का स्वास्थ्य देखें, उसकी प्रतिष्ठा की चिन्ता करें कि अपने बालक का कैरियर देखें।

प्रेमशंकर जी अध्यापक बहुत अच्छे थे। खास तौर से ऊँची कक्षाओं के। जयशंकर प्रसाद के वे विशेषज्ञ थे। कामायनी का तो वे कोना कोना झाँक आये हैं। कक्षा में जब वे 'हिमगिरि के उत्तुंग शिखर पर, बैठ शिला की शीतल छाँह' पढ़ाते तो वे स्वयं मनु बन जाते। कहते, भारत में दो ही महाकाव्य हैं जिनकी घटनाएँ घटित होने के पहिले ही महाकवि के मानसपटल पर अंकित हो चुकी थीं। एक तो रामायण, दूसरा कामायनी। वाल्मीकि को बहुत पहिले अपनी मानस प्रज्ञा से, राम, सीता के जीवन में घटित होने वाली घटनाओं का पूर्वाभास हो चुका था और दूसरा महाकाव्य यही कामायानी है। छात्रों की जिज्ञासा व्यग्र हो जाती-कामायनी की घटनाओं का पूर्वाभास बीसवीं शताब्दी के कवि को कैसे हुआ? प्रेमशंकर जी थमते, आँखें बन्द करते, अतीत में झाँकते, कहते–यूँ तो कामायनी एक प्रतीक कथा है पर उसके प्रमुख पात्र है मनु, कामायनी, इड़ा और मानव। यदि आप लोग किसी पशु को भी महाकाव्य का पात्र मानना स्वीकार कर लें तो वृषभ भी एक पात्र है। वे आँखें

खोलते, कक्षा पर अपने कथन के प्रभाव का आकलन करते, बटुकों के मुख मण्डल पर प्रश्नाकुलता का भाव लक्षित करते और बात आगे बढ़ाते। कहते—कामायनी की कथा का पूर्वाभास प्रसाद जी को वाराणसी में हो गया था। तब मेरा विवाह नहीं हुआ था—बात चल रही थी। प्रसाद जी अच्छे ज्योतिषी भी थे। मैं यदाकदा प्रसाद जी की गोवर्धन सराय स्थित बगीची में जाया करता था। एक दिन उन्होंने मेरे ललाट पर अपना दाहिना हाथ रखा। चिन्तन के एकाग्र क्षणों में वे अन्तर्मुखी हो गये थे। बोले—यशस्वी भव, शोभित भव। तब मुझे पता ही नहीं था कि मेरी भावी पत्नी का नाम शोभा होगा। युग के सबसे बड़े कवि का मुझे आशीर्वाद मिल गया था। कवि का अशीर्वाद फलित हुआ, शोभा मेरे जीवन में आईं। फिर कामायनी की कथा की सांगता सिद्ध करने के लिए काल देवता ने मुझे इड़ा का वरदान दिया—मेरी पुत्री रोली। फिर मनु अर्थात् मेरे पुत्र रजत का आगमन हुआ। हम दो हमारे दो का नारा स्वतन्त्र भारत में आया, प्रसाद जी ने अपनी त्रिकालदर्शी मेधा से उसे 1936 में ही आत्मसात् कर लिया था। मैंने अपने आराध्य कवि को चरितार्थ करने के लिए हम दो हमारे दो का पालन किया। और सर, वृषभ? वृषभ की विश्वविद्यालय परिसर में गुंजाइश नहीं थी—न गोशाला, न दानापानी। वृषभ गोबर भी करता। हम लोग गाँवों में गोबर से घर लीपते हैं पर परिसर में पोंछा पर्याप्त होता है। सो वृषभ का स्थान स्कूटर को दिया।

छात्र चमत्कृत होते। कक्षा को प्रेमशंकर जी अपने घर का आँगन बना देते। छात्र अपेक्षा करते कि नामवरसिंह, राममूर्ति त्रिपाठी, शिवकुमार मिश्र भी ऐसा ही पढ़ायेंगे पर यह उनके बस का नहीं था। गंगाधर सर लाख अच्छा पढ़ाते पर कक्षा में ऐसा आत्मीय वातावरण बनाना उनके लिए भी असम्भव था। फिर छात्र जब गुरु जी के घर जायेंगे तो वहीं कामायनी भी तो होनी चाहिए। कामायनी बस प्रेमशंकर जी के यहाँ थी। कोई छात्र घर आता तो प्रेमशंकर जी उससे अपनी पत्नी का परिचय कराते यह श्रद्धा हैं। नारी, तुम केवल श्रद्धा हो, विश्वास रजत नग पग तल में। वहीं से रजत निकलता—उसका परिचय भी कराते। इड़ा स्कूल गयी है। मनु रो तो आप सब कक्षा में प्रतिदिन मिलते ही हैं। धनंजय, कमला प्रसाद यह सब सुनते, चमत्कृत होते। सोचते, अध्यापक बनने पर प्रेमशंकर जी ही उनके रोल मॉडल होंगे।

प्रेमशंकर जी भी अपने लिए रोल मॉडल तय करते रहते हैं। पाकिस्तान के राष्ट्रपति की आत्मकथा 'फ्रैंड्स, नाट मास्टर्स, उन दिनों बहुत चर्चित हुई थी। प्रेमशंकर जी को वह पसन्द आयी थी। उन्होंने तय किया कि जब भी वे आत्मकथा लिखेंगे तो उसका शीर्षक होगा—मास्टर्स, नाट फ्रैंड्स। आचार्य नरेन्द्र देव, आचार्य नन्द दुलारे वाजपेयी, डॉ. शिवमंगल सिंह 'सुमन', डॉ. श्यामाचरण दुबे, डॉ. नगेन्द्र, डॉ. भगवत्शरण उपाध्याय आदि उनके लिए मास्टर्स हैं—'तू दयालु दीन है'। और अपने अनगिन शिष्यों, शोधछात्रों, महाविद्यालयों के शिक्षकों के लिए वे मास्टर हैं—'मैं

दानि, तू भिखारी।' नामवर सिंह, राममूर्ति त्रिपाठी, शिवकुमार मिश्र, गंगाधर झा मेरे प्रतिस्पर्धी हैं। मैं उनका मास्टर बन नहीं सकता। वे मेरे मास्टर हो नहीं सकते। तो उनको रास्ते से अलग करो। चरित्र हनन उनका अमोघ अस्त्र है। वे न भूलते हैं, न क्षमा करते हैं। उनके आत्मीय उनके अध्यापकीय जीवन को दो खण्डों में विभक्त करते हैं, पहिला–जब वे विशुद्ध अध्यापक हैं, दूसरा–जब वे विभागाध्यक्ष हैं, कार्य परिषद् के सदस्य हैं, अधिष्ठाता हैं। पहिले खण्ड में वे परम आत्मीय हैं, वत्सल हैं। तुम रीवा से आये हो, ठहरने का कोई प्रबन्ध नहीं है, मेरी गैरेज खाली है–उसमें रहो। अच्छा, तुम जगदलपुर से आये हो–बाप रे बाप, क्या तो है तुम्हारा कैरियर, थ्रू आउट प्रथम श्रेणी। चलो, मेरे साथ आचार्य वाजपेयी के यहाँ चलो। तुम्हारी छात्रवृत्ति की व्यवस्था हो जायेगी, पुस्तकें तुम मुझसे ले जाना। हरदा से आने वाला छात्र गद्गद् है। वे उसकी रूपरेखा बनवा रहे हैं, उसका शुल्क जमा कर रहे हैं पर तुमको एकनिष्ठ होना पड़ेगा। मुझे यह सोच सोचकर अचम्भा होता है कि उनके सम्बन्ध उनके किसी भी शोधछात्र से उपाधि मिलने के बाद अच्छे नहीं रहते। वे चाहते हैं कि शोध शिशु आजीवन उनकी उँगली पकड़ कर चले। जो ऐसा नहीं करता, उसके वे विरोधी। कमला प्रसाद यहाँ डी.लिट्. के टीचर फैलो हैं। प्रगतिशील लेखक संघ की गतिविधियाँ उनके नेतृत्व में बहुत बढ़ गयी हैं। कमला, तुम बहुत ऊँचे जा रहे हो। विभाग का सभाकक्ष अब उन्हें नहीं मिलेगा। वे स्वयं कुछ नहीं कहेंगे, पेशवाज उनकी पर्देदारी करेंगे।

मैंने 1952 में बी.ए. में मनोविज्ञान की कक्षा में पढ़ा था कि झूठ बोलना कला है और उसे पकड़ना विज्ञान। तब से आज तक झूठ बोलने वाले सहयोगी और विद्यार्थी तो बहुत मिले पर सच पर झूठ की ग्राफ्टिंग करने वाले, अर्ध सत्य के प्रयोक्ता कम ही मिले। पूरा सच बोलना आसान है, पूरा झूठ बोलना भी कठिन नहीं है पर अर्धसत्य? बड़ा अभ्यास चाहिए–ऐसा अभ्यास जो आपकी चेतना में भिद जाये, आपका रिफ्लेक्स बन जाये। जब 1978 में मैं सागर आया और पूर्व जन्मों के पुण्य प्रताप से प्रेमशंकर जी का सान्निध्य प्राप्त हुआ तो लगा कि जनम जनम से मैं जिसे पाने का यत्न कर रहा हूँ वह तो यहीं है, यहीं है। उनकी भाव भंगी, मुख मुद्रा, आँखों को बायीं ओर घुमाकर बात करने का अन्दाज, हथेलियों का घर्षण, सहसा ज़ोरदार ठहाका लगाकर, बीच में ही उस हँसी की गला घोंटने की दुर्निवार अनिवार्यता, उनकी चुलबुलाहट, टाँगों को हिलाने का अनुभाव सब अर्ध सत्य बोलने के मैनुअल की धाराओं और उपधाराओं से सटीक मिलते थे। आप टिक करते जाइये, प्रेमशंकर जी को 100 में से 98 अंक तो आपको देने ही पड़ेंगे। यदि आप बहुत सख्त परीक्षक हैं तो 100 में से 95 तो कहीं नहीं गये हैं, पता नहीं गिनीज़ बुक में किसी अर्धसत्य बोलने वाले का नाम दर्ज है या नहीं? यदि नहीं तो प्रेमशंकर जी के नाम पर विचार किया जाना चाहिए। टेक्सास क्रिश्चियन

यूनिवर्सिटी के मनोविज्ञानवेत्ता चार्ल्स बांड ने अपना सारा जीवन अर्धसत्य बोलने वालों के सर्वेक्षण में खपा दिया। बांड, एक बात पूछूँ, उत्तर दोगे। तुम सागर तो कभी आये नहीं, प्रेमशंकर जी से भी तुम्हारी भेंट शायद ही हुई हो फिर अर्धसत्य का यह परफेक्ट निकष तुम्हें मिला कहाँ? बांड ने 63 देशों के 2520 युवकों को अपने सर्वेक्षण में सम्मिलित किया था। तुम बेकार ही भटकते रहे, तुम सागर के हिन्दी विभाग में आ गये होते, तुम्हें केवल प्रेमशंकर जी से मिलना था, तुम्हारा काम पूरा हो जाता। पर शायद तुम युवकों का सर्वेक्षण कर रहे थे, प्रेमशंकर जी तो कभी युवा रहे नहीं, सदा से वयवृद्ध, अनुभववृद्ध, ज्ञानवृद्ध रहे। वे अर्धसत्य बोलते हुए सामने वाले को एकटक देखने से बचते थे। ऐसे लोग किसी चीज़ को साफ साफ कहने की अपेक्षा उसे घुमा फिराकर कहना पसन्द करते हैं। शब्दों की निरर्थक आवृत्ति भी उन्हें पसन्द है। कुछ उद्दण्ड लड़कों ने रात को बारह बजे प्रेमशंकर जी के घर पर पथराव किया, प्रेमशंकर जी ने एफ.आई.आर. लिखवाई—मध्यरात्रि में अर्धरात्रि को उद्दण्ड बालकों ने मेरे यहाँ पथराव किया। प्रथम दृष्टया प्रतिवेदन लिखने वाले मुंशी अब अच्छी हिन्दी लिखने लगे हैं—उसने टोका—सर, इसमें से मध्यरात्रि काट दूँ या अर्धरात्रि! मध्य प्रदेश के राज्यपाल सागर विश्वविद्यालय में पधारे हैं। गौर स्थली पर विशाल पंडाल बनाया गया है, मंच संचालन प्रेमशंकर जी कर रहे हैं। कह रहे हैं पीछे खड़े हुए लोग दृष्टिबाधा बन रहे हैं, वे यदि थोड़े प्रणत हो जायें तो दृष्टिदोष से मुक्ति मिल जाये। पीछे सत्तार मियाँ खड़े हैं, कटरा में दर्जी हैं। उन्होंने पास में खड़े हिन्दी के अध्यापक डॉ. सुरेश आचार्य से कहा—ये किस साहब को खड़ा कर दिया। अच्छा होता कि हिन्दी के किसी पुरफेसर को बोलने का मौका दिया जाता। आचार्य ने कहा—जो साहब बोल रहे हैं, वे हिन्दी के पुरफेसर ही नहीं, हिन्दी के सदर भी हैं। सत्तार मियाँ बोले—लाहौल बिला कूबत।

प्रेमशंकर जी अपने अर्धसत्य द्वारा निश्चित किये गये लक्ष्य की प्राप्ति के लिए कुछ भी कर सकते हैं। मारण, मोहन, वशीकरण, उच्चाटन, स्तम्भन-सभी कुछ। उनके अस्त्रागार में चरित्र हनन के सारे हरबे मौजूद हैं, वे ऐसा कुचक्र रच सकते हैं जिसका पता लगाना सर आर्थर कानन डायल के लिए भी असम्भव हो। वे सामने वाले को इतना भयभीत करेंगे कि वह मैदान छोड़कर भाग खड़ा हो। हर प्रतिस्पर्धी के लिए उनके पास विशिष्ट असला है। नामवर जी सागर से जैसे गये, राममूर्ति त्रिपाठी वैसे नहीं। शिवकुमार मिश्र को सागर से महाभिनिक्रमित कराने का ढंग उनका दूसरा था। 1982 में मैं बीमार पड़ा, देखता क्या हूँ कि रोज सबेरे मेरे बँगले के सामने काली मूँग, दूर्वादल, हल्दी की कुछ गाँठे और काला धागा पड़ा हुआ है। भागीरथ मिश्र जी कहते थे कि व्यक्तियों का आकलन करने में उनसे शायद ही कभी चूक हुई हो पर प्रेमशंकर जी के बारे में उनसे भयंकर भूलें हुई—आप सत्य की सराहना कर सकते हैं, झूठ से सावधान रह सकते हैं पर इस अर्ध सत्य का आप क्या करें?

जब तक पता चलता है तब तक चिड़िया खेत चुग चुकी होती है। प्रेमशंकर जी के वाराणसी के मित्र डॉ. आर.एस. त्रिपाठी कहा करते थे कि प्रेमशंकर जी 'लायर बाई कमपलसन हैं'—आवश्यकता न भी हो तब भी झूठ बोलेंगे ही—उसमें सच का थोड़ा-सा अंश होगा। प्रेमशंकर जी को इसकी भारी कीमत चुकानी पड़ी—विभाग की अध्यक्षता खोनी पड़ी। प्रो. एच.एस. अस्थाना कुलपति हो गये थे। लखनऊ के थे—बेहद विनम्र, शालीन, मिष्टभाषी किन्तु दृढ़। श्रीमती अस्थाना एम.ए. हिन्दी में बैठी थीं। अस्थाना साहब ने प्रेमशंकर जी से निवेदन किया था कि वे श्रीमती जी का मार्गदर्शन कर दें। किन्तु प्रेमशंकर जी बहुत व्यस्त थे—दोनों के घरों का फासला सौ मीटर भी नहीं होगा। श्रीमती अस्थाना को स्वयं प्रेमशंकर जी के यहाँ आने में कोई कठिनाई नहीं थी। जिस केन्द्र में श्रीमती अस्थाना परीक्षार्थी के रूप में सम्मिलित हो रही थीं, प्रेमशंकर जी उसमें अधीक्षक थे। प्रेमशंकर जी अधीक्षक के रूप में कमरे कमरे में चक्कर लगा रहे थे। श्रीमती अस्थाना को देखा तो उनके पास गये। बोले—आप तो नियमित छात्रा नहीं हैं। आई सीम टू हैव सीन यू समब्येअर। श्रीमती अस्थाना ने अपना परिचय दिया पर प्रेमशंकर जी उन्हें सावधान कर रहे थे—देखिए, आप जो कोई भी हों, आपके पास नकल के जो भी कागज हों, निकाल दीजिए। वरना मुझे आपके विरुद्ध नकल का प्रकरण दर्ज करना पड़ेगा। श्रीमती अस्थाना हतप्रभ। शाम को उन्होंने अस्थाना साहब को यह सब बताया। अस्थाना साहब के पुराने घाव हरे हो गये। लखनऊ विश्वविद्यालय में वे रीडर पद के प्रत्याशी थे। उन्हें व्याख्याता से रीडर बनना था। प्रेमशंकर जी लखनऊ में किसी इन्टर कॉलेज में थे—उन्होंने दर्शन के विभागाध्यक्ष डॉ. देवराज को ऐसा भरा कि अस्थाना साहब रीडर नहीं हो पाये। वे सागर आये प्रोफेसर बन कर। पर बुन्देलखण्ड में, कहते हैं न जो सीता को मायको, वोई रावण की गैल। अस्थाना साहब जब कुलपति बने तब प्रेमशंकर जी मेडिकल लीव पर चले गये। पर सागर विश्वविद्यालय के लिए वे चिकित्सा अवकाश पर थे और रायपुर में हिन्दी अध्ययन मण्डल की बैठक में भाग ले रहे थे। सागर से रायपुर गये द्वितीय श्रेणी में, किराया वसूला प्रथम श्रेणी का। घोषणा पत्र 'टिकट खो गया है' का था पर टिकट भले खो गया हो—सागर स्टेशन में प्रथम श्रेणी के उस दिन के टिकटों का पूरा विवरण था। उन्हीं दिनों प्रेमशंकर जी को विभाग के तदर्थ व्याख्याताओं का चयन करना था पर उन्होंने चिकित्सा अवकाश पर जाना सुरक्षित समझा। कुलपति ने राज्यपाल को लिखा—प्रशासनिक अक्षमता। वित्तीय कदाचरण के आरोप लगाये और प्रेमशंकर जी को अध्यक्ष पद से हाथ धोना पड़ा। वह प्रेमशंकर जी के जीवन का सबसे हाहाकारी क्षण था। उन्होंने उसके बाद श्यामाचरण दुबे, अशोक वाजपेयी, शिवमंगल सिंह 'सुमन', विद्याचरण शुक्ल के माध्यम से बड़े प्रयास किये, अपनी एडविना माउंटबेटन का भी उपयोग किया पर हा हंत, कुछ नहीं हुआ। बाद में प्रेमशंकर जी कहते रहे—मैं मुक्त हो गया,

अध्यक्ष को आकस्मिक अवकाश के आवेदन पत्र अग्रसारित करने के अतिरिक्त और करना ही क्या पड़ता है?

नहीं प्रेमशंकर जी, उसे दूसरों का कद छाँटने के लिए अर्धसत्यों के प्रयोग करने पड़ते हैं पर सत्ता न हो तो ऐसे प्रयोग बहुत कारगर नहीं होते!

उसके बाद हम दोनों प्रेमशंकर जी के घर नहीं गये। यह तो हुई अभिधा वाली बात। मुहावरे में कहना हो तो मैं और मेरी पत्नी साधना उनकी देहरी नहीं चढ़े। जिसके मन में इतनी ईर्ष्या, इतना कलुष हो, उसके घर क्या जाना और क्यों जाना? हम दोनों प्रेमशंकर जी के घर गये थे। 1985 में कभी। बड़े प्रेम से मिले, शोभा जी ने बड़ी सुस्वादु कॉफी पिलाई। बड़ा हँसी ठट्ठा होता रहा। वाह वाह, क्या खुलापन है, कितना फक्कड़ाना अन्दाज़। सहसा प्रेमशंकर जी ने मेरी पत्नी से कहा—साधना जी, यह आदमी कितना यशस्वी है। मैंने इसे छात्रावासों का अधीक्षक बनवा दिया था—चीफ वार्डेन, पर मुझे क्या पता था कि वहाँ भी इसे इतना यश मिलेगा। विश्वविद्यालय का इतिहास रहा है कि जिसके पुण्यों का क्षय हो जाता है, वही चीफ वार्डन बनता है पर इसे देखिए, वहाँ भी यह सफल है। भूगर्भ शास्त्र के अंग्रेज प्रोफेसर डॉ. वेस्ट जो विश्वविद्यालय से 50 वर्षों से सम्बद्ध हैं, कहते हैं कि प्रो. कान्तिकुमार इज दे वेस्ट वार्डेन द यूनिवर्सिटी एवर हैड। इसकी तो कपाल क्रिया हो जानी चाहिए थी। कपाल क्रिया—साधना हिन्दी की एम.ए. हैं, भाषा विज्ञान में पीएच.डी.। परम्पराओं को मानने वाली, कुलीन परिवार की। वे जानती हैं कि कपाल क्रिया कब होती है। बोलीं-आप दोनों पुराने मित्र हैं, आपस में जो चाहे कहें पर मेरे सामने, मुझसे डॉक्टर साहब, यह न कहें तो अच्छा है। पर प्रेमशंकर छात्रावास में मेरी कपाल क्रिया सम्पन्न न होने से बड़े दुःखी थे। अपना दुःख छिपा नहीं पा रहे थे। बोले, नहीं साधना जी, इसकी तो कपाल क्रिया हो जानी चाहिए थी। साधना ने कहा, डॉक्टर साहब, आपके मन में मेरे पति के लिए कितना कलुष है। मेरे भी आप कितने बड़े अशुभ चिन्तक हैं। मैं दुबारा आपके यहाँ नहीं आऊँगी। प्रेमशंकर जी मरते मर गये पर हम लोग उसके बाद उनके यहाँ नहीं गये तो नहीं ही गये। उनको ल्यूकेमिया हो गया था—ब्लड कैंसर। ल्यूकेमिया में बड़ी पीड़ा होती है। उनकी पत्नी उन्हें कमरे में बन्द कर ताला लगा देतीं, बेचारे अकेले बन्द कमरे में पड़े रहते, गू मूत में सने हुए। स्मृति भ्रंश भी हो गया था—सच झूठ का भेद मिट गया था। उनके न रहने से मैं बहुत रिक्त हो गया हूँ। मैंने उनसे बहुत सीखा। सीखा मैंने गाँधी जी से भी, नटवरलाल से भी पर प्रेमशंकर जी से सीखना बिल्कुल अलहदा था। एक बार मैंने उनके पैर पकड़ लिए थे—गुरु, गुरु, मुझे अपना चेला बना लो। वे हड़बड़ा गये थे ठीक वैसे ही जैसे कबीर द्वारा रामानन्द के पैर पकड़ लेने पर रामानन्द हड़बड़ाये थे। वे अर्धसत्य के प्रयोगों से ही हिन्दी विभाग की अध्यक्षता के उन्तुंग शिखर तक पहुँचे थे, अर्धसत्यों के प्रयोगों से ही उन्होंने अपने प्रतिस्पर्धियों का दलन किया था,

अर्धसत्य के प्रयोगों से ही अखिल भारत में अपना गुट बनाया था। पर अर्धसत्य का सहारा लेकर ऊपर पहुँचने वाला बहुत देर तक शून्य में टिक नहीं पाता। प्रेमशंकर जी भी नहीं टिक पाये। मुझे उनके लिए बहुत दुःख होता है। एक बेहद आत्मीय व्यक्ति, एक अध्ययनशील व्यक्ति, एक छात्रवत्सल व्यक्ति काल्पनिक आशंकाओं से जूझने के लिए अर्धसत्य के प्रयोग करता रहा और अधबीच में ही चला गया!

धनंजय वर्मा : सदैव नंगी तलवार के साथ

मध्य प्रदेश हिन्दी साहित्य सम्मेलन के अध्यक्ष और प्रसिद्ध साहित्यकार अक्षय बाबू ने हिन्दी के जाने माने समीक्षक और महाविद्यालयीन प्राध्यापक एवं कुलपति रह चुके डॉ. धनंजय वर्मा के बारे में लिखा है कि धनंजय जब भी घर से बाहर निकलते हैं बरहना तलवार लेकर निकलते हैं। यह बात कोई और कहता तो मैं उसमें कुछ कतर-ब्योंत करता पर अक्षय बाबू की यह बात स्वयं धनंजय वर्मा ने उद्धृत की है। धनंजय ने उन पाठकों के उपकार के लिए जिन्हें उन जैसी उर्दू नहीं आती बरहना का अर्थ भी किया है—नंगी। अक्षय बाबू की यह बात उन्हें अपनी प्रशंसा लगती है। उन्होंने इस बात का भाष्य भी किया है—"अक्षय बाबू से एक बात मुझे सीखनी थी जो मैं सीख न सका—वह थी सबको साथ लेकर चलने की बात।' अक्षय बाबू उन लोगों में से हैं जिन्हें धनंजय की क्षमता, कार्यकुशलता, वाग्मिता और प्रगतिशीलता पर अकंप विश्वास है। धनंजय भी निरवधिकाल में और विपुला पृथ्वी पर जिन लोगों को मानते हैं वे बहुत नहीं हैं। ऐसे नर थोड़े जगमाँहीं। कोई नरोन्हा, कोई योगानन्दम् कोई शोनी। बाकी को जो उन्हें लगता है, उनके समकक्ष हैं या उनसे उन्नीस हैं—सुन्दरता में, पद में, साहित्य में, वे किसी गिनती में नहीं लाते फिर चाहे वे नन्ददुलारे वाजपेयी हों, हरिशंकर परसाई हों, या अशोक वाजपेयी हों। ऐसे में उनका अक्षय बाबू को मानना बड़े अर्थ रखता है। अतः अक्षय बाबू की बात का वजन और भी बढ़ जाता है जब 'कोटि मनोज लजावन हारे' धनंजय उनको उद्धृत करते हैं। मैंने धनंजय को घर से निकलते देखा है। प्रायः। कोसे का कलीदार कलफ लगा कड़क कुर्ता, संकरी मोहरी का अलीगढ़ी पैजामा, मौसम में सदरी और शाल, नफीस चप्पलें-चेहरे पर घण्टों मले गये मास्चराइजर पर फेस पाउडर की परत। बगल में सेंट का स्प्रे। सामने बालों की एक लट माथे पर झूलती हुई—बहुत कलात्मकता के साथ। गोष्ठियों, सभाओं, बैठकों में भाग लेने के लिए केअर फुल केअर लेसनेस की उनकी यह एक खास अदा है। तो इस महकती, बहकती, चहकती अदा में, अक्षय बाबू बरहना अर्थात् नंगी तलवार कहाँ है? धनंजय को सुदीर्घ काल से, निकट से, सतत भाव से जानने वाले जानते हैं कि वे अपनी नंगी तलवार मुँह की म्यान में

रखते हैं। तलवार उनके मुँह में रहती है, जुबान की शकल में। सामने वाले ने कोई बात कही, कोई सूचना दी, कोई मंतव्य प्रकट किया कि तलवार उस को लहूलुहान करती हुई चली। मुझे नहीं लगता धनंजय जानबूझकर ऐसा करते हैं। यह उनका रिफलेक्स एक्शन है, सामनेवाले को जमींदोज़ करने के लिए, स्वयं को उससे श्रेष्ठ सिद्ध करने के लिए, अपनी अहसासे कमतरी पर पर्दा डालने के लिए। इस खेल में वे न सामने वाले की उम्र देखते हैं, न पद, न उससे अपने सम्बन्ध। न मौका, न महल। एक दुर्निवार अहम्मन्यता, एक दुर्दम विजगीषा, एक असहिष्णु जिंघासा उनसे प्रायः अचेतन भाव से कोई न कोई ऐसी बात कहलवा ही देती है कि सामने वाला घायल हो जाये। भगवत रावत मध्य प्रदेश हिन्दी ग्रन्थ अकादमी के निदेशक हो गये हैं। बेहद खुश मिजाज, आत्मीय, सक्षम और कृतज्ञ। उन्होंने निदेशक बनने की सूचना अपने मित्रों, हितैषियों और आत्मीयों को दी–टेलीफोन पर। आपकी शुभकामनाएँ और आशीर्वाद चाहिए। मुझे आपका सहयोग चाहिए। आपकी परम्परा को आगे बढ़ाने में कुछ उठा नहीं रखूँगा के भाव से। उन्होंने धनंजय को भी यह सूचना दी। धनंजय उन्हें पढ़ा चुके हैं। सर, मैं आपके आशीर्वाद का आकांक्षी हूँ। ग्रन्थ अकादमी का निदेशक हो गया हूँ। धनंजय के कानों ने निदेशक शब्द भर सुना है, उनके मुँह की बरहना तलवार बाहर आयी–अरे! क्या जमाना आया है। तुम तक। इस 'तक' ने–भगवत को लहूलुहान कर दिया है। निदेशक बनने की उनकी प्रसन्नता धनंजय के इस 'तुम तक" से धूल धूसरित हो गयी है। भगवत मिले तो बोले–धनंजय जी से मेरी कोई प्रतिस्पर्धा नहीं है, न तुलना। मैं उनका छात्र रह चुका हूँ पर पता नहीं क्यों धनंजय सर ने मुझे मेरे छोटेपन का अहसास कराना जरूरी समझा।

भगवत, सैडिज्म। सैडिज्म नहीं तो और क्या? क्या अहंकार? हाँ, अहंकार भी। सैडिज्म अहंकार का जनक है और अहंकार सेडिज्म का। दोनों अहसासे कमतरी के कीचड़ में पनपते हैं।

म.प्र. के विश्वविद्यालयों के केन्द्रीय हिन्दी अध्ययन मण्डल की बैठक है भोपाल में। उच्च शिक्षा अनुदान आयोग के अध्यक्ष श्यामाचरण जी दुबे पाठ्यक्रमों के नवाचार को लेकर बेहद उत्साह में हैं। धनंजय उसके सदस्य हैं। बाह्य विशेषज्ञों के रूप में नामवर जी आयें है, निर्मला जी आयी है। नये पाठ्यक्रम पर विचार विमर्श हो चुका है। उसका अन्तिम प्रारूप तैयार किया जाना है। शेष सभी लंच के लिए होटल की ओर रवाना हो गये हैं, केवल धनंजय रुक गये हैं। उनकी लिखावट भी अच्छी है उनके बैग में लाल नीले हरे स्केच पेनों की खासी अच्छी संख्या भी है। लंच के तत्काल बाद प्रारूप अध्यक्ष जी को सौंपना है। बाकी लोग भोजनों का स्वाद ले रहे हैं, धनंजय जी दत्तचित्त काम में लगे हैं। जब बाहर के विशेषज्ञ लंचोपरांत लौटकर सभाकक्ष में आये तो निर्मला जी धनंजय जी की कार्य निष्ठा को देखकर प्रभावित हुई। धनंजय जी को लक्ष्य कर कहा–लाइक ए गुड़ बेबी,

स्टिल एट वर्क। धनंजय जी भड़क गये, लगा, यह निर्मला जी सराहना के भाव से नहीं कह रहीं, उपहास के भाव से कह रहीं हैं। उन्होंने हाथ के नीले स्केच पैन का ढक्कन बन्द किया, बरहना तलवार निकाली–निर्मला जी को उनकी वास्तविकता की याद दिलाई–कहा–बेबी इज़ फीलिंग हंगरी मॉम। इट्स टाइम टू फीड हिम। निर्मला जी को यह उम्मीद नहीं थी कि बेबी उनसे फीड कराने की माँग कर बैठेगा, वे हक्का बक्का। बाकी सब भी।

●

धनंजय दहलावादी हैं। कोई बातों का कैसा भी नहला फेंके, धनंजय के पास उसके उत्तर में कोई न कोई दहला हाजिर रहता है। विपुल अनुभव, प्रत्युत्पन्नमति, परिहास रसिकता, अध्ययन, आत्मविश्वास का अतिरेक, सामने वाले को अपनी तुलना में कमतर समझने की दुर्निवार ग्रन्थि, परपीड़न का सुख धनंजय को नहले पर दहला मारने के लिए विवश करता है। सौ में से अनठानबे मामलों में वे सफल भी होते हैं। उन्होंने अपनी इस कला को लगभग विज्ञान में तब्दील कर लिया है। मैंने 91 में सागर विश्वविद्यालय के हिन्दी विभाग के अन्तर्गत विश्वविद्यालय अनुदान आयोग की वित्तीय सहायता से "माखन लाल चतुर्वेदी का इक्कीसवीं शताब्दी को योगदान" नामक एक राष्ट्रीय संगोष्ठी आयोजित की थी। उसमें देश के वे सभी साहित्यकार आमन्त्रित थे जो माखनलाल चतुर्वेदी के जानकार थे। धनंजय भी थे। धनंजय आधुनिक काव्य के गम्भीर अध्येता हैं, खण्डवा में रह चुके हैं, अच्छे वक्ता हैं, सबसे बड़ी बात मेरे मित्र हैं। इस संगोष्ठी को लेकर आयोजक के रूप में मैं बड़े संकट में फँस गया था। मैं विश्वविद्यालय में माखनलाल चतुर्वेदी पीठ का अध्यक्ष था। विभागाध्यक्ष भी था। मेरे सहयोगी प्रेमशंकर नहीं चाहते थे कि यह संगोष्ठी हो। माखनलाल चतुर्वेदी भी कोई कवि हैं, तुक्कड़। यह संगोष्ठी नहीं, वेस्ट आफ टाइम एण्ड मनी है। आचार्य नन्ददुलारे वाजपेयी ने अपनी 'कालजयी' कृति "हिन्दी साहित्य : बीसवीं शताब्दी" में उन्हें सम्मिलित नहीं किया। संगोष्ठी में कोई नहीं आयेगा। उन्होंने पूरा श्रम किया कि संगोष्ठी में न कोई बाहर से आये, न ही विश्वविद्यालय का कोई अध्यापक सम्मिलित हो। हम तो साहित्य के अन्तर्राष्ट्रीय विस्तार के कायल है। उन्हीं दिनों अंग्रेजी विभाग में टी.एस. इलियट पर एक सेमीनार है, हम तो उसमें शिरकत करेंगे। उन्होंने भागीरथ जी को मना कर दिया, रामरतन भटनागर को मना कर दिया, पता नहीं त्रिलोचन जी से क्या कहा कि वे भी ऐन वक्त पर अनुपस्थित। उन्हें उद्घाटन सत्र की अध्यक्षता करनी थी। मैंने उनके निवास पर गाड़ी भी भिजवाई पर वही ताला लटक रहा था। एक दिन पहिले कुलसचिव ने मुझको सन्देश भिजवाया था कि कुलपति आप से तत्काल मिलना चाहते हैं। उस दिन बसन्त पंचमी की छुट्टी थी। पर मैं कुलपति निवास गया। कुलपति एम.एल.

जैन थे, वरिष्ठ पुलिस अधिकारी रह चुके थे, वे भी अपराध शाखा के। मैं पहुँचा तो वे भड़क रहे थे, आप यह क्या करते रहते हैं, विश्वविद्यालय को बदनाम करने पर तुले हैं। ये माखनलाल कौन हैं? हॉल खाली पड़ा रहेगा। जब उनके कुकर की पाँच सीटियाँ बज गयी और सारी भाप निकल गयी तो मैंने कहा कि आपको जिसने भी ये सूचनाएँ दी हैं, गलत हैं। माखनलाल चतुर्वेदी के नाम पर हिन्दी विभाग में एक पीठ है जिसकी स्थापना राज्य सरकार ने की है। माखनलाल हमारे राष्ट्रीय कवि हैं, इसी विश्वविद्यालय के पूर्व कुलपति पं. द्वारका प्रसाद मिश्र ने खण्डवा में एक विशेष दीक्षांत समारोह आयोजित कर उन्हें मानद डी.लिट. से विभूषित किया था। वे पद्म अलंकार से भी विभूषित किये गये हैं। पर उन्होंने इस सम्मान को स्वीकार नहीं किया था। बोले—यह सब तो ठीक है पर आपकी-क्या कहते हैं उसे, संगोष्ठी-वंगोष्ठी में आयेगा कौन? हॉल खाली पड़ा रहेगा। मैंने कहा कि हॉल खचाखच भरा रहेगा—आप चाहें तो स्वयं आकर देख लें। ठीक है, कार्यक्रम प्रारम्भ होने से दस मिनट पहिले आकर आप मुझे कुलपति चैंबर से ले लें। दूसरे दिन दो बजने से ठीक दस मिनट पहिले मैं कुलपति कक्ष में था। कुलपति जी आये, वाडिया हॉल में जहाँ उद्घाटन सत्र होना था, 250 श्रोताओं के बैठने की व्यवस्था थी। एक भी कुर्सी खाली नहीं थी। बाहर बरांडे में भी चालीस-पचास श्रोता खड़े थे। कुलपति जी को विश्वास नहीं हुआ पर मुझे प्रेमशंकर जी पर पूरा विश्वास था—आठ दस वर्षों के सतत एवं सूक्ष्म अवलोकन का परिणाम। प्रेमबाबू जी मेरे कार्यक्रम को विफल करने के लए क्या क्या कर सकते है, मुझे इसका पक्का पूर्वाभास था। मैं अपने कार्यक्रम को सफल बनाने के लिए क्या क्या जुगत कर सकता हूँ उन्हें इसका रत्ती भर ज्ञान नहीं था। मैंने खुरई, देवरी, रहली, बीना जैसे सम्बद्ध महाविद्यालयों के हिन्दी विभागाध्यक्षों को सन्देश भेजा था कि वे समारोह में अपने छात्रों के साथ पधारें। उन्हें नियमानुसार व्यय दिया जायेगा, उनके और उनके छात्रों के ठहरने की व्यवस्था छात्रावास में होगी। इसके लिए उन्हें कर्तव्यावकाश की पात्रता भी होगी। सभी आये, सदल बल आये, जिन्हें वाडिया हॉल में बैठने की जगह नहीं मिली, वे बाहर खड़े थे। विश्वविद्यालय के किसी विभागीय समारोह में सम्बद्ध महाविद्यालयों को ससम्मान आमन्त्रित करने की परम्परा नहीं थी। मैं महाविद्यालय से विश्वविद्यालय में आया था, इसलिए मैंने अपनी जड़ों को टटोला। परिणाम आशातीत था। नगर में जिनके सम्बन्धी रहते थे, वे छात्राएँ भी आयी। चतुर्वेदी जी के साथ जेल काट चुके नगर के पुराने पत्रकार और राजनीतिक कार्यकर्ता भाई अब्दुल गनी का वास्ता देकर मैंने नगर के सभी उर्दू साहित्यकारों को भी दावतनामा भेज दिया था। हाल में जितनी धोतियाँ थी, पैजामे भी उससे कम नहीं थे। कुलपति जी को जब उनके आसन पर बिठा चुका तो मैंने बहुत सम्मान और विनम्रतापूर्वक कहा—सर, यदि आपकी अनुमति हो तो कार्यक्रम प्रारम्भ किया जाये। कुलपति जी का भौंचक्कापन अभी कम नहीं हुआ था, कह रहे

थे, बट प्रो. प्रेमशंकर हैज टोल्ड मी दैट देअर बोट बी एनी आडियेंस इन द सेमीनार आर्गनाइज्ड बाई प्रो. कान्तिकुमार। मैंने इसका कुछ उत्तर नहीं दिया क्योंकि मेरे नेत्र त्रिलोचन जी को ढूँढने में व्यस्त थे। जो कार उनको लेने गयी थी, वह खाली वापिस लौट आयी थी। उनके निवास पर ताला पड़ा था। अब मैं क्या करूँ—देखा, सामने की पंक्ति में धोती कुर्ता तिलक शिखर मंडित आचार्य राममूर्ति त्रिपाठी विराजमान हैं। यूरेका। मैं मंच पर पहुँचा, त्रिपाठी जी का नाम अध्यक्षता के लिए माइक पर घोषित किया, कुलपति जी को मंच पर आमन्त्रित किया। पुष्प गुच्छों से अभ्यागतों का स्वागत हुआ, 'चाह नहीं मैं सुरबाला के गहनों में गूंथा जाऊँ' का गायन हुआ, मैंने स्वागत भाषण दिया, कहा, आप सब इस समारोह में इतनी बड़ी संख्या में पधारें, यह विश्वविद्यालय के हिन्दी विभाग के प्रति आपके स्नेह का प्रतीक है। आज 30 मार्च है, वित्तीय वर्ष के समाप्त होने का लगभग अन्तिम दिन। देशभर में आज अनुदान लैप्स न हो जाये, इसलिए समारोह, संगोष्ठियाँ, सभाएँ हो रही हैं, ऐसे में आप जैसे विद्वान यहाँ पधारे यह मेरे लिए परम सन्तोष की बात है। मेरा वाक्य पूरा नहीं हुआ था कि पीछे की कतार से आवाज आयी—सब बचे खुचे। श्रोता स्तब्ध, अध्यक्ष मौन, कुलपति मेरी ओर जिज्ञासु भाव से देख रहे थे—मैंने देखा कि पिछली कतार से खिड़की के पल्ले की ओट से डा. धनंजय वर्मा अपने कमीनगाह से 'बचे खुचे बचे खुचे' का मंत्र पाठ कर रहे हैं। यह समय अचेत होने का नहीं था, न ही मित्रता के निर्वाह का था, अपनी अस्मिता की रक्षा का था, विरोधियों के छल बल कौशल को निरस्त करने का था। मैंने मंच पर से ही कहा—बचे खुचे नहीं। यहाँ देश के गिने चुने विद्वान एकत्र हैं। जिस सभा में धनंजय जी जैसे विद्वान उपस्थित हों, वह बचे खुचे लोगों की सभा कैसे हो सकती है? धनंजय जी देश के गिने चुने विद्वानों में हैं। पता नहीं, उन्हें अपने बारे में अहसासे कमतरी क्यों है? कुलपति जी की प्राथमिक भाषा उर्दू थी, वे हरियाणा के थे। इनफीरियारिटी काम्प्लेक्स या हीनता ग्रन्थि की तुलना में अहसासे कमतरी उन्हें ज्यादा अच्छी तरह समझ में आया। वे प्रसन्न हुए, हॉल तालियों से गूंज रहा था। अहसासे कमतरी और बचे खुचे की अपनी बरहना तलवार की निष्फलता से धनंजय जी के मुखमण्डल का गोरापन काफी कम हो गया था।

शाम को अतिथि भवन में मैं अभ्यागत विद्वानों की सुख सुविधाओं का हालचाल जानने गया था। वहाँ धनंजय मिले, महेशदत्त मिश्र, अक्षय कुमार जैन, श्याम सुन्दर व्यास, नईम जैसे साहित्यकारों के साथ। बोले—साले, तूने मेरी बड़ी भद्‌द की। मैंने कहा—और आप क्या कर रहे थे। मैंने आपको इसलिए तो बुलाया नहीं था कि आप मेरे कार्यक्रम की धज्जियाँ उड़ायें। इसलिए भी नहीं कि आप विद्वान है। बुलाया था इसलिए कि आप मेरे मित्र हैं और मेरा साथ देंगे। पर धनंजय तो धनंजय, बोले—चल जो हुआ सब भूल जा, कुछ दारू शारू का इन्तजाम कर।

मैंने कहा—न दारू, न शारू। मेरे पास इनके लिए कोई फंड नहीं हैं। अरे, कहीं एडजस्ट कर लेना। मैं धनंजय की दोपहर की अवांछित टिप्पणी से बेहद नाराज था। अफसोस कर रहा था कि मैंने धनंजय को बुलाया ही क्यों, बोला—मैं जो कुछ भी करता हूँ 'जस्ट' करता हूँ 'एडजस्ट' वाला कोई काम नहीं करता। पर धनंजय मुफ्त की दारू के लिए बजिद थे। दारू किक देती है पर फ्री की दारू का जुगाड़ हो तो धनंजय पीपल पात सरिस डोलने लगते हैं। बात बिगड़ती कि पास खड़े मेरे एम.ए. के दो छात्र नरेन्द्र ठाकुर और खुशीराम बोले—सर, आप घर जायें, सर से हम डील किये लेते हैं। मैं घर चला आया। पता नहीं, सर को उस दिन अपनी बरहना तलवार का वार खाली जाने का गम दूर करने के लिए कुछ मसाला मिला या नहीं।

धनंजय वर्मा को अपनी ताश की गड्डी में रहने वाले दहलों पर जरूरत से ज्यादा विश्वास था। वे भूल गये थे कि दहले की काट के लिए एक गुल्ला नाम का पत्ता भी होता है। बरहना दहला यदि सामने वाले को देखकर न चलाया जाये तो दहला चलाने वाले को लिए—दिये मुँह के बल धरती पर लोटता नजर आता है।

इस घटना के बाद मैंने तय किया कि अपनी गोष्ठियों में किसी भी ऐरे को, गैरे को, नत्थू खैरे को बुलाऊँगा पर धनंजय को तो नहीं ही बुलाऊँगा। अपनी दुर्विवार अदम्य बरहना अहसासे कमतरी से वे कब कहाँ किसका खेल बिगाड़ने में जुट जायें, कोई नहीं जानता, वे स्वयं तो कतई नहीं।

पर यह बात मुझे इतनी देर से क्यों सूझी? धनंजय वर्मा का नाम मैंने हिन्दी शोध समिति के विशेषज्ञ के रूप में प्रस्तावित किया था। नम्बर एक पर। उनकी वय, पद और भोपाल से सागर की निकटता के मद्देनजर वह स्वीकृत भी हुआ पर धनंजय जी ने मेरे लिए बड़ा धर्म संकट पैदा कर दिया। कुलपति जी ने मुझे बुलाया—कहा—डॉ. धनंजय वर्मा पीएच.डी. के लिए प्रस्तुत शोध प्रबन्धों के लिए बाहर विशेषज्ञ के रूप में परीक्षकों की सूची नहीं भेज रहे हैं। बारंबार याद दिलाने के बाद भी। मुझे उपकुल सचिव (शोध) की टिप्पणी मिली है कि बाह्य विशेषज्ञ तब तक सूची नहीं भेजेंगे जब तक उन्हें सूची भेजने के लिए होने वाले डाक व्यय का अग्रिम भुगतान न मिल जाये। आज तक किसी भी विषय के किसी विशेषज्ञ ने ऐसी माँग नहीं की है। कृपया मार्ग दर्शन करें। सो मार्गदर्शन के लिए कुलपति जी मेरी राय जानना चाहते थे। कुलपति को इस घटिया माँग की पूर्ति के लिए कोई उपाय नहीं सूझ रहा था। मैंने उन्हें सलाह दी कि जब भी किसी शोध प्रबन्ध के लिए परीक्षकों के पेनल के लिए बाह्य विशेषज्ञ को पत्र लिखा जाये, साथ में रजिस्ट्र्ड उत्तर के लिए डाक टिकटों वाला एक लिफाफा भी भेजा जाये। इसके लिए आवासीय अंकेक्षण विभाग से सहमति भी प्राप्त करनी पड़ी। पर बाद में धनंजय जी का नाम बाह्य विशेषज्ञ के लिए मैंने प्रस्तावित नहीं किया क्योंकि मुझे शक था

कि धनंजय भी लिफाफा चिपकाने के लिए गोंद और उस पर पता लिखने के लिए स्याही पर होने वाले खर्च की माँग न करने लगें!

मुझे हार्दिक दुःख है कि उस दिन अक्षय बाबू मेरे साथ नहीं थे। अक्षय बाबू ने धनंजय की बरहना जुबान देखी है। दायें-बायें अपनी बरहना जुबान घुमाते हुए धनंजय वर्मा किसी एथेंस के सत्यार्थी से कम नहीं लगते पर अक्षय बाबू! मैंने धनंजय को अपनी बरहना तलवार से बटर नाइफ का काम लेते भी देखा है। सामने वाले से यदि धनंजय को किसी लाभ की प्रत्याशा है तो वे अपनी बरहना तलवार के दोनों ओर मक्खन का ऐसा लेप करते हैं कि सामने वाला उनके नवनीत लेपन से ढेर हो जाये फिर चाहे वह कोई भी क्यों न हो और उसकी बात कितनी भी गलत क्यों न हो। ओम नागपाल उन दिनों उच्च शिक्षा अनुदान आयोग के अध्यक्ष थे, घनघोर पुनरुत्थानवादी। मकबूल फिदा हुसैन के हिन्दू देवी देवताओं के चित्रों को लेकर उन्होंने चित्रकार को कठघरे में खड़ा किया था। नागपाल साहब सती प्रथा के घनघोर समर्थक थे। मुझे आयोग की ओर से डॉ. कृष्णचन्द्र वर्मा द्वारा सम्पादित 'मध्यकालीन काव्य' के पुर्नसम्पादित का दायित्व सौंपा गया था। यह पुस्तक बी.ए. प्रथम वर्ष के पाठ्यक्रम में मध्य प्रदेश के सारे विश्वविद्यालयों में निर्धारित थी। इसमें 'पदमावत' से 'सती महिमा खण्ड' शीर्षक अंश संकलित था। इस पाठ को पढ़ाते हुए महिला अध्यापक अत्यन्त संकोच का अनुभव करती थीं। छात्राएँ भी। रूपकुंवर कांड हो चुका था, सती की महिमा का आख्यान मुझे अत्यन्त क्रूर एवं अमानवीय लगा था। मैंने उसे निकालने का प्रस्ताव किया था। मैंने एक पत्र द्वारा माननीय नागपाल साहब को अपने मनोभाव बताये भी थे। उन्होंने मुझसे भोपाल आकर रूबरू बात करने को कहा था। मैंने अपने पुर्नसम्पादित संस्करण में मीरा को भी सम्मिलित किया था—उनके 13 पद। जब मैं डॉ. नागपाल से मिलने गया तो सुबह धनंजय से भी मिला—मैंने उससे नागपाल साहब की संकीर्णता का उल्लेख किया। धनंजय को लगा कि मेरे और नागपाल साहब के बीच जो वैचारिक दरार है, उसका लाभ उठाया जा सकता है। धनंजय जी नागपाल साहब से मिले धनंजय अत्यन्त विदग्ध हैं, किसी भी सफल वकील की तरह वाक्वीर और रणनीतिकार। इसी बीच ग्वालियर की श्रीमती मित्तल ने मीरा विषयक मेरे प्रस्ताव पर यह आपत्ति जताई थी कि तुलसी के काव्यांशों को मेरे संकलन में 13 पृष्ठ दिये गये हैं और मीरा के केवल 13 पद हैं। यह असन्तुलन दूर किया जाये। आयोग के अध्यक्ष के द्वारा मुझ पर दबाव बनाया जा रहा था कि तुलसी और मीरा को समान स्पेस दिया जाये। धनंजय ने नागपाल साहब को इतना प्रभावित किया कि मुझे कहना पड़ा कि यह सब मैं नहीं कर सकूँगा। काहे को आप अच्छी खासी रायल्टी का नुकसान कर रहे हैं। बहुत से लोग इस पुस्तक का पुर्नसम्पादन करने को तैयार बैठे हैं। धनंजय जी ने नागपाल साहब को शीशे

में उतारा और वे मेरे साथ मध्यकालीन काव्य के सह सम्पादक बनाये गये। आधी रायल्टी के भी वे हकदार हुये। धनंजय के पास जोक और जोकरों के ऐसे पत्ते होते हैं कि वे किसी के भी पत्तों को काट सकें।

अक्षय बाबू! भाई महावीर को भी आप जानते हैं, वही भोपाल के राजभवन के भूतपूर्व निवासी, मध्य प्रदेश के पुराने राज्यपाल महोदय। मैंने आधारभूत पाठ्यक्रम के तीसरे प्रश्न पत्र के लिए जो पुस्तक तैयार की थी उसमें भारत की विभिन्न भाषाओं के लेखकों के नाना विषयों पर उत्कृष्ट लेख थे। छात्रों को इस पुस्तक द्वारा हिन्दी साहित्य से नहीं, भारतीय विचारकों से अवगत कराना था। इसमें कृष्णचंदर का एक पाठ था—एक 'गधे की आत्मकथा।' धनंजय जी ने राज्यपाल महोदय के सामने कृष्णचन्दर का 'एक गधे की आत्मकथा' निकालने की पेशकश की क्योंकि 'यह मूलतः उर्दू में है'। सम्पादक के रूप में मैंने कहा तब तो महात्मा गाँधी की आत्मकथा का अंश भी निकालना होगा, क्योंकि वह मूलतः गुजराती में है, स्वामी विवेकानन्द की शिकागो वार्त्ता भी निकालनी होगी क्योंकि वह मूलतः अंग्रेजी में है, तिलक के गीता रहस्य का अंश भी हटाना होंगा क्योंकि वह मूलतः मराठी में है। गीता रहस्य हटाने की बात सुनकर भाई महावीर के संस्कारों को झटका लगा—नहीं, नहीं ये सब तो भारतीय संस्कृति के अनिवार्य पाठ हैं, इन्हें नहीं निकाला जा सकता। पर धनंजय तो धनंजय, जब चायपान के उपरान्त बैठक समाप्त हुई तो धनंजय जी राज्यपाल के साथ के लिए कक्ष में रुक गये। राजभवन की ओर से सभी सदस्यों को एक पेन और एक पैड मिला था। धनंजय जी ने उसे मेज पर छोड़ा, राज्यपाल ने कहा भी कि यह तो आपके लिए हैं, राजभवन की भेंट पर धनंजय के बटर नाइफ ने 'अक्षय बाबू जानते हैं क्या कहा कहा—महामहिम! मुझे तो आपका आशीर्वाद चाहिए। मैं आपका आशीर्वाद लेकर जाना चाहता हूँ। जब तक भाई महावीर मध्य प्रदेश के राज्यपाल रहे और विश्वविद्यालयों के कुलाधिपति, भाई धनंजय को भाई जी के आशीर्वाद की कमी नहीं हुई। टू इन वन बेरहना तलवार और नवनीत नाइफ के और भी प्रसंग है पर उनका उल्लेख करना ठीक नहीं क्योंकि उन्हें धनंजय ने मुझे कांन्फीडेंस में लेकर बताया था। अरे यार, यह सब करना पड़ता है पर धनंजय सब कुछ इस तरकीब से करते हैं कि पोलिटिकली, ऐथिकली और लीगली जैसे वे सच और प्रगतिशीलता के साथ हैं। उनके बहुत से मित्र लोकसेवा आयोग और विश्वविद्यालयों द्वारा आयोजित बैठकों में द्वितीय श्रेणी में यात्रा करते थे, टिकट नं. प्रथम श्रेणी का देते थे—टिकट नम्बर में आगे पीछे एकाध संख्या जोड़कर या घटाकर। कुछ की तो चतुराई पकड़ी भी गयी और वे कठिनाई में भी पड़े पर धनंजय जी के पास इसकी नायाब काट है, आई डिकलेयर दैट द टिकट हैज बीन लास्ट। अब कर लो, इस चतुराई के लिए आप धनंजय का क्या कर सकते हैं। लाभ का लाभ, ईमानदारी की ईमानदारी। धनंजय को अपने इस कौशल पर एक पूरी किताब

लिखनी चाहिए। 'हाऊ टू बी डिसआनेस्ट् विथ एन आनेस्ट फेस'। इस पुस्तक से वे हिन्दी के डेल कार्नेगी बन जायेंगे।

धनंजय के साथ यात्रा करना बड़ा प्रीतिकर होता है। वे आपको बोर नहीं होने देंगे, आपको भूखा या प्यासा भी नहीं रहने देंगे। बराबर हँसाते रहेंगे, बराबर कुछ न कुछ खिलाने-पिलाने की जुगत करते रहेंगे। शर्त केवल इतनी है कि आप उन्हें उनका बटुआ खोलने की जहमत न दें। वे खिड़की लूट लेंगे, खिड़की के बाहर मुँह निकालेंगे और मूंगफली वाले को, समोसे वाले को, पापकार्न वाले को, चाय-काफी वाले को, आवाज दे देकर बुलायेंगे। हम लोग केन्द्रीय विश्वविद्यालय की एक गोष्ठी में भाग लेने भोपाल से हैदराबाद जा रहे थे—मैं, मेरी पत्नी साधना और धनंजय जी। रात को करीब नौ बजे धनंजय अरेरा कॉलोनी स्थित अपने मकान से प्रोफेसर्स कालोनी आये। आटो रोका, हम लोगों को लिया, स्टेशन पहुँचे, आटो वाले से बोले, भाई मियाँ, कितने हुए। आटो वाले ने पूछा, कहाँ से। वह सोचता था कि अरेरा कालोनी से प्रोफेसर्स कालोनी का किराया वर्मा जी देंगे, शेष हम लोग। या पूरे के पूरे धनंजय जी ही देंगे। आटो उन्होंने ही तय किया था। वर्मा जी निष्क्रिय थे—बोले, अरेरा कालोनी से स्टेशन तक। आटो वाले ने बताया। वर्मा जी बोले—भाभी, पेमेंट कर दीजिए। साधना ने पेमेंट किया। हम लोग डिब्बे में बैठे। लेटने के पहिले वर्मा जी ने कहा, यार! ठण्ड बहुत है, एक एक काफी हो जाये। हो जाये, साधना बोली, मैं तो काफी नहीं पीती। तो चलिए—हम दोनों पीते हैं। हम दोनों ने काफी पी। धनंजय ने पूछा—कितने हुए। काफी वाले ने बताया। धनंजय ने कहा—भाभी, पेमेंट कर दीजिए। नागपुर में सबेरे चाय पीने के बाद भी यही हुआ। धनंजय ने चहकना प्रारम्भ किया। चुटकुले, लतीफे। अखबार वाला आया। धनंजय ने अखबार लिए, एक हिन्दी का, एक अंग्रेजी का। सुनो, स्टार डस्ट भी दिये जाओ। सुनकर अच्छा लगा कि मेरे यार के पांडित्य और गुरु गम्भीर विद्वता के साथ स्टार डस्ट को छूने सूँघने की शक्ति अभी निश्शेष नहीं हुई है। अखबार वाले ने भुगतान के लिए धनंजय की ओर देखा, धनंजय ने साधना की ओर। साधना ने पेमेंट कर दिया। इतने में केलेवाला आया। भाभी, यहाँ के केले बहुत अच्छे होते हैं। उससे एक दर्जन केले लिए। साधना अब तक बटुआ खोलते और बन्द करते पस्त हो चुकी थीं। जब केले वाले ने साधना की ओर पैसों के लिए देखा तो साधना बिफर गयी। बोली—केले तुमने मेरे कहने से दिये क्या? जिसने कहा हो, पैसे भी वही देगा। धनंजय को इसकी उम्मीद नहीं थी। उसने कहा—ले जाओ, सारे केले, वापिस ले जाओ। लगता है, मुझे माइग्रेन का अटैक शुरू हो गया है। इतना कहकर धनंजय चादर तानकर सो गये।

धनंजय, तुम प्रायः करपात्री होने से सागर विश्वविद्यालय के कुलपति बनने तक की अपनी शिखर यात्रा का उल्लेख बड़े फख्र से करते हो। तुम्हारे करपात्री होने के दिन बहुत त्रासद थे। तुम जब भी उन दिनों का स्मरण करते हो, स्वयं को

लहूलुहान अनुभव करते हो। बचपन के तुम्हारे बस्तर के दिन भूखे रहने के दिन थे, अपराह्न में जब बुभुक्षा असहनीय हो जाती थी तो तुम अपने सखा शानी के साथ गेम्स पीरियड में इन्द्रावती के तटवर्ती आम्र कुंजों में चोरी के आमों से पेट भरने के लिए पहुँच जाते थे। उन उद्यानों में टिरली आमों के बहुत से पेड़ थे। टिरली में रस भी बहुत होता है और वह तृप्ति भी देता है। तुम दोनों माली की गालियाँ खाते पर टिरली का स्वाद तुम दोनों को गालियों का स्वाद भूलने के लिए बाध्य करता। रायपुर के छात्र जीवन के दिन भी बहुत सुन्दर नहीं थे। इसकी सहायता, उसकी सहायता पर तुम निर्भर थे। अतिशय मेधावी। वहाँ के प्राचार्य और अध्यापकों के स्नेह पात्र। बी.ए. में तुम्हारा परीक्षाफल अनन्य था। तुम सागर आये, तत्कालीन हिन्दी विभागाध्यक्ष को तुमने अपनी विपन्नता और मेधा की सूचना दी–सहायता की गुहार भी लगाई। आचार्य नन्द दुलारे वाजपेयी छात्र वत्सल थे–तू दयालु दीन हौं के शब्दशः संरक्षक। सागर में उन्होंने तुम्हारे लिए छात्र वृत्ति की व्यवस्था करा दी। पं. परमानन्द वाजपेयी उन दिनों उपकुलसचिव थे। छात्रवृत्ति शाखा उन्हीं के अधीन थी। दो तीन महीने तो पहिली ही तारीख को तुम्हें छात्रवृत्ति मिल गयी–20 रुपये। वह उन दिनों बहुत थी पर जब तुम चौथे माह भी पहिली ही तारीख को उनके पास छात्र वृत्ति की गुहार लेकर पहुँचे तो वे उखड़ गये। व्यस्त थे–तुम हमेशा अल्युमीनियम का कटोरा लेकर चले आते हो। क्या एक दिन भी बिना छात्रवृत्ति के तुम्हारा गुजारा नहीं हो सकता। और कहते हैं, उन्होंने तुम्हें अपने चौंबर से गेटआउट कर दिया था। यह घटना तुमने अपने प्रिय श्रद्धेय डॉ. आर. राय को सुनाई थी। करपात्री अभिधान उन्हीं का दिया हुआ है। उन्होंने नन्ददुलारे वाजपेयी से कहा था, वाजपेयी जी ने परमानन्द जी से तुम्हारी कठिनाई बतलाई थी पर तुम उस दिन का अपमान आजीवन नहीं भूल पाये और विडम्बना यह कि उन्हीं परमानन्द वाजपेयी के सुपुत्र अशोक वाजपेयी ने टीचर फैलोशिप समाप्त होने के उपरान्त आफीसर आन स्पेशल ड्यूटी पर तुम्हें अपने अधीनस्थ संस्कृति विभाग में रख लिया। अब तुम फाइल लिए अपने सचिव के संमुख खड़े हो, वह तुम्हारे प्रारूप में संशोधन, परिवर्धन सुझा रहा है। तुम न मानते, तो करते भी क्या। उन दिनों संजय गाँधी पेड़ 'बोने' के लिए भोपाल की यात्रा पर थे। उस पेड़ बोने वाले की आगवानी करने के लिए संस्कृति कर्मियों का जो प्रतिनिधि मण्डल गया था, तुम उसके नेता थे। तुम्हें बड़ी कोफ्त हुई थी। पर तुम्हें भोपाल में रहना था, अफसर के अगाड़ी भी रहना था इसलिए पिछाड़ी के सारे अपमान तुम पीते और अफसर को कोसते। उसकी गाड़ी का दरवाजा खोलते समय जिन लोगों ने तुम्हारा मुखमण्डल देखा है, वे तुम्हारी व्यथा समझ सकते हैं। तुम कभी किसी का उपकार नहीं मानते। मौका निकल जाने पर तुम्हारी बरहना तलवार म्यान से निकलने लगती है। 'मालूम है जन्नत की हकीकत' में तुमने मोदी और मोदन पुरस्कार के सन्दर्भ में

अशोक का नाम तो नहीं लिया पर अशोक के सन्दर्भ में तुम्हारी वितृष्णा पदे पदे बोलती है। और तो और तुम संस्मरण लिख रहे हो नन्द दुलारे वाजपेयी पर, पर अशोक पर छींटा कसने के लिए जब तुम्हें कोई अवसर नहीं मिला तो तुम पुनश्च जोड़कर अशोक और उनकी पत्नी रश्मि जी का भी उपहास करते हो। अन्तर्जातीय विवाह का प्रसंग निकाल कर मेरा और मेरी पत्नी का भी।

•

धनंजय के अरेरा कालोनी स्थित 'करुणालय' के नवनिर्मित साधना कक्ष में महेश योगी का बड़ा भव्य चित्र लगा है आदम कद। आदम कद कहना चित्र का अवमूल्यन करना होगा। सामान्य आदम कद से ड्योढ़ा तो होगा ही। उस लार्जर दैन लाइफ चित्र के लिए कक्ष भी ऊँचा चाहिए था। सो क्या था—तेरा तुझको सौंपता क्या लागे है मोर। महेश योगी मध्य प्रदेश की राजनीति में अपने लिए स्पेस की तलाश में थे—मन्त्री, लेखक अध्यापक, योगी उनके चतुर्दिक मंडरा रहे थे। योगीराज महेश जी को एक घोस्ट राइटर चाहिए था। मिला धनंजय को घोस्ट राइटिंग के प्रतिफल में जो वित मिला, उससे ऊँचा कक्ष बन सकता था। कक्ष में हमारा चित्र होना चाहिए—एकमात्र। चित्र में योगीराज लुंगी कुर्ता में आवेष्ठित थे, बड़ी भव्यमुस्कान विकीर्ण कर रहे थे। इस चित्र से कक्ष बड़ा धुला धुला, ज्योतिर्मय लग रहा था। उस ज्योति की छाया धनंजय जी के मुखमण्डल पर थी, चित्र को दिखाते हुए धनंजय जी बड़े उल्लसित, बेहद तृज थे। कह रहे थे कि योगिराज का निर्देश है कि मैं वेदों का अध्ययन करूँ। मूल में। इन दिनों मैं ऋग्वेद की ऋचाओं के अवगाहन में निमग्न हूँ। क्या तो काव्यात्मक उत्कर्ष है, कल्पना का क्या तो संभार है। उन्होंने एकाध ऋचा भी सुनाई। मैंने कहा—महादेवी जी ने भी ऋग्वेद की ऋचाओं का अनुवाद किया है। अरे, वह क्या है। अनुवाद तो मेरा देखना। मैं बड़ा प्रभावित हुआ। लगा कि मैं किन क्षुद्रताओं में अपना जीवन गंवा रहा हूँ। धनंजय को देखो, गृही होकर भी संन्यासी हैं। तेन त्येक्तेन भुंजीथः। सहसा धनंजय बोले—यार, इन दिनों मुझे योगी जी द्वारा सुझायी गयी गेटू इन साधना से एक विचित्र प्रकार की अनुभूति होती है। क्षणांश के लिए मेरे मेरूदण्ड के अन्तिम भाग में एक कौंध सी उठती है। लगता है कुंडलिनी जागृत हो रही है। नयन उन्मीलित थे, धनंजय महेशमय हो रहे थे। मुझे पता नहीं क्या सूझा, धनंजय वर्मा का पूरा जीवन वृत सामने आया—जगदलपुर से लेकर अब तक का। सरकारें बदलने पर उनके चिन्तन का आधार बदल जाता है। कभी केशरिया, कभी लाल, कभी हरा, कभी तिरंगा। मैंने कहा—धनंजय यह हो नहीं सकता। उत्तर मिला, विश्वास कर यार, प्रतिदिन प्रातः काल जब मैं मृगचर्म पर आसीन होकर, ध्यान मग्न होता हूँ और योगिराज द्वारा निर्देशित गेटइन का अभ्यास करता हूँ तो लगता है जैसे मेरे मेरूदण्ड में विद्युत प्रकट हो रही है। मैंने कहा—यह हो ही

नहीं सकता। धनंजय कबुलवाने पर तुले थे। बोले, क्यों क्यों नहीं हो सकता। जब अरविन्दो के साथ हो सकता है, विवेकानन्द के साथ हो सकता है, स्वाभी दयानन्द के साथ हो सकता है तो मेरे साथ क्यों नहीं हो सकता? इसलिए नहीं हो सकता कि कुंडलिनी मेरूदण्ड में जागृत होती है और तेरे मेरूदण्ड है कहाँ? धनंजय कल्पना जगत् से व्यवहार जगत् में लौटे। बोले—स्साले।

भोपाल में पिछले दिनों धनंजय वर्मा महोत्सव आयोजित हुआ। यह अच्छा हुआ। धनंजय जैसे बहुआयामी मेधा के धनी का अमृत महोत्सव मनाया ही जाना चाहिए। कृतज्ञ, उपकृत, श्रद्धाभिभूत छात्रों, प्रशंसकों, अनुगतों की नाति बड़ी सभा में धनंजय ने इस महोत्सव में अपने जीवन का अमृत सामान्य जन के मार्ग दर्शनार्थ उद्घाटित किया—फर्स्ट डिजर्व दैन डिजायर। वाकई बड़ी बात, ईमानदारी की बात। हमारे दौर में हर व्यक्ति दूसरे को कुहनियों से धकियाता हुआ, लंगड़ी मारता हुआ गौरी शंकर तक पहुँचना चाहता है। लोकतन्त्र में, सबको लगने लगा है कि सब कुछ सम्भव है पर धनंजय, क्या सचमुच 'डिजर्व' करने और 'डिजाइर' करने से ही कोई अपना प्राप्य प्राप्त कर लेता है। सभी डिजर्व करने वाले अपनी डिजाइर तो पूरी नहीं कर पाते। क्या तुमने भवभूति अलंकार केवल 'डिजर्व' करने या 'डिजाइर' करने से ही हासिल किया? क्या तुम्हारा कुलपतित्व भी केवल 'डिजर्व' और 'डिजाइर' की ही फलश्रुति है? क्या इन दोनों के बीच मैं मैनीपुलेशन जैसा कोई विष्कंमक नहीं है। तुमने हमें मालुम है जन्नत की हकीकत लेकिन, जैसा विस्फोटक मोनो ग्राफ लिखा—पुरस्कारों और सम्मानों को तार तार करता हुआ। तुमने अपने भवभूति की अन्तरंग कथा भी उसी बरहना ईमानदारी से बताई होती। मध्य प्रदेश हिन्दी साहित्य सम्मेलन के स्थायी अध्यक्ष शिवकुमार श्रीवास्तव विदेश गये थे। तुमको लगा कि वे तुम्हें भवभूति देने के पक्ष में नहीं हैं। तुमने उनकी अनुपस्थिति का लाभ उठाया। चलो, भवभूति तो बहुतों को मिला, तुम्हें भी मिला। तुम बधाई के पात्र हो पर तुमने भवभूति से मिलने वाली इक्कीस हजार राशि के गौरवीकरण के लिए जो उदारता प्रदर्शित की क्या सचमुच उसकी कोई आवश्यकता थी। मैं यह भवभूति राशि अपने संरक्षक नरोन्हा साहब के प्रति कृतज्ञताभाव से आदिवासी बस्तर की किसी मेधावी छात्रा को उसकी उच्च शिक्षा की सहायतार्थ प्रदान करता हूँ।' और तालियाँ। क्या ही उच्च और उदात्त मनोभाव हैं पर यदि वह छात्रा बस्तर में रहने वाली तुम्हारी साली की बेटी हो जो तुम्हारे साथ भोपाल में रहकर मेडिकल की अपनी शिक्षा पूरी कर रही हो तो? हर किसी को यह तथ्य पता न हो पर तुम्हें तो पता था ही। तुमने अपने पूरे होशोहवाश में सत्यनिष्ठा पूर्वक यह घोषणा की थी। तुम हमेशा पोलीटिकली, एथेकली, लीगली करेक्ट रहने की कोशिश में रहते हो, बेईमानी और चतुराई करते

हुए भी। तुम्हारे भवभूति अलंकरण समारोह में मैं नहीं गया था। दिल्ली से कमलेश्वर का टेलीफोन आया था कि धनंजय अपने पुराने मित्र हैं, उन्होंने नयी कहानी को प्रतिष्ठित करने में ऐतिहासिक भूमिका निभाई है। आप भी इस समारोह में आये तो अच्छा लगेगा पर मैं नहीं गया। धनंजय जी की ही तर्क शृंखला का स्मरण करते हुए। प्रसिद्ध काव्यशास्त्री आचार्य राममूर्ति त्रिपाठी को भवभूति प्रदान किया गया था। मैं समारोह के दिन भोपाल में था—उस समारोह में सम्मिलित होने से पहिले, धनंजय के यहाँ बैठा था। मैंने कहा—धनंजय 'तुम तो आओगे न। 'नहीं', क्या मैं ताली बजाने वहाँ जाऊँ? फिर त्रिपाठी जी ने रचनात्मकता के नाम पर किया ही क्या है? सो भैये तुमने रचनात्मकता के नाम पर दो तीन कविताएँ लिखीं हैं, अक्षय बाबू पर एकाध संस्मरण लिखा है और ऐसा ही कुछ और लिखा हो तो लिखा हो। जब तुम राममूर्ति के समारोह में ताली बजाने में अपनी हेठी समझते हो तो तुम्हारे समारोह में कौन जायेगा—तुम्हारे दो चार छात्रों, अनुमतों और पड़ोसियों के सिवाय। धनंजय! इतना अहंकार ठीक नहीं। तुमसे केते ह्वै गये, अरु ह्वै हैं इहि खेत। फिर तुम्हारा कुलपतित्व का पद। क्या सचमुच यह केवल डिजर्व और डिजाइर की फल श्रुति था। इसमें मैनीपुलेशन की कोई भूमिका नहीं थी? तुम भाषा वीर हो। तुम हिन्दी के शोध प्रबन्ध तो लिखवा ही सकते हो, मानविकी के शोधप्रबन्धों की घोस्ट राइटिंग भी कर लेते हो, फिर तुम मन्त्रियों, सचिवों, अध्यक्षों की सभा में लतीफे भी सुनाते हो, उनकी बोतलें भी खोलते हो। बहुत नाप नाप कर गिलासों में बर्फ डालते हो—ये सब डिजर्व और डिजाइर के बीच की कार्यावस्थाएँ हैं। इस कुटिल खल कामी समय में प्रबन्ध के इस कौशल को इतना अनुल्लेखनीय मानना या बताना तुम्हारी बरहना छवि से मेल नहीं खाता।

•

पर यह तो कुछ नहीं। यह तो रीढ़ की हड्डी की बात थी। स्वादेन्द्रिय के मामले में धनंजय बहुत सजग रहते हैं।

हिन्दी ग्रन्थ अकादमी के सभाकक्ष में मध्य प्रदेश के विश्वविद्यालयों के आधारभूत पाठ्यक्रम का फाइनल प्रारूप तैयार किया जाना था। धनंजय जी पूर्व कुलपति होने के नाते इस समिति के अध्यक्ष थे। सदस्यों में मैं था, हिन्दी के लिए। अंग्रेजी के लिए प्रो. आर.एस. पाठक थे, आमन्त्रित सदस्य के रूप में डॉ. आर.डी. मिश्र थे। अतिथेय अकादमी के निदेशक डॉ. शिवकुमार अवस्थी थे। बड़े शालीन, बेहद संवेदनशील, अत्यन्त अतिथिवत्सल। जब डेढ़ बज गये तो उन्होंने भोपाल के प्रसिद्ध भोजनालय छप्पन भोग से अतिथियों के लिए लंच पैकेट मंगवाये। पैकेट में पूड़ियाँ थीं, सब्जी, अचार, पापड़, लड्डू, खीर, रसगुल्लों के साथ नमकीन भी था। मैं खाकर गया था इसलिए मैंने अपने हिस्से का लंच पैकेट नहीं लिया, पाठक जी

का सोमवार का उपवास था। मिश्र जी भी खाकर आये थे। धनंजय बोले—अरे! इतना सब बेकार चला जायेगा। उन्होंने अपने लंच पैकेट से आहार ग्रहण किया। अब बाकी लंच पैकेटों का क्या हो—मैंने कहा—इन्हें अकादमी के कर्मचारियों को दे दिया जाये। पाठक जी और मिश्र जी मेरे प्रस्ताव से सहमत थे पर धनंजय जी को इसमें कठिनाई थी। बोले—नहीं, ये सब शाम को काम आयेंगे। उन्होंने मिश्र जी का और मेरा पैकेट अपने बैग में रख लिया। पाठक जी थोड़ी दूर बैठे थे। धनंजय जी ने उनको इशारा किया कि वे भी अपना पैकेट खिसका दें। पाठक जी सागर विश्वविद्यालय में अंग्रेजी विभाग के अध्यक्ष थे, धनंजय जी उनके कुलपति रह चुके थे, बोले सर—यह अच्छा नहीं लगेगा। ये पैकेट यहाँ के कर्मचारियों के लिए छोड़ना ठीक रहेगा। पर धनंजय जी ने सागर विश्वविद्यालय के पूर्व कुलपति ने, आधारभूत पाठ्यक्रम के संयोजक महोदय ने सारे तृतीय और चतुर्थ श्रेणी के कर्मचारियों की उपस्थिति में सारे लंच पैकेट अपने बैग में ठूँस लिए और आँख दबाकर बोले—आज रात को जब पीने का दौर चलेगा ये सारे पैकेट काम आयेंगे। तब तक 'रसरंजन' शब्द प्रचलित नहीं हुआ था। अवस्थी जी यह सब बड़े कौतुक से देख रहे थे। उन्होंने अपना पैकेट भी धनंजय जी की तरफ खिसकाया, बोले—सर, ये भी रख लें। शाम को किसी तरह की कमी नहीं होनी चाहिए। हम सब सदस्यों को अवस्थी जी ने यात्रा भत्ते का भुगतान करवा दिया था—नगद। धनंजय जी को भी 100/—दिये थे—कड़क। धनंजय जी ने अपना पैकेट जेब में रखा, बैग उठाया और अंग्रेजी में बोले 'हाऊ डू आई गो बैक। अवस्थी जी ने कहा, सर, मैं आटो बुलवाये देता हूँ। पर धनंजय जी को लगा कि आटो उनकी प्रतिष्ठा के अनुकूल नहीं है। फिर उसका भुगतान भी तो करना होगा। क्यों आर.डी., तुम तो सागर से अपनी कार में आये हो। मुझको छोड़ते हुए सागर निकल जाना। अब आर.डी. ठहरे शालीन व्यक्ति। कैसे कहें कि आपको छोड़ने के लिए मुझे उल्टे जाना पड़ेगा। आर.डी. ने धनंजय जी को अरेरा कालोनी उनके निवास पर छोड़ा। वहीं गेट पर टाटा बाई बाई हुई। मैंने कहा—धनंजय तुम जब भी सागर आते हो, अकेले आते हो। कभी पत्नी को भी लाओ। उत्तर मिला, वह भी मेरे साथ सागर आ जायेगी तो यहाँ घर की चौकीदारी कौन करेगा? मेरे मुँह से निकला, जब तुम ही घर में नहीं रहोगे तो वह चौकीदारी किसकी करेगी। स्साले!

●

प्रिय धनंजय, बहुत दिनों से तुमसे मेरा पत्र-व्यवहार बन्द है। टेलीफोन पर भी हैलो हाय नहीं होता। मित्रों ने बताया कि तुमने एक नया लेटर हैड छपवाया है—धनंजय वर्मा, पूर्व कुलपति। तुम्हें दूसरे पूर्व कुलपति कहते तो कहते पर तुम स्वयं अपने को पूर्व कुलपति कहो और पूर्व कुलपतित्व को अपने जीवन की सर्वश्रेष्ठ उपलब्धि के

रूप में रेखांकित करो, जानकर अच्छा नहीं लगा। तुम्हारे (और मेरे भी) गुरु आचार्य नन्हदुलारे वाजपेयी को भी कुलपति बनना अपने जीवन की परम सार्थकता जान पड़ी थी। उनसे कलकन्ता के हिन्दी परिषद् के अधिवेशन में षष्ठिपूर्ति के अवसर पर उनके मित्र सत्य नारायण सिन्हा ने चेताया भी था कि वाजपेयी जी ने कुलपति का पद स्वीकार कर अच्छा नहीं किया, वे बहुत शीघ्र भूतपूर्व कुलपति हो जायेंगे। वे अत्यन्त समर्थ समीक्षक हैं, उनका मैगनम ओपस अभी आने को है, उनके अवदान को हिन्दी जगत् कभी विस्मृत नहीं कर पायेगा किन्तु वाजपेयी जी को कुलपतित्व की मृगतृष्णा ने ऐसा आकर्षित किया कि वे कुलपति बने तो पर बहुत शीघ्र भूतपूर्व कुलपति हो गये, वह भी अनवेप्ट, अनआनर्ड, अनसंग। उन्हें विक्रम विश्वविद्यालय के नितान्त असफल, अवांछित एव मोहभंगित कुलपति के रूप में याद किया जाता है। धनंजय, तुम्हें भी कुलपति का दायित्व स्वीकार नहीं करना था। तुम कुलपति पद के लिए बने ही नहीं थे। जब तुम सागर कुलपति होकर आये थे तो तुम्हारे मित्र और सहचर अनिल वाजपेयी ने तुमसे कहा भी था कि आपने गौरभवन का चुनाव कर अच्छा नहीं किया पर तुम यहाँ कुलपति होने के लिए नहीं धनपति होने के लिए आये थे। तुमने हिसाब लगा लगवा/लिया था कि हमीदिया महाविद्यालय के प्रोफेसर पद से सेवानिवृत्त होने पर तुम्हें अपने अन्तिम छैः माहों के औसत वेतन के रूप में जो पेंशन मिलेगी वह मात्र तीन-चार हजार रुपये होगी पर यदि तुम छैः माह कुलपति पद पर डटे रह सके तो तुम 15-16 हजार की पेंशन के हकदार हो जाओगे। तुम जानते थे कि कुलपति के रूप में तुम कुलंजय नहीं हो पाओगे पर कुलपति के रूप में तुम्हारा धनंजय बनना निश्चित है। तुम बहुत अच्छे अध्यापक रहे हो, बेहद लोकप्रिय और प्रभावशाली अध्यापक। विद्यार्थियों की प्रतिभा को प्रोत्साहित करने का तुममें अपूर्व कौशल था। तुम समीक्षक भी बहुत अच्छे थे, बहुत ही अच्छे। तुमने नयी कहानी आन्दोलन को खड़ा करने में ऐतिहासिक भूमिका निभाई थी। नयी कहानी को स्थापित करने में तुम्हारे योग का ऐतिहासिक महत्त्व माना जाता है। तुमने नामवर और देवीशंकर अवस्थी के साथ मिलकर नयी कहानी को एक सैद्धांतिक धरातल प्रदान किया था, तुमने नयी कहानी के आस्वाद के धरातलों से हिन्दी के पाठकों को आत्यायित किया था। तुम्हारे तेवर ही नये नहीं थी, समीक्षा की भाषा भी नयी थी। विश्वकहानी के गहन अध्येता होने के नाते तुम बहुत सहजता से हिन्दी की नयी कहानी को वैश्विक फलक प्रदान करते थे। तुम भी अपने समीक्षा कर्म का मैंग्नम ओपस नहीं दे पाये। कुलपति तो तुम फकत छैः महीने रहे, समीक्षक के रूप में तुम्हारा रिकार्ड तीस साल से कम क्या रहा होगा? पर तुमने कुलपति के पद को अधिक तरजीह दी, समीक्षक की प्रतिष्ठा तुम्हारे लिए निरर्थक हो गयी। सागर विश्वविद्यालय में तुम्हारा कुलपतिकाल अकर्मण्यता का पर्याय था। विश्वविद्यालय के इतिहास में जिन कुलपतियों को अकर्मक कहा जाता है, तुम उनमें शिखर पर हो।

कुलपति रूप में तुम्हारा अधिकांश समय भोपाल की यात्राओं में बीता। तुम जब भी कुलपति भवन में रहते, तुम्हें नींद नहीं आती थी। तुम्हें लगता था, डॉ. हरीसिंह गौर रात को तुम्हारा गला दबा रहे हों। कोई है जो तुम्हारे शयन कक्ष की दीवारों को सिमटने को बाध्य कर रहा है और तुम चिल्ला भी नहीं पा रहे हो। कार्यदिवसों में तुम्हारा समय कुलपति कक्ष में फाइलें निबटाने में बीत जाता था पर छुट्टियों के दिन तुम्हारे लिए इतने भारी पड़ते थे कि शरण्य के लिए तुम कभी आर.डी. मिश्र के यहाँ छिप जाते, कभी मेरे यहाँ अज्ञातवास करते। कुलपति के उपयोग के लिए तुम्हारे पास जो नीली गाड़ी थी, उसमें किसी और का बैठना तुम्हें गलत लगता था। तुम विश्वविद्यालय जाने के लिए कुलपति निवास से गाड़ी में बैठते, तुम्हारा व्यक्तिगत सचिव फाइलें वाइलें समेटे ड्रायवर के पास वाली सीट पर बैठता, तुम चुटकी बजाते, कहते, यह गाड़ी कुलपति के लिए है, आप अपने स्कूटर से आइये। तुमने एक बार मुझे सपलिक रात्रि के भोजन के लिए आमन्त्रित किया था, भोजन करते-करते, रात काफी हो गयी थी, पानी भी बरसने लगा था, तुम कुलपति निवास की सीढ़ियों तक आये थे, कहा था, यार, सॉरी, मैं कुलपति की गाड़ी से तुम लोगों को छुड़वा नहीं सकता, कुलपति को कुलपति की गाड़ी की मर्यादा का ध्यान रखना पड़ता है। उस दिन हम दोनों अँधेरे और बरसते पानी में ऑटो की तलाश में सिविल लाइन्स चौराहे तक भींगते ही आये थे। कुलपति की मर्यादा का तुम्हारा हाल यह था कि कुलपति की मेज पर छात्र उकड़ूँ बैठ जाते और बीड़ी पीते रहते। तुम यहाँ केवल 180 तक की गिनती गिनने के लिए आये थे। जिस दिन तुम्हारे कुलपतित्व के छैः माह पूरे हुए, तुम त्यागपत्र देकर वापिस चले गये। संस्थापक डॉ. हरीसिंह गौर के जन्मदिवस को केवल छैः दिन बाकी थे। राज्यपाल के सचिव ने तुमसे कहा भी था कि वर्मा जी, सागर में 26 नवम्बर समारोह पूर्वक मनाया जाता है। आप गौर साहब की प्रतिमा पर माल्यार्पण कर 27 नवम्बर को सागर छोड़ दीजियेगा पर तुमने कहा था कि मैं प्रतिमा पर माल्यार्पण के लिए सीढ़ियों द्वारा कहीं मंच पर चढ़ा और गिर पड़ा तो। तो हम आपके लिए भोपाल से एक डाक्टर भेज देंगे। यदि मैं दायीं तरफ लुढ़क गया तो-तो हम दो डॉक्टर भेज देंगे। यदि बाई तरफ लुढ़क गया तो-तो हम तीन डाक्टर भेज देंगे। सामने आपको सँभालने के लिए गौर साहब की प्रतिमा रहेगी ही पर तुम इतने हिसाबी थे कि गौर साहब की प्रतिमा पर माल्यार्पण के लिए तुम छैः दिन भी सागर रुकने को तैयार नहीं थे क्योंकि तुम्हारा धनपति बनने का एजेंडा पूरा हो गया था, तुम्हारे, कुलपतिकाल के छैः माह पूरे हो गये थे और तुम अन्तिम छैः महीनों के वेतन के औसत की पेंशन पाने के हकदार हो गये थे। जिस दिन तुम्हारे त्यागपत्र की सूचना विश्वविद्यालय के प्राध्यापकों को मिली थी, वरिष्ठ अध्यापकों का एक प्रतिनिधिमण्डल यह निवेदन करने तुमसे मिला था—सर, आप कुलपति पद छोड़कर मत जाइये। तुम प्रसन्न हुए थे, तुमने इसे अपनी लोकप्रियता

और योग्यता का प्रमाण समझा था। तुमने कहा भी था कि आप लोगों को मुझसे अच्छा कोई कुलपति मिलेगा। प्रतिनिधि मण्डल के एक वरिष्ठ सदस्य प्रो. आर.पी. अग्रवाल ने कहा भी था, सर, इसी की तो चिन्ता है। हमारा अनुभव हमें बतलाता है कि एक कुलपति के जाने के बाद उसका जो उत्तराधिकारी आता है, वह पहिले वाले से ज्यादा निष्क्रिय और घटिया होता है और कुलपति के रूप में आप से अधिक निष्क्रिय और घटिया कोई हो सकता है, हम इसकी कल्पना भी नहीं कर सकते।

राधावल्लभ त्रिपाठी : संस्कृत विभाग के कैनेडी

यदि 1948 में सागर आने पर मेरी भेंट राधावल्लभ त्रिपाठी से न होती तो संस्कृत के अध्यापकों एवं आचार्यो के प्रति मेरे मन में जो पूर्वाग्रह बद्धमूल हो गया था, उसका उन्मूलन शायद ही हुआ होता। संस्कृत के जिस अध्यापक से बाल्यावस्था में मुझे संस्कृत की वर्णमाला सीखने का अवसर मिला था, वे ज्ञानी तो बहुत थे पर बड़े रूढिप्रिय एवं आचारवादी थे। कोरिया रियासत के एक मात्र हाई स्कूल में जो पंडित जी हमें लघुसिद्धान्त कौमुदी पढ़ाते थे, वे वाराणसी से आये थे—बेहद शालीन, भारतीय वेशभूषा से मंडित, खडाऊँधारी, चन्दन तिलकित। वे स को श कहते। सम्यक् का जब भी उच्चारण करते, शम्यक् ही कहते। हम छात्रों को इस सबसे कोई अन्तर नहीं पड़ता था, पर उनके मृत्तिका पूत यज्ञ से हम बड़े दुःखी होते। सप्ताह में कम से कम पाँच दिन हमें अपने दाहिने हाथ की अँगुलियाँ मिट्टी से रगड़नी पड़ती, दक्षिण तर्जनी को वे तब तक धरती में रगड़वाते जब तक वह लाल न हो जाये। हमें मृत्तिका का सेवन भी करना पड़ता। कक्षा हम लोगों की सेमल के वृक्ष के नीचे लगती अतः वहाँ मृत्तिका की कमी नहीं थी। लघुसिद्धान्त कौमुदी के पृष्ठ पलटते हुए यदि हमारी अँगुली का स्पर्श भी ओष्ठों से हो जाता तो शूद्र, पातकी, अनार्य तो सुनना ही पड़ता, शौच के लिए अगुलियों का मृत्तिका घर्षण अनिवार्य होता और मृत्तिका भक्षण भी। अन्य कक्षाओं में अंगुलियो के अधराभिसार पर कोई प्रतिबन्ध नहीं था, ऐसा अभिसार दण्डनीय तो कदापि नहीं था अतः पं. सिंह नाथ जी उपाध्याय के इस मृत्तिका शुचिता यज्ञ के कारण हमारे मन में संस्कृत के साथ ही संस्कृताचार्य के प्रति भी एक प्रच्छन्न वितृष्णा का भाव घर कर गया था।

वैकुंठपुर से मैट्रिक करने के बाद 1948 में जब मैने सागर विश्वविद्यालय में इन्टर में प्रवेश लिया तो सोचा कि हिन्दी के साथ संस्कृत भी लूँ। हिन्दी के विभागाध्यक्ष आचार्य नन्द दुलारे वाजपेयी थे, रेशमी कुर्ते और शान्तिपुरी धोती में, नफीस पम्प शू में उनका व्यक्तित्व अत्यन्त भव्य लगता। गौरवर्ण, बाबा छाप तम्बाकू से सुरभित मुखमण्डल, सम्बोधन में छात्रों से भी आप। उस तुलना में संस्कृत के विभागाध्यक्ष

पं. राम जी उपाध्याय की उठंग धोती, मटमैला कुर्त्ता और लगभग चमरौधे के प्रतिवेशी जूते हमें उनसे दूर रहने को उकसाते। एकाध दिन उनकी कक्षा में मैं गया भी पर वे अत्यन्त रूखे अध्यापक थे। कालिदास पढ़ाते तो लगता जैसे मुक्तिबोध पढ़ा रहे हों। वे बहुत परिश्रमी थे पर उनका श्रम पिपीलिका कोटि का था। अपने संचित ज्ञान को वे मधु में रूपान्तरित नहीं कर पाते थे। साहित्य पढ़ाने वाला यदि रूखा हो तो साहित्य की जलधारा मरूस्थल में खो जाती है। अतः विश्वविद्यालय शिक्षा की अवधि में मैं अ-संस्कृत ही रहा आया। जब मैं 1956 में शासकीय महाविद्यालयीन सेवा में व्याख्याता हुआ तो घाट घाट का पानी पीना मेरी नियति बन गयी। ऐसे ही नर्मदा घाट पर मेरा सान्निध्य हुआ जबलपुर के महाकोशल कला महाविद्यालय में पं. जगदीश चन्द्र शास्त्री थे। वे शास्त्री थे अतः उनके ज्ञान पर कोई शंका नहीं की जा सकती पर अपने परिधान के सम्बन्ध में वे निःशंक थे। वे जानते थे कि विद्धता का किसी सुरुचिपूर्ण परिधान से मेल नहीं होता। उनके पास वर्षा शरद् ग्रीष्म के लिए एक ही कोट था, कमीजें शायद एकाधिक थी। जूते वे जो बाटा की दूकान से खरीदते तो तब तक बिना पालिश के या पोछा-पाँछी के धारण करते जब तक वह त्राहिमाम की मुद्रा में न आ जाये। वे बातें करते तो ओठों पर तर्जनी रखकर। बात भी कह दी और निषेध भी कर दिया।

ग्वालियर में मुझे संस्कृत के दो प्राध्यापक मिले। एक थे डॉ. श्री कृष्ण गुप्त। उनके सम्बन्ध में प्रोफेसर कालोनी के बच्चे-बच्चे की जुबान पर यह कविता जब देखो तब थिरकती रहती–शिक्षा संस्कृति लुप्त है, श्री कृष्ण जी गुप्त हैं। वास्तव में उनकी गुप्तता का सम्बन्ध उनके पदनाम की अटक से उतना नहीं था जितना द्रव्य को परम गुप्त ढंग से अपनी अंटी में खोंसने से था। वे धोती-कुर्त्ता धारण करते। धोती में जेब होती नहीं, कुरते भी वे अजीब ही सिलवाते। मितव्ययिता–घर से निकलते समय द्रव्य रखना अनिवार्य था पर द्रव्य वे रक्खे कहाँ? पर्स तो जो है सो चर्म निर्मित ही होगा–भला स्नानध्यान कर चर्म विनिर्मित मंजूषा का स्पर्श उचित होगा? नहीं। तो उन्होंने इसका उपाय खोज लिया था। जो मोजे पहिनते पहिनते जीर्णशीर्ण हो जाते उनमें से वे कम जीर्ण, न्यून शीर्ण मोजे का चयन करते। उसमें नोटादि रखने के बाद पत्नी की साड़ी के किनारा से उसका मुँह बन्द करके तत्पश्चात् वे उसे बसनी की तरह अंटी में गठिया लेते। अब कोई चोर उचक्का इस सुरक्षित ठौर से उनका द्रव्य मोचन कैसे करे? चवन्नी की मूंगफली ली है, उसका भुगतान करना है सो पहिले अंटी खोली जायेगी, चारों ओर देखकर जुर्राब का एकवचन उन्मीलित किया जायेगा, चवन्नी निकाली जायेगी, नहीं, भुगतान अभी नहीं होगा। पहिले बसनी की सुरक्षा पर ध्यान देना होना। बसनी को गठियाने के उपरान्त ही मूंगफली वाला चवन्नी प्राप्त करने का पात्र होता। एक बार उनके साथ मैं भी राजबाड़े में था। द्रव्य के प्रति उनकी सावधान चर्या ने मुझे अभिभूत किया पर वे मेरे रोल मॉडल

नहीं बन सके। जुर्राब मैं भी पहिनता था पर जूतों के साथ, पैरों में। उनका स्थान निम्न प्रदेश में है, मध्य प्रदेश में नहीं।

दूसरे संस्कृताचार्य रसिक थे। खिजाब लगाते। शृंगार को रसराज सिद्ध करने का कोई अवसर वे नहीं चुकते। शिष्याओं में वे घट स्तनी का चयन करते फिर सत्र भर घट स्तनी पर ही पूरा ध्यान केन्द्रित करते। कक्षा के छात्रों से प्रायः उनकी कलह होती। छात्र घट स्तनी को अपने अधिकार क्षेत्र में मानते और आचार्य प्रवर की कक्षा में कभी पिल्ले की बोली बोलते, कभी बिल्ली की। पर वे मानस मर्मज्ञ थे—रामचरित मानस का भाष्य कर मानस प्रेमी राज्यपाल महोदय को उन्होंने प्रसन्न कर लिया था और वे एक विश्वविद्यालय के कुलपति भी बना दिये गये थे। सत्य नारायण सिन्हा—राज्यपाल की प्रशस्ति में उन्होंने संस्कृत में कुछ पद भी लिखे थे। मैं उनकी प्रतिभा से अभिभूत था पर जिस गहन कानन में वे विचरण करते थे, उसकी कल्पना मात्र मेरे लिए दुरूह थी। उनमें अद्भुत मिथ्या कौशल था, अनिवार्य मिथ्यावादी। ग्रन्थि की सीमा तक पहुँची हुई। वे हम जूनियर सहयोगियों को अपनी श्रद्धेयता का एक किस्सा सुनाया करते थे। बिलासपुर जंक्शन पर वे डिब्बे से उतरकर चाय वाले का संधान कर ही रहे थे कि एक तरुण सा व्यक्ति झुका—पंडित जी के चरणों का स्पर्श करने के लिए। गोल मखमली टोपी, मणि मडित, लम्बा घेरदार अंगरखा। मैं पीछे हटा—अरे क्या करते हो, मैंने तुम्हें पहिचाना नहीं—कहीं पढ़ाया है क्या? नहीं पंडिजी मैं भारतेन्दु हरिश्चन्द्र हूँ। आपको देखकर स्वयं को रोक नहीं पाया। सोचा चरण तीर्थ का स्पर्श कर धन्य हो जाऊँ। मैंने उसे अशीर्वाद भी दिया—यशस्वी भय, तुम अच्छे नाटक लिखते हो, अंधेर नगरी तो अद्भुत है। मुझसे रहा नहीं गया, कहा पंडित जी, भारतेन्दु हरिश्चन्द्र की मृत्यु 1884 में हो गयी थी तब आपका जन्म भी नहीं हुआ होगा। पंडित जी जरा भी विचलित नहीं हुए—बोले, तुम बदमाश हो।

अब मैं इसे अपना एकनिष्ठ दुर्भाग्य न कहूँ तो क्या कहूँ कि मुझे सागर आने के पहिले जो संस्कृतज्ञ मिले वे रूढ़िप्रिय, कुपरिधानित, सुरुचित्यागी, शृंगारपंकिल या वाक् छल निष्णात् मिले। मैंने सोचा था कि सागर में भी मुझे कोई न कोई ऐसा ही अध्यापक मिलेगा पर मिले मुझे राधावल्लभ त्रिपाठी जिन्होंने संस्कृत के अध्यापकों की मेरे मन में बद्धमूल छवि को छिन्न भिन्न कर दिया।

1978 में जब मैंने सागर विश्वविद्यालय में माखनलाल चतुर्वेदी पीठ के अध्यक्ष का पद सभाला तो वे दिसम्बर के दिन थे। दिसम्बर में सागर में कड़ाके की ठण्ड होती है। साहित्य भवन में जिसे देखो शाल दुशाला लपेटे हुए है, मफलर भी है, दो एक बन्दर छाप कनटोप से भी विमंडित थे। यह हाल निचली मंजिल के अर्थात् हिन्दी विभाग के अध्यापकों का था, ऊपर मंजिल में जाने के लिए जो सीढ़ियाँ थीं, यानी संस्कृत विभाग में जाने के लिए, उन पर एक सूटेड बूटेड टाई ग्रन्थित सुदर्शन तरुण दिखा। ऊपर की मंजिल पर अंग्रजी की भी कुछ कक्षाएँ लगती थी, मैंने सोचा, अंग्रेजी

का कोई तरुण अध्यापक होगा। वह युवक सचमुच युवक था, छुटी न शिशुता की झलक कहना तो अतिशयोक्ति होगी पर किशोर वय की मृदुलता और संकोच उस चेहरे के आसपास सदा बना रहता था। वह सीढ़ियाँ चढ़ता, सीढ़ियाँ उतरता, न काहू से दोस्ती, न काहू से बैर के भाव से। पीला रंग उसका सर्वप्रिय रंग था—उसके अपने रंग से मेल खाता। वह तो बाद में पता चला कि वह तरुण संस्कृत का विभागाध्यक्ष डॉ. राधावल्लभ त्रिपाठी है। राधावल्लभ का प्रिय पीतांबर होना ही चाहिए। और डॉ. रामजी उपाध्याय-वे सेवानिवृत हो चुके हैं और राधावल्लभ ने उनसे ही कार्यभार ग्रहण किया है। राधावल्लभ परिसर में ही रहते थे—हिन्दी के रीडर डॉ. भानुदेव शुक्ल के अनन्य प्रिय और दर्शनशास्त्र के विद्वान् रीडर डॉ. प्रतापचन्द्र के आत्मीय थे। भानुदेव जी डॉ. त्रिपाठी की पत्नी सत्यवती जी के शोधनिदेशक थे अतः उनके यहाँ त्रिपाठी दंपति से प्रायः भेंट हो जाती। जब सत्यवती जी का प्रबन्ध राजकमल से प्रकाशित हुआ तो उसकी एक प्रति मुझे भेट करने के लिए पति पत्नी दोनों मेरे यहाँ आये थे। शालीन, मिष्टभाषा, मितभाषी पर प्रसन्न। मैंने राधावल्लभ जी को कभी लस्टम पस्टम नहीं देखा। वे धीरे धीरे बोलते हैं। जो बोलते हैं उससे अध्ययन पर उससे बढ़कर विवेक की गरिमा होती है। संस्कृत के ही नहीं, अन्य विषयों के शोधछात्र उनके पास परामर्श के लिए नित्य ही जाते। इतिहास, प्राचीन इतिहास, हिन्दी, दर्शन, पुरातत्त्व, अंग्रेजी के शोध छात्र को यदि ब्राह्मी लिपि के सम्बन्ध में कोई जिज्ञासा है, यदि वह विरेचन और साधारणीकरण का सूक्ष्म अन्तर जानना चाहता है तो राधावल्लभ जी उसकी सहायता के लिए तत्पर है। कल आइये, अभी तो मैं व्यस्त हूँ जैसे जुमले उनके यही नहीं है। सुधा मलैया नाटकों की नृत्यमुद्राओं पर शोधकार्य कर रही हैं, वे साँची और अजंता की तोरण धारियों का विकासक्रम जानना चाहती है, राधावल्लभ जी को तत्काल सब कुछ याद आ जाता है। त्रिपाठी जी व्यस्त रहते हैं पर व्यस्तता का अभिनय करते मैंने उन्हें कभी नहीं देखा पर कुछ दिनों पहिले उन्हें हतवाक् कर दिया एक परिमार्जक ने। परिमार्जक साहित्य भवन में किसी अन्य विभाग से स्थानान्तरित होकर नया नया आया था। भारतीय मिथको, पुराकथाओं का परम जिज्ञासु। एक दिन उसने झाडू संस्कृत विभाग के बरांडे में टिकाई, राधावल्लभ जी के कक्ष में प्रविष्ट हुआ, राधावल्लभ जी नाट्यम् के 54 वे अंक की तैयारी कर रहे थे। उन्होंने सिर उठाया, मुद्रा से पूछा—क्या? मेरी एक जिज्ञासा है जिसके शमनार्थ मैं महानुभाव के सम्मुख उपस्थित हुआ हूँ। राधावल्लभ जी परिमार्जक को जानते तो थे पर उन्होंने आश्वस्त होने के लिए पूछा—आप। जी मैं आपके भवन में परिमार्जक हूँ पर यह जानने को उत्सुक हूँ कि श्रवण कुमार के माता और पिता का शुभ नाम क्या था? अरे, कि आश्चर्यम्। ऐसी तत्सम बहुला संस्कृत गर्भिता हिन्दी तो हमारे स्नातकोत्तर छात्र भी नहीं बोलते। पर अपमार्जक की जिज्ञासा बलवती थी। राधावल्लभ जी ने मस्तिष्क पर जोर दिया पर उन्हें श्रवण

कुमार के माता-पिता का नाम याद नहीं आया। मैं कल देखकर बताऊँगा। अब रात को राधावल्लभ जी वाल्मीकि कृत रामायण देख रहे हैं। पौराणिक विश्वकोष के पन्ने छान रहे हैं, तुलसी को भी खंगाल रहे हैं पर श्रवण कुमार के मातापिता तो यत्र तत्र सर्वत्र हैं पर उनका शुम नाम कहीं नहीं। दूसरे दिन उन्होंने परिमार्जक को अपने कक्ष में बुलवाया... कहा, आपकी जिज्ञासा का समाधान करमें में मैं असमर्थ हूँ। किसी भी मनीषी ने श्रवण कुमार के माता पिता के नाम का उल्लेख नहीं किया।

राधावल्लभ जी कहते हैं कि लोक सर्वोपरि है। लोक की सारी बातों का उत्तर शास्त्र के पास हो ही, आवश्यक नहीं है।

मैं नहीं जानता कि राधावल्लभ त्रिपाठी को राजशेखर के शब्दों में काव्यपुरुष कहा जा सकता है या नहीं या उन्हे प्राचीन धर्माचार्यो द्वारा अभिहित किसी शलाका पुरुष जैसी कोई उपमा दी जा सकती है या नहीं किन्तु डॉ. हरिसिंह गौर विश्वविद्यालय के अद्यतन इतिहास में यदि कोई संगोष्ठी पुरुष अभिधान का वास्तविक अधिकारी है तो निश्चय ही वे राधावल्लभ त्रिपाठी है। जब से विश्वविद्यालय अनुदान आयोग ने राष्ट्रीय संगोष्ठियों के लिए वित्तीय अनुदान आयोग की परम्परा प्रारम्भ की है, तब से आ सेतु हिमाचल कोई विभाग प्रतिवर्ष राष्ट्रीय संगोष्ठी आयोजित करता है तो वह है डॉ. हरीसिंह गौर विश्वविद्यालय का संस्कृत विभाग। फिर उज्जैन का कालिदास अकादमी है, मध्य प्रदेश का संस्कृति विभाग है, विषय की कोई पाबन्दी नहीं है। जहाँ देवदूत संचरण करने में संकोच करते हैं, वहाँ राधा वल्लभ त्रिपाठी निर्द्वन्द्व विचरण करते हैं। 'संस्कृत साहित्य को इस्लाम की देन' भला राष्ट्रीय संगोष्ठी का कोई विषय है, कौन यज्ञोपवीत धारी है, कौन सा संस्कृत का शिखर पुरुष है जो संस्कृत और इस्लाम का सम्बन्ध स्वीकार करेगा? पर राधावल्लभ त्रिपाठी बजिद हैं। उन्हें पता है कि औरंगजेब मन्दिरों को दान देता था, वे जानते हैं कि दाराशिकोह संस्कृत का बड़ा प्रेमी था, वे जानते हैं कि न जाने कितने मुख्तिम बादशाहों और सुल्तानों ने रामायण और महाभारत के संस्कृत अनुवाद करवाये हैं। अपनी राष्ट्रीय संगोष्ठी में प्रतिभागिता के लिए उन्हें विद्वान् कम ही मिले हैं, पर जो मिले हैं, वे तरुण राधावल्लभ की, धर्मनिरपेक्ष राधावल्लभ की, आधुनिक राधावल्लभ की पीठ ठोंक रहे हैं। जब बाबरी मस्जिद ध्वस्त की गयी तब पं. विद्यानिवास जी मिश्र सागर आये थे। यहाँ के साहित्यकार बाबरी मस्जिद कांड से दुःखी थे। स्टेशन पर पं. रमेशदत्त दुबे ने मिश्र जी के सम्मुख अपना दुःख प्रकट किया—पंडित जी, यह अच्छा नहीं हुआ। मिश्र जी भड़क गये, क्या अच्छा नहीं हुआ? इतिहास का बदला आप वर्तमान से नहीं ले सकते। पर मिश्र जी अविचलित थे। उन्हें लग रहा था कि चार-पाँच सौ वर्षो बाद हम जातीय अपमान का प्रतिकार करने में समर्थ हुए हैं। इससे हमारी आस्था बलवती हुई है। दुबे जी के मुँह से निकला—आस्था? हाँ, दुबे जी हमारे पास आस्था को छोड़कर है ही क्या? राधावल्लभ जी आस्था की तुलना में

तथ्यों को, प्रमाणों को तरजीह देते हैं। उन्हे लगता है कि इस्लाम के कारण संस्कृत साहित्य में विकास की नयी सरणियाँ सम्भव हुई है।

इन राष्ट्रीय संगोष्ठियों में राधा वल्लभ जी कोई तामझाम नहीं करते। कुलपति ऐसी संगोष्ठियों का उद्घाटन करने को सुलभ हैं तो वे आयें अन्यथा कोई भी आहूत विद्वान उद्घाटन कर सकता है। मैंने अन्य विभागों की ऐसी संगोष्ठियाँ भी देखी हैं जिनमें विद्वान् बक्ता ही आमन्त्रित नहीं किये जाते, ताली बजाने वाले भी सोत्साह आमन्त्रित होते हैं। संगोष्ठियों में तालियाँ न बजें,दूसरे दिन स्थानीय समाचार पत्रों में गोष्ठी का समाचार न छपे, संगोष्ठी के संयोजक का माल्यार्पण के लिए आगे बढ़ी गर्दन का चित्र प्रकाशित न हो तो गोष्ठी का अर्थ ही क्या? जंगल में मोर नाचा, किसने देखा। राधावल्लभ जी मोंर के नाचने में विश्वास करते हैं, उसके नाच का विज्ञापन करने में नहीं। राधावल्लभ जी द्वारा आयोजित संगोष्ठियाँ ऐसी होती हैं जैसे शेफालिका के फूल हों। सहज खिलने वाले, सहज सम्पन्न होने वाले, सहज अपनी सुरभि बिखरने वाले।

वे संगोष्ठी पुरुष तो हैं ही, सम्पादन पुरुष भी है। वे पता नहीं, कितनें वर्षों से नाट्यम् का सम्पादन कर रहे हैं। नाट्यम् का पंचपनवाँ अंक अभी-अभी प्रकाशित हुआ है। नाटक उनकी प्रियतम विधा है—उनकी प्रिय विधाओं का युवराज। अपने युवराज को सर्वगुण सम्पन्न करने में वे कोई कसर नहीं छोड़ते। उन्होंने डी. लिट् का अपना शोध प्रबन्ध रंगकर्म पर ही लिखा है। इन दिनों वे विश्वविद्यालय की गतिविधियों पर केन्द्रित 'सृजन' नामक पत्रिका के सम्पादक है। उसमें समकालीन गतिविधियाँ तो रहती ही हैं, विश्वविद्यालय के प्रारम्भिक दिनों की पदचापें भी उसमें सुनाई पड़ती है।

राधावल्लभ जी का जन्म स्वतन्त्र भारत में हुआ था। 5 फरवरी 1949 को। उनके पिता संस्कृत के अध्यापक थे, महाराजा महाविद्यालय, छतरपुर में। उनके पितामह राजगढ़ राजदरबार में लेखपाल थे। राजगढ़ मालवा की छोटी सी रियासत थी। मालवा की मिट्टी बड़ी उर्वर होती हैं, उसमें मृदुलता होती है, वह कुम्भकार के सधे हाथों में नित्य नये नये रूप धारण करती है। राधावल्लभ जी मालवपुत्र हैं। वहाँ की मिट्टी की सारी विशेषताओं से समन्वित। उनका बचपन सीधी, पन्ना, नरसिंहगढ़ में बीता। ये रियासतें मालवा, बघेलखण्ड और बुन्देलखण्ड की है। यहाँ के लोक से राधावल्लभ जी का आत्मीय परिचय है। उनकी रचनात्मकता और अध्ययन में लोक के प्रति जो रुझान बारंबार प्रकट होता है, उसका कारण यही संसक्ति है। सागर विश्वविद्यालय से 70 में एम.ए. करने के बाद वे उदयपुर विश्वविद्यालय में संस्कृत के अध्यापक हो गये थे। वहाँ बहुत नहीं रहे, डॉ. वेस्ट के कुलपति-काल में वे सागर आ गये—अपनी मातृ पीठ में। डॉ. वेस्ट अंग्रेज थे—भारतीय भूगर्भशास्त्रीय सर्वेक्षण के महानिदेशक पद से निवृत्त होकर वे सागर आ गये थे भूगर्भशास्त्र के विभागाध्यक्ष

होकर। प्रतिभा के अद्भुत पारखी। उन्हें राधावल्लभ में प्रतिभा दिखी। प्रो. राम जी उपाध्याय के सेवानिवृत्त होने पर त्रिपाठी जी ने संस्कृत विभाग की कमान सँभाली। वे अपने गुरु के योग्य शिष्य सिद्ध हुए। यह शायद 1978 की बात है।

राधावल्लभ जी को संस्कृत जगत् उनकी विद्वता के लिए जानता है, हिन्दी जगत् उनकी रचनात्मकता के लिए। उन्होंने अपनी उच्चशिक्षा के दौरान विधिवत् हिन्दी साहित्य का अध्ययन नहीं किया बी.ए. में भी। वे तीनों साहित्य लेना चाहते थे—संस्कृत, अंग्रेजी और हिन्दी पर दो साहित्यों का ही विधान था। संस्कृत वे छोड़ नहीं सकते थे, विश्व के नव्यतम साहित्य से परिचित होने के लिए अंग्रेजी उन्हें उपयोगी लगा। हिन्दी को तिलांजलि उन्होंने पाठ्यक्रम में ही दी, जीवन में नहीं। वैसे भी संस्कृत के अध्येता को हिन्दी के भाषा विज्ञान, काव्यशास्त्र आदि में कोई कठिनाई नहीं होती। जो वह हिन्दी में चर्वित चर्वण के रूप में पढ़ता है, वह उसे संस्कृत में मूल में पढ़ने को मिल जाता है। राधा वल्लभ जी की हिन्दी के समकालीन साहित्य में गहरी रुचि है। वे हिन्दी के नये से नये नाटक पढ़ते हैं, सामयिक विमर्शों में रुचि लेते हैं। डॉ. नामवर सिंह ने उनकी संस्कृत कविता की लोकधर्मी परम्परा पढ़कर 'आलोचना' में एक सम्पादकीय लिखा था। मुझे जब अतिथि सम्पादक के रूप में 'भारतीय लेखक' के परसाई अंक के सम्पादन कर सुयोग मिला तो मैंने सोचा परसाई को हम हिन्दी वाले जिस तरह जानते हैं, क्या उसी तरह संस्कृत वाले, दक्षिण वाले या विदेशी भी जानते हैं या उनका जानना भिन्न प्रकार का है। मोनिका ब्रोवाचिक से मैंने पाश्चात्य दृष्टिकोण से परसाई जी पर विचार करने का आग्रह किया, डॉ. तिथे स्वामी से दक्षिण के व्यंग्य साहित्य के सन्दर्भ में परसाई जी पर लिखने का अनुरोध किया। संस्कृत की व्यंग्य परम्परा में परसाई के अलंकार विधान पर राधावल्लभ जी ने जो लम्बा और सुचिन्तित निबन्ध लिखा, वह परसाई अंक का मुकुटमणि है। त्रिपाठी जी उन दिनों बैंकाक जाने की जल्दी में थे पर वे चाहे कितनी जल्दी में हों, हड़बड़ी में नहीं होते। अपनी व्यस्तता के बावजूद उन्होंने समय पर मुझे अपना लेख उपलब्ध करा दिया। अपने इस लेख में त्रिपाठी जी ने व्यंग्य और लोक जीवन के गहरे रिश्तों को रेखांकित किया। अलंकार की भी व्यंग्य के सन्दर्भ में उन्होंने नितान्त नयी व्याख्या की। जीवन के विडंबन, दोहरेपन, त्रासदी और संकट के उद्घाटन के लिए विरोध, विसंगति, व्यत्यय आदि अलंकार उपयोगी होते हैं। त्रिपाठी जी ने निष्कर्ष निकाला कि परसाई अपना कथ्य विरोध मूलक अलंकारों के प्रयोग से निर्मित करते हैं और लाक्षणिक एवं रूपान्तिक भाषा से उसे चमका देते हैं। व्यंग्य की देशज परम्परा में राधावल्लभ जी के साथ परसाई की व्यंग्य यात्रा में सम्मिलित होना एक उत्तेजक अनुभव है।

विश्वविद्यालय अनुदान आयोग के वित्तीय अनुदान से संचालित परियोजनाओं का आचरण समग्र देश में बहुत अच्छा नहीं माना जाता। विद्वान् बड़ी गगनभेदी योजनाएँ

बनाते हैं, घनघोर अनुदान लेते हैं और योजनाओं को आधा अधूरा छोड़कर, समग्र वित्तीय अनुदान का उपयोग कर तृप्त हो जाते हैं। ये परियोजनाएँ अधिकांशतः न प्रकाशित होती हैं, न ही सार्वजनिक। स्रोत से लेकर समुद्र में विसर्जन तक हमारी राष्ट्रीय योजनाओं की तरह विश्वविद्यालय परियोजनाओं का इतिहास भी बड़ा पंकिल है। परियोजनाओं के लिए प्राप्त राशि बड़ी सुपाच्य होती है और परियोजनाओं की पाचनशक्ति भी पत्थर हजम लक्कड़ हजम कोटि से कम नहीं होती। त्रिपाठी जी इसके अपवाद हैं। उन्होंने नाट्यशास्त्र का विश्वकोष शीर्षक परियोजना यदि प्रस्तावित की है तो उस पर कार्य भी होगा, पूरे विभाग का—सभी अध्यापकों एवं शोधछात्रों का सहयोग लिया जायेगा, कार्यालयी सहायक वस्तुतः नियुक्त किये जायेंगे, परियोजना सम्पन्न होगी, वह प्रकाशित भी होगी और उसका हिसाब किताब भी प्रस्तुत किया जायेगा। यह बात राष्ट्रीय सन्दर्भ में मुझे कुछ विलक्षण प्रतीत हुई। शायद बचपन के नैतिक संस्कार। शायद पितामह लेखपाल के गुणसूत्र। शायद बी.ए. में उच्चतर गणित का अध्ययन। वे जब तक किसी परियोजना का साध्य निष्पन्न न लिख लें तब तक सन्तुष्ट नहीं होते। फिर वे फर्स्ट जेनरेशन एजूकेटेड आचार्यों में भी नहीं हैं। मैं हिन्दी की बात अधिकारपूर्वक जानता हूँ। हिन्दी के अधिकांश अध्यापक प्रथम पीढ़ी के शिक्षित हैं। सत्यनाराण की कथा बांचने वाले का उन्नयन। या पिताश्री से जजमानी वाले संस्कारों से संयुक्त पुत्र श्री में हिसाब किताब की महत्ता का बोध न हो तो किं आश्चर्यम्। वे धारा प्रवाह भाषण तो दे सकते हैं, गीता के श्लोको या मानस के दोहों की छौंक लगाते हुए पर पैसों का हिसाब किताब रखना उन्हें व्यर्थ लगता है। सब माया है, माया है का भाव। आधुनिकता के प्रति, प्रामाणिकता के प्रति, सूक्ष्मता के प्रति ऐसे अध्यापकों में मैंने विरक्ति ही देखी है। त्रिपाठी जी की परियोजनाओं में 50 रुपये की एक झाड़ू या 70 रूपये का एक घड़ा शायद ही कभी खरीदा गया है। इस तरह की चीजें भंगुर (पेरिशेबल) कहलाती हैं अतः उन्हें खरीदना और उनको विनष्ट घोषित करना आसान होता है। त्रिपाठी जी आसानी का मार्ग नहीं चुनते।

मुझे लगता है कि राधावल्लभ जी के व्यक्तित्व की मुख्य समस्या उनका ब्वाइश लुक है। उन्हें अपने 'ब्वाइश लुक' का अतिक्रमण करना पड़ता है। अपनी विदग्धता, अनुभव ग्रहण क्षेत्रों के विस्तार, अपने परिश्रम एवं अपनी संगठन क्षमता से राधावल्लभ जी ने अपने किशोर लुक को पीछे ढकेलने में सफलता प्राप्त की है। शेक्सपियर के प्रसिद्ध नाटक 'जूलियस सीजर' में पोर्शिया ऐसा ही एक पात्र है। पोर्शिया के विरोधियों को भी स्वीकार करना पड़ा था, सच ए वाइज़ हेड आन सो यंग शोल्डर्स इतने युवा कंधो पर इतना **बुद्धि सम्पन्न सिर**।

राधावल्लभ जी ने डॉ. हरीसिंह गौर विश्वविद्यालय के संस्कृत विभाग के आचार्य पद के लिए आवेदन किया है। उन दिनों कैरियर एडवांसमेंट योजना नहीं थी।

अखिल भारतीय स्पर्धा में आप आयें, विशेषज्ञ समिति आपको ठोके बजायेगी, आप योग्य पाये गये तो आपका चयन होगा। अप्रैल 83 की कोई तारीख थी। कुलपति कक्ष में चयन समिति की बैठक होने को थी। 3:00 बजे अपराह्न। कुलपति मलिक बहादुर मल्होत्रा चयन समिति के अध्यक्ष थे, आई.ए.एस. रह चुके थे, बहुत दिनों तक वे मध्य प्रदेश के राज्यपाल के सचिव भी रहे थे। बेहद व्यावहारिक, शासन तन्त्र की समस्त दुरभिसंधियों, चतुराइयों, कूट भंगिमाओं के जानकार। चूँकि वे शिक्षा जगत के विद्वानों से नितान्त अपरिचित थे अतः निष्पक्षता एवं योग्यता के प्रति समर्पित थे–चयन समिति में दो विशेषज्ञ थे–एक तो थे डॉ. पी.एन. कवठेकर, दूसरे आचार्य रामचन्द्र द्विवेदी। कवठेकर साहब भोपाल के हमीदिया महाविद्यालय में मेरे सहयोगी थे। द्विवेदी जी को मैं नहीं जानता था–कुलपति जी ने बताया कि वे जयपुर से पधारे हैं। मैं कला संकाय का अधिष्ठाता था अतः चयन समिति का मैं भी एक मान्य सदस्य था। साक्षात्कार प्रारम्भ हुए। प्रश्न विशेषज्ञ ही पूछ रहे थे। कुलपति जी बायोडेटा विषयक सूचना का सत्यापन कर रहे थे। मैं चुप था, संस्कृत के आचार्य के चयन में अ संस्कृतों को यूँ भी नहीं बोलना चाहिए। संस्कृत के विद्वान श्लोकों से लैस होते हैं और यण अथवा तिङ् प्रत्यय लगाकर कुछ भी सिद्ध कर सकते हैं। मुझे चार प्रत्याशियों का तो स्मरण है। एक थे डॉ. नारायण शंकर शुक्ल, दिल्ली विश्वविद्यालय के रीडर। सागर में रह चुके थे। दूसरे थे डॉ. कैलाश नाथ द्विवेदी, एटा महाविद्यालय में प्राचार्य थे। तीसरे रांझी महाविद्यालय के प्राचार्य पद पर आसीन डॉ. दुबे थे और चौथे थे डॉ. राधा वल्लभ त्रिपाठी। शुक्ल जी और द्विवेदी जी के साक्षात्कार नाति अवधि में सम्पन्न हो गये। उनके मितकथन से कुलपति जी बहुत प्रभावित थे। पता नहीं, उन्हें ऐसा क्यों लगता था कि संस्कृत के आचार्य को वाग्विलासी होना ही चाहिए। दुबे जी प्रौढ़ थे, सेवानिवृत्ति के लिए दो चार वर्ष ही शेष हों तो हों। वे गुरु गम्भीर और ज्ञानपक्व लग रहे थे। सिर की केशविहीनता उन्हें अतिरिक्त गरिमा प्रदान कर रही थी। उन्होंने तिब्बती भाषा की कुछ दुर्लभ पांडुलिपियों का संधान किया था। वे तिब्बती दर्शन में पारंगत थे। विशेषज्ञों में न कोई पांडुलिपि विशेषज्ञ था, न ही तिब्बती दर्शन विशेषज्ञ। दुबे जी जो कुछ कह रहे थे, हम सब सुन रहे थे पर चयन समिति का सदस्य होने का अहसास हम सबको था अतः अपनी अज्ञता, अल्पज्ञता को कसकर दबाये हुए थे। डॉ. राधावल्लभ त्रिपाठी आये, वही पीताभ सफारी में, अपनी उम्र को पीछे ढकेलकर उन्होंने कुर्सी खींची। अपनी डी. लिट् का प्रबन्ध साथ लेकर आये थे। नेमिचन्द्र जैन उनके परीक्षक थे, उनके शोध निष्कर्षों से अच्छे खासे प्रभावित थे। अपनी पत्रिका 'नटरंग' मैं इस उत्कृष्ट शोध प्रबन्ध की प्रशंसा भी कर चुके थे। त्रिपाठी जी के परीक्षा प्रतिवेदन अन्तिम अनुमोदन के लिए कला संकाय के अधिष्ठाता के रूप में मैंने देखे थे। उनका साक्षात्कार काफी लम्बा चला। संस्कृत साहित्य, व्याकरण, दर्शन, इतिहास पर विशेषज्ञों

ने दोलायमान प्रश्नों की झड़ी लगा दी। कहीं तो प्रत्याशी विचलित हो पर त्रिपाठी जी रणक्षेत्र में डटे रहे—अकंप भाव से। राधावल्लभ जी अपने उत्तर देववाणी में ही दे रहे थे, उनके उत्तर इन्चों, सेंटीमिटरों या फुटों में नहीं नापे जा सकते थे। उसके लिए गज चाहिए था या मीटर। मुझे याद है कि बचपन में कोरिया में जब कोई आदिवासी कपड़ा खरीदने जाता तो वह अपने साथ नगर का कोई ऐसा व्यक्ति साथ ले जाता जिसके हाथ सामान्य से लम्बे हों। मैं प्रायः उनका चुनाव होता। त्रिपाठी जी के उत्तर गज-मीटर के हिसाब से भी किसी से कमतर नहीं थे पर एम.बी. जैसा कि कुलपति मलिक बहादुर को संक्षेप में कहने का चलन था, लोकतान्त्रिक व्यक्ति थे। उन्होंने अपना मत व्यक्त करने के पहिले विशेषज्ञों का मत जानना चाहा। सो जेंटलमैन, व्हाट इज़ यूओर ओपीनियन। जेंटलमेन तो पहिले से अपनी ओपीनियन बनाकर आये थे पर राधावल्लभ जी का साक्षात्कार इतना बढ़िया था कि बेचारों का सेब से भरा ठेला उलट गया था। सेबों को उठाने के उपक्रम में उन्होंने कहा—सबसे बढ़िया पर्फामेंस तो निस्संदेह डॉ. त्रिपाठी का है पर वे बहुत यंग हैं। हिन्दी वाले ही नहीं, संस्कृत के ज्ञानी भी अपनी बात को रेखांकित करने के लिए अंग्रेजी शब्दों का व्यवहार समीचीन समझते हैं फिर यहाँ तो मामला पंजाबी भाषा और आई.ए.एस. वायसचांसलर का था सो उन्हें तरुण या युवा की तुलना में यंग शब्द ज्यादा वजनदार लगा। चाय आ गयी थी—इस अन्तराल का लाभ उठाकर एक विशेषज्ञ महोदय ने रद्दा कसा—आई थिंक डॉ. त्रिपाठी केन वेट, ही हेज वेरी ब्राइट फ्यूचर बिफोर हिम। मुझे यह शुभकामना और भावी आस्था गलत लगी। थोड़ी चतुराई भरी और दुरभि संधि पूर्ण भी। मैंने कुलपति के सचिव राजीव चौबे को संकेत से अपने पास बुलाया और कहा—घोषपूर्वक ही-कृपया स्थापन एवं प्रवेश शाखा से पता लगाकर बतायें कि संस्कृत विभाग में पदों की स्वीकृत संख्या कितनी है और स्नातक एवं स्नातकोत्तर कक्षाओं में सामान्यतया कितने विद्यार्थी प्रवेश लेते हैं। हम लोग चायपान से निबटे हुए ही थे कि चौबे ने मुझे बताया—स्वीकृत पद तीन और विद्यार्थी संख्या लगभग 30+4 अर्थात् 34। मेरे लिए ये सूचनाएँ बड़ी उत्साहवर्धक थीं। कुलपति जी और अन्य विशेषज्ञ बड़े जिज्ञासु भाव से यह सब सुन रहे थे। फिर मैंने कुलपति जी से पूछा कि संयुक्त राष्ट्र अमेरिका के सीनेटर पाँच सौ तो होंगे ही और वहाँ के निवासियों की संख्या भी करोड़ों से कम क्या होगा? विशेषज्ञ इन जिज्ञासाओं से ऊब का अनुभव कर रहे थे। कवठेकर साहब मेरे पूर्व परिचित थे, मुझसे वरिष्ठ भी। उन्होंने मुझसे कहा भी कान्ति जी, इस अवांतर प्रसंग से आज के साक्षात्कार से क्या सम्बन्ध है? मैंने धृष्टतापूर्वक ही कहा है और बड़ा गहन सम्बन्ध है। जब संयुक्त राष्ट्र अमेरिका जैसे शक्तिशाली और विशाल देश का राष्ट्रपति कैनेडी जैसा 33 वर्ष का तरुण हो सकता है तो संस्कृत तो हमारे विश्वविद्यालय का छोटा सा विभाग है न बहुत अध्यापक, न ही बहुत विद्यार्थी। फिर आज की तारीख में राधा

वल्लभ जी कैनेडी से दो चार माह बड़े ही हैं। मैं नहीं समझता उनका यंगत्व उनके प्रोफेसर पद पर चयन में किसी बाधा का कारण हो सकता है।

उस दिन संध्या में मैं अपने बँगले बी 19 में बाहर बगीचे में बैठा चाय पी रहा था कि कुलपति की पाली एम्बैसडर बँगले के बाहर आकर रूकी। ड्राईवर ने कहा कि साहब आये हैं—मैं वी.सी. की गाड़ी पहिचानता था—उठा...प्रवेश द्वार पर जाकर उनका स्वागत किया। वे आये, प्रसन्न थे। बोले—आपके कैनेडी वाले तर्क ने विशेषज्ञों को निरुत्तर कर दिया। मैं आपको धन्यवाद देने आया हूँ।

अभी कुछ दिनों पहले, राधावल्लभ जी सपत्नीक स्नेहपूर्वक विद्यापुरम् के मेरे आवास पर पधारे थे। उनसे मिलने जाना तो मैं ही चाहता था पर उन्होंने बताया कि सत्यवती जी की इच्छा है कि वे ही आयेंगी। सत्यवती जी का चयन हाल ही में हिन्दी विभाग के व्याख्याता पद पर हुआ है। वे मेरे यहाँ त्रिपाठी जी के साथ कृतज्ञता व्यक्त करने आयी थीं। रात के आठ बजे होंगे। बाहर वरांडे में पीली रोशनी का बल्ब जल रहा था। उस पीली रोशनी में त्रिपाठी जी की पीले रंग की कमीज और भी पीली लग रही थी। आभा फागुन की अट नहीं रही है—'निराला' जी ने कहा था। मैंने त्रिपाठी जी से परिहास किया कि आप तो दिन प्रतिदिन यंग होते जा रहे हैं। इस बात से श्रीमती त्रिपाठी प्रसन्न हुई। त्रिपाठी जी भी प्रसन्न हुए पर बोले—डॉक्टर साहब, बूढ़ा हो रहा हूँ। मैंने कहा, नहीं आप जैसे लोग वयोवृद्ध भले हो जायें, बूढ़े नहीं होते। पर्सन्स लाइक यू मे बी एजिंग बट दे नेवर ग्रो ओल्ड।

त्रिपाठी जी ने अपने जीवनकाल के लिए रचनात्मकता, अध्ययन, अनुसन्धान और सहजता के जो चार चक्र चुने हैं, उनके टायर, पुराने पड़ भी जायें तो त्रिपाठी जी को उन्हें 'Retyre करने की कला आती है। एक बार किसी ने विनोबा भावे से पूछा था—आप राजनीति से 'Retire' कब होंगे? जानते हैं विनोबा जी ने क्या उत्तर दिया था, मैं 'retire' कभी नहीं होऊँगा। जब मेरे जीवनयान के टायर पुराने पड़ जायेंगे तो मैं उन्हें Repair करके नये बना दूँगा।

राधावल्लभ जी जैसे लोग 'Retire' नहीं होते। 'Retire' होने पर वे स्वयं को 'Retyre' करने की जुगत जानते हैं और सदैव यंग बने रहते हैं।

त्रिपाठी जी, आप मुझे धोखा तो नहीं देंगे न? सत्यवती जी मेरी बात को सत्य सिद्ध करने का भार आप पर भी है!

दूसरी नज़र

पप्पू खवास का कुनबा

पप्पू खवास : जीवन के भयानक यथार्थ की स्वीकृति

पप्पू है तो खवास पर अपने धन्धे के अन्य लोगों की तरह न तो उसके पास कोई सजवा यानी पेटी है, न ही कोई लोखर यानी बसनी। उसका कोई ठिया भी नहीं है। वह किसी सैलून में भी काम नहीं करता। उसके पास जो कुछ है, उसका 35 साल का शरीर है और उसका 25 वर्षीय हुनर। उसके हाथ मशीन की तरह चलते हैं और जीभ कतरनी की तरह। उसका दिमाग उस्तरे की तरह तेज है। बस, इसी मशीन, इसी कतरनी और इसी उस्तरे को साथ लेकर वह सबेरे घर से निकल पड़ता है और दोपहर बारह-एक तक आठ, दस घरों में अपना हुनर अजमाता है। एक व्यक्ति की मालिश करने में उसे आधा घण्टा लगता है। आधा घण्टे के दस रुपये। मालिश तो वह केवल बीस मिनट ही करता है। बाकी समय वह बातें करता है। वह अपने हाथों और बातों के हुनर से रोज अस्सी से सौ रुपये कमा लेता है। पर हर मौसम में नहीं। बहुत ठण्ड हो तो लोग मालिश करनाने में हीला हवाला करते हैं। पप्पू, आज इतनी ठण्ड में कपड़े कौन उतारे अब मालिश करवाना है तो बदन के कपड़े तो उतारने ही पड़ेंगे पिछले कुछ दिनों सागर में पानी बहुत बरसा। घुटनों/घुटनों पानी में पप्पू रोजनदारी पर निकले हैं। पर भीगे हुए पेंट और पानी चू रहे बालों वाले खवास से मालिश कौन करवाये? फिर ब्याह-शादी है, गर्मी है, तीज-त्यौहार है, पई-पाहुने हैं। बरमान का मेला है तो बिना गये काम नहीं चलता। मैया गुस्सा हो जायेंगी। मैया यानी नर्मदा मैया। बस में जगह नहीं मिलती तो पप्पू अपने यार-दोस्तों के साथ साइकिल दबाते हैं और 36 किलोमीटर ये गये और तो आये। बस, रास्ते में एकाध जगह चाय तो पीनी ही पड़ती है। और खाना? ओ साब, खाने का क्या? बरमान के भटा मशहूर हैं सौ जगह-जगह गक्कड़ें बन रईं, भटा पुन रये। ठण्ड सी लगत है सो कहूँ भी तापने के लिए बैठ गये। काय दीदी, कौन से गाँव की आव? अरे, जग्गु के गाँव की। अब हर गाँव में एक न एक खवास तो होता ही है। अब दीदी कै रईं कि इतईं खा के जाओ तो नाहीं करत नईं बनत। तो साब, फ्री में मैया के दरसन हो जात हैं, पुन्न मिल जात है सो अलग। काम तो हम पाँचई महीना करत हैं पर आप लोगों के चरणों के प्रताप से मैया की कृपा से, साल भर की पिसी, दवा दारू,

बच्चों की फीस कपड़े लत्ते का जुगाड़ हो जाता है। पप्पू ने पोस्ट आफिस में बचत खाता भी खोल रक्खा है, हर महीना के 300 रुपैया। अब तक आठ हजार हो गये हैं, जिस दिन पन्द्रह हजार हो जायेंगे, हमें एक कमरा को घर खड़ो कर लेने। गाँव में जमीन-जायदाद है। पर साब, शहर में अपनो मकान भयो चाहिए। अपने मकान की इज्जत कुछ और ही होती है।

पप्पू मालिश के लिए दूर नहीं जाता। जितने समय में वह सदर या तिली अस्पताल पहुँचेगा, उतने समय में वह विद्यापुरम्, दीनदयाल उपाध्याय नगर या ज्योतिनगर के तीन घर निबटा लेगा। उसके घर बँधे हुए हैं सीनियर सिटीज़न, बीमारी से उठे हुए लोग, लकवा के मारे विकलांग। तेल आपका, हुनर पप्पू का। तेल के बारे में पप्पू का कोई आग्रह नहीं है। गर्मी चाहिए हो तो सरसों का झार वाला, चिकनाई चाहिए हो तो तिली का गाढ़ा। खुशबू के लिए वह नवरतन तेल का सुझाव देता है। नवरतन, साब, बाहर से आता पहाड़ पर होने वाले फूलों से बनता है। महकौआ। मालिश आप तखत पर लेटकर करवायें, पलका पर लेटकर या जमीन पर चटाई बिछा कर। यह आपकी हैसियत की बात है। पप्पू की हैसियत तो मालिश वाले की है। उसकी हैसियत हर हाल में खवास की बनी रहती है। खवास यानी खास खिदमतगार। नईं साब, हम लोग हज्जाम से ऊँचे हैं, सरशोधे भी नाई होते हैं पर वे हम लोगों से नीचे होते हैं। साब, हमें खलीफा नहीं बनने। हम अपनो धंधा करें कि जात-पांत की पंचायत करत फिरैं। हाँ, छत्तीसा कहने पर वह गर्व का अनुभव करता है। छत्तीसा यानी विरोधी गुणों का सामंजस्य। छत्तीसा यानी छत्तीस जातियों के हुनरों से सम्पन्न। छत्तीस जातियाँ? मुझे लगा कि मैंने यह शब्द कहीं पढ़ा है। कहाँ, सोचने में थोड़ी देर लगी। पर मैं इस शब्द का अर्थ पप्पू की कतरनी जैसी जुबान से ही सुनना चाहता था। पर उस दिन वह टाल गया। पप्पू कहानी कहने की कला में निपुण है। कहते हैं कि सहस्र रजनी चरित में कहानी कहने वाला कथा को ऐसे बिन्दु पर छोड़ता है कि अगली रात तक सुनने वाले की उत्सुकता बनी रहे। पप्पू में भी यह गुण है। अपनी इस कला से वह बड़े बड़ों के सिर अपने सामने झुकवा लेता है। पप्पू के पेट में कोई बात ज्यादा देर तक नहीं ठहरती। पेट खदबदायेगा तो पेट की बात बाहर आयेगी ही। वह हथेलियों से मालिश करता जाता है, जीभ से बातें करता जाता है और दिमाग से कहानी गढ़ता जाता है। दुनिया-जहाँ की बातें आप उससे सुन लें। दुनिया-जहाँ की यानी उसकी दुनिया और उसके जहान की बातें।

आज साब, मकरोनिया टेशन पर एक अजगर कट गऔ, तीन टूका हो गयै। एक कुत्ता गपक लऔ हतौ तो सरकत नईं बन रऔ हती। पैसेंजर निकली, ड्राइवर ने सीटी दई पर बे सुन रऔ? देखत देखत फन वारो हिस्सा ये तरफ, पूँछ वारो बा तरफ और बीच को पटरियन के बीच में। भारी भीड़ जमा है। आप सोई देख अइयौ एक दिन आया तो बड़ा उत्तेजित था। साहब का जमाना आ गऔ। कौन

को विस्वास करैं, कौन को नईं। मेरी जिज्ञासा बढ़ाकर वह तेल की सीसी खोजने लगा। मैंने पूछा, हुआ क्या? अरे साहब-हमायै पड़ोस में छियंतर हो गयो। छियंतर का? पप्पू ने अपने सोशियो-लीगल ज्ञान का परिचय दिया। छियंतर नयी जानत? उसने भा.द.स. की धाारा 376 की व्याख्या की। नयी मकरोनिया में सोलह साल के मोड़ा ने, दस साल की लड़की के साथ छियंत्तर कर दयो। ने तो अच्छी भई कि दोऊ एकई जात के हते नईं तो दंगा हो जातो। मोड़ा ने मोड़ी को टाफी दई-कहा चलो, तुमैं कटरा घुमा लायैं। कहाँ को कटरा, कहाँ को बजार। पुटया के मोड़ी को पास के नाला में ले गयौ,। लड़की की हालियत देख कै माँ ने पूछा तो उसने सारा किस्सा सुनाया। मा ने कहा भी, हम कहते थे न कि टाफी ने लियौ। भाईबन्द ने मोड़ा को इत्तो मारो है कि बेटा बेहोश परे हैं। पंचायत बैठाई, मोड़ा के बाप को पंचायत को जरीमाना देने पड़ते, बिरादरी को भात खिलाने पड़हें। पर यह सब तो छोटी बातें थीं—पप्पू के पुरा-पड़ोस में घटने वाली नित्यप्रति की घटनाएँ। वह आपबीती भी सुनाता। साब, आज 250/- रुपैया चाउनैं। 28 तारीख को 250/-? हाँ साब, रासन वारे दुकान महीना के आखिर में खोलत हैं जामें कम से कम लोग राशनपानी खरीद सकैं। जित्तो बचहे—ब्लैक में बेंच देहैं। पर अपन ने जाकी काट निकाल लई है। तीन महीना सो दुकान नईं खुली सोकल तीन महीना को रासन इकट्ठो मिलहे। गरीबी की रेखा के नीचे वालों को पिसी मिलती है पाँच रुपैया किलो पच्चीस की एक पसेरी। खुले बाजार में येई बिकत है आठ रुपैया किलो। सो तीन महीना की हमाई पिसी भई 150 किलो माने तीस पसेरी। हमैं लगहैं 750। हम 50 किलो अपने लाने बचा कैं 100 किलो आठ रुपये के हिसाब से खुले बाजार में बेंच देहैं। अब हिसाब लगाओ सौ किलो के हम दे रअें 500 रुपैया और मिल कित्ते रअै? 800 रुपैया। सीधे सीधे गिरी हालत में 300 को फायदो है। पर तुम खुले बाजार में बेचोगे कहाँ? अरे, हमें कहूँ नयी जाने परहे। आस पड़ोस के सब तीन दिना से निहौरा कर रअै आठ रुपये किलो हमईं ले लेहें। सो हमने आठ दस जना से एडवांरा ले लऔ है। दुकान से हमें तीन बोरा उठा के लाने भर है—एक कट्टा घर पहुँचाबी-दो कट्टा रास्ते में ही बँट जाने। पर साब पचास किलो के लाने हमाये पास 250 नइयाँ। हम परसों तुमाओ सब चुकता कर देहैं। मालिश में ने कटवाहैं। फिर बड़ी वेदना से बोला—साब गरीबी की रेखा का कारड हमैं ऐसोई थोड़े ही मिल गया है। सरपंच खो सौ रुपैया, सौ रुपैया फुड इन्सपेक्टर खों-पचास बाबू खों सील लगाबे के लाने। अब एक बार हम गरीबी की रेखा के नीचे हो गयै तो नैं कोई हमें ये रेखा के ऊपर कर सकत है, नैं हमई खो ऊपर होने!

गरीबी मनुष्य को चतुर बना देती है, लोकतन्त्र ने उसे बेईमान भी बना दिया है। लगता है आज सारा देश अपना बेईमानी के लाम पर है, जो जहाँ भी है भ्रष्टाचार के काम पर है। केन्द्रीय मन्त्रियों से पप्पू खवास तक। तुम हमको लूट रहे हो, हम

भी लूटेंगे जो भी हमारे फंदे में आयेगा। और गरीबी में, लोकतन्त्र में यहाँ से वहाँ तक फंदे ही फंदे हैं।

मैंने पप्पू से अपने मन का डर बताया। पप्पू-डर नहीं लगता? अरे साब, डर काहे का। सबई तो खा रयै। कभी पकड़े गये तो मों बन्द करने के लिए का चानैं, पचीस-पचास रुपैया। और साब, हम आपसे साँची कैहें—हमाये काम के जितने भी आदमी हैं—हम सब खों सेट करके रखते हैं। इतवार के इतवार सरपंच के फुड आफिसर के, दारोगा के गोड़े दबा आऊत हैं। सब अपन से खुस रैत हैं। साब, हमने तो एक चीज़ सीखी है—मिलजुल के चलो। जो खाओ मिल बाँट कै खाओ। मिल बाँट के खाबे मेंई बरक्कत है। पप्पू को पता नहीं आत्म मंथन शिविरों में क्यों नहीं बुलाया जाता?

पप्पू पहिले ही दिन मुझे पट गया। उसे बुन्देली लोक की अच्छी जानकारी है। शादी ब्याह में रिश्ते तय करनें में वह बचपन से ही अपने पिता के साथ जाता रहा है। लड़की की शादी में आने वाली कठिनाइयों से बड़ा परिचित है। कानी लड़की का विवाह उसके पिता ने किस हिकमत अमली से करवाया था, उसने बहुत रस लेकर सुनाया। कानी है, कहने से सभी छड़क जाते। पर धनी ने कहा था कि रुपये-पैसों की चिन्ता मत करना। लड़के वाले जो कुछ भी माँगे, लड़की के इसी साइत में हाथ पीले करने हैं। जब भांवरों के लिए पंडित जी मंत्र पढ़ने लगे तो पप्पू के पिता रामधनी ने बड़ी राहत की साँस ली-जग जीती मोरी कानी। लड़के वालों के नाई ने यह सुन लिया। धीरे से बोला—ठाड़ होई तब जानी। लड़का लंगड़ा था, उसका भी विवाह नहीं हो रहा था। उसे पप्पू और पप्पू के पिताश्री ने देखा जरूर था पर जब भी देखा, वरश्री बैठे हुए ही थे। पप्पू ने कहा—साब, हमें तो अपने नेग से काम है फिर धनी अपनी भोडी का कुंवरपना उतारना चाहते हैं तो हम इस पुण्य कार्य में सहायता ही करते हैं। भारतीय जीवन व्यवस्था में लड़की बोझ मानी जाती है, बोझ उतारने में जो भी सहायता करे वह देवता से कम नहीं होता। इसमें छल, छद्म, झूठ, फरेब, सब चलता है—कुंडली मिलाने वाले पंडित जी से लेकर प्रस्ताव ले जाने वाले खवास सभी इस व्यवस्था के पुर्जे हैं। पप्पू बुन्देली मुहावरों का भी विशेषज्ञ है। एक दिन उसने बताया कि मकरोनिया तिगड्डे पर एक ट्रक वाले को पुरापड़ोस के लोगों ने गुड्डो सो कूटो। गुड्डो क्या? गुड्डो नईं जानत? गुड्डो बाजरा के दाने होते हैं। उनकी रोटी बनाने के लिए उन्हें पानी में भिगोना पड़ता है। फिर ओखली में डालकर मूसल से कूटना पड़ता है। ट्रक वाले की गलती इतनी भर थी कि साइड में लगाते समय ट्रक का पिछला हिस्सा वहाँ खड़ी एक लड़की को लग गया। गलती ट्रक वाले की नहीं थी पर उससे क्या? हमारे पुरा पड़ोस की मोड़ी। कोई छू भर तो ले। सबने मिलके उसे गुड्डो सा कूटा। अब सारो सागर का रास्ता भूल जायेगा। एकरस जीवन में उत्तेजना उत्पन्न करने का लौकिक उपचार। गालियों का तो पप्पू

प्रयोग ऐसे करता है जैसे वह विष्णु सहस्त्र नाम का पाठ कर रहा हो। गालियाँ पप्पू के लिए अपशब्द नहीं हैं, वे बात कहने का ढंग भर हैं, मुहावरा-गिमिक। एक दिन उसकी साइकिल डी.सी. की घटिया पर पंचर हो गयी। काफी लम्बी चढ़ाई थी। पंचर साइकिल खींचते-खींचते पप्पू को पसीना आ गया। समय लगा सो अलग। जब वह थका मांदा देर से मेरे यहाँ आया तो मैंने पूछा—पप्पू आज तो बड़ी देर कर दी। पप्पू ने अपनी माता जी का स्मरण किया। उस पुनीत कृत्य का भी जिसके फलस्वरूप नौ माह बाद वह अवतीर्ण हुआ था। साब, का बतायें आज तो हमाई...। चेहरे पर न कोई संकोच, न कोई बऊ यानी माँ के कष्ट का भाव। पप्पू ने अश्लील शब्दों के प्रति मेरा नजरिया बदलने में बड़ा काम किया। हम मध्यवर्ग के लोग विक्टोरिया युगीन प्रूडरी के वशीभूत होकर शब्दों का चयन करते हैं। कुछ शब्द हमारे लिए ग्राम्य हैं, फूहड़ हैं, भदेस हैं, अश्लील हैं। पर पप्पू जैसे लोगों के लिए अश्लील शब्द सुबह से शाम तक हार्दिक अभिव्यक्ति के मुहावरे भर हैं। नामदेव ढसाल जब भूख की सात पीढ़ियों की माँ के साथ कुछ मर्दाना पराक्रम करना चाहते हैं तो उस पराक्रम में उनकी वितृष्णा, उनका क्रोध, उनकी पीड़ा, उनका अपमान ही बोलता है।

पप्पू ने मेरे लिए हिन्दी के समकालीन उपन्यासों की कई आंतरिक बातों का रहस्य उद्घाटित किया। मैत्रेयी पुष्पा के उपन्यासों में कमरों में, पनघट पर, हार में, पानी के सार्वजनिक नलके पर जो कुछ होता है, पप्पू उन सबका चश्मदीद गवाह है। गवाह ही नहीं, कर्त्ता और भोक्ता भी। उस जैसे लोग हमारे लोक जीवन की गागर हैं—गागर में सागर का स्वाद लेना हो तो पप्पू को जानना चाहिए। एक बार वह ग़ालिब की तरह भी बोला। ग़ालिब हमारे बड़े कवि हैं, पर पप्पू की खिड़की से जब मैंने ग़ालिब को देखा तो मुझे ग़ालिब की ताकत का पता चला। पप्पू कभी 'अज्ञेय' की तरह नहीं बोलता, वह निर्मल वर्मा की तरह भी नहीं बोलता, पर वह परवर्त्ती 'निराला' की तरह, विष्णु खरे की तरह प्रायः बोलता है। उसे संस्कृत नहीं आती। वह संस्कृति की लुकाछिपी के खेल भी नहीं जानता। एक दिन उसने ऐसी बात कह दी कि राजेन्द्र यादव को सोचने में तीन जनम लगें और सुधीश पचौरी को सात। मैत्रेयी पुष्पा बार-बार झांसी की याद क्यों करती हैं, इसका भी अन्दाजा हुआ। सावन आ गया था, राखी आने वाली थी। पप्पू बहुत ख़ुश था। मैंने उसे कुरेदा-बिन्ना आने वाली हैं? अरे नई साब, राखी तो बहाना है। अपने यहाँ बहिन मायके आऊत है। उजागर तो भाई हरों से राखी बँधवाने पर असली बात का है कि गाँव घर की ब्याही अपने पुराने यारों से मिलबे, कुंवरपने के छैलों से मिलने मायके आऊत हैं। मिलते कैसे हैं? अरे साब, सैटिंग करने पड़त है। हम फलां दिन तला पै नहाने जाहें, फलां दिन संझा को कटरा के पंडिज्जी के यहाँ फुलकी खैहैं, सोमवार को शिव जी को कच्ची दूध चढ़ाने है। मकरोनिया की दूकानों में कौन कब चूड़ी-बेंदी खरीदने आयेगी, कौन कब साईं बाबा के मन्दिर में पूजा करने, छैला

लोगों को सब पता रहता। उतै भरतार दुःख की सेज पर सो रऔ, इते बिन्ना सुख की नींद काढ़ रई। पप्पू के हाथ पिडलियों पर तेजी से फिसलने लगे, उसने हाथों में तेल कुछ ज्यादा चुपड़ लिया है। उसे एक पुराना लोकगीत याद आया। 'हमसे भूले ना जायें, मैके के छैला रंगीले' पर पप्पू थोड़ी ही देर में उदास हो गये। उनके हाथों की गति से मैंने उनकी उदासी भाँप ली। मैंने उसे रोका नहीं। वह थोड़ी देर में खुद ही बोला—साब, इस साल सावन पै हम गाँव नई जा रऔ। काय, का बात हो गयी। भऔ कछू नइयाँ मनो 300 रुपयों का जुगाड़ नहीं हो रहऔ। वहाँ गाँव में आहैं रुकमा। सावन मनाने। उनके भैया तो उनके लाने धुतिया ब्लाऊज करहैंइ करहैं पर हमें भी कछू करने पड़हे। अब हम उनसै खाली हाथ तो मिलबे जा नहीं सकत। वे हमारी पुरानी गुइयाँ कहाईं। सागर में बाढ़ का आयी, हमाओ तो सब बह गओ, बचो खुचो भड़या (चोर) ले गयै। पिसी तक। साब, मौज मस्ती तब सूझत है जब पेट के साथ जेब भी भरी होये। पप्पू मार्क्स और फ्रायड का भेद समझता है। फ्रायड तभी प्रभावशाली होते हैं जब आपको मार्क्स का सहारा हो। जेब खाली हो तो न राधा सूझती है, न रुकमा। पप्पू का सावन इस बार खाली गया। पप्पू जानता है कि सावन के महीना में मायके जाकर हर ब्याही कुंवारी बन जाती है। न भरता देख रऔ, न बऊ मतारी कछू कैरई। अब ब्याही मोड़ी से कछू कहौ जात है का?

लोक संस्कृति की उदारता, लोक संस्कृति की व्यावहारिकता, लोक संस्कृति में स्त्री पुरुषों के सम्बन्धों की समझ। पप्पू को तो लोक संस्कृति विमर्श पर एक पुस्तक ही लिखनी चाहिए।

एक दिन पप्पू आये तो बहुत खुश थे। थोड़े-थोड़े भींग गये थे पर उसने बूंदाबांदी से बचने का कोई उपाय नहीं किया। मैंने कहा भी—पप्पू कोई पन्नी ले आये होते। पर पप्पू बड़े बिन्दास मूड में थे। उन्होंने मैथिलीशरण गुप्त के 'साकेत' के नवम सर्ग की वह पंक्ति पढ़ी तो नहीं थी कि 'दरसो परसो घन बरसो, आज भींगते ही घर पहुँचे जन जन के जन परसो।' पर क्या पता गुप्त जी ने पप्पू जैसे किसी जन को ही देखकर यह पंक्ति लिखी हो। साब, कबऊँ कबऊँ भींगबौ अच्छो लगत है। आज के गुल मौसम में जो भींगबे से बचे उसको जनम अकारथ समझौ। अरे, पप्पू तो आज कविता की भाषा बोल रहा है। गुल मौसम। मैंने अन्दाज से इसका अर्थ समझा तो पर मैं आश्वस्त होना चाहता था। मैंने पूछा—गुल मौसम क्या? बोला, अरे साब, देखत नइयाँ का, कैसो झिमिर झिमिर पानी बरस रऔ है धूप खिली है, पेड़ हल रऔ हैं। कट्टो गिलहरी नच रई है। ऐसे में जेपै मस्ती ने चढ़े बाकी जवानी पै थूः। पर कोई गहरी बात होनी चाहिए। पप्पू को थोड़ा कुरेदना पड़ता है। पप्पू—जे तो ऊपरी बात हुई। असली बात बताओ। पखू खवास खुले-थोड़ी देर में पप्पू के भीतर छिपे गालिब बाहर आ गये। पप्पू ने कहा—तुमाई दोनों बहुएँ बाहर गयीं हैं। पप्पू मुझे कभी-कभी पापा भी कहता है। उसकी दो पत्नियाँ हैं—दोनों सगी बहिनें।

पहिली की जचकी में छोटी बहिन आयी थी। सो यहीं रह गयी। मायके में किसी की शादी थी सो दोनों मायके गयीं थीं। घर में कोई नहीं था। न माचिस की चिन्ता करनी पड़ रही थी, न मिट्टी के तेल की। ठेले पर भुट्टा खाकर रह गये, कभी ढाबे पर दस रुपैया की दाल ले ली और दो टिक्कड़। साब, दाल हम बिना जीरा फ्राई के नई खाऊत। सो ऐसे में हमें दम्मो मिल गयीं। दम्मो कौन? हमारे ही गाँव की है। पाँचवी तक साथ पढ़ी है। सादी के बाद सागर आ गयी। उसका आदमी यहाँ बटालियन में था। छत्तीसगढ़ बनने के बाद उसका ट्रांसफर रायपुर हो गया है। छः महीना हो गये। आदमी पता नहीं कब आहे। आदमी के बिना लुगाई को मुसीबत नहीं झेलनी पड़ती। हम उसे अपने घर ले आये। पुरानी बातें होती रहीं। हम सबेरे ही किलो भर बेसन, आधा लीटर सरसों का तेल, एक बोतल मिट्टी का तेल ले गये हैं। घर में नमक था, मिर्ची थी और प्याज भी। दम्मो ने भजिया बनाये हम दोनों ने जी भर खाये। रात हो गयी थी—पानी भी बरस रहा था। हमने कहा—ऐसे में घर ने जाओ, भींग जैहो। मोड़ा की तबियत खराब हो जैहे। दम्मो मान गयी। सबेरे चार बजे नहा धो के तैयार हो गयी। हम साइकिल में ओखों बाके घर छोड़ के आ रयै। सबेरे से तीन मालिश कर आये हैं। आज फिर दम्मो भजिया खाबै आहे। अब साब, ऐसे में कोऊ सौ पचास को मों देखत है। सही बात। पप्पू ग़ालिब से ज्यादा खुश किस्मत है। ग़ालिब तो 'तसुव्वरे जाना' के लिए फुरसत के रात दिन चाहते थे। पप्पू को बिसाले जानां भी मयस्सर है।

पप्पू कवि नहीं था, होता तो ग़ालिब से दो अंगुल बड़ा ही होता। कम से कम जाने जानां के बारे में।

मुझे नहीं लगता कि पप्पू ने वात्स्यायन का कामसूत्र पढ़ा होगा पर उसे कामसूत्र का इतना व्यावहारिक ज्ञान था कि दो चार दस वात्स्यायन पप्पू की कोचिंग क्लास में भर्त्ती हो जायें। हो सकता है कि आज से शताब्दियों पूर्व जब वात्स्यायन क्लांत हो जाते होंगे तो पप्पू के पूर्वज उनकी क्लांति हरने के लिए देहमर्दन करते होंगे। अब जब मालिश होगी तो जीभ चलेगी और जब जीभ चलेगी तो गीता के श्लोक थोड़े ही दुहराये जायेंगे? श्रान्त मन और क्लांत देह को जितना विश्राम नारी विषयक गपड़चौथ से मिलता है, उतना किसी और चीज़ सें नहीं। पप्पू अनुभव से जीवन का यह रहस्य जानते हैं और अपने धन्धे को प्रमोट करने के लिए उसका भरपूर उपयोग करते हैं। मालिश ऐसी कला है जिसमें देह का स्पर्श अनिवार्य है। अफलातूनी मुहब्बत करने वाले मालिश की महत्ता से परिचित नहीं होते। एक बार मालिश कर्मी के रूप में आपकी प्रसिद्धि हो जाये तो आबाल वृद्ध, नर नारी सभी आपकी कला से लाभान्वित होना चाहते हैं। सिर जो तेरा चकराये या दिल डूबा जाये जैसी व्याधियों में तो पप्पू का हुनर कारगर होता ही है, स्त्रियों की पिंडलियाँ दुःख रही हैं, वायु गोला उठ रहा है, पीठ में दर्द है तो पप्पू हाजिर हैं। साब, ऐसो में कहूँ लोग

लुगाई में फर्क करो जात है। मनुष्य देह की स्त्री देह की भी जितनी जानकारी पप्पू खवास को है उतनी न तो किसी नर्स बाई को होगी, न ही किसी लेडी डाक्टर को। पप्पू सागर में हैं तो उन्हें मालिश करने घर घर जाना पड़ता है, दिल्ली या मुम्बई में होते तो पप्पू मसाज़ पार्लर के मालिक होते। पप्पू सलमान खां की छाती की चमक देखकर बता सकते हैं कि सलमान बहादुर जरूर बादाम के तेल से अपने सीने की मालिश करवाता होगा। 'चोखेर बाली' में उसने ऐश्वर्या राय की चिकनी चुपड़ी पीठ देखी तो उसकी पहिली प्रतिक्रिया थी—बिना चन्दन के तेल की मालिश के पीठ इतनी चमकदार और चिकनी हो ही नहीं सकती। पप्पू आपकी मालिश करने आये हैं—आप ड्राइंग रूम में किसी मिलने वाले से बातें कर रहे हैं—पप्पू धीरे से सामने वाले के पैर चांपने लगते हैं। सामने वाला कोई भी हो। दादा या दीदी। पप्पू उसका पता भी ले लेंगे, कल सबेरे हाजिर। घर भर की मालिश कर आयेंगे—कुछ नहीं लेंगे। यह उनका सैंपल मसाज होता, पसन्द आये तो महीने भर की बँधी तय कर लेंगे।

दीदी या अम्मा जी की मालिश के समय वे कमरे के पट खुले रखते—भैया या बाबूजी भी रहें तो अच्छा। मालिश धन्धा है, धन्धे में बेईमानी नहीं होनी चाहिए। किसी से मन मिल जाये तब की बात और है।

पप्पू वात्स्यायन द्वारा प्रवर्त्तित कामकला का ही जानकार नहीं है, वह चाणक्य के अर्थशास्त्र का भी ज्ञाता है। चाणक्य की रगों में गरीबी की रेखा के नीचे के माता पिता का कितना रक्त था, यह तो इतिहासविदों के बीच विवाद का विषय है किन्तु व्यवहारविद् जानते हैं कि चाणक्य बचपन में जरूर पप्पू के पूर्व पुरुषों के साथ कंचे खेलता होगा। राजनीति की ऐसी व्यावहारिक जानकारी, लोकतन्त्र के गड्ढों का ऐसा विशद् ज्ञान पप्पू की एक टिप्पणी से ही उजागर हो गया। उमा भारती तुनककर आडवानी जी की बैठक से बाहर चलीं गयीं थीं। आडवानी लौह पुरुष बनने के मूड में थे। उन्होंने पार्टी से उमा को निलंबित कर दिया। बाई के होश ठिकाने आ गये। वे फिर से मुख्यमन्त्री के बँगले के गेट के भीतर जाना चाहतीं थीं। पप्पू ने साफ कहा कि गेंवड़े में पीछे नई सरको जात। गेंवड़े का अर्थ भी पप्पू ने समझाया। गाँवों की सीमा से लगी हुई जो खुली जगह होती है जहाँ गाँव के लोग सुबह दिशा मैदान के लिए जाते हैं, गेंवड़ा कहलाती है। सब अपनी-अपनी लुटिया लिए हल्के हो रहे हैं—कोई संकोच नहीं—शरम का थोड़ा दिखावा भर करना पड़ता है। जब गेंवड़े में सभी नंगे हैं तो काहे की शरम, काहे का संकोच। पप्पू ने बताया कि अपना लोकतन्त्र गेंवड़ा है, जहाँ सभी हल्के हो रहे हैं। हल्के हो गये तो आगे बढ़ो, पीछे लाइन लगी है। पीछे खिसकोगे तो गड़बड़ हो जायेगी। उसने उमा दीदी के फिर से मुख्यमन्त्री बनने के प्रयासों को पूरी तरह रद्द कर दिया—अपने लोकतन्त्र की परम्पराओं के खिलाफ बताया। गेंवड़ा संस्कृति से विचलन। बड़े-बड़े, सीधी बात करने वाले, टक्कर लेने वाले, मुठभेड़ आयोजित करने वाले हमारे लोकतन्त्र की

जमीनी सच्चाई की ऐसी व्याख्या नहीं कर सकते जैसी पप्पू खवास ने कर दी। प्रभु चावला, राजदीप सरदेसाई, विनोद दुआ को पप्पू खवास से चंपी करवानी चाहिए और उसके विश्लेषण का लाभ उठाना चाहिए।

इन दिनों पप्पू मुझे बहुत चाहने लगा है—उसके प्यार के मूल में करुणा है। यह मुझे अनायास ही पता चला। एक दिन मुझे मालिश के लिए आने में थोड़ी देर हुई। मैं एक संस्मरण पूरा करने में लगा था। पप्पू ने पूछा—काय साब, आज अबेर हो गयी। बताया कि मैं कुछ लिख रहा था। आप तो रिटायरमेंट हो गये हैं, आपको पिंशन मिल रई है। अब काय को कुर्सी टेबिल पर बैठत हो। देखत नइयाँ। पड़ोस के सक्सेना साहब दस बजे तक सोते रहते हैं। पांडे जी सुबह से शाम तक प्रीटी जिन्टा की फिल्लम देखत रैत हैं। मैंने कहा—पप्पू लिखने से मन लगा रहता है और नाम भी होता है। लोग तुमको जानते हैं। मैंने पत्र-पत्रिकाओं में छपे अपने कुछ संस्मरण भी उसे दिखाये। पर उसे लगा कि मन लगाने और नाम कमाने के लिए इतनी मिहनत बेकार है। उसने मुझे शार्ट कट सुझाया। कहने लगा कि नामई कमाने होय और मन लगाने होय तो आप भी हमाये समान हर शुक्रवार को लोकरंजनी कार्यक्रम के लाने अपनी फरमाइश भेजने लगो। हम तो आकासबानी, सागर के नाम एक पोस्टकार्ड डाल देत हैं। सोमवार को पाँच बजे से अपनी फरमाइश सुन लो—अपने नाम के साथ। एफ.एम. बैंड पर। उसने दो एक सप्ताह प्रतीक्षा की कि मेरी फरमाइश का गाना और मेरा नाम उसे एफ.एम. बैंड पर सुनाई देगा। मेरी अकर्मण्यता से हारकर उसने अगली बार पोस्टकार्ड में अपने नाम के साथ मेरा नाम भी फरमाइश करने वालों में लिखा और 'जो मैं राजा होती बन की कोयलिया, कुहुक रहती तोरे बँगले पर' अगले सोमवार को उसने सब यारों को सुनाया। मंगलवार को वह बड़ा गद्गद् था। साब, तुमने सुनी ने हुइयै, पर हम सबने सुनी। तुमाऔ नाम बाजा में आओ। वह मुझे अमर करने पर उतारू था। उसके बाद वह हर शुक्रवार को जब भी किसी गाने की फरमाइश भेजता, मेरे नाम का उल्लेख करना नहीं भूलता।

आखिर हमई एक-दूसरे के काम नई आयेंगे तो कौन आयेगा? एक-दूसरे का नाम आगे बढ़ाने की चिन्ता हिन्दी के साहित्यकारों में भी कम नहीं है। अपने गुट के लोग, अपनी बिरादरी के लोग। अपने लोगों को 'प्रमोट' करने की यह ललक पता नहीं उसने हिन्दी के समीक्षकों से सीखी है या हिन्दी के समीक्षकों ने उससे।

कमलेश्वर के उपन्यास 'कितने पाकिस्तान' के विद्या प्रसंग का मर्म खुला पप्पू के जीवन के आख्यान से।

मैं 'कितने पाकिस्तान' खरीद तो लाया, उसे पढ़ना भी पड़ा—आद्यंत क्योंकि उसे मैंने 250 नगद देकर खरीदा था। यदि वह समीक्षा के लिए आया होता तो मेरा काम ब्लर्ब से या अन्य समीक्षकों की समीक्षा से चल सकता था। यदि वह उपन्यासकार ने भिजवाया होता तो उम्मीद रहती कि पीछे-पीछे समीक्षा और उस पत्रिका का नाम

भी लिखा होगा जिसके पते पर मुझे वह समीक्षा अपने नाम से भिजवानी है। पर जब 250 रुपये खर्च किये हैं तो पढ़ो। पढ़ा। कुछ समझ में आया, कुछ नहीं आया। विद्या का रूमाल गिराने का प्रसंग समझ में नहीं आया। यह समझ में नहीं आया कि कमलेश्वर को दिखाकर गिराया गया वह रूमाल वे उठाते क्यों नहीं? न उपन्यास के प्रारम्भ में, न ही उपन्यास के अन्त में वे रूमाल उठाने की जहमत फरमाते हैं। जरा झुकते, रूमाल उठाते। या तो रख लेते या विद्या को वापिस कर देते। इसमें ऐसी क्या परेशानी थी कि रूमाल उठाना उनको मुश्किल लगा। उपन्यासों में उनका नायक प्रायः 'शिवेलरी' दिखाता है, कमलेश्वर भी इतने शालीन है—सुसंस्कृत, मुहब्बत-परस्त, हिसाबी-किताबी कि लड़की का रूमाल न उठायें—यह विश्वास नहीं होता। तो फिर क्या बात है? बात बताई पप्पू खवास ने। पप्पू तब जवान रहे होंगे—गदहपचीसी की उम्र वाले, शादी नहीं हुई थी। पाँच दोस्तों के साथ महाराजपुर का मेला घूमने गये थे। मेला था तो वहाँ संझा हिंडोला भी था। हिंडोले के दो खाने खाली थे। पर दोनों एक साथ नहीं। बीच वाले में तीन लड़कियाँ ऊपर नीचे हो रहीं थीं। नीचे वाले में तीन लड़के बैठ गये—ऊपर वाले में पप्पू जमे मय एक दोस्त के। पप्पू देखते क्या हैं कि हिंडोला जब नीचे उतरा तो तीन लड़कियों में से बीच वाली लड़की ने अपना रूमाल गिरा दिया। पीछे मुड़कर पप्पू को दिखाकर। कुछ हंसकर फिर कुछ मुस्कराकर परिचय की लो गाँठ लगा दी! पप्पू का हिंडोला जब नीचे आया तो पप्पू ने हाथ बढ़ाकर रूमाल उठाया और होठों से लगा लिया। लगाये रहे। इत्ते में वहाँ लड़कियों के गाँव के कुछ लड़के भी आ गये। उन्होंने देखा कि पप्पू जवान होठों से रूमाल हटा ही नहीं रहे हैं और वह मधुकामिनी पीछे मुड़-मुड़कर अपने यार-दोस्तों को दिखा—दिखाकर पप्पू खवास को अंखियों से गोली मार रही है। पप्पू मेला ग्राउंड से बाहर आ पाते कि लगे, लगे—साले, हमारे गाँव की लड़की पर लाइन मारता है। पप्पू खवास को यारों ने इतना पीटा कि अभी तक बादल पानी के मौसम में उस की हड्डियाँ पिराने लगती हैं। लगता है कि कमलेश्वर रूमाल उठाने का मर्म जानते थे तभी वे मैनपुरी जाते हुए विद्या का रूमाल नहीं उठाते—पता नहीं कौन साला विद्या को लाइन मार रहा हो और बीच में अपन खामख्वाह 'बिद' जायें। जब विद्या पाकिस्तान से अपने बेटे के साथ उनसे अस्पताल में मिलती है और उन्हें दिखाकर अपना रूमाल गिराती है तब भी भाई मियाँ सावधान हैं। रूमाल उठाया नहीं कि मामला अन्तर्राष्ट्रीय हो जायेगा। तो भाइयो, हम ताजमहल अनावृत्त तो कर सकते हैं पर मुमताज महल का रूमाल उठाते नहीं हैं। रूमाल उठाने में बड़े खतरे हैं। हमारा पप्पू खतरों से खेलने का आदी है। प्रेम किया तो डरना क्या—उसका प्रिय गाना है। वह न तो रूमाल गिराने वाली को धोखा देता है, न ही अपनी जवानी को। पप्पूवाद जिन्दाबाद!

पप्पू अपनी जाति की सीमाओं और परम्पराओं से परिचित है। उसने भिखारी

ठाकुर का नाम नहीं सुना है पर नाई ठाकुर की ग्रामीण जीवन में क्या महत्ता है, वह अच्छी तरह जानता है। शादी हो, मुंडन हो, नकछेदन हो, गौना हो—पप्पू के बिन कोई नेग पूरा नहीं होता। यदि वह लड़की वालों की ओर से हो तो वह विनीत है, विनम्र। यदि वह लड़के वालों की ओर से है तो वह उद्धत है, जबर। एक शादी में लड़के वालों की ओर की मोटी नउनियाँ उससे टकरा गयी। पप्पू राम गिर पड़े पर वे लड़की वाले थे अतः गम खा गये। पूछना पड़ा, दीदी, चोट वोट तो नहीं लगी। गाँव में बाहर का कोई नाई आ जाये तो उसके पिता गुर्राने लगते थे। बामन, कुकुर नाऊ, जात देख गुर्राऊ। हमारे पेट पै लात मारने आ गये, हमायी रोजी रोटी में हिस्सा बाँटने आ गये। अपनी जातिगत स्थिति से भी पप्पू महाराज परिचित हैं—राय प्रवीण अकबर के दरबार से बचकर कैसे आ गयी थी ? कभी पप्पू के मुँह से सुनिये। 'विनती राय प्रवीण की सुनिये राय सुजान। जूठी पातर भखत है, पौनी बायस स्वान!' पौनी यानी धोबी, बढ़ई, नाई आदि। पप्पू दूसरे नाई की हजामत के पैसे नहीं लेता, हम लेहैं तो हमारी हजामत कौन करहे? वह मुझसे पूछता कि साब, सब हमसे छत्तीसा कैत हैं? हम छत्तीसा कैसे भये? मैं पप्पू को सांत्वना देता—तुममें छत्तीस गुण हैं, वह छत्तीस गुणों की फेहरिश्त चाहता। 28 तो मुझे पता थे। नज़ीर अकबराबादी ने शहर आसोब में लिखा है—

मारे हैं हाथ हाथ पै सब यहाँ के दस्तकार
और जितने पेशेवर हैं रोते हैं जार जार
कूटे है तन लुहार तो पीटे है सर सुनार
कुछ एक दो का रोना नहीं है यारो
छत्तीस पेशे वालों के हैं कारोबार बन्द।

भगवान ने छत्तीस जातियाँ बनायीं। लुहार, सुनार, मोची, बुनकर, कुम्हार, मल्लाह, बसोड़ आदि। सब बना चुका तो विश्वकर्मा जी की 36 परातों में थोड़ा थोड़ा मसाला बचा रह गया। उसने सारी परातों का मसाला समेटा और एक नयी जाति बनायी-छत्तीसा। ऐसी जाति जिसमें 36 जातियों का कोई न कोई गुण हो। सच्चा खवास वह है जिसमें कैथा की चतुराई, सुनार के हाथ की सफाई, ब्राह्मण जैसा लालच, क्षत्रिय जैसा शौर्य, वणिक जैसी व्यवहार बुद्धि और छीपा जैसी कलात्मकता हो। उसमें भड़भूजों, तारकश, जुलाहे, मल्लाह, चौकीदार, दलाल, वकील, पिसनहारी, तमोली, हकीम, हलालखोर, सबक्का, मनिहारों के भी गुण मिलते हैं। 36 जातियों के गुणों का काकटेल है—छत्तीसा।

पप्पू के पेट में कोई बात नहीं पचती। एक दिन, दो दिन वह पचा भी ले तो उसका पेट पिराने लगता है। उससे किसी का कुछ नहीं छिपता। सिर के सफेद बाल हों तो नाई के सामने आयेंगे, जांघ में मसा हो तो मालिश करते समय उसकी नजर उस पर न जाये, असम्भव है। आपको पूरे मुहल्ले की जानकारी चाहिए हो तो एक

खवास रख लीजिये, मालिश करने वाला। जो उसे पता नहीं होता, खवासिन को पता होता है। किसका कितने महीने का पेट है, किसका किससे नैन मटक्का चल रहा है, कौन अपनी बीबी को दो-दो रुपये को तरसाता है, किसकी लड़की ससुराल से भगकर आयी है, खवासिन खवास को बतलाती है, खवास पूरे मुहल्ले को। खवास हमारा दैनिक समाचार पत्र है, वह न्यूज़ बुलेटिन है। वह हमारा मोबाइल है। वह हमारा 24x7 चैनल है। जहाँ न जाय रची वहाँ जाय खवी। खवी यानी खवीस यानी खवास। पप्पू के मोबाइल पर पुरा-पड़ोस की हर छोटी बड़ी जानकारी उपलब्ध रहती है। भग्गो को रात में साँप ने खा लिया, आज ट्रकों की हड़ताल है, साब, महीना भर तक गैस नै मिलहै, अजुद्दी ड्रायवर को सतमासा मोड़ा भयो है। पप्पू अतिथि वत्सल है। अतिथि देवा भव। उसके यहाँ पाहुने आते ही रहते। ससुराल से सास जू अध कपारी के इलाज के लाने आयी हैं, वे गयीं तो सारे कचहरी में अपनी तारीख के लाने आ गयौ। भैया की मोड़ी को ब्याह है तो भौजी खों दहेज के बासन खरीदने हैं। पप्पू के एक कमरे के घर में सब समा जाते हैं—पप्पू के सबसे सम्बन्ध हैं। चलो, हम सस्ते में सौदा करा देहैं। उसने अपने बड़े बेटे रमेश की सगाई कर दी है। लड़की की आठवीं में सप्ली आई है। मार्कशीट के लाने बाबू 150 माँग रऔ है। पप्पू गये, बाबू जी के पैर दबाये। वहीं आफिस में और काम 100 रुपये में हो गया। साब जमाने को तो हम बदल नई सकत, हमई खों थोड़ो झुकौ चईये। पप्पू समझौता करने में विश्वास करता है। वह तोड़ता नहीं, जोड़ता है। बता रहा था कि एक दिन वह पाँव पैदल सड़क के किनारे किनारे जा रहा था—सामने से एक बस निकली। एक आदमी ने थूकने के लिए मुँह बाहर किया तो उसके हाथ का सौ रुपये का नोट हवा में उड़ गया। ड्राईवर ने बस नहीं रोकी। पप्पू ने नोट उठाया ही था कि सामने से एक आदमी आ गया। बोला, यह नोट मेरा है—लच्छू ने हमसे सौ रुपये उधार लिए थे। वही उसने बस की खिड़की से मुझे देखकर फेंके थे। पप्पू ने कोई वातावरण नहीं किया। हऔ, तुमाऔ है तो तुम ले लियो। वह उसे अखण्ड भारत जनता होटल में ले गया। खुद भी 200 ग्राम जलेबी खायीं, सामने वाले को खिलायी। एक-एक कप चाय पी। बारह रुपये खर्च हुए। बाकी मिले 88 रुपयों में से उसने आधे यानी 44 रुपये सामने वाले को दिये, 44 रुपये खुद रखे। बोला, साहब, ऐसे मामले में जिद नईं करौ चाहिए। काम ईमानदारी से करौ चइयै और बेईमानी कायदे से। उसे दुःख है कि हमारे नेता न काम ईमानदारी से करते हैं, न बेईमानी कायदे से।

पप्पू खवास आज में जीता है। कल किसने देखा है? अपने देस में बरहमेश बाढ़ आती है, बरहमेश रेलगाड़ी में बम विस्फोट होता है। बसों की टक्कर हो जाती है, पता नहीं कितने रोज जहरीली शराब पीके मर जाते हैं। तो साब, ऐसे में जिन्दगानी को का भरोसो? हम तो जब तक जी रयै, मौज-मस्ती से जी रयै। मौत

आहे तो अपन जे चलै। पप्पू को मौत से डर नहीं लगता, बस भूख से लगता है। साहब, काल से निन्ने हैं–निन्ने यानी निरन्न। बाढ़ में घर को सब बह गऔ। राहत वाले आये थे पर हमें कुछ नहीं दिया। जिसके घर का दरवाजा गिरा था, उसे 500 रुपये मिले, हमारी तीन दीवारें ढह गयीं, हमें कुछ नहीं। हम उनकी जात के नइयाँ। आज हमारा मन पोहा खाने का हो रहा है। मम्मी जी कहाँ गयीं? मम्मी जी के हाथ को पोहा एक दिन जरूर खाने। यह बात उसने जरा जोर से कही। मम्मी जी ने सुन लिया–कहा–पप्पू जाना मत। पोहा बन रहा है। पप्पू अब पोहा खायेंगे, चाय पियेंगे। कल की कल देखेंगे। लगता है पप्पू चार्वाक की सौवीं पीढ़ी के हैं। जब तक जियो, सुख से जियो। माँग कर पौहा खाओ। एक बार आँखें मुँदी तो जैराम जी की। साहब, आज हमारी आत्मा तृप्त हो गयी। मालिश का तेल खतम हो गया है, कल के लिए नहीं है। मंगाना पड़ेगा।

पप्पू चला गया। मुझे मुक्तिबोध याद आये। पप्पू जैसे लोगों के लिए मुक्तिबोध ने लिखा है–"बड़ा ही मजा आया। एक दिन (नागपुर के) बुधवारी बाजार की अँधेरी गली में एक सब्जी बेंचने वाले से मुलाकात हो गयी। किसी जमाने में उसने मुझे जबलपुर में देखा था–बस इत्ती सी बात हमारे आपसी आनन्द के लिए काफी थी। अपनी जिन्दगी की खूबी बतलाते हुए उसने बड़े मनमौजीपन से कहा–क्या है बाबूजी, इसी तरह सुबह-शाम काम करते-करते बीच ही में खट से...उसका मतलब हार्ट फेल से था।"

मुक्तिबोध जी ने उसके चेहरे को ध्यान से देखा–"उस पर निराशा की कोई छाया नहीं थी। उसके बदले उद्दाम, उद्धत सुनहले आनन्द की झाईं उसके मुख पर डोल रही थी। उस कद्दू बेचने वाले में अपनी जिन्दगी के प्रति भयानक यथार्थ की स्वीकृति थी। साथ ही अपनी मस्ती कम न करने की उदात्त वृत्ति थी।" पप्पू खवास में भी मैंने जिन्दगी के प्रति ऐसी ही स्वीकृति पायी। साथ ही अपनी मस्ती कम न करने की हठीली उदात्त वृत्ति थी।

पप्पू खवास की बहुरिया

पप्पू की बीवियाँ दो हैं पर सास-ससुर एक ही हैं। ससुराल भी एक ही है। कारण यह कि पप्पू की दोनों बीवियाँ सगी बहिनें हैं—सहोदराएँ। इसमें पप्पू की कोई योजना नहीं थी, योजना प्रकृति की थी, बीवियाँ भले दो हों पर कुलदीपक एक ही है, बड़ी से कुछ हुआ न हो, ऐसा नहीं है, हुआ तो पर रहा नहीं, उसी होने के सिलसिले में बड़ी की छोटी बहिन यानी पप्पू जी की साली अपनी दीदी की सहायता करने सागर आयी थी अब पप्पू की बातें, पप्पू की घातें, रातें नहीं कटती थीं, बड़ी सौरी में पड़ी है, छोटी जीजाजी का हाथ बँटा रही है, तुम हटो, हमाये रैत तुम चूल्हा जलात का अच्छे लग रयै, कपड़ा हम धोये दैत, तुम अलगनी पै सूखवे डाल दो, तुम अकेले हाट से पता नहीं का का उठा लात हो, हम सोऊ तुमाये साथ चलहैं, काय दीदी, जीजा के संगे हम हाट तक हो आयें, तुमाये लाने लाल रंग की चुरिया सोऊ ले आहैं, अरे! नाप की भली चलाई, हमाओ-तुमाओ नाप तो एकई है, चूड़ियों की बात सुनकर जिज्जी खुश, छोटी को हमाऔ कित्तो खयाल है, खयाल तो जीजाजी को भी रहता, घर में वे छोटी से ज्यादा बात नहीं कर सकते, बड़ी को कहूँ सक पर गऔं तो? अब जीजाजी साली को साइकिल के डंडा पै बिठाकर बुधवार के हाट ले जा रऔ, वहाँ खुद फुलकी खा रयै, साली को फुलकी खिला रयै, फुलकी खा के छोटी फूली-फूली फिर रई, छोटी का गला अच्छा था, गाती तो लगता कोयल कूक रही है, उन्हें लोकगीत भी खूब याद थे, हर मौके के, सारे घर में घूमती फिरती, जिज्जी सौरी में पड़ी है, चार चक्कर पूरे घर के लगाती, एकाध बार सौरी में झाँक आती जिज्जी को नींद में देख खुश हो जाती, कभी मुड़ेर पर चढ़ जाती, कभी छत पर झुकी आम की डाली से अमियाँ तोड़ने लगती, अमियों तक उनके हाथ पहुँचते नहीं थे सो जीजा को आवाज देनी पड़ती।

जीजा यानी पप्पू खवास आते, अमिया तोडते, साली को भूले गाने याद आते, मोये ले चल बलम रेता पै, इतै कंकरिया गड़ रई, पप्पू समझ गये कि साली जी केवल लोकगीत नहीं गा रहीं जीजाजी की नासमझी का मजाक उड़ा रही हैं, जीजी सौंरी से बाहर आयी कि साल बीतते बीतते छोटी को सौरी में जाना पड़ा, अब हम

कहाँ जैहैं, जीजी, आप की सौं, आप कहो तो हम इतई रै जाये, आपकी सेवा करहें, जिन्दगानी भर दासी बन के रैहैं, अब बिन्ना, हम का कहै, जीजा से पूछो, बे जैसी कहें, जीजाजी को सोचना नहीं पड़ा। छोटी भी सागर में रै गयीं। पर सौत तो सौत, काठ की भी बुरी, ये तो हाड़मांस की थी। बड़ी के मोड़ा को मोतीझिरा निकला छोटी अपनी गोरी को सँभालै कि जिठनौती के मोड़ को मोतिझिरा देखें, मोतीझिरा बिगड़ गया। इतना बिगड़ा कि पप्पू को उसे सफेद कपड़े में लपेटकर मकरोनिया मरघटा ले जाना पड़ा, दो चार हफ्ते पप्पू उदास रहे फिर उनका मन छोटी के बेटे से लग गया। पप्पू पलका पे लेट जाते, टांगों पर छोटी के बेटे को झुलाते–'तेली के तेली के पान पसेरी के' गाते। बड़ी कुढ़ती-बात बात में कलह करती, हमें दारी को नईं रखने। दारी हमें खुस नई देख सकत, स्वयं खुस रहने के लिए और साली यानी छोटी को खुश रखने के लिए वे बड़ी यानी सात भांवरों वाली ब्याहता को मायके छोड़ आये। अब यह दारी के प्रति सरासर अन्याय था। दारी कोर्ट चली गयी, जीत गयी, साथ रखौ, नहीं तो हर महीना पाँच सौ खरचा पानी के देऔ। पप्पू व्यावहारिक आदमी। पाँच सौ फालतू के हर महीने कहाँ से दें? सोचा, बड़ी को भी घर में रहने दैं, पाँच सौ बचेंगे और सेवा टहल के लिए एक से दो जनी कहाई। दोनों बहिनें फिर साथ रहने लगी। पप्पू के उसके बाद कोई आस-औलाद नहीं हुई। मन में सोचा–एकई बहुत है, राजी खुसी रहे। नूरे चश्म का नाम क्या रखा जाये? जिज्जी जो कहैं, जिज्जी के एक कुंअरपने के यार थे–रमेश। उनकी इन दिनों उन्हें बहुत याद आती। रमेश नाम पुकारने में भी अच्छा है बिसूरने में भी। बड़ी भी रमेश के कारण अपना दुःख भूल गयी, उनका मन रमेश में लग गया। धीरे-धीरे रमेश बड़े हुए। कुटते-पिटते, गिरते-पड़ते आठवीं पास कर ली।

पिता जी के साथ जिजमानों के यहाँ जा जाकर चम्पी का हुनर भी सीखा। बेटा, सैलून भले खुलवा देहैं पर बाप दादों को हुनर आओ चहियै, आठवीं की मार्कशीट आयी, तो पप्पू को लगा कि रमेश को अब हीले से लगा देना चाहिए। पप्पू ने उनके लिए मकरोनिया स्टेशन के पास 8x8 की एक कोठरी बनवा दी। दो आइने। हजामत का सामान। अब बिलासपुर-भोपाल पैसेंजर आधा घण्टा लेट है तो गाँव के पैसेंजर क्या करें? समधियाने में जा रहे हैं समधिन जी कहीं दाढ़ी के खिचड़ी बालों को देखकर हँसी ठिठोली करने लगे तो? भैया, हमारी हजामत कर देते? रमेश का कारोबार चलने लगा। शाम को लौटते तो दस-दस के दो तीन नोट महतारी को पकड़ाते। महतारी को लगा कि रमेश अब अपने पैरों पर खड़े हो गये हैं उनके कन्धों पर गृहस्थी का जुआ रखा जा सकता है। गाँव में उनके घर के पास दुरजन खवास रहते हैं, उनकी मोड़ी भी बड़ी हो रही है। रमेश उस मोड़ी को जानते थे। नाना-नानी के यहाँ जाते तो खेत खलिहान में दोनों मिलकर झरबेरी तोड़ते फिरते थे। जोड़ी अच्छी थी पर दोनों के माँ बाप में बात पट नहीं रही थी–हमाऔ ऐसो हीरा

सो मोंड़ा, पढ़ो लिखो, कामकाज में अब्बल। फ्री में झटको चाहत हैं, पर रमेश अड़ गये। बोले—हम सादी करहैं तो जम्मो सेई करहै, जम्मो यानी जमुना। थोड़ी साँवली थी पर रमेश को साँवला रंग पसन्द था। जब वे पेट में थे तो उनकी माँ ने खूब जामुनें खाई थीं। उनका रंग भी साँवला था। पप्पू चतुर थे, जब मोड़ा का मूड देखा तो समझ गये कि जिद्दियाने से काम नहीं चलेगा, बहू भी जायेगी, लड़का भी। ये उम्र ही ऐसी होती है कि सारो राजपाट एक तरफ और अपनी पसन्द की एक तरफ। उन्होंने उड़ती-उड़ती सी एडवर्ड आठवें की कथा सुनी थी। काय साब, इंग्लैंड के कोई युवराज हतै-कातो अच्छो सो नांव है। बिनने अपनी मनचन्दा के लाने राजपाट सब त्याग दऔ हतौ। मैं समझ गया कि पप्पू खवास के लोक में एडवर्ड अष्टम् के त्याग की कथा भीतर तक भिदी है। उन्होंने 'निराला' की 'एडवर्ड अष्टम् के प्रति' कविता काहे को पढ़ी होगी? मैंने पढ़ी थी। 'निराला' जी एडवर्ड अष्टम् पर इसलिए अनुरक्त हैं क्योंकि उनमें 'सिंहासन तजकर भू पर उतरने का पौरुष था।' एडवर्ड आठवें की तरह पप्पू खवास के युवराज 'प्रतिजन प्रतिमन के साथ नूतन सभ्यता को आलिंगित करने का काम' कर रहे हैं। जान गंथर ने लिखा है कि भारत में लोक के बीच अविचल प्रतिष्ठा उसी को प्राप्त होती है जो त्याग करता है जैसे महावीर, जैसे बुद्ध, जैसे गाँधी। पप्पू को अपने पुत्र पर गर्व हुआ। प्यार के लिए वे दहेज, लेनदेन सब छोड़ने को प्रस्तुत हैं पर रमेश दूसरे के बेटे नहीं, अपने खुद के बेटे हैं। दूसरे के बेटे होते तो कहते, रमेश वाकई मर्द मोड़ा है। देखो अपनी मनचन्दा के लाने न दहेज को मोह कर रयै न माँ-बाप की बात सुन रयैं पर अपने बेटा के लाने उन्हें थोड़ी चतुराई जरूरी लगी। उन्होंने सोचा कि साँप भी मर जाये और लाठी भी न टूटे। उन्होंने साब जी साब यानी जम्मो के पिता से बात की। 15000 रुपये नगद लेहैं पई पाहुनो की अच्छी खातर करने हुइयै। जम्मो को कान के, गले के, हाथ के, कमर के गहने करने परहें। हौ, चाँदी के। हम कौन सोने के कैरयैं। कुंवर कलेवा में हीरो होंडा। चलो हीरो होंडा नै सई चैंप तो देहौई देहौ। अरे! हम कौन अपने काजें चाह रहे। तुमाई बेटी फटफटिया पै चढ़ के घूमते तो दुनिया देख है। अब आगे तुम जैसी कहौ। हम तो चार झने आहैं और अपनी लक्ष्मी को पाँच उन्ना में बियाह के लै जैहें। आगे तुमारी मोड़ी के भाग। समधी जी समझ गये। मोड़ी के भाग के नाम पर दामाद जू कछू नईं के सकत पर समधी जू जिन्दगानी भर हमैं गन्ना सो पेर हें। चलो करजा करजू लेके सादी निपटाने पड़है, कन्यादान करौ और गंगा नहाओ।

शादी की तारीख तय हो गयी पर ऐन वक्त पर जम्मो की मौसी नहीं रही मौसी का सूतक छूटा कि देवता सो गये। जब शादी की पक्कियात हो गयी तो मोड़ा-मोड़ी साथ घूमे साथ फिरैं, को का कैरऔ। सच बात। कोई कुछ नहीं कह रहा पर प्रकृति ने चार छैः महीने बीतते-बीतते सारी रामायन खोल दई। जम्मो सागर आती जाती रहतीं, दो चार दिन के लिए सासु माओं के पास रहती, डग्गे में बैठकर कटरा जाती,

पंडत कक्का के ठेले पर फुलकी खाती, मनोहर टाकीज में शाहरुख खान की पिक्चर देखती। बड़ी अम्मा भी देखती, छुटकी के गालों पर निखार आ रहा है, आलस भी बढ़ता जा रहा है। पहिलौटी की बेरा, मुँह से निकला बऊ री बऊ आज हमाऔ मन इमली की चटनी खाबे को हो रओ। बड़ी ने छोटी से कहा, छोटी ने पप्पू से कहा। पप्पू ने कहा, सीधे जम्मो से क्यों नहीं पूछ लेती। तीन महीने। पप्पू रमेश पर बिफर गये। बऊ के भतार, हमने तुमसे कै बार कहा था कि घूमो फिरो पर ऐसो कोऊ काम नै करियो कि हमाई जग हँसाई हो जाए, दंद बिद जाए और बाप दादा के नाम पै बट्टो लग जाए। हम कहाये इज्जतदार आदमी। सादी में बड़े ठेकेदार, तहसीलदार, डाक्टर, पटवारी, इंजीनियर आहैं तो बहू को देखके का कैहें...मटका सो पेट लेके नई दुलैया कहूँ अच्छी लगत है का? हम कौन-कौन को मौं पकड़हैं। हम तो कलई फेरे करवा देते मनो सत्यानास जाए देवतन को। छैः महीनो के लाने उनके यहाँ सोवा परो है। इन्हें कित्तो तो नींद आउत है। अरे! हमाये रमेश के फेरा हो जाते फिर तुम सोउत रैते। छैः महीनों में तो सब कुछ उजागर हो जाने पर देवताओं पर न तानों का असर पड़ता है, न तिस्नों का। अपने देवी देवता नेम धरम के मामले में कोऊ की नई सुनत। सबरे टाइम टेबिल में बड़े पक्के होते हैं। देवताओं से निराश होकर पप्पू ने आदमियों का सहारा लेने की बात सोची। अब पप्पू इस नर्स से मिल रऔ, उस जच्चाघर के चक्कर लगा रयै। सगुनी सिस्टर ने कहा—काम हो जैहै पर 2000/- रुपैया लगहें, तुमने देर कर दी, रिक्श को काम है। रिक्श यानी रिस्क। पप्पू ने विवेक नहीं खोया। साली, गरज देख के मौं फाड़ रई। अपनी बहिन को होतो तो फ्री में करती के नै करती। इन्सानियत कहूँ रही ही नहीं। पर दौड़ धूप का असर हुआ। उनके सम्पर्क काम आये। एक नर्स मिल गयी-रिटायर्ड थी। हाथ में जस था। आज तक कोई केस नहीं बिगड़ा। घर बैठे पन्द्रह सौ हमें काट रयै का। किसी को सूंघ ने परै। नर्स की सेटिंग कर पप्पू गाँव पहुँचे। भावी समधी जी के पास। समधी जी को फूटी मटकी का वृतांत सुनाया। समधी जी ने पल्ला झाड़ना चाहा। पप्पू ने परम्पराओं का हवाला दिया। जब तक लड़की की डोली नहीं उठ जाती लड़की बाबुल की कहलाती है। बिदा हो जाती, हमारी देहरी पुज जाती तो जिम्मेदारी हमारी होती। अब तुमाऔ मोड़ा में साता ने हती तो हम का कर सकत। बात बढ़ती कि समधिन जी आ गयीं। निहोरा करने लगीं, अब बात नै बढ़ाऔ, जैसी जम्मो हमाई, वैसेई तुमाई। कछू रस्ता निकारौ। पप्पू रास्ता क्या, फोरलेन निकाल सकते हैं। उन्होंने बुढ़िया नर्स की बात छिपा ली। सगुन नर्स का हवाला दिया। अब दो हजार में तो काम हो जाने पर भाग दौड़, बस को किराया। कौन देरऔ, चलो, हमई गम्म खा लेहैं। समधी समझदार आदमी थे—जम्मो से छोटी घर में एक और बैठी है दम्मो। जम्मो की बदनामी हो गयी तो दम्मो की शादी में सौ अड़ंगे लगहैं। गाँवों में दुश्मनों की कोई कमी है क्या? साले, सबके घर में मिट्टी के चूल्हे हैं पर

अपनी आँख की फुली न देखकर पूरा पड़ोस की आँखों में तिनूका ढूँढ़त फिर रहे हैं। उन्हें लगा कि जम्मो को विदा करें और दम्मो के लाने वर ढुँढ़ाई शुरू करें। अरे! रमेश दामाद हो रयै तो का भयो, हैं तो पप्पू के बेटा। बाप ने अपनी साली का घर में डाल लऔ तो उनके बेटे काय नई अपनी साली को लुगाई बना के रख सकत। महँगाई बढ़ गयी है तो समझो 15 के 17 लग रये। पै समधी जू एक बात सुन लो। हम गाँव में कछू नई कर रयै। तुम अपनी बहुरिया को सहर ले जाऔ। उतै जैसी चाहो टांका-मरम्मत करवाऔ, उतै भागबे दौड़के वाले भी हैं—रमेसुरा सब करहै। फिर तुमाई डॉक्टरन से जान पहिचान कहाई। फिर अपनी एक आँख दबाकर बोले—अब ऐमैं डॉक्टर-डॉक्टरनी का करहै, करहै सब नर्स-दाई। और तुमाई तो सागर के सब नरसन-दाइयन से याराना कहाऔ, पप्पू मजाक समझते हैं। साब जी, मगर हमाई एक बात तुम्हैं और पूरी करने पड़है। हम बिन्ना को अकेले ले के नई जा रयै। बिन्ना के साथ ऐ बेर बिन्ना की बऊ खों हमाये साथ चलने परहे। हम रैत तो हैं सागर में पै हमें दम्मो की बऊ के सपना आउत हैं। मंजूर, हमें तुमाई सब बातें मंजूर। तुम आजई अपनी समधिन को ले जाओ। हम फ्री में नई ले जा रयै, एक ले जैहों, दो वापिस करहें। हम कछू समझे नईं। मालक, समझ करै। अब तुमाई उमर भई, समधिन हमाये साथ चली जैहैं तो तुम्हें खाबे पीबे को तरस जाने। को आ तुमाये गोड़े दबा रऔ। हम एक जनी ले जैहैं और बदले में दो पठा देहैं। अब तुमाई तुम जानो, दो दो को तुम कै दिना संभार सकत हो। मन भर जाए तो तुम दोऊ को पठा दियो। हमाये लाने जैसी एक, वैसी दो, वैसेई तीन। समधिन मुँह में अंचरा दबाए सब सुन रही थी। पप्पू को उन्होंने कनखियों से देखा, कहा, समधी जी, तुम हमें ऐसी वैसी नै जानियो, हम साँसी कै रये, हम एक बार तुमाए संगे कढ़े कि फिर वापिस लौट के ने आहैं। हमाई शर्त मंजूर हो तो हम गहना गुरिया समेटें, रास्ते के लाने कलेवा बनावें। हमारी हाथ की बड़ी खाहौ तो अंगुरिया चाटत रै जैहौ। दम्मो को जब इस करार के बारे में पता चला तो वह बहुत खुश हुई। ससुराल में बप्पा की चिन्ता भी ने करने पर है। भगवान, देवतन की नींद जल्दी खुल जाए। हम भांवरे लें, अपने घर जायें। खेतों-कछारन के चक्कर अब नई काटे जाएँ। हमें न नर्स से मिलने, न दाई को दिखाउने। हमाए पेट में का कोऊ और को बंस फल रयौ कि हमें डर लगे और हम अपनो पेट छिपात फिरें। सतमासा की अच्छी चलाई। सतमासा मोड़ा गाँवों में बुरो ने कहाउत। हर दूसरी गली में घूम रयै, भांवरों के बाद सात महीना को आ गिन रऔ। पाँच में हो जाए, छैः में हो जाए, सब सतमासा कहाउत हैं। कमजोर भयो तो सतमासा के मोड़ा मोड़ी ऐसेई दूबरे होत हैं और अच्छो तगड़ी भयो तो देखो, है तो सतमासा पर बिन्नी ने खूब घी मेवा सूते हैं, मोड़ा कैसो नोनों भयो है। रमेश की शादी धूमधाम से हुई। सबने पप्पू को बधाई दी, देखियो, बहुरिया कैसी मैदा की लोई जैसी है। मुँह दिखाई में पुरा पड़ोस की सब लुगाइयाँ

आयी, सबने आशीषा, दूधो नहाओ, पूतो फलो। जम्मो की ओखें ऊपर नईं उठ रही-सब कहते हैं बहू को सील को सुभाव तो देखो, आँखें ऊपर नई उठा रई। पप्पू जैसी लजवंती बहू लाए हैं, सबको ऐसेई बहू मिलै। सात माह बाद पीरै उठी, जम्मो सौंरी में गयी-कछू नईं, जम्मो पहाड़ पर लकड़ियाँ काटबे का गयीं, गोड़ा ऊँचे नीचे पड़ गये। दोनों सासुजी लोगों ने कहा कि हमने तो खीबई मना किया था कि ऐसे में कोऊ लकड़ी काटन जात है का? पर बहू मानई नहीं। अब मम्मीजी, हमाये रैत, आप जंगल जाओ, कछू अच्छो लगत है का? नई जम्मो, तुमने कुल की मरजाद रख ली। पप्पू खुश है, दोनों सासुमा खुश हैं। जम्मो ने ससुर जी के पैरों पर अपना सिर रख दिया। पप्पू ने आशीर्वाद दिया—पुत्रि, पवित्र किये कुल दोऊ। जैसे जम्मो के दिन फिरे, वैसे सबके फिरें। पप्पू जैसा समझदार ससुर सबको मिले।

श...श! पप्पू लोकतन्त्र की गैया दुह रहे हैं?

इस बार न जर, न जोरू, मामला सीधे-सीधे जमीन का था।

पप्पू मुझसे चालीस रुपये ले गये, मेरी लाचारी, भद्रजन समझे जाने की मेरी कमजोरी का फायदा उठाकर। सितम्बर की बात थी। जाड़ा आने को था। सागर में जाड़ा कुछ ज्यादा ही पड़ता है। वह भी चिल्ला। जब शीतलहर आती है तब न गरम कपड़े काम आते हैं, न शाल-दुशाले। न ही कम्बल या रजाई। हीटर, ब्लोअर भी साथ नहीं देते। वो साथ तो तब दें जब बिजली हो। जब सरकार की कृपा से घोषित से ज्यादा अघोषित बिजली कटौती होती हो तो कोई हिकमत काम नहीं आती। काम आती है सिगड़ी, लकड़ी के कायले वाली। लकड़ी का दसेक किलो कोयला हम लोगों ने लाकर पटक लिया था। लकड़ी के कोयले का भाव सुनकर ही पसीना आ गया। साहबियत दिखाई, कार से कोयला लेने भेजा। दो सौ रुपये दिये, पप्पन ने लौटकर खबर दी कि बीस किलो कोयला तीन सौ बीस में आयेगा। सरकार ने जंगल के पेड़ काटने पर प्रतिबन्ध लगा दिया है। सो चोरी से ही पेड़ कट पाते हैं। उन्हीं का कोयला बनता है। जब कोयला चोरी का होगा तो उसके भाव बड़ने ही कहाये। ठीक है, अपन को चोरी का बढ़ावा नहीं देना है। दस किलो ही लाओ।

भ्रष्टाचार के निवारण में फिफ्टी परसेंट सहयोग भी कम नहीं होता। कोयला घर आ गया। तब तक अक्टूबर भी आ गया। ठण्ड पड़ने लगी। सोचा, ऐश हो जाए, सिगड़ी जलाने के लिए उसमें कोयले भरे गये, नीचे पुराने अखबार के टुकड़े। मेरे पास डाक बहुत आती है, लिफाफे लम्बे वाले, पत्र-पत्रिकाएँ। मैं उन्हें फैंकता नहीं, बेचता भी नहीं। एक टिन में भरता जाता हूँ। यह रद्‌दी सिगड़ी जलाने के काम आती है। पर कोयलों ने रद्‌दी कागजों की लौ का रौब मानने से इन्कार कर दिया। चारों तरफ कालिख, घर में धुंआ, आँखों में कड़वाहट। पत्नी ने कहा कि मिट्टी का तेल मंगवा लेते हैं। मिट्टी के तेल से कायेले भक्क से आग पकड़ते हैं। इसे कहते हैं व्यवहार बुद्धि। पर मिट्टी का तेल आये तो आये कहाँ से? हमारे पास राशन कार्ड है पर मिट्टी का तेल राशन कार्ड से नहीं मिलता। ब्लैक से मिलता है। सरकारी दुकान के सामने लाइन में लगने का न मेरे पास समय था, न हिम्मत। रिटायरमेंट के बाद

कोई रिसर्च स्कालर भी नहीं। तो चलो ब्लैक से ही मिट्टी का तेल खरीद लेते हैं। पर ब्लैक का मामला ब्लैक का ही है। उसके लिए पुख्ता जानकारी चाहिए। ब्लैक का तेल कहाँ मिलता है, कब मिलता है, कौन बेचता है? पप्पू मालिश कर चुके तो बोले—काय, आज अनमने से काय लग रये? मैंने अपनी समस्या पप्पू को बताई। पप्पू के पास सब समस्याओं का समाधान है—खास तौर पर ब्लैक समस्याओं का। मैंने पप्पू का काम आसान करना चाहा। पप्पू हमारे पास राशन कार्ड है—लेते जाओ, आसानी होगी। पप्पू राशन कार्ड की हकीकत जानते थे—गालिब को भी जन्नत की हकीकत पता थी। पप्पू ने मेरा दिल बहलाया। बोला—अरे साहब, अपनो राशन कार्ड अपने लिघां धरौ। जे काम कायदे कानून से नहीं बनत। फिर वह बिल्कुल शाहरूख खान के अन्दाज में बोला—हम हैं ना। आप तो फटाफट कुप्पी देऔ और बताऔ कित्तो तेल चाने, हम कल सबेरे हाजिर कर दे हैं।

मैं भीतर आया, साधना से पूछा दो लीटर काफी होगा? पप्पू को बताया तो पता चला कि दो लीटर के चालीस रुपये होंगे, मेरे मन में कोई शंका न हो तो उसने हिसाब समझाया—खुले में वैसे मिट्टी का तेल दस रुपये बिकत है पर ब्लैक में बीस रुपैया को रेट चल रऔ। तो दो लीटर के कित्ते भये—चालीस रूपैया और साब, एक बात आपखों पहिलेई से जान लेने। ब्लैक वारे कुप्पी में तेल खूब ऊपर से डारत हैं। कुप्पी झाग से भर जात है, कछु रस्ता में छलक जात है। घर आत-आत दो लीटर, सवा लीटर बच जाए तो आप किस्मत कहाये। पप्पू खवास भविष्य पारे दर्शी हैं। उन्होंने मेरे हिस्से के ब्लैक के तेल से अपने घर के अँधेरे को दूर करने की योजना भी बना ली थी—तमसो मा ज्योतिर्गमय। मुझे लगा कि बुद्ध क्यों महान थे—वे भूत, भविष्य, वर्तमान सब न जानते होते तो ग्रेट क्यों कहलाते। पप्पू ने कुप्पी सँभाली, चालीस रुपये पेंट के पीछे की जेब के हवाले किये, मुझे आश्वस्त किया—साहब, आप बेचिन्त हो जाओ, हम कल सबेरे आहैं तो मिट्टी को तेल के संगे आहैं। आज शाम ब्लैक को जुगाड़ हो जैहे।

पप्पू की बातों से बड़ी राहत मिली—राहत यानी गर्मी। लगा ठण्ड कुछ कम हो गयी। सबेरा हुआ, दोपहर आयी पर पप्पू नहीं आये, एक दिन बीता, हफ्ता गुजर गया, शुक्ल पक्ष कृष्ण पक्ष में बदल गया पर पप्पू न आये तो नहीं आये। वेंट तो ऐसे वेंट कि केमई नाट। पता चला कि पप्पू यहाँ है पर किसी भागदौड़ में लगे हैं। पप्पू एक शाम विद्यापुरम के चौराहे पर दिखे, झूमते हुए, उनके कदम धरती पर नहीं पड़ रहे थे। सिर तना हुआ था, आँखों में सपने थे। पत्नी ने टोका—काय पप्पू कहाँ चले गये थे? कहीं आसाम की तरफ तो नहीं निकल गये थे। पप्पू ने व्यंजना नहीं समझी। मैंने बात का खुलासा किया—पप्पू आसाम में मिट्टी के तेल के कुएँ हैं। बाईसाब कह रही हैं कि कहीं तुम मिट्टी का तेल लेने आसाम तो नहीं चले गये थे। पप्पू बिल्कुल संकुचित नहीं हुए। झुके, पत्नी के चरण स्पर्श किये, कहा—तुम हमरी

मतारी, तुमाये चरणों की सौं। कल से हम मालिस करबे आ रयै। बाकी बातें कल बतैहैं। पत्नी ने पप्पू की सौगंध पर संदला चढ़ाया, पप्पू, तुमने हमें मतारी कहा है, मतारी से धोखा नै करियो। पप्पू ने अपने वचनों का निर्वाह किया, दूसरे दिन सबेरे हाजिर हुए। पर उनके साथ कुप्पी नहीं थी, एक आदमी था। उन्होंने उस आदमी का परिचय कराया, जे हमाये मौसेरे भाई, गाँव से कलई आये हैं। भाई के हाथों में कुल्हाड़ी थी। मैंने उसकी ओर देखा—पप्पू समझ गये। साब, हमें अपनी झुग्गी के लाने फटकी बनने। फटकी के लाने जंगल से छेवला के पत्ते लाउने परहैं, बड़ो काम है, अकेले को बस को नइयाँ। हम दोनों आपके इतैसें सीधे जंगल जा रयै। शाम तक लौटहें। कल फिर मालिस काजें हाजर हो जैहें।

मुझे इस फटकी प्रसंग का कोई सिर पैर समझ में नहीं आया। कहा, पर पप्पू तू तो कहते थे कि तुम्हारा रेलवे लाइन के उस पार पक्का मकान है तो ये फटकी किसलिए?

पप्पू ने अपने पत्ते खोले। फ्लैश बैक में। उसने महाकाव्यों की शैली अपनाई—खासकर जायसी वाली। पद्मावत में जायसी ने फैक्ट और फिक्शन का, तथ्य और कल्पना का ऐसा ताना बाना बुना है कि पं. हजारीप्रसाद द्विवेदी तक दंग रह गये—कहना पड़ा कि जायसी की कथा निजंधरी कथा है—आधी सत्य, आधी गप्प। पप्पू ने मिट्टी का तेल लाने में कौन-कौन सी कठिनाइयाँ आईं, उन सबका बखान किया। कहा, वा दिन कुप्पी लिए हम आपके लाने ब्लैक में माटी को तेल लेबे जा रये हतै कि रस्ता में हमें हल्ले पटवारी दिखा गये। हमने हल्ले पटवारी से जुहार करी तो पूछो, काय, कहाँ जा रयै। कछू नई, हमाये साहब को मिट्टी को तेल चाउनै। मिट्टी का नाम सुनकर हल्ले को कुछ याद आया। उन्होंने पप्पू की क्षमताओं का आकलन किया। हल्ले पटवारी हैं सो एक जरीब में अच्छो, बुरो सब नाप सकत हैं। मन ही मन उनने कछू गुनौ—उन्हें लगा कि बस यही है, यही है, यही है। हमारी भुस भरी जिन्दगानी ने उनने लूघरा डार दऔ। कैन लगे, तुमैं माटी के तेल की पड़ी है, कि यहाँ सोने सी जमीन माटी के मोल लुट गयी। हम चौकन्ने भये। जमीन—कहाँ धरी है जमीन, वो भी इस जमाने में माटी के मोल। हल्ले बोले—सागर बहेरिया तक फैल गयो, देखियो एक दिन बड़तूंबा से लेकर बहेरिया तक एक हो जाने। अँगुरिया भर जमीन दो-चार बरस में इस रोड पर खाली ने बचहे। तो मालक हमें का, हम न सेठ, न साहूकार, न मन्त्री, न विधायक, न दारू के ठेकेदार। हल्ले बोले—चूतियाई की बातें ने करौ। लोकतन्त्र की पोल में जे घुस सकै वोई राजा, वोई को जयकारो। हिम्मत करो और हमाई कही मानों तो हम हिकमत भिड़ायें। पप्पू में, आप तो जानते हैं न ही हिम्मत की कमी है, न हिकमत की। हल्ले ने उसे जो सेटिंग बताई, उसमें उसे स्वर्णिम भविष्य की झाँकी दिखी।

हल्ले ने बताया कि विद्यापुरम के आगे जो नाला है, उसके किनारे बीस बाय

दस के दस प्लॉट गरीबी की रेखा के नीचे के लिए छोड़े गये हैं। गरीबी की रेखा को और नीचे करके नगर निगम के अध्यक्ष ने उसे अतिगरीबों के लिए आवंटित किया है। अब अति गरीब कौन—हरिजन। नगर निगम के दस सफाई कर्मचारियों को दस प्लॉट मुफ्त में दिये जाने के आदेश हो गये, हरिजन हमारे पास आये—हम कहायै पटवारी, जब तक हम नाप जोख नै करैं, तब तक जमीन टस से मस नई हो रही। कहाँ के नजूल अधिकारी, कहाँ के तहसीलदार और कहाँ के कलट्टर। हमाओ तो दिमाग घूम गयौ। पैराडाइज होटल के पास, विद्यापुरम के लिघां को आ रै रयै—हरिजन। ऐसौ हमारे जियत जी नई हो सकत। हमने दिमाग दौड़ाऔ तो तरकीब निकल आयी। हमने हरिजनों को समझाया—काय तुम लोग काम कहाँ कर रयै? शहर में। अरे सीधे-सीधे कटरा काय नई कैत। अब कटरा विद्यापुरम से कै कोस हुइयै—चार, बेटा, निगंत निनंत गोड़े टूट जाने। डग्गा से आओ तो चार रूपैआ आने के, चार जाने के। फिर तुम कौन अकेले आ दफाई कर रयै। तुमाये घर से भी तो हैं। तो सोलह रूपैया आत-जात के ला रयै तो बच का रऔ? हल्ले पटवारी की बात सफाई कर्मचारियों की समझ में आयी। पै मालिक, हम ऐमें का कर सकत हैं।

हल्ले ने रास्ता सुझाया—सब लोग मिलकर नगर निगम के अध्यक्ष के लिए एक अर्जी लिखो—हमें विद्यापुरम दूर पड़ता है। हमें जमीन देनी है तो शहर में ही दो। काम को हरजा नै हुइयै, हमें आसानी हुइयै। बात बिल्कुल ठीक। अब विद्यापुरम के पास अनुसूचित जाति के लिए आरक्षित भूखण्ड बेकार पड़े हैं। हल्ले ने पप्पू को उकसाया—पप्पू तुम आठ-दस लोग इकट्ठे करो—सब अपनई जैसे होंये। अपने ही जैसे को का मतलब। पप्पू नई समझे? हल्ले ने समझाया—खवास, कोटवार, धानुक, हरिजन। एक प्लॉट हमाये भैया के लाने रखने हैं, जात चौधरी। आज रात को सारो काम हो जाय। हुआ, रात में बारह घण्टे होते हैं। बल्लियाँ गड़ गयी, तिरपाल तन गये, खूंटा गड़ गये, ईंटों के चूल्हा जल गये, सपरने के लिए ओट हो गयी। आसपास के लोगों ने सबेरे देखा तो आँखें फटी की फटी रह गयी। यह कैसा चमत्कार। कल तक यहाँ न चिड़िया दिख रही थी, न चिड़िया का पूत, रात भर में बस्ती कहाँ से बन गयी। भीड़ लग गयी। सबेरे हल्ले आये—बड़ा हल्ला मचाया। जिसने भी ये गैर कानूनी काम किया हो फौरन अपने टीन टपरे हटा ले। नहीं तो हमसे बुरा कोई नहीं होगा।

हल्ला मचा मचू कर हल्ले पटवारी ने नजूल साहब को अतिक्रमण की खबर की। साहब, जे ते अनर्थ हो रऔ। सरकारी जमीन पर कब्जा। नजूल साहब की सलाह से थाने में एफआईआर दर्ज कराई गयी। हेड साहब चार सिपाहियों के साथ मौके पर पहुँचे। समझाइश दी—ये सब गैरकानूनी है। शाम तक खाली करो नहीं तो हवालात में पेंड देहैं। हवालात में पेंडने के लिए कचहरी का वारंट चाहिए। हल्ले की सेटिंग सब जगह थी—थाने में, कोर्ट में, कचहरी में, पेशी हुई—पाँच सौ रूपैया जरीमाना। एक प्लाट के लिए, पप्पू हल्ले के पास पहुँचे। हल्ले नहाने जा रहे थे, गमछा लपेटे

पप्पू ने कहा, मालक, हमाई बात सुन लौ फिर सपरीबे जइयौ। पप्पू ने हल्ले पटवारी के पाँव चॉपने प्रारम्भ किये, घुटनों तक जाते, फिर नीचे लौटते। हल्ले जो गमछा पहिने थे, वह पारदर्शी था। स्थिति को पप्पू को सँभालना था। हल्ले बेचिन्त थे। हल्ले ने समझाया, ये तो पहिली पेशी है, डटे रहौ। दो महीना बाद दूसरी पेशी होगी, फिर पाँच सौ रूपया जरीमाना। तब भी अपने को डटे रहना है। तीसरी पेशी में वारा न्यारा होगा। अब भैया, लाखों की जमीन है, विद्यापुरम कहाऔ के बगल में। तीसरी पेशी में हजार दो हजार जरीमाना हो जाये तो गम खाने। इस बीच तुम दो चार जने मिल के अपने जिले प्रभारी मन्त्री से मिल आओ। भोपाल जाकर। एकाध फोटोग्राफर को जुगाड़ करने पड़है। माला वाला पहनइयौ। कहियो, साहब हम गरीब लोग कांग्रेस के राज में पिस गये। अब आपई माई बाप। आपने हमाई नईं सुनी तो हमैं फांसी पर चढ़ जाने। हमाये मूंड पर छत बनी रहै तो अगले चुनाव में हम सबके वोट आपकी पार्टी में गिरने। लौट कर एक दिन गाजे बाजे के साथ नगर निगम कार्यालय पहुँच जाओ। वहाँ नगर निगम अध्यक्ष से अपना विपता सुनाऔ। बेचारे बड़े भले आदमी हैं। अपनो का ख्याल रखत हैं। मुहल्ला में कोई सादी ब्याह रचाऔ, मुंडल नकछेदन कराओ, उनको बुलाओ, सिर पर पकड़ी बाँधो। उनको चुनाव नवंबर में होने—जेई नरयावली क्षेत्र से। सो वे भी तुम लोगों के खिलाफ ने जैहें। तुम तो डटे रऔ, हल्ले पटवारी के जियत जी क्रोऊ तुमे बेदखल नईं कर सकत। लोकतन्त्र है, मजाक नइयाँ।

पप्पू बड़े खुश-खुश लौटे। सबेरे मेरे पास आये, हल्ले से जो शिखर वार्ता हुई थी, उसकी जानकारी दी। बोले, साहब लोकतन्त्र में लोक को भलो न हुइयै तो कौन को हुइये। मैं समझ गया, हमारे संविधान का पहला ही वाक्य है—'वी द पीपुल ऑफ इण्डिया।' पप्पू 'वी द पीपुल ऑफ इंडिया' के प्रतिनिधि के रूप में बोल रहे थे। जब इण्डिया के लोग देश को एक सर्वप्रभुता सम्पन्न, लोकतान्त्रिक, धर्मनिरपेक्ष संविधान दे सकते हैं तो बीस बाई दस का भूखण्ड क्यों नहीं? पप्पू की बातों में दमदारी थी। पप्पू की आवाज सुनकर पत्नी भीतर से आई। पप्पू ने मतारी के चरण छुए—कहा, मतारी आपको आसिरवाद चानै, हमायै लाने एक भूखण्ड को जुगाड़ हो गयौ है, आपके चरणों के लिंघा, जिन्दगी भर ऐसे ई पड़े रहैं, ऐसे ई आप लोगन की सेवा करत रहैं और हमें कछू नई चाने।

पत्नी कुछ बोलने को हुई—मैंने कहा—खामोश, पप्पू बड़े काम में लगे हैं। पप्पू इन दिनों लोकतन्त्र की कामधेनु को दुहने में लगे हैं। कामधेनु सबकी इच्छा पूरी करती है—जो माँगो देती है, जो उससे नोठों के बंडल माँगता है, उसे नोटों के बन्डल मिलते हैं, आप को चारा चाहिए—लोकतन्त्र की कामधेनु आपको चारा देगी। आपको कबूतरबाजी का शौक है सो कबूतर उड़ाओ। पेट्रोल पम्प चाहिए, ले जाओ। कॉलेज खोलो, फीस आपकी। कॉलोनी बनाओ, पर्सेंटेज तय है। बाहर जा रये, प्रेमिका संग

ले जाओ, अपनी बीवी बनाकर, रेस्ट हाउस में, गेस्ट आउस में। अकेले समय नहीं कटता, तो लोकतन्त्र में उसकी भी व्यवस्था है। मधुमिता की बात तो सब जानते हैं। यही जमीन की, सो न अमिताभ बच्चन कामधेनु से जमीन लेने की इच्छा रोक पा रअै, न रानी मुखर्जी। जिसको जो चाहिए, कामधेनु मनसा पूरन है। आपको दुहना आना चाहिए। उसके थन भरे हुए हैं। आप जितना चाहो दुह लो। ऊपर से नीचे तक सभी दुह रहे हैं, पप्पू का भी लग्गा लग गया तो क्या बुरा है। लोकतन्त्र में जिगरा होना चाहिए, थोड़ी दबंगयी, थोड़ी बेशर्मी, थोड़ी हिकमत अमली। आपमें मिट्टी का तेल खरीदने के लिए लाइन में खड़े होने की ताकत है नहीं। सो करते रहिए शिकायत कालाबाजारी की, घूसखोरी की, बेईमानी की। भइया, अकेले गाय मत दुहौ। एक सामने भूसा सानी रखे, दूसरा उसके पैरों में रस्सी बाँधे, तीसरा उसके थन धोये, चौथा सर्र सर्र बाल्टी में दूध काढ़े। लोकतन्त्र में काम मिल बाँट कर करो, सबके सहयोग से करो, दूसरों की पीर समझो, उसकी पीर दूर करो, अपनी भी पीर मिटाओ। लोकतन्त्र को मजबूत करना हमारा लक्ष्य है। सो पप्पू लोकतन्त्र को मजबूत करने में लगे हैं। जब लोक मजबूत होगा तभी तो तन्त्र सफल होगा।

मैं चालीस रुपये की बात भूल गया। इतने बड़े काम में सौ पचास रुपये की बात करना मुझे बहुत घटियापन लगा। लोकतन्त्र की कामधेनु आपके सामने लावारिस, छुट्टा घूम रही है। आप चाहें तो आप दुह लें। कौन रोक रहा है। अब आपको दुहने का तौर तरीका न आता हो, गैया के सींगों और लातों से बचने की तरकीब न आती हो तो मचाते रहिए शोर, बड़ी धाँधली है, जहाँ देखो वहीं पोल है। भइया पोल है तो घुस काहे नहीं जा रयै। पप्पू घुस रयै, हल्ले घुस रयै तो आपको का परेशानी है। जर, जोरू, जमीन तो पुरानी बातें हो गयीं, अब तो जमाना जोर का है। और जोर कहाँ है, जोर मतदाता के वोट में है। लालू हों चाहे राज ठाकरे, नेता हों चाहे अभिनेता—सभी वोट कबाड़ने की जुगत कर रयै। पप्पू जम्हूरियत में जोरावर बनने की जुगत जान गये हैं। वोट हैं तो नेता को उनकी चिन्ता है। वोट है तो काय को कानून, काय को संविधान चुनाव हो जान दो, हमाये नाम प्लाट चढ़ भर जान दो, हम वा पंगत करहैं कि तुम भी याद रखहौ। उसने मेरा मुँह देखा। देखा कि पंगत शब्द से मेरा मुँह बिचक गयाा है। नईं साब, पंगत तो हमने ऊसई कै दई। हम तो गृह प्रवेश के दिना खड़खान (आप इसे 'बुफे' पढ़ें) करहैं। बगल के स्कूल से चार टेबिलें ले आहें, वहाँ को चपरासी हमाओ यार है—मिलके खात-पियत हैं। बगल के बरेठा से चार चद्दरें—सफेद, बढ़िया लोहा वारी मिल जैहें। चार छैः कुर्सी, आप जैसे बुजुखों के लानें। फोटोग्राफर भी रैहे। क्लिक-क्लिक। पत्तल दोना कछू नई। कागज के ग्लास, कागज की प्लेटें। पैराडाइज होटल के एक बैरा से सेटिंग करने परहै। और न हो पाहे तो आप के चरण पकड़ लेने। आप, हम जानत हैं, अपने पप्पू को नाहीं नईं कर सकत। पप्पू ने मेरी कमजोर नस पकड़ी। पप्पू लोकतन्त्र की नींव

मजबूत करने में लगे हैं। मैं जाानता हूँ कि अपना लोकतन्त्र वायदों पर चल रहा है, उम्मीदों पर कायम है। उम्मीद करते-करते साठ साल हो गये। कागजों पर हमने कितनी प्रगति कर ली है। पप्पू कागज की प्लेटों और कागज के ही ग्लासों के लिए मेरा सहयोग चाहते हैं। अब मैं यह सहयोग न करूँ और चालीस रुपये की याद पप्पू को दिलाने बैठ जाऊँ तो मुझसे बड़ा लोकतन्त्र का दुश्मन कौन होगा? पप्पू भी सोचेंगे हम गरीबी की रेखा के नीचे वालों के हक के लिए लड़ रहै और इन्हें देखो, ये चालीस रूपैया नईं भूल पा रयै।

मैंने तय कर लिया है कि मैं अपने चालीस रुपये भूल जाऊँगा और कुप्पी भी। पप्पू की यदि पैराडाइज वाले से सेटिंग नहीं हो पाई तो उनके कागज की प्लेटों और ग्लासों का खर्च मैं उठाऊँगा। जब बड़ी चीजों का भविष्य दांव पर लगा हो तो छोटी मोटी बातों को भूल जाना चाहिए। मैंने तय कर लियाा है कि मैं खड़खाने का पप्पू का आमन्त्रण स्वीकार करूँगा, उनके गृह प्रवेश में सम्मिलित होऊँगा और वहाँ से लौटकर आपको पप्पूपुरम् के हालचाल बताऊँगा। तब तक आपको सब्र करना चाहिए क्योंकि सब्र का फल, आप तो जानते ही हैं, मीठा होता है।

पप्पू खवास : जनसंख्या विस्फोट के असली कारणों की पहिचान

पप्पू खवास ने मेरे पैर छोड़े और अभ्यागत के पैर चाँपने के लिए अपना आसन बदला। पप्पू ने अभ्यागत के बायें पैर का पाँयचा ऊपर उठाया, मोजा नीचे खिसकाया और दोनों हथेलियों से उनकी पिंडली का स्पर्श किया ही था कि डॉ. हरीश सक्सेना चिहुँके—बोले, अरे! यह क्या करते हो? हरीश मेरे पुराने मित्र हैं, छात्र जीवन में मेरे समकालीन रहे हैं, सागर विश्वविद्यालय में प्राणिशास्त्र के प्राध्यापक रह चुके हैं। सुन्दर, सुदर्शन, सुचिक्कण। प्राण! तुम कोमल कोमल गात कोटि के मनोहर। बुन्देली कविताएँ लिखते हैं, बुन्देलखण्ड के लोक जीवन पर एक उपन्यास भी लिख चुके हैं। अपनी रचनाएँ पत्र-पत्रिकाओं में प्रकाशित करवाने के उपायों पर सलाह लेने के लिए कभी कभार मेरे पास आ जाते हैं। आज जब आये तो उन्हें पप्पू खवास मेरे पास बैठे हुए मिले। मैं अखबार पढ़ रहा था। पप्पू मेरे अखबार वाचन के समाप्त होने की प्रतीक्षा करने लगे। पर पप्पू खाली बैठें तो पप्पू काहे के? जब आप उन्हें खाली समझते हैं तब भी उनकी जीभ चलती है और हाथ भी। हाथ यानी हथेलियाँ। वे जानते हैं कि इस सारे जहाँ से अच्छे हमारे हिन्दुस्तान में कोई आदमजात ऐसा नहीं है जिसकी पिंडलियाँ न दुखती हों। आप साइकिल चलाओगे तो पिंडलियाँ ज्यादा दुखेंगी, कार चलाओगे तो थोड़ी कम। जो जितना सुकुमार उसकी पिंडलियाँ उतनी ही ज्यादा दुखने वाली कहाईं। पप्पू की मान्यता है कि आदमी की पिंडलियाँ दुखने से नहीं दुखती, दुखी होने के अहसास से ज्यादा दुखती है। हम तो साब, रोजाना दस कोस अपने धन्धे के कारण मुहल्ला मुहल्ला घूमत हैं, हमाये तो गोड़ कभी नई पिराउत। मैंने उसे रोका, पप्पू, झूठ ने बोलो। तुमई तो बता रये थे कि जब तक दोऊ खवासिने तुमाये पैर नईं दबाउत तब तक तुमैं नींद नईं आउत। पप्पू बिल्कुल हतप्रभ नहीं हुए। बोले—साब, बात समझा करौ। खवासिनें रोजाना ये पैर काय दबातीं? इसलिए थोडू कि हमायें गोड़ा पिरात हैं, बल्कि इसलिए कि पति परमेसर के गोड़ दबाने के लिए उन्हें पुन्य मिलता है। पति के गोड़ दबाना पत्नी की ड्यूटी में शामिल है। और तुम? साब, हमाई भली चलाई, गोड़े हम दबा रयै पेट भरन काजें। गोड़े चाँपना हमाऔ धन्धा है। हम गोड़े ने दबायै तो हमायै घर चूल्हा नई

जल रऔ। उसकी रगों में उसके पूर्वजों का जो रक्त प्रवाहित हो रहा है, वह उसे बराबर उकसाता है, बेटा, सामने वाले के पैर दबाओ तभी तुम्हारी खैर है। समाज में तुम्हारी पूछ-ताछ इसीलिए है कि तुमके पैर दबाने का हुनर आता है इसलिए खवास पुत्र पप्पू अपने पिताश्री के मार्गदर्शन एवं प्रशिक्षण में उपलब्ध हुनर को जब देखो तब आजमाते रहते हैं। वे परिचित के भी पैद दबाते हैं, अपरिचित के भी। परिचित के तो इसलिए कि बँधी का मामला है—बँधी में रोज के दस रूपेया बँधे रहते हैं और अपरिचित के? साब तुमने वह कहनात तो सुनी हुइयै, 'रहिमन या संसार में सबसे मिलिये धाय। न जाने किस वेश में नऔ ग्राहक मिल जाये।' यह रहीम का पप्पू का अपना पाठान्तर था। हमारे मध्यकालीन कवि इसलिए कालजयी हैं क्योंकि वे लोक की मूलभूत आवश्यकताओं की पूर्ति करते हैं। उनका तो कोई कॉपीराइट होता है, न ही कोई प्रामाणिक पाठ। पप्पू सामने वाले का मुँह नहीं देखते, पैर देखते हैं। कहते हैं कि रैदास भी सामने वाले का मुँह नहीं देखते थे, उसके पैरों में पड़ी हुई पनइयाँ देखते थे। कोई उन्हें उनकी इस आदत के लिए रोकता तो वे साफ साफ कहते—दादू, हमारी रोजी-रोटी सामने वाले के मुँह की खुशहाली से नहीं, उसके पैरों की जूतियों की बदहाली से चलती है। पप्पू के पूर्वजों का सारा जीवन कुछ न करने वालों के चरण चाँपते चाँपते ही खप गया। मुझे लगता है कि गालिब ने जब कहा कि 'इब्ने मरियम हुआ करे कोई, मेरे दुःख की दवा करे कोई, कौन हे जो नहीं है हाजतमन्द, किसकी हाजत रवा करे कोई', तो निश्चय ही वे अपनी प्रेमिका डोमन के घर देर रात दूर पैदल चलकर लौटे होंगे और पिंडलियों के दर्द के कारण उन्हें रात भर नींद नहीं आयी होगी। वे सबेरे किसी इलाही खवास का इन्तजार कर रहे होंगे। सबेरे बार-बार वे टाट का पर्दा उठाकर देखते होंते कि इलाही अब आये कि तब आये पर हर बार निराश होकर उन्हें कहने के लिए मजबूर होना पड़ा होगा—'या इलाही! यह माजरा क्या है?' पप्पू सामने बैठे हुए आदमी को गालिब जैसा लाचार नहीं देख सकते। सामने बैठा हुआ हर आदमी पप्पू की चंपी का हाजतमन्द लगता है। इसलिए सामने वाले को बैठा देखकर उनकी हंथेलियाँ रवाँ हो जाती हैं। सक्सेना साहब की आँखें यों भी बड़ी, बाल घुँघराले और जिल्द बादामी है। वे एक धीरललित कलाकार की जो भी जिस्मानी नाप जोख शास्त्रों में परिगणित है सबकी पूर्ति करते हैं। सो सक्सेना साहब का चिहुँकना भी पप्पू को उनकी एक अदा लगी। अब पप्पू सक्सेना साहब की अदा देखे कि अपना खानदानी फर्ज पूरा करे। अदा भी तभी रिझाती है जब पेट में दाना पड़ा हो या दाना पड़ने का जुगाड़ हो। पर सक्सेना साहब बेहद नफासत पसन्द। उन्होंने जब जरा जोर से ही इस चरण चंपन परियोजना पर ऐतराज किया तो पप्पू खवास ने हथेलियों के साथ अपनी जिह्वा से भी काम लिया। एक से दो भले। पप्पू खवास यह जानते थरे कि जो थाप वे अपनी हथेलियों से नहीं कर सकते वह उनकी जिह्वा सम्पन्न कर देती हैं

उनकी हथेलियों पर तो सरसों का या नारियल का तेल लगा रहता है पर जिह्वा पर विशुद्ध मक्खन। वह भी अमूल का। उनकी हथेलियों की क्रिया तो बन्द नहीं हुई पर जिह्वा गतिशील हो गयी। बोल-काय साहब, तुम आये तो हमायें साहब ने उठकर तुमाये लाने दरवज्जा खोलो कि नईं? आइए, आइए कई कि नईं? और बे तब तक नईं बैठे जब तक आप नहीं बैठ गये। हम का समझें? फिर उसने अपने प्रश्न का स्वयं ही उत्तर भी दिया—कहा, साब, हमारे बाप दादे पता नहीं कितना पीढ़ियों से आप लोगन का सेवा करते आ रहे हैं। आप लोग मालक, हम आपकी परजा। भाँवरें आप लोगन के मोड़ा-मोडिन करी परत हैं, पत्रिका लेके हमे जाने परत है। हम ने होंय तो आप लोगन के नेग दस्तूर सबई अधूरे रै जाने। हमाये दद्‌दा कैते थे कि बेटा पप्पू, दब के चलो। दब के चलबे में ई बरक्कत हैं फिर उसे गुरुद्वारे के ग्रन्थों से सुनी बाणी याद आयी—'नानक नन्हें है रही, जैसी नन्हीं दूब। बड़े बिरिछ तो मिटि गये, दूब खूब की खूब।' मैंने नानक को गलत उद्धृत करने पर पप्पू को नहीं टोका। पप्पू नानक देव को नहीं, अपने पुरखों के अनुभव को उद्धृत कर रहे थे। कह रहे थे कि जब तुम हमारे साहब के खास कहाये तो हमायै खास भये कि नहीं। मैं जानता था कि सामने वाले को खास मानने की प्रवृत्ति के पीछे पप्पू का जातीय संस्कार ही नहीं, 'मार्केटिंग इन्सटिंक्ट' भी काम कर रहा था। आज तो हम तुमार्य गोड़ फ्री में दाब रहे हैं, यह हमारा एक तरह से सैंपल आफर है। तुमै हमाई मालिश पसन्द आ जैहे तो तुम खुदई हमें बुलैहौ। पप्पू के इस विंडो शो का असर होता है। सामने वाला उसका नाम-पता पूछता है और कहता है कि पप्पू, कल से तुम हमारे यहाँ भी आया करो। पप्पू और चाहते भी क्या है? उनका क्यायंटेल बढ़ रहा है, उनके हुनर के चर्चे हो रहे हैं। पप्पू से मेरा परिचय भी इसी पद्धति से हुआ था। अब जब पप्पू ने सामने वाले के पैर पाँच सात मिनट चाँपे हैं तो सामने वाला भी पप्पू को यों ही खाली हाथ नहीं रखेगा। प्रेस्टीज की बात है। इसे ही लोक में व्यवहार कहते हैं। लोक कहता है कि जब पौनी-परजा ने आपकी खिदमत की है तब आपको अपने बड़प्पन का परिचय देना चाहिए। खुशी रहो, प्रसन्न रहो से काम नहीं चलता। ये तो शब्दों की माया हैं असली माया कलदार में होती है। कलदार नहीं हैं तो नोट तो होंगे ही होंगे। जो आदमी धर से बिना पर्स लिए खाली जेब निकले वो महान खबीस। पप्पू की जेब में भी दो-चार दस के नोट तो पड़े ही रहतें हैं। पप्पू कहते हैं कि जेब भरी हो तो हिम्मत बनी रहती है। सक्सेना साहब झांसी के पास के किसी गाँव के हैं। लोक व्यवहार में निष्णात। वे जानते हैं कि पौनी-परजा को, हरबोले मंगन को, पौने-छक्के को खाली हाथ लौटा दो तो शाम तक दो चार दस मुहल्लों में आपकी नाक कटी मिलेगी। सक्सेना सहाब को अपनी नाक की बड़ी चिन्ता थी। जानते थे कि उन्होंने पप्पू को दस का एक नोट नहीं दिया तो पप्पू शाम तक एफ.एम. बैंड पर उनका बैंड बजा देगा। उन्होंने आसन बदला, पैंट की जेब में हाथ

डाला, पाँच का एक सिक्का अँगुलियों से टटोल कर पकड़ा पर अभी पप्पू को दिया नहीं। उन्हें पप्पू से पूरी रिपोर्ट चाहिए थी। सक्सेना साहब का हाथ जेब में पड़ा देखकर पप्पू बेचिन्त हो गये अब मालक, पूछो जो कछू पूछने हाये। सक्सेना साहब ने निहायत सीधे सवाल पूछे—तुम जैन साहब के यहाँ कब से आरयै? पप्पू को सोचना नहीं पड़ा। अरे साब, कछू न कहौ। हमाये जैन साब राजा आदमी हैं। साल दसेक तो होइ गये हुइयैं। फिर उन्होंने मुझसे हुंकारी भरवाने के अन्दाज में जिज्ञासा की। काय साहब, अपने पड़ोस में पैराडाइज होटल कौन सन् में शुरू भई थी। दस सबाल तो होइ गयै हुइयैं। दस में संशोधन की कोई गुंजाइश नहीं थी। अभी भी गाँव में जन्म-मृत्यु का कैलेंडर इसी तरह रखा जाता है। हमारी मोड़ी पिछले चुनाव के साल पैदा हुई थी। हमरे दद्दा उसी साल गुजरे थे जौन साल भूकंप आऔ हतौ। हमारी पहिली घरवाली भी ओई साल साँप के काटे कसे मरी थी जौन साल इन्दिरा जी के साथ धोखा भऔ हतौ। पर पप्पू की रुचि इन सब पे नहीं थी। वे सामने वाले का पता लिखाना चाहते थे। उन्होंने उलाहना भरी दृष्टि से मेरी ओर देखा। काय मालिक, हमाई तो तुमने राई रत्ती खोल दई, इनकी भी तो हमें कछू बताऔ। हमें इनके यहाँ जाने होय तो हम साइकिल दबा के कहाँ पौंच जायें? मैं उसकी इस अदा से परिचित हूँ। उसको सक्सेना साहब का पता समझाता हूँ। कठवा पुल के जेई तरफ पीर की मजार है न? हौ, है। उसके ठीक पहिले साहिल अपार्टमेंट को कुआँ है। हौ, है। बस तुम कुंआ के बगल से गली में बढ़ते चले जाओ। आखिरी फ्लैट में सक्सेना साहब रहते हैं। तो ऐसी कहौ न? बड़े इन्जीनियर साहब के सामने। हम इन्जीनियर साहब के यहाँ जा चुके हैं। उनके दद्दा के कूल्हे की हड्डी खिसक गयी थी तो उन्होंने हमें गाड़ी भेज के बुलाऔ हतो। मैं एक कागज पर सक्सेना साहब का पता लिखकर पप्पू को देता हूँ। वक्त जरूरत के लिए। फिर मैं सक्सेना साहब का असली परिचय पप्पू को बताता हूँ। कहता हूँ—पप्पू, कभी तुम सक्सेना साहब का पता भूल जाओ या ये पर्ची गुम जाये तो तुम बस किसी से भी ये पूछना—काय साहब, 'हम दो, हमारे दो' वाले साहब की कोठी कौन सी है? कोई भी तुम्हें वहाँ पहुँचा देगा। पप्पू थोड़े कन्फ्यूज हुए। उन्होंने हम दो, हमारे दो का सुना था, टी.वी. पर विज्ञापन भी देखा था। सिविल लाइन्स के चौराहे पर परिवार नियोजन का होर्डिंग आँधी में औंधा गिर पड़ा था तो दो बच्चे घायल हो गये थे पर सामने जो साहब बैठे हैं, वे तो पचहत्तर बरस से कम क्या होंगे? उनकी उमर तो अब दरस-परस की हो गयी है। अब न ये दो मतलब के रहे, न हमारे दो के। मैंने पप्पू की आँखों में तैरता अविश्वास भाँपा। बताया कि आज से सालों पहिले संजय गाँधी के जमाने में परिवार नियोजन को घर घर पहुँचाने के लिए एक नारा प्रतियोगिता हुई थी, उसमें अपने सक्सेना साहब ने भी भाग लिया था। सक्सेना साहब ने और उनकी बाई साहब ने भी। हमें पुरस्कार मिल जाये, उन्हें मिल जाये, एक ई बात है।

बाई साहब का नारा था—'एक तेरा, एक मेरा-हर दिन नया सबेरा।' और सक्सेना साहब की गुहार थी—'हम दो, हमारे दो।' सक्सेना साहब को पहिला पुरस्कार मिला। मेरी समझ में कुछ नहीं आया, सक्सेना साहब को लगा कि उन्हें लोक अदालत में घसीटा जा रहा है। उन्हें, जैसा कि वे बताते हैं, अपने इस नारे के लिए भारत सरकार के परिवार नियोजन एवं बाल कल्याण मन्त्रालय से पाँच हजार का चेक मिला था—सरला ग्रेवाल के हस्ताक्षरों वाला। सरला ग्रेवाल उन दिनों परिवार नियोजन मत्रालय में सचिव थीं। सक्सेना साहब ने उस चैक की फोटो कॉपी करवा ली थी। कल हमारी बात का कोई विश्वास करे, ना करे। पर ये पप्पू, सक्सेना साहब की जीवन भर उपलब्धियों पर पानी फेरे दे रहा था। पप्पू बेचिन्त थे, बेलिहाजी सच बोलने का ऐसा मौका वे खोना नहीं चाहते थे। पप्पू कह रहे थे कि, काय साहब, हमाये घर में एकई जनाना है तो हम दो, हमारे दो का नारा तो ठीक है पर कोऊ के घर में दो सवारी होंय तो? सक्सेना साहब सवारी और बच्चों का सम्बन्ध जोड़ नहीं पाए, अतः परेशान होने लगे। पर मैं समझ गया। ग्रियर्सन ने पत्नी के लिए 'बिहार पेजेंट लाइफ' में जिन पर्यायों का उल्लेख किया है, सवारी उनमें से एक है। बिहार के अलावा पत्नी के लिए सवारी शब्द भारत में और कहीं बोला जाता हो तो मुझे पता नहीं। मैंने सवारी और पप्पू के सम्बन्धों की वास्तविकता बूझने की गरज से पूछा—काय पप्पू तुम्हारे पुरखे कहाँ के थे? भागलपुर के और कहाँ के। मैं एक बार पी-एच.डी. की मौखिकी लेने के लिए भागलपुर हो आया हूँ। वहाँ से मुगल बादशाह के किसी फर्ज़द को जान बचाकर भागना पड़ा था इसलिए उसका नाम भागलपुर पड़ा। हो सकता है कि सल्तनते मुगालिया के उस वंशधर के साथ पप्पू के पूर्वज भी भागने को बाध्य हुए हों। पप्पू ने बताया कि उसके पुरखों को जब कहीं ठौर नहीं मिला तो वे भागकर सागर आ गये, मय बाल-बच्चों और सवारी के। अब अपनी पत्नी को आप सवारी कहें या दारी—यह आपका और आपके लोक का नितान्त निजी मामला हैं पर पप्पू सवारी की संख्या और सक्सेना साहब के नारे का आपस में क्या सम्बन्ध है? पप्पू बजिद थे। है साहब, सम्बन्ध है और गहरा सम्बन्ध हैं आपई बतावौ कोऊ की दो सवारी हुइयैं तो दोनों अपने भरता से का कैहैं? हम दो, हमायै दो। तुमने लुहरी को तो दो देदयै, अब हमारी बेरा तुम कोताही करन लगे। हमें भी दो चाने। अरे साब दूर नै जाऔ, हमारे घर के लिंघा कासिम कसाई रैत हैं। उनके यहाँ चार चार हैं। चार चार हुइयैं तो बच्चा भी वोई हिसाब से हुइयैं। हम परिवार नियोजन को लाघ भी नई रयै और सबको खुश भी कर रयै। घर में सबको खुश करने की कोशिश में कासिम कसाई के यहाँ दो चौके आठ बाल बच्चा किलकारी भर रयै। जब तक गाँवों-खेड़ों में ब्याहता को अंचरा गीलो न रहै और गोद हरी ने रहे, भौजी हरें अपने घरवालो को चैन नई लेन देत। तो 'हम दो-हमारे दो' को नारा गलत हौ कि नहीं। पप्पू परिवार नियोजन की हमारी राष्ट्रीय नीति के

नुस्ख निकालने पर आमादा थे। हरीश साहब को लगा कि जो बात आज तक किसी राष्ट्रीय संगोष्ठी में किसी ने नहीं कही, वह पप्पू कह रहे हैं। मुझे भी लगा कि हमारी राष्ट्रीय संगोष्ठियां जमीनी सच्चाई से कितनी दूर रहती हैं। तो पप्पू, हमारी जगह तुम्हें नारा बनाना होता तो तुम क्या नारा बनाते? सक्सेना साहब पप्पू से संवाद करने के मूड में थे। पप्पू इसके लिए तैयार थे। साहब, हम तो छोटे आदमी। हमें आगे-पीछे सब सोचने परत हैं आप लोग तो साल में एक बार, वो का तो कैत हैं, सेमीनार करत हो, हमें तो रोजऊ से सेमीनार करने परत है। साहब, हमने खूब सोची है। हमाये पास दस एकड़ के खेत होंय तो का हम दसों एकड़ जोत बो सकत हैं? हमें बीज देखने परत हैं, सिंचाई निराई की व्यवस्था करने परत है फिर फसल को काटहे—दांय किते लगहें, उड़ावनी कैसे हुइयें, सब सोचने परत है। जे नई के बीज बो दऔ और जैराम जी की। साहब, घर में सवारी कितेक होंय, हम तो नारा देते, 'हम दो, हमसे दो।' पर पप्पू, इसमें और 'हम दो हमारे दो' में क्या अन्तर है? पप्पू को अपने बचपन के दिन याद आये जब गिनती और पहाड़ा याद न होने पर उन्हें मुर्गा बनना पड़ता था। बोले 'हम दो, हमारे दो' परिवार नियोजन का पहाड़ा है जबकि 'हम दो हमसे दो' परिवार नियोजन की गिनती है। जिनके यहाँ घर में एक से ज्यादा सवारी है, उन्हें आपने छूट दई कि नहीं, दो हैं तो दो दुना चार और तीन हैं तो तीन दुना छैः। कासिम कसाई चार दुना आठ को पहाड़ा पढ़के भी कोई नियम नई तोड़ रयै। पर पप्पू तो दो जनी हैं पर बेटा एक ई है? पप्पू से आप कितनी ही टेढ़ी बात कीजिए, वे निरूत्तर नहीं होते। कहने लगे कि साब, हमने सुना है कि अपने लालू यादव के यहाँ आठ दस मोड़ा मोड़ी हैं—लालू आप जानत हुइयौ, अरे वेई, बिहार के मुख्यमन्त्री रह चुके हैं, अब वे रेलवाई के मन्त्री हैं। उनके घर से राबड़ी देवी भी बिहार की मुख्यमन्त्री रह चुकी हैं। हमें साहब लालू अच्छे लगत हैं। बे पटना से दिल्ली चले गये और हमारी मन की मुराद मन में धरी की धरी रै गयी। लालू ने कई हती कि हम बिहार की सड़कों को हेमामालिनी के गाल घाई चिकनी बना देहैं। अब साब, हम हेमामालिनी के गाल तो छू नई सकत, उनको आदमी बात बात में साले, कुत्ते, कमीने कहने लगत हैं। लालू ने बिहार की सड़कों को हेमामालिनी के गालों घाईं चिकनी-चुपड़ी कर दिया होता तो हम एक बार पटना जरूर जाते और कछू नइं तो सड़कों को छू तो आते। सो साब, ऐसो आदमी नेता बाद में होत है, आदमी पहले होत है। हम दिन में आदमी हैं तो रात में हमें आदमी तो रैनेइ रैने। सो साब, जो आदमी ने बाल ऊँछ रऔ, ने ढंग के जूता पहन रऔ, वो हमको हमाओं जेसो लगत है। ऐसो आदमी घर गिरस्ती को ख्याल रखत हैं। ऐसा आमदी अपनी सवारी की सौ फरमाइशें पूरी करत है। सो साब, ऐसो आदमी हम दो हमारे दो के खूँटा से बँधौ नई रै सकत। अब लालू कौनऊ के कहे से नईं रूक रयै। देस बरबाद हो रऔ तो हौ जाये। हम अपनी मिहरारू की बात सुनें कि परिवार कल्याण मन्त्रालय

की। लालू कहाने अड़ीधक्क। हम मइयाँ। हम लालू से अपनी बिरोबरी नईं कर रयै। कहाँ मन्त्री लालू कहाँ पप्पू खवास। हमें आगे पाछे सब सोचने परत हैं तो हमने सोची कि दद्‌दा तुम जितने बाल-बच्चा करने होय, कर लो। तुमै नै खाने की कमी, न पैरबे की। आलिशान कोठी सरकार दे रई। कारें तुमाये चौगिर्दा घूम रईं। तुमाये लड़का-लड़की ए सी फसर्ट में घूम रयै। और तो और, तुमायी सास और तुमाये ससुर बिना टिकट के यात्रा कर रयै-दामाद की गाड़ी है—को पूछ रऔ। नौकरी करनी है कि नईं। हम, गरीब आदमी ने खाबे को पूर रऔ, न पहिरबे को। हम तुमाये घाईं आठ दस बाल बच्चा कर लें तो हमें तो जीते जी मर जाने। हमाऔ तो एकोई भलो। कोऊ अंगुरिया उठाहे तो कह देबी, हम लालू की भरपाई कर रयै। हमने फिफ्टी परसेंट भरपाई कर दई। सब कैत हैं एक से दो भले। पर पप्पू खवास कै रयै, दो से एक भलो।

प्रो. हरीश सक्सेना को पप्पू खवास की बातों में दम लगा। उन्हें लगा कि विश्वविद्यालय में जब अगली बार जनसंख्या विस्फोट पर राष्ट्रीय संगोष्ठी होगी तब पप्पू को 'की नोट एड्रेस' के लिए आमन्त्रित किया जा सकता है। जन संख्याविस्फोट की जमीनी सच्चाइयों को जितना पप्पू जानते हैं उतना ए सी कमरों में बैठने वाले आँकड़ा शास्त्री शायद ही जानते हों। प्रो. सक्सेना ने यह भी कहा कि अगली बार जब वे जनसंख्या विस्फोट पर आयोजित कार्यशाला में भाग लेने दिल्ली जायेंगे तब वे माननीया रेणुका चौधरी से आग्रह करेंगे कि पप्पू को भी वर्कशाप में बुलाया जाये। रेणुका जी ने कुछ दिनों पहिले विश्वविद्यालयों, महाविद्यालयों और महिला छात्रावासों में 'निरोध पार्लर' खोलने का जो युगान्तरकारी सुझाव दिया था, हो सकता है कि पप्पू की नव-नवोन्मेष-शालिनी-प्रतिभा के कारण वे सागर के इस युवा रक्त को निरोध वितरण प्रणाली का अखिल भारतीय प्रभारी ही बना दें। रेणुका जी परिवार नियोजन के लिए बिन्दास कार्यक्रमों की उत्साही पक्षधर हैं। वे नाहीं नहीं करेंगी। पप्पू उन्हें पसन्द आ जायेगा।

उठते उठते सक्सेना साहब ने पप्पू से कहा कि पप्पू, कल से तुम हमारी मालिश भी कर दो। पप्पू को क्या दिक्कत होनी थी। बारह बजे तक उनकी बँधी के ग्राहकों की मालिश निबट जाती है। पप्पू दो चार दिन देर से नहायेंगे, देर से खायेंगे तो का बिगड़ जाने। सौ पचास रूपेया की अधिकारी कमाई हमें काट रई का?

चार छह दिन बीते होंगे कि हरीश सक्सेना का टेलीफोन आया। बोले, यार, तुम्हारा यह पप्पू तो कमाल का आदमी है। बोल रहा था कि हम दो, हमारे दो सब गपड़ चौथ है। बच्चे पैदा करने का काम कोई टाइम टेबिल बना कर थोड़े ही होता है। अब आप लोगों की बात दूसरी है। घर में बिजली है, रेडियो है, टी.वी. है और डी.वी.डी. है, रात को नींद नहीं आ रही तो फैशन चैनल चालूकर दिया, मल्लिका शेरावत को, शिल्पा शेट्टी को देख लिया, कोई न मिले तो वो बिलैया जैसी मुँह वाली राखी सावंत कहाँ गयी है? घण्टा भर में फ्रेश हो गये, नींद आ गयी, सो गये। हम

लोग क्या करें? न घर में बिजली, न रेडियो, न टी.वी., न मच्छरदानी, न रजाई, न कम्बल। सो जाड़ा किससे दूर करें? थकान किससे मिटायें? सरकाय लेओ खटिया जाड़ा लगे, जाड़े में बलमा पियारा लगे। आप लोगों के लिए फिल्म का गाना है, हम लोगों के लिए जिन्दगानी की सच्चाई। यार, पप्पू ने हिन्दी फिल्म संगीत को लोक जीवन के यथार्थ से जोड़ दिया। उसने पिछले पाँच छह दिनों में मेरी मालिश करते हुए जो कुछ कहा, उसका निचोड़ यह है कि भारत में जनसंख्या वृद्धि को रोकने के लिए गाँधी जी ने जो उपाय सुझाया था वह व्यावहारिक नहीं था। गाँधी जी आम आदमी को सन्त बना देना चाहते थे। संजय गाँधी भी आम आदमी की मानसिकता को नहीं समझ पाये। बच्चे पैदा करना आम भारतीय पुरूष के लिए मर्दानगी का प्रमाण है। गाँधी जी मनुष्य को उसके सबसे प्रमखु पुरूषार्थ से वंचित कर देना चाहते थे, संजय बाबा उसे मशीन बनाये दे रहे थे। यार, पप्पू बड़ी व्यावहारिक बातें करता है।

मुझे लगता कि पप्पू यदि पढ़ा लिखा होता तो अपने पक्ष के समर्थन में वह कभी राधाकृष्णन को खड़ा करता, कभी मेरी स्टोप्स कों। उसे रजनीश की याद आती और हॉलीवुड की फिल्में भी। राधाकृष्णन को लोग एक दार्शनिक राष्ट्रपति के अलावा एक भले और भारतीय आर्ष परम्परा के प्रतिनिधि के रूप में भी जानते हैं। उनके उदात्त विचारों से भारत और भारत के बाहर के विद्वान् भी प्रभावित हैं। पर पप्पू जिस बात से प्रभावित होते, उसका सम्बन्ध न भारतीयता से है न ही दर्शन से। उसका सम्बन्ध विशुद्ध मानवीय आचरण से है। मुझे याद आया कि सर्वपल्ली राधाकृष्णन की एक पुस्तक है–'रिलीजन एण्ड एथिक्स'। इस पुस्तक में धर्म और नैतिकता के सम्बन्धों पर बड़ा गहन विमर्श किया गया हैं पर निर्धनों के धर्म और नैतिकता के सम्बन्धों पर सर्वपल्ली ने एक बहुत जोरदार बात कही है। उन्होंने कहा है–Sex is the only indoor game for the poor, न ताश, न पांसा, न कौड़ी बल्कि सेक्स। सर्वपल्ली कोई बात बिना विचारे नहीं कहते। सो जब अपने देश की अधिकंश जनसंख्या निर्धन है, उसके घर में मनोरंजन के साधनों का अभाव है तो वह क्या करे? घर में जो साधन उपलब्ध है उसी से तो कम चलायेगा। बेचारा! सो पप्पू जैसे लोग जो दिनभर हेयर कटिंग सैलूनों में काम करते हैं, वेल्डिंग की चिंगारियाँ झेलते हैं, साइकिल के पंक्चर ठीक करते हैं, हथठेला चलाते हैं, बेलदारी करते है, सड़कों पर डामर बिछाते हैं, खेतों में हल चलाते हैं, फैक्ट्रियों में लोटा पीटते हैं, वे मनोरंजन के लिए क्या करे, कहाँ जाये। कहीं नहीं गये अद्धा, पौवा नीचे उतारा और घर लौटकर इनडोर गेम खेलने का जुगाड़ किया। डबल ड्यूटी। यह ड्यूटी ठण्ड में और भी अपरिहार्य हो जाती हैं 'ठण्ड जाये रूई से या दुई से।' बेचारे के पास न रजाई है, न कम्बल, सिगड़ी जलाने के लिए न कायेला है न मिट्टी का तेल। इन सबके अभाव में 'दुई' ही उसके पास ठण्ड से निबटने का एकमात्र उपाय बचता हैं अंजाम जो भी हो। जब ठण्ड के मारे नींद नहीं

आती तो आमदी क्या करे, वर्तमान से निबटे कि भविष्य की सोचे। जब तक देश में ठण्ड से निबटने के लिए इस दुई की अनिवार्यता बनी रहेगी तब तक जनसंख्या विस्फोट से नहीं निबटा जा सकता। मुझे गाँधीजी की याद आयी। मेरी स्टोप्स उन दिनों अन्तर्राष्ट्रीय गर्भ निरोधक आन्दोलन की कर्ताधर्ता थीं। उन्होंने गाँधीजी के ब्रह्मचर्य के प्रयोगों के बारे में सुन रक्खा था। वे गर्भ निरोध के लिए ब्रह्मचर्य को कारगर नहीं मानती थीं। सोचा क्यों न सीधे बापू से ही बात की जाये। पर बापू से मुलाकात हो कैसे? उन दिनों प्रसिद्ध पत्रकार लुई फिशर भारत आये हुए थे। वर्धा में थे। मेरी ने लुई से बात की। लई ने मेरी बौर बापू की भेंट का बन्दोबस्त कर दिया। मेरी बापू की कुटिया में अंदर गयीं। लुई बाहर मेरी के लौटने की प्रतीक्षा करने लगे। अरे, यह क्या। मेरी जैसे गयीं थी वैसे ही वापिस लौट आईं। फिशर भौंचक, व्हाट हैपंड। बट ही इज़ नाट प्रिजेंटेबल। फिशर ने बापू के नान प्रिजेंटेबल होने के कारण जानने चाहे। अरे, तुम्हारा बापू तो उघरा बैठा है। उसकी टाँगे खुली हैं, बाहें खुली हैं। पश्चिम में प्रिजेंटेबल होने का आशय है, आपके न टखने दिखाई पड़े, न हाथ के गट्टे। मोजे और पूरी बाँह की शर्ट पहिनने का यही रहस्य है। लुईफिशर ने मेरी स्टोटस को समझाया, बापू सन्त हैं, अपने ईसा मसीह जैसे। मेरी की बात समझ में आ गयी। वे पुनः कुटिया में प्रविष्ट हुईं। उन्होंने वंश वृद्धि के कारणों पर बापू से निस्संकोच चर्चा की। बापू महीने में केवल एक बार पति-पत्नी के शारीरिक सम्पर्क की अनुमति देने के पक्ष में थे। मेरी ने कहा—बापू, यह तो सम्भव नहीं है पर चलिए, आपकी बात मान भी ली जाये तो हर दूसरे साल परिवार में नया बच्चा आ ही जायेगा। गर्भ निरोध के लिए बापू की तजवीज मेरी स्टोटस को पटी नहीं।

पप्पू जनसंख्या पर नियन्त्रण चाहते हैं पर न गाँधी जी के रास्ते पर चलकर, न संजू बाबा के रास्ते पर चलकर। वे कागज की लेखी नहीं कहते, आँखों की देखी कहते हैं। वे उन औरतों की बात नहीं करते जो मोबाइल लिए हैलो हाय करती घूमती हैं। वे उन औरतों की बात करते हैं जो बेलन से रोटी बेल रईं और सब्जी में नमक ज्यादा हो जाने पर बेलन से पिट भी रईं। कभी कभी मन में ख्यााल आता है कि पप्पू हमारे परिवार कल्याण मन्त्री होते तो देश की जनसंख्या कम करने के लिए उनके तरीके जरूर कारगार होते। आखिर उन्होंने राष्ट्रहित में हम दो, हमारे दो के नारे को नहीं माना न दो बीबियों पर बेटा एकं आखिर गीता में निष्काम कर्म की महत्ता का जो उपदेश दिया गया है वह परिवार नियोजन कार्यक्रम पर लागू क्यों नहीं किया जा सकता? कर्म करो, कर्म के फल की आशा मत करो। इस दर्शन पर पप्पू को पद्म श्री दी जा सकती हैं 'पदमश्री पप्पू खवास' सुनने में अच्छा लगेगाँ बाकी लोग भी पद्म श्री पाने के चक्कर में पप्पू की तरह बीबियाँ चाहे कितनी कर लें, बच्चों पर, पहिले ही बच्चे के बाद पूर्ण विराम लगाने के प्रति जागृत हो जायेंगे। जनसंख्या विस्फोट रोकने के लिए 'कर्मण्येवाधिकारेषु मा फलेषु कदाचन' की पप्पू की नीति युगांतरकारी सिद्ध हो सकती है।

पप्पू खवास : नान रेजिडेंट सगेरियन

पप्पू खवास जब चार-पाँच दिन नहीं आये तो मैंने पता लगवाया। बिना खास कारण के पप्पू नागा नहीं करता। पप्पू मेरे घर के पास ही रहता है, नाले के उस पार। पहिले मुहल्ले के पोस्टमेन प्रजापति दाऊ से कहा कि जरा आते-जाते पता तो लगाओ कि पप्पू कहीं बीमार तो नहीं हो गये हैं। पर पप्पू न घर में थे, न ही अस्पताल में। फिर मैंने अपने घर में झाडू पोछा करनेवाली बाई से कहा कि वह खवासिनों से पूछे—पप्पू की दो घरवालियाँ हैं—लुहरी हमारे यहाँ काम करनेवाली बाई की गुइयाँ है। उसने दो-तीन दिन बाद बताया कि पप्पू के घर से खुदई परेशान हैं। लुहरी-जेठी दोनों को अन्दाज नहीं हो रहा कि पप्पू खवास किस बात से रूठे हैं और कहाँ कढ़ गये हैं। न कोई लड़ाई-झगड़ा, न कोई टंटा, न ही कोई मारपीट। बस उन्हें इतना भर पता है कि एक दिन वे काम पर निकले तो लौट कर नहीं आये। बस मालिश करने वाला पेंट और काली चिक्कट कमीज पहिने हैं। यह चिन्ता की बात थी। तो पप्पू कहाँ बिला गये? मेरी मालिश बन्द थी। मेरा मोबाइल भी एक तरह से बन्द ही था। पप्पू मेरा मोबाइल था—दुनिया जहाँ की खबरें घर बैठे मुझे पप्पू से ही मिलतीं। आपके मोबाइल की बैटरी चार्ज न हो तो आपको कैसा लगता है—ठीक वैसा ही मुझे भी लग रहा था।

पप्पू न मकरोनिया तिगड्डे पर किसी को दिखे, न ही हाट में। शायद गाँव गये हों पर गाँव से उनके साले आये, उन्हें तिली अस्पताल में अपना इलाज करवाना था। पप्पू होते तो भर्ती होने का कोई न कोई जुगाड़ हो जाता। सो साले साहब भी, मन मसोसकर लौट गये। मुझे अखबारों से खबरें मिल तो रही थीं पर उनकी लोक सम्मत व्याख्या कौन करे? लोकतन्त्र में रोज जो घपले हो रहे हैं, उनका निहितार्थ मुझे कौन समझाए? इतने दिनों से मालिश करते-करते पप्पू मेरी आदत में शुमार हो गाए थे। वे लोक के लिए और लोकतन्त्र के लिए भी मेरी खिड़की थे। पप्पू के कारण मुझे ताजगी का अनुभव होता, ऐसी लंतरानी तो मनोहर श्याम जोशी के उपन्यासों में भी नहीं होती थी। और विश्लेषण बिल्कुल राजेंद्र यादव के सम्पादकी जैसा। पप्पू के कारण लोक और लोकतन्त्र के बीच क्रॉस वेंटीलेशन जैसी ताजगी बनी

रहती। पप्पू होते तो लोक के असली प्रतिनिधि की तरह हर बात का खुलासा करते।

अमिताभ बच्चन होंगे बहुत बड़े अभिनेता पर साहब, वे भी हम जैसे गँवई गाँव वालों की तरह भीतर से मंगल और शनि से डरते हैं। नै डरते तो आधी रात को, मौं अँधेरे, तिरुपति काय खों जाते। और साहब, अब देखियो, मायावती अमिताभ और अमरसिंह में भुस न भरवा दे तो हमाए नाम को कुत्ता पाल लियो। अरे नई, पप्पू मायावती अब मुख्यमन्त्री हैं, ऐसा नीच काम अब वे नईं करेंगी। रैन तो दो, संस्कार कहूँ जात है। अपने लालू खों देख लो, क्या चाल सें, क्या ढाल सें, वे बीस विस्वां यादव दिखत हैं। भारत में जाति के गुण कुर्सी से नईं बदलते। एक दफे भगवान ने जौन कुल में जनम दे दऔ, जिन्दगी भर उसी में रहने परत है, हमारे लोकतन्त्र में जात-पांत और पक्की हो गयी है, मुझे पप्पू की गैरहजिरी में पप्पू की ये सारी बातें याद आईं। लगा, पप्पू किसी विश्वविद्यालय में आचार्य होते तो पं. श्यामचरण दुबे से बड़े समाशास्त्री और अमर्त्य सेन से बड़े अर्थ शास्त्री होते!

मैं पप्पू की ओर से लगभग निराश हो चुका था, अप्रैल बीत चुका था। मई और जून भी बीत चुके थे कि सहसा पप्पू एक शाम को प्रकट हुए। मैं घण्टी बजाने के ढंग से ही समझ गया कि हो न हो, ये पप्पू ही होंगे। एक छोटी घण्टी, किर्र। आप सावधान हो जाएँ फिर किर्र किरा किर किर्र–जैसे कह रहे हों–साहब हम पप्पू खवास। दरवज्जा खोलो, दरवाजा खोला। पप्पू ही थे, आओ पप्पू बैठो। नईं साब, हम बैठ नईं रए। टैम नइयाँ। तीनेक महीना बाद लौटे हैं सो सारे बन्धी के गाहकन खौं खबर करनै है के कल सैं हम अपनो काम पकड़ रए, तुम्हाए यहाँ साढ़े दस और ग्यारा के बीच आहैं।

तेल की कटुरिया और चद्दरा तैयार रखियो। साब, इन दिनों सरसों को तेल नईं चलत। गरम होत है, चमड़ी चड़चड़ा जात है। खोपरा को तेल सई रैत है। सो मंगवा लियो।

दूसरे दिन पप्पू आये, नियत समय पर। एक गाहक के यहाँ देरी हो जाए तो उनका सारा टाइमटेबिल गड़बड़ा जाता है। इसलिए आते ही, बिना समय गवाए उन्होंने तख्त पर मालिशवाला चदरा बिछाया, कटोरी में नारियल का तेल निकाला। काय पप्पू कां चले गये ते बताया तक नईं। सब बड़े हलाकान हुए। पर पप्पू मेरी शिकायत से बिल्-कुल हलाकान नँहीं थे। साब, समझू करे। गर्मी में को आ मालिश करवा रऔ। जितै जाओ जौइ सुनने परत है के पप्पू, इत्ती गरमी पड़ रई और तुमें मालिश की परी हैं गर्मी निकल जान दो, मालिश का डौल उसके बाद ही ठीक रहेगा। सो हम सागर में परे-परे का करते। हम मकरोनिया तिगड्डे पर खड़े कट चाय पी रए हते कि हमें नन्दू मिल गऔ। हमाऔ बचपन कौ मीत। हम चौथी तक बिरियाखेरी में एकई स्कूल में पढ़े हैं। हम दोउअन नै मिलकैं का का बदफैली नईं करी। सो बचपन को यार बोलो, चलो दिल्ली घुमा लाएँ। हमनै कई के नन्दू, घर जाकैं हम दो चार

उन्ना (कपड़े) उठा लाएँ, रमेश की मताई खौं खरचा पानी दे आयें। हरामी, जानत हो साब, का बोलो, हऔ हमें न सिखओ, खरचा-पानी के लाने भौजी कबसें तुमाऔ मौं देखन लगीं। हम जानत हैं, एक स्कूल में चपरासन हैं, दूसरी आसपास के घरन में जच्चा बच्चा की मालिश करत है। रई कपड़न की बात, तो हमाए कपड़ा तुमखौं फिट बैठत हैं। कम परहें तो दिल्ली में खरीदवा दैं हैं। अब इंजन घर्र-घर्र कर रऔ, गाड़ी कौ टैंक फुल है सो बानें हमें ड्राइवर की सीट के बगल में बिठा दऔ। नन्दू भिलाई से अपनी दसचका में लोहा भरकें दिल्ली जा रऔ हतौ। मैंने पूछा—दसचका क्या? अरे साहब, भिलाई से बीस टन माल लै हो तो छैचका वाली ट्रक कहूँ भी टें बोल सकत है। सो चन्दू दसचकावाली ट्रक लैकें चलत है। साब ट्रक के अपने मजे हैं। दुनिया देखो, भांत भांत के खाना खाऔ, ऊपरी कमाई अलग से। ऊपरी कमाई केसे? अरे साहब,, अलीगढ़ से हमारी ट्रक क्या निकली, रास्ता में ठठ्ठ लुगाई ठाड़ी मिलीं। उन्हें मथुराजी जाना था। बसवाले चालीस रुपैया किराया माँग रए, हमने कही, हम बीस रुपया में लै चल रए। अब बीस टन माल की जगह डेढ़ दो कुंटल माल अधकारो हो गऔ तो ट्यूब फटे नई जा रए। बस, साब, हम एकई ख्याल रखत हैं। अकेली जनाना कौं अपनी ट्रक में कभूं न बिठाऔं चहिए। जमाना अच्छौ नइयाँ। पता नईं, बा पुलिसवालों से मिली होय कि अपने यहाँ के कौनऊँ गैंग से। चरस गाँजा ब्लाउस के भीतर धरे हो। चौरस्ता पर पहुँचकर, पुलिसवालों कौं देखकर या अपने गैंगवालों कौं देखकें चिल्लाने लगै कि बचाऔ, बचाऔ, जे हमें अकेली पाकर बुरी नीयत से हमाऔ हाथ पकड़ रए तो साहब, हमाऔ तो खोवा कुट जानें।

हमने बिन्ना हरौं कों मथुरा उतारौ। उतै सें नई सवारीं लईं—जनानी। वे भी रस्ता में उतर गयीं, दिल्ली पहुँच कें हमनें माल उतारौ। साब, दिल्ली पहुँचो तो सबेरे छह के पहिले या रता कों नौ के बाद नईं तो शहर में आप घुस नईं सकत। बाहर ट्रक लदे खड़े हैं। नो एंट्री जोन के पहिले ट्रकों की लाइन लगी है। एक दिन बेकार टूट जात है। चलो, चाँदनी चौक कौ एक चक्कर लगाके आउत हैं। चाँदनी चौक कहाई थोक की मंडी। वहाँ हमनै परचूनी कौ माल भरौ। माल करनाल पहुँचाना था। करनाल की सड़क ऐसी जैसे मक्खन की बनी हो। प्रीति जिन्टा के गाल में तो फिर भी गड्ढा है, दिल्ली करनाल की सड़क में एकऊ गड्ढा नई दिखौ। करनाल देखकें तो हमाऔ मूड़ भन्ना गऔ। जितै देखो उतईं सरदार। करनाल में तो हम आदमी देखबे कौं तरस गये। इतनी पग्गड़ हमनै ता जिन्दगी नई देखीं। और तौ और, जो मुंडा ढाबा में बरतन मांज रऔ, पगड़ी डांटे है। पेट्रोल पम्प पे आप भर तो रए हवा पर मूड़ पै पग्गड़ बँधी है। हमाऔ बुन्देलखण्ड होतो तो गाँव भर के ठाकुर मार मार कें भुरकुस कर देते। अरे पगड़ी साफा बाँध के तो तुम लम्बरदार हो गये! साब, एकाध बार तुम सोई करनाल हो आओ।

मैं हाँ ना कुछ कहता कि पप्पू ने मेरी जानकारी में इजाफा किया—करनाल में

हम और नन्दू चार दिना रए पै साब, हमें न एकउ धुतिया दिखी, न एकउ ब्लाउज। जो जनाना दिखी सलवार कमीज डांटे मिली। पूरो थान लग जात हुइयै। जे जे मोटी सरदारनें कि अपने इतै की तीन तीन एक में समा जाएँ। साब, हमने तो एक शब्द सीख लओ हतो। माँ जैसी सरदारन दिख जाती तो हमने कई बेबे। बेबे खूबइ काम करती हैं। सबेरे दूध दुहेंगी, फिर मक्खन निकालेंगी फिर पनीर बनाएँगी। दारजी को परावठे खिलाए। लस्सी का एक गिलास और नहा धोकर अरदास करने कढ़ गयीं। घर में सरदार जी नहीं हैं पर न उन्हें कोई डर, न कोई संकोच। वहाँ साहब, हमने एक खास बात देखी, हर घर के सामने एक खटिया पड़ी है—न उसमें मूंज, न निवाड़। खटिया में दोऊ तरफ की पाटी में रबड़ के ट्यूब ठुके हैं। बैठो तो हिंडोला का मजा।

पप्पू को अपनी जवानी के दिनों का एक गीत याद आया—उसने उंगुलयों में तेल लिया, छाती पर मला और गाने में डूब गया—खटिया है लचकदार सनम, रहियो कि जहियो, पप्पू मस्ती में आ गये, उंगलियों की रफ्तार धीमी हो गयी, जीभ की रफ्तार बढ़ गयी। टोकना आवश्यक था। मैंने टोका—पप्पू तुम करनाल में काहे में बातें करते थे—पंजाबी तुमको आती नहीं, बुन्देली वे समझते नहीं। नई साहब, दो तीन दिना में ही हमें लगन लगौ कि बुन्देली और पंजाबी में कोऊ फरक नइयाँ। हम इतै उतै बोलत हैं, पंजाबी इत्थे उत्थे। पंजाबी लोग 'ण' के बड़े प्रेमी हैं। हम कैत हैं मोरी सोना। वे कै रये, सोणिया। पप्पू खवास भारत की सांस्कृतिक एकता सिद्ध करने में लगा था। हम कैत हैं हरैं, बिन्ना हरैं, बे कैत हैं होरों, लाड़ी होरां।

अरे, पप्पू ने मेरी बड़ी पुरानी जिज्ञासा शांत कर दी। 'उसने कहा था' कहानी में लहनासिंह जब मोर्चे से बीच में घर आता है तो वह सूबेदारिनी से कहता है लाड़ी होरां यानी लाड़ली लड़की। पप्पू पंजाब में रहकर एनआरआई की जानकारी से भी लैस हो गये थे। बेबे, अपनी लाड़ी होरां सयानी हो रई, जब हाथ पीले करहौ तो पप्पू खवास को बुलाबो नै भूलियो। नाऊ के सारे रीतिरिवाज हमई कों करनैं। बेबे भावुक हो गयीं, दही मथ रही थीं, थम गयीं। बोलीं—पप्पू पुत्तर का करै। मुंडा तो बहुत मिल रये पर लाड़ी एनआरआई की रट लगाए बैठी है। काय साब, जे एनआरआई का होत है? मैंने पप्पू खवास को समझाया। पप्पू, तुम सागर छोड़के दिल्ली करनाल क्यों गये थे। कमाई करबे। और का? तो ऐसेई पंजाब के सारे लड़के जवान होते ही अमेरिका या कनाडा जाना चाहते हैं कमाई करने। इन्हें एनआरआई कहते हैं—नॉन रेजीडेंट इन्डियन। पप्पू को कुछ समझ में आया, कुछ नहीं। मैंने कहा—जैसे तुम जाकर पंजाब में बस जाते तो नॉन रेजीडेंट सगैरियन हो जाते। अरे साब, हमें कहूँ नईं बसनै। अपनो सागर भलौ। दो चार दिना की भली चलाई पर हर हमेश के लिए विदेश में बसबो, हमें नईं पुसात।

पप्पू हफ्ते दस दिन तो ठीक ठाक रहा पर इधर वह कुछेक उधेड़बुन में लगा था। एक दिन उसकी उधेड़बुन का सिरा हाथ लगा। साब, दशरथजी थे तो बड़ा राजा

पर दुःखी बहुत रैत ते। यह दशरथजी के जीवन की नई व्याख्या थी। मैंने पूछा—तुम कौन से दशरथ की बात कर रयै? अरे, अजुद्धाजी के राजा, अपने भगवान राम के डैडी। मैंने कहा, दुःखी क्यों? अच्छा राजपाट, चार चार बेटे, तीन तीन रानियाँ। बस साहब, तीन तीन रानियाँ हुइयैं तो दुःख तो होनेई है अब हमसें दो नईं सभल रईं तो दशरथ जी से तीन कैसे सँभलत हुइयैं। उसने दशरथ जी से अपनी तुलना को आगे बढ़ाया। हम दिसावर चले गये कमाई करबे, हमारी गैर हाजरी में रमेश और उनकी माता राम हरौं ने का का नाटक नईं करे। रमेश से पप्पू का आशय अपने पुत्ररत्न से था। हरौं से रमेश की माता और विमाता से था। यानी अपनी दोनों ब्याहताओं से। पर तुम्हारी दोनों तो सगी बहनें हैं! अरे साब, तुम दुनिया की रीत नई जानत। सौतें होंय चाहे सौतेली माँ काठ की भी बुरी होत है। रमेश की मौसी का रिश्ता अब मौसी का नहीं रहा। सौतेली माँ का हो गया है। रमेश की सौतेली माँ दुकान से आंवले का महकौआ तेल ले आई थीं—आपने तेल देखा है—हरीरा हरीरा। इसी तेल के कारण बहू और सासों में विवाद हो गया। बहू को तेल अच्छा लगा। लगाया और ई रमेश के साथ साइकिल के कैरियर पर बैठकर बाजार चली गयी। वापिस लौटी तो घर में महाभारत। हमाऔ तेल बहू ने काय लगाऔ। हम स्कूल में हड्डा तोड़ रऔ, बहुरानी अपने खसम के संगै छरछन्द घूम रई। आन दो, रमेश के बाप को। हमने बहू की वो गतें करवाई कि कंघी मिस्सी सब भूल जाहैं। रमेश अपनी बहू के लाने बोई तेल लाये भी पर फिर वही झगड़ा—हमाई बराबरी कर रईं। रमेश खौं भी सुनाया—जोरू का गुलाम। कबहुं हमाए लाने भी महकौआ तेल ले आते तो हमें थी लगता कि हमाऔ भी कोई बेटा है। पै और डायन है नईं, कभऊँ हमें हंसत-बोलत नईं देख सकत। भारतीय स्त्री अपने जाते हुए यौवन को बाँधने के क्या-क्या उपाय नहीं करती? हर युवा स्त्री को वह अपनी प्रतिस्पधी लगती है। सास भी कभी बहू थी—उसने जो कुछ अपने बहूपने में भोगा है, वह सब वह अपनी बहू खौं भी भुगवाना चाहती है। परम्परा की चिरंतनता। सेकेंड सेक्स की परस्परिक ईर्ष्या। इन्हैं घर सें निकारो। न्यारो करो। हम एक छत के नीचैं इनके संगै एक दिन नईं रै सकत।

पप्पू को याद आया कि वे पुरुष हैं—भर्त्ता। भर्त्ता यानी—अपनी पत्नियों का भरण-पोषण करनेवाले। पत्नी भले चपरासिन हो पर शास्त्रीय अर्थ में तो भरतार वे ही थे। उन्हें लगा कि जो गलती दशरथजी ने की है, वे नहीं करेंगे। मैंने पूछा भी। दशरथजी से क्या गलती हुई थी? अरे साब, दशरथजी को कुछ नहीं करना था। उठाते सोंटा—ओर दे तेरे की...तीनों को तीन तीन लगाते—अब पड़ी रहौ कोप भवन में। नै बनवास होतो, नै सीताहरण। और नै दशरथजी के प्रान जाते। हम घर के कोने में एक डंडा रखत हैं—तेंदू का नाम रखा है 'सनाकादेव'। सनाका समझे न—शान्ति। बिना डंडा के शान्ति नईं हो सकत। तेंदू की लकड़ी बड़ी नीचट होत

है। नीचट तो सागौन की भी होत पर तेंदू की लकड़ी जब पोंद पर पड़ती है तो दिन में तारे दिखा जात हैं। हमने किसी को नहीं छोड़ा। लुहरी कौं चार जमाए, जेठी कौं चार जमाए। सोचा कि बहुरिया कौं भी दो चार जमा दें।

हम सोंटा लैकें सीढ़ियाँ चढ़ई रए हते के रमेश बीच में आ गये—चिल्ल्याने, दद्दा—वहीं रुक जाओ। हमाई लुगाई कौं तुमनैं छिया भी तो हमसैं बुरौ कोउ नईं होगा, अपनी लुगाई के साथ जो कछू करनै हुइए, हम करेंगे। वाह बेटा, वाह! लड़की हमने पसन्द की, सात फेरे हमने करवाए, बिदा हमने करवाई। महकौआ तेल तो तुमसें खरीदौ नईं जात, हमसैं कै रए, हमाई लुगाई। रमेश ने आज तक हमसैं मौं नईं लड़ाऔ हतो, हम तो साब बा दिना से दुखी हो गये। हम इतै रैहें, तौ बीमार पड़ जेहैं। हम तो नन्दू खौं ढूंढ़ रए। नन्दू मिल जाएँ तो हम तो करनाल की तरफ निकर जाएँ। दशरथजी भी कढ़ गये होते तो उनकी मौत तो नै होती। अब बताऔ, राजपाट बड़ौ है के जिन्दगानी।

हम सोच रए कि लुहरी जेठी सें कहैं कि संभारो अपनी घर गिरस्ती। हम तो जे जा रए करनाल। उतै कोऊ न कोऊ बेबे मिल जैहे, हम उसकी सेवा करेंगे। किसी दारजी के साथ ट्रक में कंटक्टर हो जाएँगे और साब, पगड़ी बाँधने लगेंगे। पगड़ी बाँध के आदमी आदमी नईं रै जात, राजा बन जात है। लम्बरदार।

पप्पू फिर चार पाँच दिनों से गायब हैं। उन्हें करनारल बहुत पसन्द आ गया है। लोग कबूतरबाजी के जरिए एनआरआई बनने के लिए अमेरिका चले जाते हैं। क्या पता, कंडक्टरगिरी के जरिए पप्पू एनआरएस बनने के मूड में हों—एनआरएस—आप नहीं समझे? नॉन रेजीडेंट सगैरियन!

बुशईराम की रंगदारी को पप्पू खबास का जूता

पप्पू खवास मेरी मालिश करने करीब ग्यारह बजे आते हैं, पर कल जब वे आठ बजे ही आ गये तो मैं समझ गया कि उनकी सबेरे की चाय का जुगाड़ नहीं हो पाया है। मैंने कहा भी; पप्पू चाय पियो पर वे बहुत खुश थे। नहीं साहब, चाय तो हम बाद में पिएँगे। पहले आप तो ये बताओ कि बगदाद कहाँ है? मैं चौंका। पूछा—बगदाद से तुम्हें क्या? अरे साहब, बगदाद में हुए जूता कांड को टीवी पर देख के हमाई तो आत्मा जुड़ा गयी।

पप्पू अपने मन की बात जल्दी नहीं बताते। जलेबी बनाते हैं फिर उसमें रहस्य-रोमांच का शीरा भरते हैं। मैं अटकल लगा ही रहा था कि पप्पू ने अपने पत्ते फैलाए—एक गोरे चिट्टे, ऊँचे-पूरे से साहब हैं, अमेरिका के राष्ट्रपति कहाउत हैं। उनको का तो अच्छो सो नाम है। मैं जॉर्ज बुश कहना ही चाहता था कि उन्होंने अपना मनोभाव व्यक्त करने के लिए अँगरेजी नाम का बुन्देलीकरण किया—अरे बेई, झाडूराम कि झाड़ीराम। तुम शायद बुश साहब की बात कर रहे हो? हाँ, बुशईराम बगदाद में एक प्रेस कॉन्फ्रेंस कर रहे थें इराक के राष्ट्रपति भी साथ में थे। कोठा खचाखच भरा था, कैमरा चालू थे, सारी दुनिया प्रेस कॉन्फ्रेंस पर नजरें गड़ाए बैठी थी कि बुशईराम क्या देखते हैं कि एक अदद जूता उनकी तरफ बढ़ा चला आ रहा है, जूता उनके मुँह पर लगता कि बुशईराम झुके, जूता उनकी बाईं ओर से निकल गया। फिर दूसरा—इस बार बुश बहादुर ने फिर जूता बरकाया—जूता दाहिनी ओर से निकल गया। हमें अपने बचपन के दिन याद आये। कबड्डी खेलने में जब हम दुश्मन की पाली में दम साध के घुस जाते थे तो हमें कोऊ छू नई पाउत हतौ। बुश साहब कबड्डी अच्छी खेलते हैं, दम साधने में उस्ताद कहाये, मजाल कोऊ उनकी कानी अंगुलिया भी छू सके। पर हमने जब पड़ोस के वकील साहब के यहाँ ये जूता कांड देखा तो हमाओ तो जी खुश हो गऔ। लगौ, हम यहाँ बैठे-बैठे अपनो जूता सोऊ बुश के मो पर मार दें। पर वाह रे बुश! खाके जूता हो रये खुश। हम होते तो सरम से धरती में गड़ जाते, पर जे अपनी मुटमर्दी में कै रयै, मुझे खुशी है कि आपके देश में भी अब खुली संस्कृति पनप रही है। यह अच्छी बात है। तो भइया,

एकाध जूता खा लेते, तुम्हें अमेरिका याद आ जाती।

पप्पू बहुत गुस्से में थे, जूता खोर, पेट्रोल चोर, नम्बरी ढोर, बेसरम बोर। अरे, तुम अपने देश में कछू करौ, हम तो हम, कोऊ कछु नई बोल सकता। बोले तो हमसे कइयौ, हम सारे की गरदन, काट दें तो हमाओ नाम को कुत्ता पाल लिऔ। पर तुम इराक में का कर रयै। तुम्हें कुछ न मिला तो केन लगै कि हम इराक में छिपै जैविक हथियार तलाश रये हैं। काय, तुम को हो, दुनिया के थानेदार हो कि डी.आई.जी. अरे, अपनी औकात में रहो, रंगदारी तो न रावण की चल पाई, न कंस की। तुम्हें इराक में एकाध हथियार मिल जाता तो हम मान लेते पर तुमैं तो अपनी दाऊगिरी दिखाने से मतलब। पप्पू दादागिरी के सख्त खिलाफ लगै। साहब, हमें रंगदारी पसन्द नइयाँ। रंगदारी देख के हमाऔ तो खून खौल जात। यह कहते-कहते पप्पू गम्भीर हो गयै, लगा कि वे पुरानी यादों में डूब गये हैं। मैंने पूछा कि—पप्पू क्या सोचने लगे? अरे साहब, पुरानी बात याद आ गयी। हम छोटे थे। हमारे बाप अपने बाप जी का एक किस्सा सुनाते थे।

हमारे परदादा को रातोंरात जरूआ भाटा से मय बाल-बच्चों के अपनी इज्जत बचाने के लिए भागना पड़ा था। हम गोदी में थे, माँ बताती है कि कैसे रातोंरात साँप-गुहेरों से भरे जंगल को पार कर बरसात की झड़ी में बचते-बचाते हम सब सागर पहुँचे थे। मेरी जिज्ञासा चरम पर थी। पर पप्पू ऐसा क्या हुआ था? अरे होना क्या था, हमारे परदादा लत्ते खवास गाँव के लम्बरदार ठाकुर जालमसिंह के यहाँ रोज हजामत करने जाते थे। एक दिन ठाकुर साहब ने कहा—लत्ते, हमारी मूँछ में दो-चार सफेद बाल हो गये हैं। अच्छे नईं लगत। तुम जुगत से चिमटी से इन्हें निकाल दो। अब परदादा ने चिमटी से सफेद बाल खींचो तो एकठों कारो बाल भी खिंच गऔ। जालम लम्बरदार ने सोची कि दारे लत्ते को सबक सिखाओ चहिए।

गाँव के मोची को बुलाया गया—देखो, आजई के दिन अगले हफ्ते भरी पंचायत में लत्ते खवास को जूता लगाने का कार्यक्रम है। जूता दस नम्बर का और मजबूत होना चाहिए। तुमने भाई-बन्दी दिखाई तो बेटा, तुमऔ बनाऔ जूता और तुमऔ मूँड। जूता तैयार होने लगा। लम्बरदार अपनी मूँछ का काला बाल भुला नहीं पा रहे थे। उनके एक मुसाहिब ने उन्हें चने के झाड़ पर चढ़ाया। लत्ते को अगर फत्ते जूता मारे तो कैसा रहे? फत्ते यानी लत्ते के बेटा। अरे लम्बरदार जू, आपको डंका बज जाने। बेटा बाप को जूता मार रहा है, सारा गाँव दम साधो यह जूता कांड देख रहा है—गाँव में अगले पचास साल तक आदमी तो आदमी-चिरई का पूत भी आपकी शान के खिलाफ चूँ नहीं कर सकता। फत्ते ने जब यह फरमान सुना तो पिताजी से बोले—दद्दा, हमसे जे ने हुइयै। तो बेटा, हम तो मरहैं ई मरहैं, लम्बरदार तुम्हारी खाल में भी भुस भरवा दे है। सो का करो चाहिए? भगो, गाँव छोड़ के भगो। आधी रात में जब गाँव में सोता पड़ गऔ तो हमारे परदादा अपने लड़के बच्चों को लेके

महतारी के साथ सागर भग आये। इराक के अखबारन वीस...का तो नाम बताओ थे आपने—जैदी—हाँ, जैदी की हिम्मत देख के हमाऔ तो जी खुश हो गऔ। जो हमारे बाप ने कर पाए, जैदी ने कर दिखाओ। शाबाश, जैदी, तुम सागर में होते तो हम तुमाई दावत करते।

बगदाद के जैदी के दुस्साहस से सागर के पप्पू खुश थे। बुश के मान-मर्दन से पप्पू को लग रहा था जैसे उनके परदादा के साथ की जाने वाली रंगदारी का बदला चुक गया है। वे बुश को और लम्बरदार को एक सफ में खड़ा कर रहे थे और दूसरे में जैदी को और पप्पू को। पप्पू मन में खुशियाँ हिलोरें ले रही थीं। अभी वे जाने के मूड में नहीं थें उनको खबर मिल गयी थी कि इराक की किसी युवती ने जैदी से विवाह का प्रस्ताव किया है। काय साब, कछु ऐसो नई हो सकत कि जैदी को खबर लग जाए कि अब दुनिया भर के गरीब-गुरबा के हीरो बुश नहीं उन जैसे जैदी हैं। मैं पप्पू की भावनाओं से बेहद प्रसन्न था। मुझे लगा कि पप्पू की खुशी दुनियाभर के उन तमाम लोगों की खुशी का प्रतीक है जो अब अन्याय सहने को तैयार नहीं है। पप्पू ने बुश की पत्नी का बयान पढ़ लिया था। कह रहे थे कि हमें तो बुश से ज्यादा समझदार उनकी बाई लगी। भइया, तुमाऔ अपमान हो गऔ, सारी दुनिया ने देखा और तुम मसखरी कर रऔ। तुमाई बाई ने सच्ची कही कि जूता कांड में बुश साहब का अपमान हुआ है। पप्पू ने मुझे फिर कॉन्फिडेंस में लिया—आप बुशबाई की तकलीफ नहीं समझ रहे। हम समझ रहे हैं। हमारे गाँव में लुगाई की इज्जत उसके आदमी की इज्जत से होती है। बेइज्जती में भी उसका हिस्सा होता है। लाराबाई समझ रही हैं कि इतिहास में जब कोई यह पूछेगा कि लाराबाई कौन? तो जवाब में कहा जाएगा—अरे बेई न जिनके आदमी बगदाद में जूता खात-खात बचे थे। जूता न लग पाने की बात से पप्पू कुछ उदास लगे। साहब, दो में से एक जूता तो घलई जाने हतौ। मैंने पप्पू का दर्द समझा। पर पप्पू, अब क्या हो सकता है? गयी बात गनपत के हाथ। पप्पू तमक गये। काय, अब काय कछु नई हो सकत। उन्होंने मुझे अपनी योजना में शरीक किया। बोले—आपके पास तो वो अखबार होगा न, जिसमें जैदी बुश साहब की ओर जूता फेंक रहे हैं और बुश बहादुर दाएँ-बाएँ हो रहे हैं। मैंने अखबार से यह पन्ना निकाला। पप्पू बोले—ये पन्ना हमें चाहिए। इसे हम एक दफ्ती पर चिपकाएँगे। रोज सबेरे नहा-धोकर बुश का पूजा करेंगे। मैं चक्का हुआ। पप्पू खुश हुए, बोले—आप नहीं समझे। आप जैसे लोग जैदी जैसे लोगों की बात समझ ही नहीं सकते। आप लोगों को शील को स्वभाव कहाऔ। हम लोग गरीब-गुरबा, बगैर पढ़े-लिखे। जो काम बगदाद में अधूरा छूट गऔ, हम सागर में पूरो करहैं। मेरा मुँह फटा का फटा रह गया, आँखें खुली की खुली। पप्पू पगला तो नहीं गये। पर पप्पू पूरे होश में थे। हम रोज सबेरे नहा-धोकर बुश साहब की फोटो पर पाँच जूतों का भोग लगाएँगे। एक अपनी तरफ से, दूसरों अपने दादा की तरफ से,

तीसरों अपने परदादा की तरफ से, चौथो जैदी भैया की तरफ से और पाँचवों—पप्पू मेरी प्रतिक्रिया भाँपने के लिए रुके—पाँचवों दुनियाभर के उन सबकी तरफ से जो अब बुश जैसे लोगों की रंगदारी सहने को तैयार नहीं है।

मैंने अखबार का पन्ना काटकर पप्पू को दे दिया और मन ही मन कहा—पप्पू पाँचवे भोग में हमें भी शामिल कर लियो, हम इस लड़ाई में तुम्हारे साथ हैं।

फ़िज़ा और चाँद मुहम्मद पप्पू खवास की कचहरी में

पप्पू खवास पिछले दो तीन दिनों से कुछ अनमने थे। मालिश करते समय उनके हाथ तो चलते थे, जुबान भी पर हाथों में न वो फुर्ती थी और जुबान में न वो तुर्शी जो पप्पू खवास की खासियत थी। ऐसे मौकों पर मैं उन्हें छेड़ता नहीं हूँ। जानता हूँ कि उनके प्रेशर कुकर में जब काफी भाप इकट्ठी हो जायेगी तो सीटी अपने आप बजने लगेगी। आज सीटी बजी—पहिली सीटी बोले—काय साहब, जे पीजा बाई और चाँद मुहम्मद को का लफड़ा है? मैंने उन्हें सुधारा—पीजा नहीं फ़िज़ा यानी चाँदी। पप्पू भड़क गये, बोले, रैन तो दो। टी.वी. पर हमने भी देखी है। गोरी-चिट्टी, चिकनी चुपड़ी, भरी पूरी, मसालेदार। बिल्कुल पीजा लगत हैं। मैंने उनके सादृश्य विधान को चुनौती नहीं दी। हर व्यक्ति का सादृश्य विधान उसके अपने संस्कारों और मंतव्यों से सुनिश्चित होता है। कहने लगे—हमें पीजा मिल भर जाये, हमें उनकी ऐसी गतें करने के वे सब बेशरमी भूल जायें। मैं समझ गया। पप्पू मुसम्मात फ़िज़ा यानी अनुराधा बाली से बेहद नाराज हैं। ठीक ठीक क्यों, यह जानना जरूरी था। मैंने उनकी आग में घी डाला—बताया कि फ़िज़ा बेहद पढ़ी लिखी, आर्मी इन्जीनियर की बेटी, कानून की जानकार हैं। हरियाणा में सालीसिटर जनरल। पता नहीं, पप्पू इसका क्या अर्थ समझे। बोले—देखो साहब, हम तो ज्यादा पढ़े लिखे नहीं हैं पर हम अंग्रेजी के बड़े-बड़े शब्दों के चक्कर में नहीं पड़ते। हम चार बार सालीसिटर, सालीसिटर कैहें तो हमाई तो जीभ घुर जाने। सब जैसे कैटरीना कैफ को कैट कैत हैं और ऐश्वर्य बच्चन को ऐश, ठीक वैसेई तुमाई सालीसिटर को हम तो साली कैहें। अब पप्पू के मनोभाव, उनका विवेक। सो साली ने चाँद मुहम्मद से मेरठ में पाँच छह महीना पहिले शादी करके जैसा वाहियात काम किया है, उसको पप्पू खवास तो माफ नहीं कर सकते। पप्पू खवास पप्पू की तरह नहीं, न्यायाधीश की तरह बोल रहे थे। पप्पू, तुम मुसम्मात से बहुत खफा हो। अरे साहब, साली ने एक अच्छो खासो घर बिगाड़ दऔ। ये नहीं सोचा कि चाँद मुहम्मद की एक ठो ब्याहता है और उनके तीन तीन बच्चे हैं। चाँद तो इनके हो गयै पर उनकी ब्याहता और बच्चों को तो खोवा कुट गऔ। ब्याहता भी हाल की नहीं, तीन-तीन बच्चों की माँ। पीजा बाई अपने चाँद

से कहतीं कि पहिले तुम अपनी ब्याहता से कोर्ट से तलाक लो, उसका और बच्चों का खरचा-पानी बाँधों फिर हमसे निकाह की बात सोचो। हम तुमाये साथ तू मेरा चाँद, मैं तेरी चाँदनी नैं गायें तो हमाऔ मौं ने देखिऔ। पप्पू की बातों में मुझे दम लगा। लोगमंगल। अपने मंतव्य के प्रति मेरी सहमति समझकर पप्पू के प्रेशर कुकर की दूसरी सीटी बजी। इस बार जरा जोर से। जवानी में हमने भी ऐई सब करौ है पर ऐसे छुट्टा, गैर जिम्मेदार साँड़ जैसे नई घूमे। ब्याहता बीबी और अपने बच्चों के लिए अपनी पूरी जिम्मेदारी निभाई, उनके लाने साड़ी जंपर सब कर रयै, बाल बच्चों की फीस अदा कर रयै और अपनी मनचंदा के लाने एक कमरा कर दऔ, किराये पे, उनके साथ हर दूसरे दिन सेकेंड शो देख रयै। चाँद मुहम्मद भी ऐसो करत रैते। वे तो डिप्टी सी.एम. हतै, जौन सो सरकट हाउस चाहते, खुलवा लेते, वे चाहते तो देश में कहीं भी पाँच सितारा होटल के सूट बुक करवा लेते, फ्रीफंड में। कोऊ सरकारी ट्रिप निकाल लेते और स्विटज़रलैंड में हनीमूल मनाबे चले जाते। पर नईं, बे तो पीज़ा चमकुल के प्रेम में ऐसे बौरा गये कि न लोक लाज को ख्याल रख रयै, ने लोक मर्यादा को। अपनी अगाड़ी पिछाड़ी कछू नईं सोच रयै। चलो साहब, जवानी दीवानी के जोश में हम इन सबकी छूट दे रयै पर महीना भर में का हो गऔ कि वे अपनी नई नवेली चमक चौदस को छोड़के इते उते लुकत फिर रयै। और जे पीजा बाई नींद की गोली खाके आत्महत्या पै उतारू हो गयीं। हमारे दद्दा कहते थे कि दूसरी करी, बुरी करी, करके छोड़ दई, और भी बुरी करी। ठीक बात। और तो देखो, साहब, न ये जवान, न वो जवान। दोनों अधेड़। साहब बहादुर को नैन मटक्का की पुरानी आदत। आज यहाँ मुँह मार रयै, कल वहाँ। और मोहतरमा भी कम खेली खाई नहीं लग रईं। अपने मुंश पै बलात्कार को आरोप हर कोऊ नईं लगा सकत। तुम घाट घाट को पानी पियै, तुम्हें जे सती सावित्रीपना अच्छो नईं लगै। सो बाई, चुप रहो, अपनी गल्ती मान लो, दूसरे शिकार की तलाश में जुट जाओ। ने तालाबों की कमी, ने मगरमच्छों की। अच्छी मछली देखके सबई को मन जायका बदलबे को करन लगत है।

हाय हाय, पप्पू, तुमने न 'सेकेंड सेक्स' पढ़ी, न 'नेकेड एप' फिर तुमको ये सब बातें कैसे सूझ रही हैं? पर पप्पू से नर-नारी सम्बन्धों के विमर्श का यह उचित मौका नहीं था। उनके भीतर की भाप कुछ कुछ निकली तो वे प्रकृतिस्थ हुए। साब, हमें तो चाँद मुहम्मद पर कम गुस्सा है, उनकी हिस्ट्री अच्छी नइयाँ। उनके बारे में प्रसिद्ध है कि बे जौन की जुगराफिया अच्छी देखत है, गिरमा तुड़ा के बेकाबू हो जात हैं। भइया, तुम हरियाणा के डिप्टी सी.एम., भजनलाल के बेटे, बिस्नोई। साहब, हम ट्रक लेके माल उतारबे कई बेर अलवर गये हैं। वहाँ के बिस्नोई लोग नेम धरम के बड़े पक्के। न जीव हिंसा करत, न करन देत। न हरो भरो पेड़ काटत, न काटन देत। और तुमने बिस्नोई हो के एक ठो मोरनी को गला मरोड़ दऔ, मोर के तीन बच्चों

को प्यासा मरने के लिए छोड़ दऔ। तुमने धरम बदल लऔ। काय, तुमाऔ दीन औ ईमान होतो, हम कछू न कैते पर तुम तो ऐश करबे के नये नये रास्ते खोज रयै। साब, हमें शहर काजी से मिलके कछू करने परहे। यह पप्पू के प्रेशरकुकर की तीसरी सीटी थी। मैंने पूछा, पप्पू, शहर काजी का इस मामले से क्या मतलब? पप्पू बिफर गये। काय, मतलब काय नइयाँ। याद करो मुम्बई में 26/11 को जो आतंकवादी मारे गये थे, बड़े काजी साहब ने क्या कहा था? हम देश के दुश्मनों को अपनी कब्रगाह में जगह नहीं देंगे। तुम देश के दुश्मन तो दीन के भी दुश्मन। बड़े काजी साहब को फैसला सुनके हमारी तो बाँछें खिल गयीं। हम शहर काजी से कैहें कि देश के बड़े काजी साहब तक हमारी एक बात वे जरूर पहुँचा दें। कोई शादीशुदा मर्द जिसके बाल बच्चे हों, ब्याहता बीबी हो, उसको मजहब बदलने की तब तक इजाजत नहीं मिलेगी जब तक वो कोर्ट कचहरी से अपनी पहिली ब्याहता से तलाक न ले ले और उसके और अपने बाल बच्चों का खाना खरचा न बाँध दे। अगर तुम ब्याहता और बच्चों का ठीक-ठीक इन्तजाम किये बिना धरम बदल रयै तो तुम न सच्चे हिन्दू हो, न सच्चे मुसलमान। तुम मजहब के नाम पर कलंक हो, चाँद के दाग।

पप्पू का प्रेशर कुकर लगातार शीटी बजा रहा था। वे चाँद मोहम्मद की पहिली पत्नी और उनके बच्चों की ओर से बोल रहे थे। उन्हें किरण बेदी की याद आयी—लगता हे कि टी.वी. पर आने वाला किरण बेदी का 'आपका कचहरी' बराबर देखते हैं। बोले—साब, हम सोच रयै कि किरण मेम साहब को टेलीफोन करें—कहें मेम साहब, जो मामला बलात्कार का बिल्कुल नहीं है, धोखाधड़ी का हैं मैंने धोखाधड़ी पर संदला चढ़ाया। पप्पू, इसे बलात्कार नहीं, छलात्कार कहते हैं। पप्पू खुश हुए। साहब, सच्ची बात तो यह है कि दोनों एक-दूसरे से छल कर रहे हैं। अब दोनों की नाक कट गयी तो दोनों एक-दूसरे को मटियामेट करने पर तुले हैं। अपनी अपनी नाक कटाकर सामने वाले का सगुन बिगाड़ रहे हैं। पप्पू उठे, जाने लगे पर गेट से लौट आये। मैंने पूछा, कुछ भूल गये क्या? हाँ, साहब, एक बात भूल गये, कह दें तो आत्मा में ठण्डक पड़ जाये। पप्पू ने बचपन में एक कहानी पढ़ी थी। भगवान जी के दो भक्त थे। दोनों भगवान जी को बहुत प्यारे थे। भगवान जी दोनों की हर इच्छा पूरी करते। पर जब भक्तों की माँगें बहुत बढ़ गयीं तो भगवान जी को एक कारिस्तानी सूझी। बोले—आज से मैं तुम दोनों की इच्छाएँ पूरी करूँगा पर एक शर्त के साथ। एक को जो कुछ भी मिलेगा, दूसरे को उससे दोगुना मिलेगा। मंजूर? हाँ भगवान जी, मंजूर। पहिले भक्त ने माँगा, मेरे पास एक बँगला हो जाये। हुआ। पर दूसरे के पास दो बँगले हो गये। दूसरे ने माँगा, भगवान, मेरे पास एक कार हो जाये। हुई। पर पहिले के पास दो कारें हो गयीं। भगवान, मुझे एक सुन्दर सी बीबी मिल जाये। मिली। पर सामने वाले के पास दो-दो बीबियाँ हो गयीं—दोनों सुन्दर। दोनों ने सोचा—यह तो भगवान जी ने बड़ी मुश्किल में डाल दिया। दोनों गुंताड़े में रहने

लगे। पहिले ने एक दिन माँगा, भगवान, मेरी एक आँख फूट जाये। तथास्तु। पहिले की एक आँख फूटी तो दूसरे की दोनों फूट गयीं। दूसरे ने इसकी काट निकाली। भगवान, मेरी एक टांग टूट जाये। टूटी, पर सामने वाले की दोनों टूट गयीं।

पप्पू यह कहानी सुनाकर मुझ पर उसका प्रभाव जानने के लिए थमे। अब साहब, देखो, चाँद मुहम्मद साहब की दोनों आखें चली गयी हैं और कानी बेगम साहिबा अपनी दोनों टागों के चले जाने से बेहद गमगीन हैं। दोनों एकई घर में रै रऔ, कचहरी में उनकी तलाक की अर्जी मंजूर नहीं हुई। चाँद की ब्याहता सीमा अपने पति को हाथ पकड़ के बाथरूम ले जा रईं और उनके बच्चे अपनी नई लंगड़ी माँ को व्हील चेयर पर बिठाकर कमरे कमरे घुम रयै। प्रेशर कुकर की आखिरी सीटी बजी, पप्पू बोले, साहब हम तो चाहत हैं कि पीजा मैडम और चाँद मुहम्मद की ऐसेई गतें होंय। भगवान जी की लाठी में बहुत जोर है, वह मारती है और आवाज भी नहीं होती।

फ़िजा और चाँद मुहम्मद को शाप देकर पप्पू खवास बहुत हल्के हो गये थे। मैंने उनको रोका नहीं। आप भी उन्हें मत टोकिये। जैसी करनी, वैसी भरनी।

शशी मारीशसी : परीक्षा और कविता का इमामबाड़ा

मैं उसे बिल्कुल नहीं जानता था। न प्रत्यक्ष परिचय, न पत्र-व्यवहार, न ही कोई दूरभाषिक संवाद। पर उसके पास मेरा पूरा बायोडेटा था। वह मारीशस से वाया रीवा मेरे पास आ रही थी। मेरा पता, ठिकाना, टेलीफोन नं., पद, अनुभव आदि के लिए उसने विश्वविद्यालय की गोपनीय शाखा के महान बाबू को 200 रुपये दिये थे। उन दिनों यही रेट होगा। उस जमाने में 200 रुपये की राशि आज के 2000 से कम नहीं थी। पर महत्त्व दाम का नहीं, काम का होता हैं मैंने उससे पूछा भी कि आपको मेरे बारे में यह सब कैसे पता चला। उसने कुछ भी नहीं छिपाया। वह जानती थी कि ऊँट की चोरी निहुरे निहुरे नहीं की जाती। वह गिरमिटियों के उस वंश की थी जो सैकड़ों वर्ष पूर्व बिहार से मारीशस जाकर वहीं बस गया था पर जो अपनी संस्कृति, बोली-बानी भूला नहीं था। ऊँट पता नहीं मारीशस में होता है या नहीं पर ऊँट की निहुरे निहुरे चोरी वाली यह कहावत अभी भी उसके घर में प्रचलित थी। मैंने उससे कहा—तब तो आपको 800 रुपये खर्च करने पड़े होंगे। वह मेरी गणित से आश्वस्त हुई। जब एक पर्चे के परीक्षक का पता 200 में मिलता है। तब चार के कितने हुए-800 रुपये न?

मेरे पास स्थानीय गन्धर्व होटल के स्वामी राधेलाल जी माहेश्वरी का टेलीफोन आ गया था। दिन में ढाई बजे। कहा था कि भारतीय मूल की एक विदेशी महिला सागर आयी है, मेरे होटल में ठहरी है, किसी गोपनीय मिशन पर है पर जब उसने काउंटर बाबू से आपको टेलीफोन मिलाने को कहा तो मैं चौंका—मैं जानता हूँ कि आप न तस्करी के धन्धे में हैं, न हवाला के, नशीले पदार्थों के लेन-देन से भी आपका कोई वास्ता नहीं है। बार बालाओं का भी आपको कोई शौक नहीं है फिर यह विदेशी युवती आपसे क्यों मिलना चाहती है? राधेलाल जी मेरे पुराने मित्र हैं, सन् 50 के दशक के मेरे विश्वविद्यालयीन समकालीन। मेरे छोटे भाई के सहपाठी। इसलिए उनके होटल में ठहरी उस विदेशी बाला के गोपनीय मिशन के बारे में उन्हें जिज्ञासा हुई। उस युवती को उन्होंने मेरे और अपने सम्बन्धों के बारे बताया, बताया कि उसके मिशन में ये सहायक हो सकते हैं। जब वह युवती कांफीडेंस में आ गयी

तो पता चला कि उसका एम.ए. हिन्दी का कोई पर्चा मेरे पास मूल्यांकन के लिए आया है और वह आपरेशन 'श्योर सक्सेसा' के तहत चारों धाम की यात्रा पर है। सागर उसका पहला पड़ाव है, यहाँ से सफल होकर वह उज्जैन, आगरा, इलाहाबाद जैसे तीर्थों की ओर प्रयाण करेगी। राधेलाल जी ने कहा कि वह आपसे मिलकर आश्वस्त होना चाहती हैं उसे कहा भेजूँ-विभाग में या घर में। मैंने कहा कि वह घर ही आये तो अच्छा-वही पाँच और छह बजे के बीच।

जब उसका ऑटो मेरे बँगले बी 19 के सामने रुका तो हल्की बूंदा-बांदी हो रही थी। कुछ-कुछ अँधेरा भी छा गया था। मैं अपनी पत्नी और बेटियों के साथ वरांडे में बैठकर चाय पी रहा था। जब उस तथाकथित विदेशी महिला ने बी 19 का गेट खोला तो बूँदा बाँदी से बचने के लिए वह दौड़ती हुई वरांडे आयी। ऑटो उसने रोक रखा था। पत्नी को दया आयी, वह भीतर से तौलिया लेकर आयी, उसे चाय पीने को दी। अब तक उसकी साँस में साँस आ चुकी थी। मैंने पूछा—कहिए, कैसे कष्ट किया। बोली—सर, आपसे एकान्त में बात करनी है।

मैंने उसे आश्वस्त किया—यह एकान्त ही है। आपको जो कहना हो, खुल कर कहें। उसने अपनी व्यथा-कथा सुनाई। कहा—वह मारीशस से आयी हैं हिन्दी में एमए कर रही है। घाट महाविद्यालय केन्द्र से स्वाध्यायी परीक्षार्थी के रूप में। पर आप ने वही केन्द्र क्यों चुना? उसने रहस्य खोला। पहले दिल्ली आयी, फिर इलाहाबाद। इलाहाबाद में पता चला कि गंगा या उसकी किसी सहायक नदी के तट पर बसा यह महाविद्यालय सर्वसुविधा सम्पन्न है। गंगा में डुबकी लगाने से जैसे सब दुक्ख दलद्दर नष्ट हो जाते हैं वैसे ही घाट महाविद्यालय केन्द्र से परीक्षा देने से भी। वहाँ सारी सुविधाएँ हैं। सर, मुझे कोई दिक्कत नहीं हुई। सभी लोगों ने मेरी भरपूर सहायता की, मार्गदर्शन भी दिया, पर्चे तो मेरे सभी अच्छे हुए हैं पर पर्चे अच्छे होने से क्या होता है? नम्बर अच्छे मिलने चाहिए। पर्चे अच्छे हुए हों तो जरूरी नहीं कि नम्बर भी अच्छे मिलने चाहिए। पर्चे अच्छे हुए हों तो जरूरी नहीं कि नम्बर भी अच्छे मिलें। हाँ, नम्बर अच्छे मिलें तो समझिए कि पर्चे अच्छे हुए हैं। मैं अच्छे नम्बरों के लिए यहाँ आयी हूँ। मैंने जानना चाहा कि अच्छे नम्बर मिलने से क्या होगा। उसने बताया कि मारीशस में नये-नये महाविद्यालय खुल रहे हैं। सभी में हिन्दी के व्याख्याताओं की आवश्यकता है। वेतन भी अच्छा है और इस पद की प्रतिष्ठा भी है। मुझे एमए में फर्स्ट डिवीजन मिल जाए तो मेरा जीवन संवर जाएगा, आगे पीछे विवाह भी हो जाएगा। उसे अपनी जीवन-योजना बताने में कोई संकोच नहीं हुआ। मुझे उस पर दया आयी। बेचारी लड़की। मैंने उससे पूछा कि मेरे पास आपका कौन सा प्रश्नपत्र आया है। आधुनिक काव्य। और आपने कौन-कौन से प्रश्न किये हैं। सर, तुलसी, सूर, कबीर और एक ठो और। शायद जायसी। हाँ, सर जायसी। हिन्दी का आधुनिक काव्य मारीशस पहुँचते-पहुँचते कैसे तुलसी आदि में

रूपांतरित हो गया, यह सोचकर मुझे बड़ा विस्मय हुआ। मैंने एक कागज खींचा, कहा, आप इस पर अपना रोल नम्बर, नाम लिख दें और कौन-कौन से प्रश्न किये हैं, वे भी। उसने रोल नम्बर लिखा, नाम लिखा-शशी। आधुनिक काव्य के प्रश्न पत्र परथम में तूलसी, सुर, कबिर, जायसी।

प्रथम श्रेणी के लिए इसे पर्याप्त माना जाए या नहीं, सोचता हुआ मैं भीतर गया जहाँ उसके केन्द्र की उत्तर पुस्तिकाएँ रखीं थी। उसकी उत्तर पुस्तिका मिल गयी, रोल नम्बर वही था, नाम तो उत्तर पुस्तिका में होता नहीं, अतः मैंने भीतर के पन्ने उलटे। वहाँ प्रसाद, निराला, महादेवी आदि कवियों का विवरण था—अत्यन्त शुद्ध भाषा में, उच्च हिन्दी में, ललित ललाम हस्तलिपि में। लगता ही नहीं था कि यह शशी नामी छात्रा की हिन्दी होगी। फिर लिखावट भी तो मेल खानी चाहिए। मेरे हाथ की कॉपी पर जो लिखावट थी, वह महिलोचित नहीं थी। कहा घर का हिसाब-किताब रखने वाली, धोबी को कपड़े देते वक्त गृहिणी की लिखावट और कहा कापी की यह लिखावट जो जयशंकर को जयशङ्कर लिख रही हैं, व्यंजना को व्यञ्जना। मै दो-तीन उत्तर पुस्तिकाएँ लेकर बाहर आया। मैंने सभी का आवरण पृष्ठ मोड़ दिया था स्टेपल लगाकर। क हा—देखिए-इसमें आपकी उत्तर पुस्तिका कौन-सी है? उसे ऐसे निष्ठुर व्यवहार की आशा नहीं थी। वह रोने लगी। मैंने उससे यह भी पूछा कि कहीं आप मेरे पर्चे के दिन अस्वस्थ तो नहीं थीं जो आपके बोले हुए उत्तरों को किसी दूसरे ने लिपिबद्ध किया हो। उसने दृढ़ता से इनकार किया। तब मैंने स्टेपल का पिन खोलकर उसके रोल नम्बर वाली कापी का आवरण पृष्ठ खोला—कहा—आपकी उत्तर पुस्तिका यह रही पर यह आपकी लिखावट में नहीं है। उसका रुदन अब हिचकियों में बदल गया था। पत्नी ने उसे पानी लाकर दिया। जब वह कुछ स्वस्थ हुई तो उसने रहस्योद्घाटन किया। अरे राम, कैसे झेलें हम अपनी लज्जा, उसका शोक।

उस महाविद्यालय के प्रांगण में पीपल का एक पेड़ है। उसे वहाँ बोधिवृक्ष की संज्ञा प्राप्त है। इसके नीचे प्रति परीक्षा दिवस को विषय और प्रश्नपत्र के हिसाब से दिल्ली, इलाहाबाद, कानपुर के बुद्धजन समवेत होते हैं। आज भाषाविज्ञान का पर्चा है तो भोलानाथ तिवारी की पुस्तक के साथ। आधुनिक काव्य का पर्चा है तो तारकनाथ बाली की पुस्तक के साथ। सब जन कल्याण की भावना से लबालब। हमारे रहते किसी को असफल नहीं होना चाहिए गुरुदेव रवींद्रनाथ ने कहा था—'आई डू नाट चूज द बेस्ट बट द बेस्ट चूजेज मी'। आप सर्वोत्तम बनना चाहते हैं तो आपको केवल 500 का खर्चा आयेगा—एक दिन का, तीन घण्टे का। तीन घण्टे प्रत्याशी बाहर बैठेगा, स्वच्छ वायु का सेवन करता हुआ, पतितोद्धारक गंगा की सहायक सरिता लहरियों का निरीक्षण करता हुआ। 500 रुपये इस कायांतरण के लिए अग्रिम देने होते हैं। परीक्षा कक्ष में प्रवेश के लिए 400 का शुल्क निर्धारित हैं। 200 कक्ष

में ड्यूटी कर रहे इनविजिलेटर के लिए और 200 महाविद्यालय के परीक्षा अधीक्षक अर्थात प्राचार्य महोदय के लिए। अब आप 900 रुपये देकर निश्चिन्त हो जाइए। आपका कोई कुछ नहीं बिगाड़ सकता। प्राचीनकाल में परकाया प्रवेश के अनेक उदाहरण उपलब्ध हैं। आखिर मंडन मिश्र की पत्नी भारती ने जब बालब्रह्मचारी शंकराचार्य से रति के कुछ गूढ़ रहस्यों का समाधान करने की आकांक्षा की तो शंकर ने क्या किया था? नेपाल नरेश की मृत देह में प्रवेश कर, उसे जीवित कर, रति रहस्यों का ज्ञान प्राप्त कर भारती को सन्तुष्ट कर दिया था। अब आपको एक ही पर्चे में तो बैठना नहीं है, चार-चार पर्चे हैं। तो क्या हुआ, चारों प्रश्नपत्रों के लिए परकाया प्रवेश की और मृतदेह की सुरक्षा की व्यवस्था है। सर, मुझे अब याद नहीं कि आधुनिक काव्य के पर्चे के दिन मेरे स्थान पर परीक्षा में कौन बैठा था। एक गोरानारा युवक था, लम्बे लम्बे बाल।

जब मैं बोधिवृक्ष के नीचे पहुँची तो मेरे कानों में फुसफुसाहट की आवाज आयी–आधुनिक काव्य, आधुनिक काव्य। मैं थोड़ा हट कर खड़ी हो गयी, उसे इशारे से बुलाया–उसने हथेली दिखाई- पाँचों अंगुलियाँ फैलाकर। मैं समझ गयी। वह नमूने के लिए अपनी लिखावट में कुछ पन्ने लिए हुए था : मुझे उसकी लिखावट अच्छी लगी। वह गम्भीर, विश्वसनीय और प्रोफेशनल लगा। ठीक है–यह मेरा रोल नम्बर है, मैं रुपये आपको पेपर पूरा होने पर दे दूँगी। नहीं, यहाँ सब अग्रिम चलता है–विश्वास पर। वह मुझे अपने साथ मेरे कक्ष तक ले गया, उसने वहाँ खड़े इनविजिलेटर से कुछ बातचीत की–हथेली की चार अंगुलियाँ फैलाईं–इशारों की यह भाषा मुझे बहुत अच्छी लगी। मैंने पर्स से चार नोट निकाले–गाँधी जी हमारे कितने काम आते हैं। मैंने पूछा भी कि चार पर्चे में लिखावट चार तरह की होगी तो बाद में कोई समस्या तो नहीं आयेगी। उत्तर मिला था–चारों प्रश्नपत्रों के परीक्षक अलग-अलग होते हैं। चारों प्रश्नपत्रों की उत्तर पुस्तिकाएँ कभी एक साथ नहीं होंगी। परीक्षक को क्या पता कि परकाया प्रवेश करने वाला परीक्षार्थी कौन है और मूल परीक्षार्थी कौन। वह तो रोल नम्बरों की कापियाँ जांचता है, रोल नम्बरों को ही पर्ण/प्रतिपर्ण में अंक देता हैं इन्हीं पर्णों/प्रतिपर्णों के आधार पर सारणीयक परीक्षाफल बनाता हैं आप निश्चिन्त रहें।

मैं उसके इस विवेचन से सन्तुष्ट हुआ। यदि शशी देवी मेरे पास प्रथम श्रेणी के अंकों की याचना के साथ न पधारी होतीं तो क्या होता? मेरे ज्ञान का दण्ड परीक्षार्थी को नहीं दिया जा सकता। बाद में मैंने परीक्षार्थी की उत्तर पुस्तिका का बिना किसी रागद्वेष के मूल्यांकन किया। गिरी हालत में वह 72 अंकों कम की पात्र नहीं थी। उस शाम जब वह चली गयी तो मैंने हिसाब लगाया–एक पर्चे के लिए देय राशि थी 500+400+200=1100। इसमें चार का गुणा कीजिए तो राशि हुई 4400। चायपानी का खर्चा अलग से अर्थात 5000 में एम.ए. हिन्दी साहित्य

की प्रथम श्रेणी पक्की। पर नहीं, मेरा हिसाब थोड़ा गड़बड़ा गया। यह तो एक वर्ष यानी पूर्वार्द्ध की बात हुई। अगले वर्ष जब उत्तरार्द्ध की परीक्षा होगी तब यह सारा व्यय पुनः अनिवार्य होगा। अब कितने हुए 5000 और 5000। दस हजार रुपये न? इसमें मारीशस से भारत की यात्रा का, ठहरने का, यात्रा का, वाहनों आदि का व्यय सम्मिलित नहीं है। अब इस तरह के खर्चों का कोई अंकेक्षण तो होता नहीं कि सारी बातें विस्तार से दर्शाई जाएँ। आप को आम खाने से काम कि गुठली गिनने से। पर बीच में एक दुर्घटना होते-होते बची। महाविद्यालय मध्य प्रदेश के तत्कालीन मुख्यमन्त्री माननीय कुंवर साहब के विधानसभा क्षेत्र में आता था। अब आप जब मुख्यमन्त्री हैं तो आपका विपक्ष भी होगा, विरोधी भी होंगे। भारतीय लोकतन्त्र में एक बुरी बात यह है कि जब देखो तब किसी न किसी मुद्दे पर विरोधी दल भुस में लूघर डालने के मौके की तलाश में रहता है। जब इस सामूहिक संगठित भ्रष्टाचार की भनक विरोधियों को लगी तो उन्होंने विधानसभा में मुद्दा उछाला। अब मुद्दे से तो कुछ होता नहीं, भुस है तो हमारे पास आग बुझाने के दमकल भी हैं। मुख्यमन्त्री ने शिक्षामन्त्री से देखने को कहा, शिक्षामन्त्री ने शिक्षा सचिव से देखने को कहा। शिक्षा सचिव अशोक वाजपेयी थे। उन्होंने सागर विश्वविद्यालय के कुलपति से पूरे प्रकरण की जांच कर एक सप्ताह में प्रतिवेदन भेजने का निवेदन किया। सागर में उस समय एमबी मलहोत्रा कुलपति थे, कड़क, रौबदार, रसूखदार।

वे सागर आने के पहले राज्यपाल के सचिव रह चुके थे, राज्यपाल यानी कुलाधिपति के। विश्वविद्यालयों के सारे रहस्य, सारी कार्यप्रणाली से वाकिफ। उन्होंने पाट महाविद्यालय के परीक्षा संचालन की जानकारी एकत्र की। संयोग से मैं छात्रावास की कुछ समस्याओं के बारे में उनसे चर्चा करने के लिए कुलपति निवास पहुँचा था। छात्रावास के चीफ वार्डन के रूप में। वे दुखी बैठे थे, उन्होंने बताया कि बाजपायी (वे पंजाबी थे और वाजपेयी को बाजपायी कहते थे) ने उनसे पाट महाविद्यालय के प्रकरण पर रिपोर्ट माँगी है। पाट महाविद्यालय। यह नाम तो मेरा सुना हुआ था। मैंने उन्हें अपना अनुभव सुनाया। पर अपने स्तर पर उन्होंने जांच की और अशोक वाजपेयी को प्रतिवेदन भेजा। लिखा—पूरे केन्द्र की इस वर्ष की परीक्षाएँ निरस्त की जाएँ। रिपोर्ट शिक्षामन्त्रीजी के पास गयी, शिक्षामन्त्री ने अपनी टीप के साथ माननीय मुख्यमन्त्री को नस्ति भेजी। पाट महाविद्यालय, अरे यह तो अपने क्षेत्र का मामला है। इस केन्द्र से तो हमारे सारे कार्यकर्त्ता परीक्षा में बैठते हैं। विधानसभा के अनेक सदस्यों का भी यह केन्द्र अभयारण्य था। नहीं, हम अपनी जड़ों पर कुल्हाड़ी नहीं चला सकते। पाट महाविद्यालय का परीक्षाफल घोषित हुआ, एमए हिन्दी का भी। सुश्री शशी पूर्वार्द्ध उत्तीर्ण हुई—प्रथम श्रेणी के अंकों के साथ। अगले वर्ष वे एम.ए. उत्तरार्द्ध में बैठेंगी। परीक्षाओं के इमामबाड़े के सारे रास्तों और घुमावों का अब उन्हें अन्दाज हो गया हैं उन्हें कोई परेशानी नहीं होगी।

बनना कवि शशी मारीशसी का

शशी जी एमए हुईं। मारीशस के किसी महाविद्यालय में वे हिन्दी की व्याख्याता भी बनीं। उन्होंने सुन रखा था कि हिन्दी का व्याख्याता कुछ लिखता भी है : यानी कविता, कहानी जैसा कुछ। जो लिखता नहीं है, उसे दो कौड़ी का समझा जाता है। हिन्दी के पत्र-सम्पादक इस प्रकार की नवोदिताओं की तलाश में रहते हैं, उन्हें प्रोत्साहित करते हैं। अगर कोई नवोदिता उन्हें पट जाए तो उसके लिए लिखना भी वे अपना नैतिक दायित्व मानते हैं। एडीटर्स बर्डन। आखिर बाकेबिहारी भटनागर, मोहन राकेश, कमलेश्वर, राजेन्द्र यादव जैसे सम्पादकों ने तो हिन्दी में न जाने कितनी यशो कामिनियों को लेखिका बनाया, जैसा सम्पादक, लेखिका की वैसी भाषा। अब कलकत्ता की लेखिका 'धर्मयुग' में लिख रही है तो उस पर धर्मवीर भारती की भाषा का असर। 'साप्ताहिक हिन्दुस्तान' में यदि उसका कोई लेख छप रहा है तो बांकेबिहारी भटनागर उसकी हथेलियों पर मेहंदी रचा रहे हैं। शशी ने कविता लिखना तय किया : कविता लिखने में ज्यादा मेहनत नहीं पड़ती। कवयित्री का एक नाम भी रखना पड़ता है : शशी को अपने लिए जो नाम अच्छा लगा वह था मारीशसी। वे उसको अपने अन्दाज में मारीससी लिखतीं : शशी मारीससी।

इस नाम के लिए उन्हें बहुत तर्क-वितर्क करना पड़ा था, मन में बहुत ऊहापोह था। वे बिहार से मारीशस ले जाए गये गिरमिटियों की सन्तान थीं। शशी बिहारी नाम कैसा रहेगा? पर उन्हें इस नाम से रीतिकाल की बू आयी। वे आधुनिक नाम चाहती थीं : शशी भारती। यह नाम उन्हें अच्छा लगा पर यह नाम उन पर फबता यदि वे वर्तमान में भारत में होतीं। फिर भारती नाम के एक कवि स्वातंत्र्योत्तर हिन्दी साहित्य में काफी चर्चित रहे हैं। जो करो, मौलिक करो। 'जूठी पातर भखत हैं पौनी, बायस, स्वान' प्रवीण राय कवयित्री की यह अमर पंक्ति उन्हें भुलाए नहीं भूलती। शशी ननिहालवी कैसा रहेगा? अपनी ननिहाल को याद रखने के लिए यह नाम उचित था पर इस नाम का अर्थ वे किस-किस को समझाएँगी। नहीं, अब हम मारीशस के हैं, वही हमारी मातृभूमि है : वही हमारे लिए सुजला, सुफला, शस्य श्यामला है। वंदेमातरम्। लो मिल गया। मारीशस का होने पर उन्हें गर्व है। शशी

मारीशसी। धर्मवीर भारती लिख सकते हैं, जैमिनी हरियाणवी लिख सकते हैं, फिराक़ गोरखपुरी लिख सकते हैं तो मैं मारीशसी क्यों नहीं लिख सकती? फिर मारीशसी में शशी भी है : सूर सूर तुलसी ससी वाला ससी। मैंने उनके चुनाव पर उन्हें बधाई दी। उनके उज्ज्वल कवि जीवन के लिए शुभकामनाएँ प्रकट कीं।

उसके बाद तो शशी भारत आतीं तो सागर भी आतीं। मेरी पत्नी साधना से वे अब तक हिल-मिल गयी थीं। मारीशस के गुड़ के पकवान लाना वे नहीं भूलती थीं। वे शकरपारे तो नहीं, गुड़पारे जरूर लातीं। अब तक वे हिन्दी के प्रत्येक एम.ए. की तरह धड़ल्ले से कविता लिखने लगी थीं। वे गुड़पारे के साथ अपनी कविताओं की एक डायरी भी पिछली बार साथ लाई थीं। उनकी कविताएँ भी गुड़ से पगी हुई थीं। वे अपनी कविताएँ मुझे सुनाना चाहती थीं। मैंने पूछा : आपने अभी तक कितनी कविताएँ लिखी होंगी। दस-बारह। सर, असल में ये सब मेरी एक ही लम्बी कविता के टुकड़े हैं। वे मुक्तिबोध से प्रभावित थीं। हिन्दी की छात्राएँ एम.ए. पूर्वार्द्ध में तो महादेवी से प्रभावित होती हैं, उत्तरार्द्ध तक पहुँचते-पहुँचते मुक्तिबोध उनको प्रिय लगने लगते हैं। कुछ-कुछ बौद्धिक होने या समझे जाने की आश्वस्ति। मैंने पूछा : आपको अपनी लम्बी कविता का जो अंश सबसे प्रिय हो, वह सुनाएँ। वे तनिक भी नहीं झिझकीं। अब तक उन्होंने हिन्दी कवयित्रियों की प्रगल्भता सीख ली थी। वे समझ गयी थीं कि मंच पर बैठी हुई जो कवयित्री संकोच करेगी, वह मारी जायेगी। उन्होंने अनुभव से यह जान लिया था कि मंच पर जो कवि बहिनी जितनी ही खुलेगी, वह उतनी ही हिट होगी। उन्होंने यह भी जान लिया था कि पत्र-पत्रिकाओं में छपने के लिए भी सम्पादक उर्वर प्रगल्भाओं को ही प्राथमिकता देते हैं। वे सागर आते हुए दिल्ली रुकी थीं। राजेंद्र यादव और कमलेश्वर जैसे सम्पादकों से मिली थीं। हर कोई उन्हें अपने रंग में रंगना चाहता था। उन्हें भी कोई आपत्ति नहीं थी। मारीशस से इतनी दूर क्या वे लजाने के लिए आयी थीं? तुम 'केयरफुल केयरलेसनेस' में विश्वास करते हो तो हम भी जानते हैं कि आंचल कैसे ढलकाया जाता है, अंगड़ाई कैसे ली जाती है। ताजमहल को तुम अनावृत्त जब करोगे तब करोगे, हम ही उसका मार्ग प्रशस्त किये देते हैं। पर भैया बेईमानी मत करना। ताजमहल भी अनावृत्त कर लो और हमारी कविता भी न छापो। वे जानती थीं कि वे परी नहीं हैं पर उससे क्या? वे स्त्री तो हैं। वे परीकथा में छपना चाहती थीं। सम्पादक महोदय ने उनसे वायदा किया था। फिर वे अपने कविता के प्रति आश्वस्त थीं। कविता कैसी भी हो कवि या कवयित्री को अपनी कविता के प्रति गर्व का भाव होना ही चाहिए, उनके घर में रामचरितमानस का पाठ होता था। उनके पूर्वज भारत से रामायण की एक प्रति अपने साथ ले गये थे। उन्होंने अपने बाबूजी को पढ़ते सुना था : 'निज कवित्त केहि लाग न निका, सरस होए अथवा अति फीका'। मैं उनकी चोतना प्रभावी भाषण धारा से अभिभूत हो रहा था : 40 साल की इतनी छोटी सी उम्र में इतना सारा अनुभव। मैंने

उनसे कहा कि वे अपनी लम्बी कविता का कोई मार्मिक अंश सुनाएँ : उन्होंने बालों का एक झटका दिया। पल्ले को करीने से सरकाया, आँखें बन्द थी और शुरू हो गयीं :

माते! तुमको भूल न जाऊँ
मुझमें गंगाजल की कलकल
मेरा नल बहता है भल भल
मीठी मैं गन्ने के रस सी
भरी ग्लास वाली मैं लस्सी
बार बार तेरे दर आऊँ
माते! तुमको भूल न जाऊँ

मैं प्रभावित हुआ। मुझे बंकिमचन्द्र चटर्जी से लेकर प्रसाद तक-बहुत से कवि याद आये, वंदेमातरम्, नीलाबर परिधान हरित पट पर सुन्दर है, अरुण यह मधुमय देश हमारा—की अनुगूँजें इस छोटी सी कविता में सुनाई पड़ रही थीं। यह कविता किसी भी सम्पादक-पुंगव को आकर्षित करने के लिए खुला निमन्त्रण पत्र थी : 'मीठी मैं गन्ने के रस सी, भरी ग्लास वाली मैं लस्सी' पंक्तियों का पाठ करते हुए उन्होंने जिस चितवन का उपयोग किया, वह स्त्री विमर्श के लिए भी कारगर थी और उर्वर क्षेत्र के लिए भी। वह निश्चित ही विश्वामित्र जैसे ऋषियों को डिगा सकती थी। मैं भी डिगता, पर पत्नी इस बीच चाय लेकर आ गयीं। मैं सावधान हो गया, मैंने शशी जी को प्रकाशित करने का पुण्य कार्य सम्पादकों पर छोड़ना ही उचित समझा। पर मैंने उन्हें सावधान किया। कहा : मुक्तिबोध को उनके जीवनकाल में कोई छापता नहीं था। आप अपनी कविताओं को छोटा ही रहने दें। वे सहमत हुईं : बोलीं : हाँ, सर मुक्तिबोध के साथ लम्बी कविताओं का फैशन भी खत्म हो गया। पर सर, मैं लम्बी पारी खेलना चाहती हूँ। मारीशस में उपन्यासकार तो बहुत हैं, कवयित्रियाँ लगभग नहीं हैं। मैं मारीशस की महादेवी बनना चाहती हूँ। बोलीं : सर, आप तो देख ही रहे हैं : मैं स्वावलम्बन पर विश्वास करती हूँ। कोई सम्पादक मुझे भाव दे न दे, मैं तो अपने पैरों पर खड़ी होना चाहती हूँ। मैंने इतनी धनराशि एकत्र कर ली है कि अपनी कविता-पुस्तक मैं स्वयं ही छपवा सकूँ। मैंने दिल्ली में एक प्रकाशक से अपनी बात भी कर ली है। पन्द्रह हजार रुपये में सौ प्रतियाँ। सर, भूमिका आपको लिखना होगी। मैं उनके कातर अनुरोध को अस्वीकार करने की स्थिति में नहीं था। मैंने कहा, ठीक है। आप कल शाम को आ जाएँ, भूमिका आपको मिल जायेगी। मैंने रात में भूमिका लिखी : पुस्तक पढ़े बिना जितनी अच्छी भूमिका लिखी जाती है, उतनी पुस्तक पढ़ने के बाद नहीं। शाम को जब वे आईं तो मैंने भूमिका उन्हें पढ़कर सुनाई। भूमिका में मैंने लिखा था :

'हिन्दी में प्राचीन काल से ही यह परम्परा रही है कि म से प्रारम्भ होने वाले नामों की लेखिकाओं ने साहित्य के इतिहास में अपने लिए महत्त्वपूर्ण स्थान बनाया

है जैसे मीरा, जैसे महादेवी। अर्वाचीन काल में यह परम्परा विशेष रूप से पुष्ट हुई है। आप म से प्रारम्भ होने वाला एक नाम ढूँढिए, दस-पाँच नाम आपको आसानी से मिल जाएँगे। जैसे मृणाल पांडेय, मन्नू भंडारी, मालती जोशी, ममता कालिया, मंजुला भगत, मृदुला गर्ग, मैत्रेयी पुष्पा, मेहरुन्निसा परवेज, मालती परुलकर, महुआ माझी। आप चाहें तो इस सूची में मुद्‌गल चित्रा को भी जोड़ लें। शशी जी ने अपना नाम मारीससी रखकर तलस्पर्शिनी प्रतिभा का परिचय दिया हैं ये उनके देश-प्रेम का परिचायक भी है। अभी वे उदीयमान हैं। जब वे पूरी तरह उदित हो जाएँगी तो भारतमूल की कवयित्रियों में वे अलग से दमकेंगी। वे भारतीय संस्कृति में रची-बसी हैं। वे जानती हैं कि भारतीय संस्कृति का मूल है : सर्वे भवंतु सुखिनः। हमारे पूर्वजों ने इसी मनोभाव से प्रेरित होकर शशी जी के पूर्वजों को सुखी बनाने के लिए गिरमिटिया के रूप में मरीचदेश भेजा था : जाओ भैया, सुखी रहो। यहाँ रहोगे तो जीवनभर तुम्हें हमारे खेतों में खरपतवार नींदते ही गुजारना पड़ेगा। शशी जी जानती हैं कि हमारा देश दूसरों को सुखी बनाने के लिए कितना तत्पर रहता है। आखिर वे इसी महान देश की एमए हैं। यहाँ अर्जित मूल्यों का वे अपने देश में प्रचार-प्रसार करेंगी। वे जानती हैं कि जो सामने वाले को सुखी बनाने से इन्कार करता है, उसका हश्र जेसिका लाल के समान होता है। तू हमें दुखी बनाकर भारतीय संस्कृति का अपमान कर रही है। हम यह नहीं होने देंगे। शशी जी भारतीय संस्कृति की ब्राण्ड एम्बेसेडर हैं। वे अपनी कविता में जितना अभिधा में कहती हैं, उससे अधिक व्यंजना में। 'मीठी मैं गन्ने के रस सी, भरे ग्लास वाली मैं लस्सी' उनके व्यंजना कौशल का उदाहरण है।

आप उनके इस व्यंजना कौशल को केवल हँस कर मत टालिए। शब्दों के भीतर छिपे उनके भावों को समझिए। स्त्री का गुण है लज्जा। इससे ज्यादा वे कह भी क्या सकती हैं? कलावादी भी मानते हैं कि मित कथन अच्छी कविता का गुण है। मेरी शुभकामनाएँ हैं कि वे कविताएँ लिखती रहें, भारतीय संस्कृति का प्रसार करती रहें, सबको सुखी बनाती रहें और अपनी मातृभूमि का यशोगान करती रहें। मेरी कामना है कि सूर-सूर तुलसी ससी के समान सार्थकता अर्जित करें और स्वयं को सच्चा मारीससी सिद्ध करने में सफल हों। जयहिन्द, जय मारीशस, जय हिन्दी, जय मारीशसी।'

स्वप्नसखा सन्मार्गी : 'हमसे बढ़कर कौन है' का चक्कर

डाकिये ने मुझसे पूछा, "ये स्वान सखा कौन हैं? आज तक इनकी कोई चिट्ठी नहीं आयी। कालोनी में कोई नये आये हैं क्या?"

कालोनी नयी-नयी बस रही थी, मकानों के नम्बर रहीं थे। धनी के नाम से ही सभी एक-दूसरे को जानते-पहचानते थे। मैंने डाकिये के हाथ से पोस्टकार्ड लिया, उल्टा-पुल्टा। समझ गया कि यह पोस्टकार्ड मुझसे पाँच मकान पहले रहने वाले डा. स्वप्नसखा 'सन्मार्गी' का हैं स्वप्न सखाजी ने बताया था कि उनके सेवानिवृत्त हो चुके मामाश्री को राइटर्स क्रैंप हो गया है, फलतः वे लिखते कुछ हैं और लिख कुछ जाते हैं। पते में स्वप्न का आधा प कुछ इस तरह लिखा गया था कि वह बड़े आ की खड़ी पाई जैसा हो गया था और स्वप्न सखा स्वान सखा हो गये थे। बेचारे! पिताजी को क्या पता था कि उनका लाड़ला उनके साले के ही हाथों इस तरह श्रीहीन होकर स्वान सखा हो जाएगा। इस प्रसंग से मुझे बँगला के कालजयी कथाकार शरतबाबू के जीवन की एक घटना याद आयी। उन्हें भी अपने नाम को लेकर ऐसी ही एक परेशानी से गुजरना पड़ा था। वह भी मामाश्री के ही कारण। डाकिया शरतचन्द्र चट्टोपाध्याय से ही पूछ रहा था कि इस मुहल्ले में ये श्रीमच्छरच्चन्द्र कौन हैं? शरतबाबू ने अपने एक संस्मरण में लिखा है कि उनके एक मामा संस्कृत के विद्वान थे, उन्हें शब्दों की संधि का शौक था। इसी शौक की पूर्ति के लिए मातुलेश ने श्रीमत् शरतचन्द्र को श्रीमच्छरच्चन्द्र में पर्यवसित कर दिया था।

स्वप्न कुमारजी अपने मातुलश्री के हस्त प्रकंपन के कारण स्वान कुमार की योनि में सन्निविष्ट हो गये थे। पर मातुलश्री तो मातुलश्री, उनके पीठ पीछे विद्यालय के सभी उन्हें निष्कंप भाव से स्वान सखा ही कहते। उनकी यहाँ-वहाँ सूंघने की आदत के कारण वैसे स्निफर डॉग इसी सूंघने की क्षमता के कारण आदर का पात्र माना जाता है। आपके यहाँ कोई ऑटो आया है, स्वप्नजी या तो स्वयं आ जाएँगे या टेलीफोन करेंगे—क्या हो रहा है? कोई बैठा है क्या? सबेरे-सबेरे हॉकर को रोककर पूछेंगे कि फलां-फलां के यहाँ 'इण्डिया टुडे' देते हो क्या? हमारे यहाँ भी दिया करो। रात भर रखते, सवेरे वापिस कर देते—पढ़ने का समय ही नहीं मिला—लो एक रुपया रखो। चाय पी लेना।

एक बार तो गजब ही हो गया। मेरी दो बेटियां अपने बच्चों के साथ गर्मी की छुट्टियों में मायके आयी थीं। हम दो का परिवार अब आठ जनों का परिवार था—हम लोगों ने दूध बढ़ाकर एक लीटर से चार लीटर कर दिया था—नानाजी के यहाँ से जब वापिस लौटो तो हर एक का वजन तीन-तीन किलो तो बढ़ना ही चाहिए। पता चला कि स्वप्न सखाजी ने भी रजनीश दुग्ध डेरी से आधा लीटर की बजाय चार लीटर दूध लेना शुरू कर दिया है। डेरी के मालिक ने कहा भी—सर, इतने दूध का आप क्या करेंगे? आप लोग तो दो ही जने हैं। उत्तर मिला, "जैन साहब चार लीटर दूध लेते हैं तो हम उनसे कम हैं क्या?"

ताक-झाँक, सूंघ-साँघ, स्पर्धा-ईर्ष्या का भाव स्वप्न सखा जी की आदत में शुमार था। मुहल्ले में सबसे अच्छा बगीचा किसका—मेरा। सबसे बढ़िया टीवी सेट किसका—मेरा। एक बार वे मुम्बई गये—अपने बेटे के यहाँ। उन दिनों मोबाइल नहीं चलते थे, किसी के पास कार्डलेस है तो वह बड़ा हाईफाई माना जाता था। स्वप्न जी बेटे के यहाँ से कार्डलेस उठा लाए। अब कार्डलेस से आप अपने कमरे में बैठे बातें कर रहे हैं तो कौन देख रहा है—जंगल में मोर नाचा, किसने देखा? सो वे अपना मोर लिए मुहल्ले में तब तक घूमते रहे, कभी कार्डलेस इस कान में लगाए, कभी उस कान में, जब तक दो-चार लोगों ने पूछ न लिया कि डॉक्टर साहब, नया लाए हैं क्या?

"अरे यार, बेटा माना ही नहीं। पापाजी, आप घूमने जाते हैं और घर में घण्टी बजती रहती है। यह कार्डलेस लेते जाइए। अब मैं देख रहा हूँ, इसका रेंज क्या है? इस मुहल्ले में तो आवाज बिल्कुल साफ आती है, कल दूसरे मुहल्ले में टेस्ट करूँगा।" फिर वे कार्डलेस के फायदे गिनाएँगे। "बस थोड़ा महँगा है, पर क्या करें। शौक की बात है।"

उनके यहाँ जब वाशिंग मशीन खरीदी गयी तो थोड़ी दिक्कत आयी। वाशिंग मशीन सड़क पर रखकर तो वे कपड़े धो नहीं सकते थे, सो वे मित्रों को जबर्दस्ती अपने घर ले जाते। रात को दस बज रहे हैं, स्वप्न कुमारजी अपनी पत्नी से कह रहे हैं—जरा वाशिंग मशीन चलाना। पत्नी कह रही है कि सारे कपड़े तो सवेरे ही धो लिए थे। पर स्वप्न सखाजी अडिग हैं। जेब से रूमाल निकालेंगे—कहेंगे—ये बड़ा गन्दा हो गया है—इसे अभी धोकर सूखने डाल दो। पड़ोसी घर आकर हँसते—उन्हें एक बुन्देली कहावत याद आती—'नंगू के भई तीतरी, घर धरौं कि भीतरी।' तीतरी यानी तीतर। पड़ोसियों से स्वयं को श्रेष्ठ समझने या समझे जाने की लालसा व्यक्ति को कितना हास्यास्पद बना देती है, स्वप्न सखाजी इसके नायाब उदाहरण थे।

पर इसके लिए स्वप्नजी को पूरी तरह दोषी मानना उचित नहीं है। स्वप्न कक्षा पाँच में थे—हिन्दी माध्यम के स्कूलों में उन दिनों पाँचवी कक्षा से अंग्रेजी की पढ़ाई शुरू होती थी। गुरुजी अंग्रेजी की ए.बी.सी.डी. पढ़ा रहे हैं। ए डबल एस—एस

यानी गदहा। उन्होंने बी से बफेलो, सी से कैट, डी से डॉग का भी पाठ पढ़ाया। रिपुदमन स्वप्नजी के पड़ोसी थे। स्वप्न के पिताजी जब देखो रिपु को डाँटते रहते, तुम चौराहे पर क्यों खड़े थे, अपने दोस्त के गले में हाथ डालकर क्यों घूमते हो, इतने जोर से हँसना ठीक नहीं। अब रिपु अंकल से तो कुछ कह सकते नहीं थे, बदला लेते बटुक स्वप्न से। जब भी बटुक सखा अपने दो-चार दोस्तों के साथ खड़े दिखाई पड़ते, रिपु हांक लगाते—ए डबल एस, एक बात सुनना। ए डबल एस यानी ए स्वप्न सखा। पर स्वप्न सखा के मित्र समझते ए गधे, एक बात सुनना। स्वप्न सखा ए डबल एस पुकारे जाने पर कुढ़ते, रिपु हट्ट-कट्ट था, सीनियर भी था, मन मसोसकर रह जाते। घर में पिताजी पढ़ने के लिए बुलाते—कम हियर। वे कम हियर ही सीख पाए थे कि ए डबल एस की दुलत्ती से इतने संकुचित हो गये कि अंग्रेजी भाषा से ही उन्हें एलर्जी हो गयी। किसी को अपने पास बुलाना होता तो वे डपट कर कहते—कम हियर पर किसी से कहना होता—गो देअर तो वे गो, वेंट, गॉन के चुनाव में ही अटके रहते। इसका भी निदान उन्होंने ढूंढ़ निकाला था। अभीप्सित स्थान पर वे स्वयं खड़े हो जाते और छात्र या छात्रा से कहते—कम हियर। गो देअर का यह तोड़ खोजकर वे बहुत प्रसन्न रहते। अपने इसी अंग्रेजी ज्ञान के बल पर उन्होंने एक सेमीनार में भाग लेने के लिए लंदन जाने का भी जुगाड़ कर लिया था। अंग्रेजी के दो प्रोफेसरों से उन्हें धारा प्रवाह अंग्रेजी बोल सकने का प्रमाण पत्र चाहिए था सो उन्हें मिल गया—मूक होंय वाचाल के अपने देश में सजातीय प्रोफेसर मिल भर जाएँ, वे आपको अंग्रेजी क्या फ्रेंच या जर्मन बोलने का भी प्रमाण पत्र दे सकते हैं। वे लंदन गये भी, पर वहाँ उन्हें इस कदर जुकाम हुआ कि बोलती बन्द। घूमघाम कर, टी.ए.डी.ए. लेकर वे स्वदेश लौट आये। एक दिन हम लोग उनके नव निर्मित निवास गृह में बैठे थे, दिवसावसान का समय। मेघमय आसमान से उतर रही थी, संध्या सुन्दरी परी-सी, धीरे-धीरे। खिड़की के काँच से छनकर किरणें उनके गोरे मुखमण्डल को दैदीप्यमान कर रही थी। हम लोगों के साथ प्राणिशास्त्र के एक प्रोफेसर भी थे। चाय-वाय हो चुकी थी, अतः उऋण होने की कामना से प्राणिविशेषज्ञ ने कहा—देखिए, अपने स्वप्न सखाजी का चेहरा कैसा तांबिया लग रहा है—बिल्कुल स्पैनिश। मैंने संशोधन किया—स्पैनिश या स्पैनियल। प्राणिशास्त्री ने मेरी कुहनी दबाई—स्वप्न सखाजी बुरा मान जाएँगे। पर मैं आश्वस्त था। उन्हें स्पैनियल कहा जाना स्पैनिश कहे जाने से ज्यादा अच्छा लगा। वे बहुत दिनों तक हर मिलने वाले से मेरी प्रशंसा करते रहे। ए डबल एस सुनते-सुनते वे इतने थक चुके थे कि 'स्पैनियल' कहा जाना उन्हें अपनी पदोन्नति लगा। यह किस्सा इतना प्रचलित हुआ कि लोग हँसी में नहीं, गम्भीर होकर उन्हें स्वान सखा कहने लगे—स्पैनियल आखिर स्वान प्रजाति का एक अत्यन्त सम्मानित सदस्य जो है! पर स्वप्न के श्वान बनाए जाने का श्रेय तो एक पुरानी गाथा को दिया जाना चाहिए, जिसका ज्ञान मुझे बहुत

बाद में हुआ। होली के अवसर पर सब एक-दूसरे पर रंग डालते, गालों पर अबीर गुलाल मलते। अपने स्वप्नजी का होली मिलने का अपना खास ढंग था। वे रंग के पावन पर्व पर प्रत्येक मिलने वाले के मुख पर अपनी तर्जनी की तूलिका बनाकर मध्यकालीन राजस्थानी वीरों जैसी मूँछें बनाते। पर बचपन में लाठी भांजने से उनकी अंगुलियाँ कड़ी पड़ गयी थीं और कड़ी अँगुलियों से चित्र अच्छे नहीं बनते। चाहे वे मूँछों के ही क्यों न हों। स्वप्नजी की बनाई गयी मूँछें कुत्ते की पूँछ जैसी लगतीं। बारह बरस तक पोंगली में डाला पर जब निकालो तब टेढ़ी की टेढ़ी वाली कहावत स्वप्नजी की बनाई गयी मूँछों को देखकर ही गढ़ी गयी होगी। कुछ वर्षों तक लोगों ने धैर्य धारण किया कि स्वप्न विनिर्मित मूँछें किसी-न-किसी कोण से मूँछ जैसी लगेंगी पर निराश होकर उन्होंने उन मूँछों को स्वप्नजी की पूँछ कहना प्रारम्भ कर दिया। फिर धीरे से सादृश्य अलंकार के प्रेमी स्वप्नजी के पड़ोसी ज्ञानजी ने इस उक्ति में संशोधन किया और स्वप्नजी की मूँछें स्वानजी की पूँछ बन गयीं। अब जब एक बार बन गयी तो बन गई, लोक धारणा में परिवर्तन आसानी से नहीं होता।

ए डबल एस और लाठी भांजने के प्रसंगों का स्वप्नजी के व्यक्तित्व पर इतना जबर्दस्त प्रभाव पड़ा कि वे भारतीय संस्कृति के उपासक बन गये। उन्हें चमत्कारों पर विश्वास होने लगा। देवी-देवताओं पर आस्था के अभ्युदय का भी यही काल था। जिन दिनों यह जनश्रुति फैली थी कि गणेशजी की मूर्ति और शिवजी की पिंडी दुग्धपान करती है, स्वप्नजी नगर भर के मन्दिरों में ताँबे के लोटे के धारोष्ण गोरस लेकर पुण्य कमाने निकल पड़ते। शाम को बड़े सन्तोष से बताते कि फॉरेस्ट डिपो के शिवजी ने पूरा लोटे भर दूध पी लिया। कहते कि प्रतिदिन दूध पीने से शिवजी की पिंडी का आकार भी बढ़ रहा है। यह सब बताते हुए, उनके नेत्र बन्द हो जाते। एक दिन मैंने कहा कि इस चमत्कार के दर्शन के लिए मैं भी आपके साथ चलूँगा। मैं गया भी, उन्होंने दो-तीन शिव लिंगों पर जोर आजमाया, पर सब निष्फल। बोले, आज का दुग्ध अशुद्ध है। या तो ताम्रपात्र ठीक से मंजा नहीं है या डेरी वाले ने इन्जेक्शन लगाने के बाद गोदोहन किया होगा। इसी प्रकार जब यह जनश्रुति फैली कि हरी पत्तेदार सब्जियों पर अपने आप देवी-देवताओं की आकृति दिखाई पड़ती है, वे बहुत अभिभूत थे। देवी-देवताओं की इस आर्यभूमि पर कितनी अनुकंपा है! अब उनको कौन समझाता कि अतिवृष्टि से सब्जियों में इल्लियाँ लग गयीं हैं और करोड़ों देवी-देवताओं के इस देश में 'जाकी रही भावना जैसी, प्रभु मूरत देखी तिन तैसी।'

स्वप्नजी को देखकर लगता था कि 'बाप का बेटा सिपाही का घोड़ा, अधिक नहीं तो थोड़ा-थोड़ा' वाली कहावत में कितना दम है। इस दमदारी का पता चला उस दिन जिस दिन बाबरी मस्जिद का ध्वंस हुआ। स्वप्नजी बड़े प्रसन्न थे, लगभग नाच रहे थे—ताता थैया। भैया, इस अभियान का बीजारोपण तो हमारे पूज्य पिताजी के मस्तिष्क में आज से कोई बीस बरस पहले ही हो चुका था। उन्होंने पिताजी के

जीवन के कुछ अनजाने प्रसंगों पर से पर्दा उठाया। बताया कि गाँधी जी की मृत्यु के बाद उनके पिताश्री ने स्थानीय मस्जिद को उड़ाने की योजना बना ली थी पर मस्जिद के नीचे जो दूकानें हैं, उनमें से एक उनके स्वजातीय की थी। उन्होंने उसको कान में बताया था कि अगली अमावस्या के पहले तुम अपनी दूकान से सारा सामान उठा लो। मैं नहीं चाहता कि अन्य दूकानों के साथ तुम्हारी दूकान भी उड़ जाए। सो पंडिजी दूकान का सामान हटा रहे हैं। धीरे-धीरे बात फैली—सारी दूकानें खाली होने लगीं। अब शेखू स्टोव वाले की, फजलू चूड़ी वाले की और इकराम डॉक्टर की दूकानें जब खाली हो गयीं तो भैया, हम ऐसे मूरख हैं क्या कि खाली दूकानों को उड़ाकर बदनामी मोल लें। ठीक इसी तरह का किस्सा कटरा स्थित तबेले का भी हुआ। म्यूनिसिपल स्कूल के बगल में, जहाँ अब दूकानें बन गयी हैं, पहले ताँगे के घोड़ों का तबेला हुआ करता था। ताँगे वालों के घर के सामने इतनी जगह तो होती नहीं थी कि रात को चक्कर से लौटने के बाद वहाँ घोड़े खोलें और ताँगे खड़े कर दें। इसलिए सभी ताँगेवाले नगरपालिका के इसी तबेले में अपने घोड़े खोलते और पीछे के स्कूल के मैदान में अपने ताँगे खड़े करते। पानी के लिए सीमेंट का वहाँ हौद था ही। रातिब भी वहीं डाल देते। ताँगे वाला चाहे करीम हो, चाहे रामू—सबके लिए यही व्यवस्था थी। सब खुश थे, सबकी रोजी-रोटी चल रही थी। स्वप्न सन्मार्गी के पिताजी ने कई रातों की अपनी नींद खराबकर तबेले का सर्वेक्षण किया, एक रजिस्टर बनाया कि कालेखां अपना घोड़ा किस खूँटे से बाँधते हैं और कालीचरण किस खूँटे से। रात को हैदर आरै जुम्मन परेशान। अब वे खाली तांगा तो चला नहीं सकते! जब तक हैदर और जुम्मन अपने घोड़ों की तलाश में शनीचरी और शुक्रवारी के चक्कर लगा रहे हैं तब तक नन्दू, किसना और रमेसर स्टेशन की सवारियाँ लेकर चार चक्कर लगा लेते। यह स्वप्न सखाजी के पिताजी के हिन्दू राष्ट्र के आर्थिक सुदृढ़ीकरण का ब्लूप्रिंट था। एक दिन थोड़ी गड़बड़ हो गयी। जब सवेरे-सवेरे गुलाम ने आकर पिताजी के पैर पकड़ लिए—महाराज, हमसे कौन चूक भई कि आपने हमाओ घोड़ा ढील दऔ। महाराज ने अपना रजिस्टर देखा—लिखा था गुलाम, दसवें नम्बर का खूँटा। गुलाम ने कहा, "पर महाराज, हम तो रामगुलाम हैं। आपके ही गोल के।" अरे, मलेच्छ तो नाम रामसेवक रखना चाहिए था न, हम गुलाम से क्या समझें। ठीक है, जाओ, आगे से खयाल रखेंगे।

अपने पिताश्री से उत्तराधिकार में प्राप्त भारतीयता की इस अवधारणा के साथ स्वप्न सखाजी ने अपने व्यक्तित्व में कुछ मौलिक गुणों का भी सन्निवेश किया। उन गुणों में सर्वोपरि था—मुझसे बढ़कर कोई है ही नहीं की सुदृढ़ मान्यता। मैं सन्मार्गी, शेष सब कुमार्गी। वे सबको अपने ढंग से सन्मार्ग पर लाने का प्रयास करते। अरे भैया, सबको कुमार्ग और कुमार्गियों से विरत करना हमारा पुनीत दायित्व है। जो भी मुझसे मिलने आता, वे उसे जरूर रोकते। उनका घर मुहल्ले के प्रवेश द्वार के

पास ही था, मेरे आवास से पहले। एक दिन प्राणिशास्त्र के प्रोफेसर रामसिंहजी की कार को हाथ दिखाकर रोका पूछा—कहाँ जा रहे हैं? उन्होंने बताया। इस पर स्वप्न सखाजी की प्रतिक्रिया थी—पहले मेरा घर पड़ता है। आपको पहले मेरे घर रुकना चाहिए।" रामसिंह जी बिफर गये। वे इंग्लैंड में रह चुके थे, पाश्चात्य औपचारिकताओं का निर्वाह करते। पीपिंग टाम्स से उन्हें विरक्ति थी। बोले, "मैं कोई दूधवाला हूँ कि पहले आपके यहाँ दूध दूँ फिर आगे बढ़ूँ।"

आचार्य रामचन्द्र शुक्ल ने लिखा है कि ईर्ष्या सदा तुलना करती है—या तो स्वयं को सामने वाले से 'हीनतर मानेगी और स्वयं को दुःखी बनाएगी या सामने वाले को स्वयं से श्रेष्ठ मानेगी और उसका अपमान या उपेक्षा करेगी। शुक्लजी के शब्द हैं, 'जब किसी विषय में अपनी स्थिति को रक्षित कर सकने या समुन्नत कर सकने के निश्चय में अयोग्यता या आलस्य आदि के कारण कुछ कसर रहती है तभी इस इच्छा का उदय होता है कि किसी व्यक्ति विशेष की स्थिति इस विषय में हमारे तुल्य या हमसे बढ़कर न होने पाए। यही इच्छा बढ़कर द्वेष में परिवर्तित हो जाती है और तब दूसरे व्यक्ति का अनिष्ट न केवल उस विषय में, बल्कि प्रत्येक विषय में वांछित हो जाता है।'

स्वप्नजी की किन्नरों से सदा ठनी रहती। भगवान ने जब उनको इतना बड़ा दण्ड दिया है तो उन्हें हँसने, ताली बजाने का कोई अधिकार नहीं है। वे उन्हें न हीयों में गिनते, न शीयों में। उनके लिए उन्होंने एक वाक्य गढ़ा था, 'उठ बैठ, खड़ी हो जा।' एक बार किन्नरों को खबर मिली कि स्वप्नजी की पुत्र-वधू ने पुत्र रत्न को जन्म दिया है। वे अपनी परम्परानुसार ढोल मंजीरे लेकर सदलबल स्वप्नजी के यहाँ आ धमके, 'जुग-जुग जिएँ राजा दशरथ के ललना। रेशम की डोरी हो, चन्दन का पलना'। किन्नरों के सरताज ने लाड़ लड़ाया, "हम तो नेग के पचास रुपैया लेहैं।"

स्वप्नजी अड़ गये, "काहे को नेग। मर्दों के तो बच्चे होते ही रहते हैं।" पर हिजड़ा प्रमुख ने धैर्य नहीं खोया, "नेग तो हमाऔ अधिकार है। बाप-दादों से जा रीत चली आयी है।"

"एक पंजी ने मिलहै—चलो भागो। खसुआ।" पर हिजड़ा श्री आगे बढ़ने को तैयार नहीं थे। जब बातों का दौर असफल हो गया तो स्वप्नजी बाहुबल पर उतर आये। उन्होंने दरवाजे से टिके खड़े हिजड़ारत्न को धक्का दे दिया। हिजड़ा श्री असावधान थे पर गिरते-गिरते उन्होंने स्वप्नजी को अपने लपेटे में ले ही लिया। स्वप्नजी गिरे औंधे मुँह। पहिले से फर्श लुंठित मोहिनी मौसी के ऊपर। उनकी लुंगी अमर्यादित हो गयी। ऊपर से पत्नी चिल्लाई, "अरे देखना, बड़े भैया, पापाजी गिर पड़े हैं।" पुत्र वधू भी अपनी सौरी से निकल आईं थी, "क्यों कहाँ हो, नीचे आओ, बाबूजी गिर पड़े हैं।" बड़े भैया नीचे आये। सबसे पहले उन्होंने बाबूजी को उठाया, उनकी लुंगी की मर्यादा की पुनर्स्थापना की। सब मिलजुलकर बाबूजी को अपने

सुरक्षा घेरे में भीतर ले जाते कि मोहिनी मौसी को उनके समलिंगियों ने खड़ा कर दिया—मोहिनी चिल्ला रहीं थी, "अब तो पाँच सौ रुपये लये बिना हम कहूँ नई जा रये।" यह उद्घोषणा करते हुए वे अपनी जात पर उतर आईं। उन्होंने अपनी साड़ी ऊपर उठा दी। लगा कि हवा में छतरी उल्टी हो गयी है—अनिर्वचनीय दृश्य था। राह चलते लोग रुक गये थे। आसपास लौंडे-लपाड़ी फ्री का यह स्वर्गित दृश्य देखने के लिए इकट्ठा हो रहे थे। पत्नी, पुत्र वधू और पुत्र को लग रहा था, अरे राम केसे झेलें हम, अपनी लज्जा, उसका शोक! पत्नी अपने पति की जिद और अविवेक से परिचित थीं। भीतर गयीं, सौ रुपये का एक कड़कड़ाता नोट लाईं। बोलीं, "मौसी, हम लोगों का रिटायरमेंट हो गया है। तीन महीने से भोपाल से पेंशन नहीं आयी। सो ऐसा करौ, जो धरौ और मान जाओ। हम कोई डाकू थोड़े ही हैं पर हमाई भी कछू मान-मर्यादा है कि नईं।"

"अब तुमने हमसे मौसी कई—खुस रओ। जच्चा-बच्चा खुस रयैं। अगले साल हम फिर ऐ हैं। ऐसेई नाती-पोतों की पनतुरिया धोती रऔ।"

यह वृतांत दर्शन विभाग के हेड मिसिरजी ने भी सुना। मिसिरजी स्वप्नजी के मित्र थे, परम हितैषी। स्वप्नजी मिसिर के मचिया बरदार थे सो पान की मचिया ढोने वाले का मान रखना मिसरजी का दायित्व बनता था। दायित्व निभाने के लिए वे आये, मुझे टोहा, "यार, तुम्हारे मुहल्ले में यह क्या होता रहता है।"

मैंने कहा, "मुहल्ले में तो सब ठीक-ठाक है।"

"अरे नहीं, स्वप्न को किसी ने धक्का-वक्का दे दिया।"

मैंने कहा, "देखिए मिसिरजी, कहावत है कि नंगों से खुदा भी डरता है, सो हमें उनसे डरना ही चाहिए। शिखण्डी का प्रसंग महाभारत में प्रसिद्ध है। अब भगवान ने हिजड़ों को इतनी मार लगाई है तो हमें उनके प्रति थोड़ा उदार होना चाहिए।"

"कैसे?"

मैं समझ गया। मिसिरजी अपने मित्र को हिजड़ों से निपटने के कुछ टिप्स देना चाहते हैं। मैंने कहा, "देखिए, वे मेरे यहाँ भी आये थे। मैंने उन्हें दस रुपये का नोट दिया, बोले, अरे नहीं। पचास रुपैया। हम दस रुपैया खर्चा करने को नहीं, जमा करने को दे रयै।"

"हम समझे नहीं।"

"हम समझा रये।" हमने समझाया। कहा, "देखो, मौसी कटनी की अपनी शबनम मौसी भोपाल में विधायक हो गयी हैं। बीना की बिन्दिया मौसी नगरपालिका की अध्यक्ष बन गयी हैं। पै अपनो सागर, कब तक पिछड़ो रैहो। हम चाहते हैं कि अगले चुनाव में तुम विधानसभा को चुनाव लड़ो। हमारा एक वोट पक्का। हम 1952 के पहले चुनाव से वोट देते आये हैं। पर जिसे खालिस मर्द समझकर वोट दिया था, वह नामर्द निकला। अपने देश की राजनीति किसी को मर्द रहने ही नहीं

देती तो जब मर्द को नामर्द बनना ही है तो हम असली नामर्द को ही अपना वोट क्यों न दें? कोई धोखा तो नहीं होगा। देखो, शबनम मौसी विधानसभा में क्या कमाल कर रही हैं। उन्होंने भरी सभा में बड़ी-बड़ी मूँछों वाले विधायक हजारीलाल रघुवंशी से कह दिया था, 'इतने सारे विधायकों में एक मूँछ वाले तुम्हीं हो, असली मर्द। बाकी सब तो हमारी जात के हैं।'

मौसी मेरी मंत्रणा पर मुग्ध थीं। उन्होंने अपनी जमात की सारी गुइयों को हांक लगाई, "देखियो, जैन साहब का आ कै रये। अपन खों अगले चुनाव में अपनो एक कैंडीडेट खड़ो करनै है।" मौसी लोकतान्त्रिक थीं। उन्होंने कहा, "अपनी एक कैंडीडेट।" यानी तुम, तुम या तुम, कोई भी।

मिसिरजी को इस प्रसंग से अपने बन्धु और सखा स्वप्न सखा के मान की पुनर्प्रतिष्ठा का रास्ता सूझा। उन्होंने स्वप्नजी को कुछ टिप्स अवश्य दिये होंगे क्योंकि उसके बाद स्वप्नजी किन्नरों से तकरार करते नहीं देखे गये। किन्नरों के आने की भनक मिलते ही स्वप्न सखाजी भीतर घुस जाते और तब तक अज्ञातवास करते जब तक मौसियाँ चली नहीं जातीं।

स्वप्नजी जल्दी चले गये। उनकी ईर्ष्या जनित अदम्य ग्रन्थि उन्हें सदैव टिकटारती रहती, पंडिज्जी, पीछे छूट रहे हो, वो तुमसे आगे निकल गया। उनके पास मारुति 800 थी, मुहल्ले में एकमात्र चतुष्चक्र वाहन। अच्छी थी, 1996 का मॉडल। वन हैंड ड्राइव। जब गाड़ी में निकलते तो हाथ स्टीयरिंग पर रहते पर मुंडी यह देखती रहती कि कौन-कौन उन्हें कारारूढ़ देख दुःखी हो रहा है। पर जब मैंने 1998 में सेकेंड हैंड मारुति ली, 800 ही तो वे थोड़े दुःखी हुए, 'अब देखिए, हर किसी के पास कार हुई जा रही है।'

उन्होंने, गनीमत है, हर किसी के बाद ऐरे-गैरे नहीं जोड़ा। दूसरे दिन वे मेरे घर पधारे, यह जानने के लिए कि मेरी मारुति किस सन् की है। 1997 की। तो वे दुःखी हो गये। उन्हें लगा कि वे एक वर्ष पीछे हो गये हैं। उन्हें 1997 की मेरी सेकेंड हैंड मारुति असह्य हो उठी। किसी का कुछ भी यदि अच्छा है तो यह उनकी ग्रन्थि को चुनौती सिद्ध होता। फ्रायड, एडलर, जुंग का पेनल भी यदि उनकी इस ग्रन्थि का मनोविश्लेषण करता तो उन्हें अपने हितग्राही के कल्याण का कोई मार्ग नहीं सूझता। सागर में उन दिनों कारों का कोई शोरूम नहीं था। स्वप्नजी पहली छुट्टी में जबलपुर गये, औने-पौने अपनी 1996 मॉडल की मारुति बेची, और 1999 मॉडल की नयी मारुति उठा लाए। अब देखो, मुहल्ले में मेरी गाड़ी सबसे नये मॉडल की है। अब जब वे अपनी इस नये मॉडल की गाड़ी में आरूढ़ होते तो उन्हें लगता जैसे वे पुष्पक विमान में विहार कर रहे हों। इस बीच मैं दुर्घटनाग्रस्त हो गया, अपने पढ़ने के कमरे में नीचे गिरी पुस्तकें उठाने के लिए झुका था कि दाहिना पैर रपटा-डॉक्टरों ने कहा, 'ओल्ड एज फ्रेक्चर।' अब भइया, फ्रेक्चर हो चाहे रैप्चर हो, स्वीकार तो

करना ही पड़ेगा। 'जिन्दगी को कर लिया स्वीकार, अब तो पन्थ यही है', अपना प्यारा दोस्त दुष्यन्त तक कह गया है। फीमर कैप बदली गयी। अस्पताल से छुट्टी हुई, लौह पाद बने हुए बन्दे अली एंबुलेंस में लेटे हुए घर लौट रहे हैं। अपनी लम्बाई के कारण एंबुलेंस की शैया छोड़ी पड़ रही है। सोच रहे हैं कब घर पहुँचे और टाँगें सीधी करें। मकरोनिया तिगड्डे पर यातायात पुलिस का कांस्टेबल खड़ा था। उसने गाड़ी पर धन का निशान देखा, बाकी गाड़ियों को रोक दिया, अपनी गाड़ी निकाल दी। पुलिस वालों की संवेदना और सदाशयता पर पहली बार विश्वास हुआ। मेरी गाड़ी निकली ही थी कि मौके का लाभ उठाते हुए परम पड़ोसी स्वप्न सखाजी का द्वेष कीट कुलबुलाया, उनकी अपनी मारुति कभी बाएँ कभी दाएँ बिल्कुल गोविंदा की शैली में नृत्य कर रही थी। मेरी एंबुलेंस को जगह ही नहीं मिल रही थी। आश्वस्त होने के लिए, ईर्ष्या जंतु को निश्चिन्त करने के लिए, वे हर दो मिनट बाद गर्दन निकाल कर देख लेते कि रोगी को लाने वाली गाड़ी कितनी पीछे है। वे परम आनन्द की मधुमति भूमिका में थे। ईर्ष्यानन्द ब्रह्मानन्द से कम नहीं होता। मुहल्ला आया। उन्होंने गाड़ी मोड़ी। पर यह क्या, गाड़ी आगे बढ़ ही नहीं रही। जब तक उन्होंने मेरी गाड़ी को पाँच मिनट बिलमा नहीं लिया, उन्होंने अपनी गाड़ी हाँकी ही नहीं। चलती को गाड़ी कहें, देख कबीरा रोया। पर कबीरदास जी मेरी तरह ही अच्छी-खासी चलती गाड़ी को द्वेष के दलदल में गड़ा देखकर दुबारा रो दिये होते। मैं घर तो पहुँच गया, ड्राइंग रूम में पड़े तख्त पर निढाल होकर लेट भी गया, पर मेरी चेतना पर स्वप्नजी की यह हरकत सर्वतोभावेन छाई रही। मन में एक बुरा खयाल आया। यह आदमी इस धराधाम पर अब ज्यादा नहीं टिकेगा। मेरी दुर्घटना की गम्भीरता का पता उसने निश्चय ही शल्य चिकित्सक से लगा लिया होगा, हार्डली टू ऑर थ्री इयर्स। वे कहीं महाप्रयाण में पीछे न रह जाएँ। इसके लिए उनके द्वेष कमांडर ने एक रणनीति तैयार की। गुपचुप, टॉप सीक्रेट किस्म की। वे डायबिटिक थे। वे शर्करा परीक्षण के लिए पैथालाजिकल लैब गये। उस दिन प्रयोगशाला सहायक कोई दाक्षिणात्य था। उसने पूछा, "डायबिटिक।" स्वप्नजी ने हिन्दी प्रेम की रक्षा के लिए कहा, "नहीं, मधुमेहग्रस्त।" सहायक केवल 'नहीं' समझा। वह द्रविड़ था। विन्ध्य हिमाचल गंगा जमुना की भाषा नहीं समझ पाया। उसने स्वप्नजी को चार चम्मच ग्लुकोज खिलाया, इससे चक्कर आने बन्द हो जाएँगे। आप घर पर जाएँ। रेस्ट करें। पर स्वप्नजी को लगा—इतनी दूर आये हैं ई.सी.जी. भी करवा लें। पेट में चार-पाँच चम्मच ग्लूकोज, रक्त में शर्करा की मात्रा, 160-290, गर्मी के दिन। सीढ़ियाँ चढ़कर वे परीक्षण कक्ष में पहुँचे, लगा पृथ्वी घूम रही हैं उन्हें घर लाया गया, पृथ्वी ने अब तक घूमना बन्द कर दिया था।

'कोमा। हाय! देखियो, डॉक्टर साहब को क्या हो गया है!' पत्नी की चीत्कार सुनकर पुरापड़ोस के लोग दौड़े, नयी मारुति निकाली गयी, पास के नर्सिंग होम ले

जाए गये। फौरन ओ.टी. में ले चलिए। ओ.टी. ऊपर था। सेलाइन की बोतलें आ चुकीं थी। पर जब तक उन्हें पलंग पर लिटाया गया, नाड़ियाँ निस्पंद हो चुकीं थीं। ड्रिप के लिए नस नहीं मिली। डॉक्टर ने सिर हिलाया, "सॉरी, ही इज नो मोर।"

उन्हें इह लोक से जाने की जल्दी थी। वे वहाँ भी पीछे नहीं रहना चाहते थे। वैसे उन्हें यहाँ और रहना था। कोई कमी नहीं थी, उम्र भी कोई खास नहीं थी पर उन्हें दुःस्वप्न आते थे। वे अंकुरित मूंग का नाश्ता करते, सैक्रीन वाली चाय पीते, सवेरे चार मि.मी. घूमते। सबकुछ नियन्त्रित था। एक उनके ईर्ष्या भाव को छोड़कर। 'हमसे अच्छा कौन है' की दुर्निवार ग्रन्थि ने उनको इस जीवन का पूरा आनन्द नहीं लेने दिया। रवींद्रनाथ ठाकुर ने लिखा है कि, 'मोरिते चाइ न आमि सुन्दर भुवने', पर वे भूल गये थे कि ईर्ष्याग्रस्त बन्दे के लिए यह भुवन कितना असुन्दर, कितना असहनीय, कितना प्रज्ज्वलनशील और कितना संकीर्ण हो जाता है। स्वप्नजी ने अपना उप नाम 'सन्मार्गी' रख तो लिया था पर अद्वितीय सन्मार्गी बनने या माने जाने की ग्रन्थि उनके लिए अभिशाप बन गयी थी!

भुईं लोटन राम छपासे

1965 में जब मैं हमीदिया महाविद्यालय, भोपाल पहुँचा तो मुझे प्रचार-संस्कृति की एकदम नयी प्रवृत्तियों का ज्ञान हुआ। मैं जगदलपुर जैसे पिछड़े इलाके से वहाँ आया था। भोपाल पहुँचकर मुझे पता चला कि हमारा लोकतन्त्र कितना विकसित और जनोन्मुखी हो गया हैं यह व्यष्टि का नहीं, समष्टि का युग है, जन भागीदारी का। जो कुछ करो, जनता को बताकर करो। महाविद्यालय में इस नयी संस्कृति के प्रतीक पुरुष थे एक ऊँचे पूरे, भारी भरकम, हँसने को सदैव तत्पर, चारों दिशाओं में प्रसरणशील, नये नये रूप धरने में पारंगत अपमानातीत भुलोराजी। पहिले तो मुझे कुछ समझ में नहीं आया कि वे भुलोरा जी क्यों कहलाते हैं, बाद में ज्ञात हुआ कि यह भुईं लोटन राम का संक्षिप्त रूप है। वे हिन्दी प्रेमी थे इसलिए अपने नाम का संक्षेप हिन्दी वर्णमाला के हिसाब से करते। कुछ लोग उन्हें डॉ. राम कहते पर यह सम्बोधन उन्हें पसन्द नहीं था। इससे लोगों को उनके जगजीवन राम के सगोत्रीय होने की भनक मिलती। उनके गुरु रह चुके कुछ सीनियर किस्म के अध्यापक उन्हें भुईं लोटन भी कहते, उन्हें यह छूट देनी पड़ती। छात्राओं में वे छपासे सर के रूप में लोकप्रिय थे। छात्र छपासे साहब कहते, छात्राएँ छपासे सर। मैं आज तक साहब और सर के इस भेदभाव का निहितार्थ नहीं समझ पाया। क्या सर लोग साहब लोगों से अधिक सुरक्षित और विश्वसनीय होते हैं? छपासे उनका नहीं, उनके पिता जी के नाम का उत्तरार्ध था। जैसे अमिताभ ने बच्चने जी के नाम को अपने नाम के साथ सरनेम की तरह जोड़ लिया है और नयी पीढ़ी को बच्चन कहने से कवि हरिवंशराय का बोध कम, अभिनेता अमिताभ का बोध ज्यादा होता है, जैसे अमिताभ अब बच्चन जी के बेटे उतने नहीं रह गये हैं जितने बच्चन जी अमिताभ के पिता हो गये हैं, वैसे ही छपासे सर भी अपने पिता राम पखावज के बेटे नहीं रह गये थे, स्वयं छपासे बन गये थे।

पिताश्री के छपासे नाम से बजने के ऐतिहासिक कारण थे।

राम पखावज सिंह पोस्टमैन थे, आठवीं पास थे, उस जमाने में उन्हें अंग्रेजी और हिन्दी का जानकार माना जाता था जो गलत नहीं था क्योंकि राम पखावज

जी को एबीसी से लेकर एक्स वाई जेड तक और कखग से लेकर क्षत्रज्ञ तक की पूरी वर्णमाला याद थी। उस जमाने में केन्द्रीय सरकार की पोस्टमैन जैसी जिम्मेदारी की नौकरी के लिए यह बहुत बड़ी योग्यता थी। उन्हें लिखने पढ़ने का शौक था। पढ़ने से ज्यादा लिखने का। चिट्ठियों पर वे प्रायः एन.एफ. (नाट फाउंड), बैरंग (बियरिंग), रिडायरेक्टेड जैसी टिप्पणियाँ लिखते ही रहते। यह वह जमाना था जब बच्चों के लिए हिन्दी में शिशु, मदारी, बताशा, खिलौना, बाल सखा जैसी पत्रिकाएँ निकलती ही नहीं थीं, उनके और उनके अभिभावकों द्वारा पढ़ी भी जाती थीं। ये पत्रिकाएँ थीं तो बच्चों की पर इनमें लिखने वाले सब प्रौढ़ थे—माता जी लोग तो उन दिनों पढ़ी लिखी होती नहीं थीं इसलिए पिताजी लोगों का यह दायित्व था कि वे अपनी अगली पीढ़ी के लिए लिखें-कविता, कहानी, चुटकुले आदि जो कुछ सम्भव हो। राम पखावज जी पोस्टमैन थे अतः हर महीने ये सारी पत्रिकाएँ उनकी निगाहों से गुजरतीं। वे पत्रिकाएँ खरीदते नहीं थे। जब 'मैन आफ लेटर्स' कहे जाने वाले अच्छे अच्छे प्रोफेसर पत्रिकाएँ नहीं खरीदते तब 35-1/4-40-1/2-45 के ग्रेड वाले पोस्टमैन से यह उम्मीद नहीं की जा सकती कि वह पत्रिकाएँ खरीदेगा भले ही उन दिनों उनकी कीमत चवन्नी ही क्यों न हो। पर जहाँ चाह है, वहाँ, जैसा कि कहा जाता है, राह है। राह थी, वह भी राम पखावज जी की निकाली हुई। जैसे भोपाल की झील के भदभदा द्वारों से पानी निकलता है वैसे ही उनकी बीट के डाक के थैलों से पत्रिकाएँ निकलतीं-भल भल। ये पत्रिकाएँ ग्राहकों तक कौन पहुँचाता है? डाकिया न? तो डाकिया कौन था—सिविल लाइन्स बीट के राम पखावज जी। वे चतुर थे, बुद्धिमान थे, धीरज वाले थे—अपनी हिकमत अमली से वे पूरे वर्ष भर की योजना बनाते। शैक्षणिक सत्र का कैलेंडर तो अब बनने लगा है—पत्रिका-सत्र का कैलेंडर बनाने का श्रेय राम पखावज जी को दिया जाना चाहिए। उनका कैलेंडर प्रतिवर्ष जनवरी से प्रारम्भ होता और दिसम्बर तक चलता। जनवरी के मदारी का जो अंक आया है, वह वर्मा जी के यहाँ नहीं पहुँचा। वर्मा जी रोज पूछते कि परखावज जी, इस बार का मदारी नहीं आया, चुन्नू कई बार पूछ चुका है। अब जनवरी का मदारी चुन्नू बेटे को कहाँ से मिले, उसे तो डाकिया जी के कुलदीपक भुईं लोटन पढ़ रहे हैं। फरवरी का मदारी वर्मा जी के यहाँ पहुँचता, शर्मा जी के यहाँ नहीं। डाक की बड़ी गड़बड़ी चल रही हैं इस चक्रानुक्रम में हर महीने किसी न किसी का मदारी अपना गन्तव्य भूल जाता और राम पखावज जी के आले की शोभा बढ़ाता। दिसम्बर तक मुहल्ले में, ग्यारह किसी के पास मदारी के ग्यारीह अंक होते, पोस्टमैन साहब के पास पूरे बारह। इसे कहते हैं रंग लगे न फिटकरी, मदारी की फाइल पूरी बन जाये। हिकमत अमली, चातुर्य, दूरदृष्टि और पक्का इरादा। यह अकेले मदारी के साथ ही नहीं होता, हर पत्रिका के साथ होता। राम पखावज जी ने इसके लिए पोस्ट आफिस से एक रजिस्टर का जुगाड़ कर लिया था जिसमें साल भर की पत्रिकाओं

की गतिविधि का ब्यौरा लिखा जाता। पत्रिकाओं का वार्षिक पंचांग। पत्रिकाओं के बारह अंकों की फाइलों की बाइंडिंग वे स्वयं ही करते। जब वे दर्जा आठ में थे तब उन्होंने गाडेनिंग के विकल्प में हैंडीक्राफ्ट विषय लिया था। गत्ता काटना, पत्रिकाओं की जुजबन्दी करना, लेई बनाना, गत्तों पर रंग बिरंगे छींटदार कागज चिपकाना उन्हें सध गया था। इन पत्रिकाओं को वे सँभालकर इसलिए भी रखते कि कुछ में उनकी कविताएँ भी छपतीं। जो हर माह नियम पूर्वक खिलौना या दूध बताशा पढ़ेगा, उसे लिखने की प्रेरणा मिलेगी कि नहीं? उन दिनों लिखने की प्रेरणा का अर्थ था कविता लिखने की प्रेरणा। और तो और, हिन्दी के पाणिनी कहे जाने वाले व्याकरणाचार्य पं. कामता प्रसाद गुरु भी बालसखा में लिखते। उनकी लिखी एक कविता बड़ी लोकप्रिय हुई थी। कविता कुछ यों थी :

यह सुन्दर छड़ी हमारी
है हमें बहुत ही प्यारी
यह खेल समय हर्षाती
तन में उत्साह जगाती
उपयोगी है यह भारी।

राम पखावज जी ने यह कविता क्या पढ़ी, कविता लिखने का उनका विचार हिलोरें मारने लगा। उन्होंने डाकखाने के तार का फार्म उठाया और तत्काल, देखते ही देखते, एक कविता रच डाली। कविता यों थी :

कितना सुन्दर मेरा छाता
वर्षा से यह मुझे बचाता
घाम धूप को दूर हटाता
यह कभी छड़ी बन जाता
सूरदास को राह बताता
मेरा काला काला छाता।

छपासे जी ने कविता लिखी और दूध बताशा में भेज दी। छपते ही वे मुहल्ले भर के श्रद्धेय बन गये, उन दिनों स्कूलों के मास्टर, डाकघरों के पोस्टमैन हिन्दी पत्रिकाओं में छाये हुए थे। अध्यापक पूर्ण सिंह, मास्टर जहूरबख्श, मास्टर बल्देव प्रसाद। और तो और आचार्य रामचन्द्र शुक्ल भी उन दिनों ड्राईंग मास्टर ही थे मिर्जापुर में। छपे हुए शब्द में बड़ा जादू होता है। पत्रिका में अपना नाम छपा पाकर आदमी आदमी नहीं रह जाता, सरस्वती का वरद पुत्र बन जाता हैं राम पखावज जी में अब छपने की भूख जागृत हो चुकी थी। वे मऊरानीपुर के थे—बुन्देलखण्ड के जहाँ नींद की चाह से भरे व्यक्ति को निन्दासे, भूख से पीड़ित व्यक्ति को भुखासे कहना आम है। सो छपने की लालसा से ओतप्रोत राम पखावज जी को अल्ल मिला 'छपासे'। पिता जी छपासे हुए तो कुलदीपक में भी वह गुणसूत्र आया। बड़े होकर राम पखावज के

आयुष्मान ने अपने पिता द्वारा स्वायत्त कला को विज्ञान बना दिया। एकदम पर्फेक्ट। विज्ञान में नियम होते हैं, अपवादों के लिए कोई गुंजाइश नहीं होती छपासोत्सुकता भुईं लोटन जी के व्यक्तित्व का सर्वोपरि गुण बन गयी।

राम पखावज जी आस्तिक थे। उनके चिरंजीव का जन्म उस राशि में हुआ था जिसमें उनके नाम का प्रारम्भ भ से होना चाहिए। राम पखावज जी कृष्ण के भक्त थे, बालकृष्ण के। उन्होंने सूरदास जी के पदों में कृष्ण की बालछवि का बड़ा विशद वर्णन पढ़ा था—मैया, कबहुँ बढ़ेगी चोटी-उन्हें कण्ठस्थ भी। वे बड़े विभोर भाव से यह पद गाया करते थे। जब 'नागिन सी भुईं लोटी' पंक्ति आती तो वे अपनी लम्बी चोटी खोल देते और उसे झटका देते रहते। वे श्रव्य को दृश्य बताते। उन्हें अपने पुत्र के लिए भुईं लोटन से अच्छा नाम दूसरा सूझा ही नहीं। नाम के आगे राम जोड़ दिया तो भगवान राम का भी स्मरण हो गया और पिता के नाम की मुहर भी बालक पर लग गयी। कापीराइट। भुईं लोटन राम धीरे-धीरे कॉलेज में पहुँच गये। एम.ए. के लिए उन्होंने हिन्दी विषय चुना क्योंकि उन्हें भी हिन्दी का अच्छा ज्ञान था। क का कि की कु कू के कै को कौ कं कः की बारहखड़ी उन्हें कण्ठस्थ थी। जब किसी को इतनी अच्छी हिन्दी आये तो उसका लेखक बनना सहज संभाव्य हैं जब वे मैट्रिक में थे तभी से पंचायती राज, योजना, दर्पण, पशुधन, कृषि जगत् में उनकी रचनाएँ प्रकाशित होने लगीं थीं-विविध विषयों पर। मौका आने पर वे गोबर गैस, परिवार नियोजन और सुलभ शौचालय पर भी अधिकारपूर्वक लिख सकते थे। एक बार वे कृषि दर्शन कार्यक्रम में भी प्रकट हुए थे—किसानां को सोयाबीन की खेती के लाभ बतलाते हुए। इस एक प्रकटीकरण से मुहल्ले में ही नहीं, सारे नगर में उनका नाम रोशन हो गया था। सब कहते, देखो सायोबीन वाले सर जा रहे हैं। चित्र का महत्त्व उन्हें उस दिन पूरी तरह समझ में आ गया। समझ गये कि लेख वेख सब वाहियात हैं बिना चित्र के। लेख तो पढ़ना पड़ता है पर चित्र देखना भर पर्याप्त हैं तुलसी मस्तक तब नवै, चित्र छपे अखबार। उन्होंने समाचार पत्रों में चित्र छपवाने की जुगतें सोचों। जानते थे कि खुद न तो यकसाँ है, न कहीं के दाना। तो उनकी फोटो कौन छापेगा? उन्हें कहावत याद आयी-'हिम्मते मर्दा, मदद दे खुदा'। उन्होंने सरदार पूर्णसिंह के निबन्ध 'सच्ची वीरता' में यह पढ़ रखा था। उन्होंने खुदा ढूँढ़ने शुरू किये। खुदा मिले, एक नहीं, कई कई। क्या हम एकेश्वरवादी देश के निवासी हैं जहाँ खुदा बस एक होता है? नहीं भैया, प्रचार के मन्दिर में खुदा फोटोग्राफर भी है, संवाददाता भी है। नगर प्रतिनिधि भी है, सम्पादक तो खैर है ही। फिर लोकतन्त्र के असली खुदा तो नेतागण हैं। जो जितना बड़ा नेता, वह खुदागिरी के उतने ही ऊँचे पायदान पर। विधायक से बड़ा मन्त्री, मन्त्री से बड़ा मुख्यमन्त्री ओर मुख्यमन्त्री से बड़ा राजमाता का रुतबा। अब आप राज्य की राजधानी के अग्रणी महाविद्यालय हमीदिया में है तो खुदा लोगों के दर्शन, उनका सान्निध्य तो

सहज सुलभ है। आज सत्तारूढ़ दल की नेता राजामाता छात्रसंघ का उद्घाटन करने आ रहीं हैं, कल मुख्यमन्त्री गोविन्द नारायण सिंह अपने करकमलों से क्रीड़ा प्रतियोगिता के विजेताओं को पुरस्कार वितरित करने पधारेंगे, परसों शिक्षामन्त्री धर्मपाल सिंह गुप्त का छद्म संसद को सम्बोधित करने का कार्यक्रम हैं बस, ये ही अवसर है अपनी छपास की पूर्ति के। आचार्य रामचन्द्र शुक्ल ने लिखा है कि सच्चा उत्साही कर्मवीर के साथ थोड़ा बहुत बुद्धिवीर भी होता है। सो छपासे सर की बुद्धि दौड़ी। महाविद्यालय में जो भी अतिथि आता, वह कार से उतरने के बाद पुष्प वर्षा के बीच प्राचार्य एवं संयोजक के साथ धीरे-धीरे सभागार में प्रविष्ट होगा, सीधे मंच पर तो जायेगा नहीं। पहिले वह प्रथम पंक्ति में बैठेगा, तब समारोहपूर्वक मंच पर ले जाया जायेगा। बस यही अवसर है, खुदा के साथ अपनी छपास की जुगाड़ करने का। मत चूको चौहान, सोचो, कैसे बढ़ सकती है शान। छपासे महोदय मुख्य अतिथि की सफे अव्वल की सीट के ठीक पीछे वाली सीट पर अपने पुत्रों, शिष्यों, शोध छात्रों को बैठ जाने के निर्देश दे चुके हैं। स्वयं अपनी मोहिनी मूरत, साँवली सूरत, विसाल नैनों के साथ किनारे खड़े हैं—देखो भैया, हम सेवाभावी हैं, सभा में शान्ति बनाये रखने के लिए खुदाई खिदमतगार का बाना हमने स्वयं धारण किया है। ज्योंही मुख्य अतिथि पहिली रो क़ी सीट पर बैठते, त्योंही उनकी पीछे की सीट पर बैठा हुआ गुर्गा धीरे से उठता, छपासे गुरु के पास जाकर खड़ा होता और छपासे गुरु अपनी मनोवांछित सीट पर लपक कर आरूढ़ हो जाते। अब गले में स्वर्ण खचित दुपट्टा है, माथे पर रक्त चन्दन का टीका है, मुख पर विश्व विजेता का दर्प है। अपनी सुराहीदार गर्दन को वे थोड़ा सा आगे बढ़ाते, ऐसा लगता जैसे वे मुख्य अतिथि के कानों में कुछ फुसफुसा रहे हैं। ऐसे ही दृश्य पर मध्यकालीन कवि कोटिन ही कलधौत के धाम वारने को तैयार थे। क्लिक, क्लिक की ध्वनि हुई, एक कालजयी चित्र खिंचा। फोटोग्राफर ने अपने वचन का पालन किया, अब उसकी थ्री एक्स रम की बोतल पक्की। अब मुख्य अतिथि मंच पर जायें या भाड़ में, हमारा काम तो सध गया। कल सारे हिन्दी के समाचार पत्रों में मुख्य अतिथि का चित्र छपेगा और पीछे किस किसका चित्र झाँक रहा होता? न प्राचार्य का, न छात्रसंघ के अध्यक्ष का बल्कि अपने छपासे गुरु जी का। छपासे गुरु का सम्बन्ध हर अखबार के नगर पृष्ठ के सम्पादक से था। वही जानता है कि मुख्य अतिथि का कौन सा पोज़ छपना हैं वह छपासे गुरु की दुर्बलता से भी परिचित है, वह इससे भी वाक़िफ है कि इस दुर्बलता की क्या कीमत वसूली जा सकती है। सौ भैया, लोकतन्त्र इसी दुर्बलता और इसी दुर्बलता के दोहन पर टिका हैं छपासे गुरु लोकतन्त्र की जड़ों को मजबूत करने में जुटे हैं। व्यष्टि को साधने से समष्टि को क्या क्या लाभ होते हैं, इसके ज्वलंत, छपंत उदाहरण हैं छपासे गुरु जी।

मैं जानता हूँ इस आख्यान को पढ़ने वाले कुछ तर्क प्रिय और अनास्थावादी

पाठक यह पूछे बिना मानेंगे नहीं कि जब मुख्य अतिथि के पीछे केवल एक ही डमी का बैठना पर्याप्त था तो छपासे गुरु तीन-तीन, चार-चार डमियों को रणक्षेत्र में तैनात क्यों करते थे? मेरे मन में यह प्रश्न न उठा हो, ऐसा नहीं है। मैंने छपासे गुरु के सम्मुख यह जिज्ञासा व्यक्त की थी। उन्होंने एक अनुभवी सयाने की तरह मुझे इसका रहस्य बताया भी था। उन्हें जीवन में काफी कटु अनुभव हुए थे। एक बार उनका डमी निर्दिष्ट स्थान पर बैठ चुका था, मान्य मुख्य पधार चुके थे और डमी के संमुख बिराजना ही चाहते थे कि दक्षिण पार्श्व की अगली पंक्ति से एक सज्जन उठे, गलबहियाँ डालकर मुख्य अतिथि को अपने साथ ले गये, अगल बगल के लोगों ने मुख्यमन्त्री के लिए अपने आसन खाली किये पर बेचारे छपासे जी की तो सारी गणित गड़बड़ा गयी। उस समारोह में मुख्यमन्त्री जी का चित्र खिंचा पर छपासे जी का चित्र नहीं खिंच पाया। छपासे गुरु जी दुःखी पर निराश नहीं हुए। सच्चे शहसवार इस तरह असफल होने का मातम नहीं मनाते बल्कि अनुभव से लाभ उठाकर दूजे वेग से घोड़े पर सवारी गाँठते हैं। तो नवनीत निकला कि मुख्य अतिथि वाली प्रथम पंक्ति के पीछे वाली रो में चार-पाँच डमी बैठाओ, केवल एक को ही गुरुजी के लिए स्थान छोड़ना पड़ेगा। जहाँ से फोटो खिंचे, वही स्वर्ग है, वही जन्नत है, वही हेवन है। भविष्य में इस रणनीति के लाभ मिले। कभी कोई चूक नहीं हुई। अच्छा सेनापति वही है जो दुर्योग का पूर्व आकलन कर सके और अपनी सेना को तदनुसार सन्नद्ध कर सके। यदि घोड़े की नाल के न रहने से कोई सेनापति युद्ध हार जाता है तो थूः है ऐसे सेनापति पर। हम घोड़े के चारों पैरों में एक-एक नाल के स्थान पर चार-चार ठुकवा देंगे। यह दुर्योग के सिद्धान्त (थियरी आफ कैटेस्ट्राफी) से निपटने की छपासे शैली थी। इब्राहिम लोदी ने हाथियों के स्वभाव का अध्ययन, विश्लेषण कर लिया होता तो भारत को पराजय का मुँह क्यों देखना पड़ता? इसे कहते हैं अध्ययन का अन्तरानुशासनात्मक विस्तार। सभा के विस्तार में चित्रोपम अतिथि कहीं भी बैठें, अपना चित्र सुरक्षित है।

छपासे जी जंगल में मोर के नाचने पर विश्वास नहीं करते थे, मोर के नाचते हुए दिखने पर विश्वास करते थे। उनका मोर नाचता भी था, दिखता भी था—सनद भी रखता था ताकि वक्त पर काम आ सके। उनके ड्राइंग रूम में केन्द्रीय मेज पर अखबारों की कटिंग वाले अलबम रखे होते—सालानुक्रम से। सारे चित्रों में, छपासे जी की वही लोक लुभावन मुद्रा होता, छपासे गुरु प्रचार के महत्तम समापवर्त्तक थे। मुख्य अतिथि के चित्र बदलते रहते, छपासे जी का चित्र स्थायी बना रहता। स्थायी भाव और संचारी भाव में यही अन्तर है। छपासे जी के स्थायी भाव के साथ संचारी भावों में कभी संयुक्ता पाणिग्रही होती, कभी शिवमंगलसिंह 'सुमन'। पी.सी. सरकार, नीरज, गुरु हनुमान, सुधा मल्होत्रा आदिकों के साथ अपने चित्र छपासे जी बड़े गद्‌गद् भाव से दिखाते। प्रसंग और सन्दर्भ का उल्लेख करते हुए। एक चित्र पर

उनको बड़ा नाज था। एक बार हमीदिया महाविद्यालय में प्रसिद्ध कव्वाली गायिका शकीलाबानो पधारीं। वे हमीदिया महाविद्यालय के अंग्रेजी के उस्ताद इज्जतयार खां साहत और कामर्स के उस्ताद शहाब की शिष्या थीं। शहाब अशरफ साहब की गज़ल 'कोई मन्तर काम न आये, जिसको डस ले आँख का काजल' वे आँख बन्द करके इस अन्दाज में गातीं कि सबकी आँखों में समा जातीं। जिस दिन शकीला बानो भोपाल कालेज में आयीं, उस दिन भी हस्ब मामूल उनके ऐन पीछे डमी द्वारा खाली की गयी सीट पर आँखों में कजरा वजरा डाल के छपासे गुरु बैठे थे। उन्होंने आँखों ही आँखों में फोटोग्राफर को इशारा किया और अपनी गर्दन इतनी और ऐसे एंगल पर आगे झुकायी कि उनके ओंठ और बानो के कानों की लौ में सूत भर से कम का अन्तर बचा। इस फोटो को दिखा दिखा कर छपासे गुरु बहुत दिनों तक इज्जत और शहाब साहब को चिढ़ाते भी रहे—गुरु, इसे कहते हैं उस्तादाना दाँव। गुरु गुड़ रह गये, चेला शक्कर हो गया।

इतवार को सुबह के समय छपासे जी घर पर नहीं मिलते, यह समय उनके जनसम्पर्क का होता। भोपाल बड़ा शहर है, बेतरतीब बसा हुआ। अब शिक्षा मन्त्री कमला पार्क के पास रहते हैं, वित्त मन्त्री चार बँगले में, मुख्यमन्त्री का निवास लाल घाटी के पास है, शिक्षा सचिव पचहत्तर बँगले में निवास करते हैं। सबसे एक ही दिन मिलना नहीं हो सकता। उन्होंने भोपाल के पाँच खण्डों में बाँट रखा है—उत्तर, दक्षिण, पूर्व, पश्चिम। एक खण्ड केन्द्र भी है। मन्त्री जी न मिलें तो उनके निजी सहायक तो मिलेंगे ही। लोकतन्त्र में मन्त्री उतने काम नहीं आते जितने उनके निजी सहायक आते हैं। असली काम मन्त्री जी थोड़े ही करेंगे, निजी सहायक ही करेगा न। सो भैया, हम जनसम्पर्क द्वारा सबको फिट रखते हैं, ना जाने किस वेश में नारायण से काम पड़ जाये। इसी जनसम्पर्क की बदौलत वे पिछले सत्रह सालों से भोपाल में, वह भी हमीदिया महाविद्यालय में डटे हुए हैं। वे तलवार से बढ़कर सुई से काम लेना जानते हैं। अनुभव ने उन्हें बताया है जहाँ काम आवै सुई, क्हा करै तलवार।

छपासे सर सच्चे अर्थों में रंग निरपेक्ष हैं। चाहे भगवा हो, चाहे लाल या तिरंगा या हरा—सबके लिए उनके मन में समान आदर हैं सांस्कृतिक कार्यक्रम कहीं भी हों, रवीन्द्र भवन या गोलवलकर केन्द्र में, छपासे जी हर जगह नियमपूर्वक उपस्थित रहेंगे। उन्हें रेडियो भवन, गाँधी भवन, मन्त्रालय, सतपुड़ा भवन के कोने-कोने का पता था। नगर की छोटी बड़ी सारी सुइयों को छपास जी जानते थे। उनके लिए हिन्दी दिवस का वैसा ही महत्त्व था जैसा किसान दिवस का। वे हिन्दी पत्रों के संवाददाताओं से मैत्री में ज्यादा आश्वस्त अनुभव करते हैं। अंग्रेजी पत्रों के संवाददाता उन्हें गरूर भरे लगते। हाइब्रो। उनका रेट भी ज्यादा था। रम की तुलना में शैंपेन महँगी कहायी न? यदि कोई रम या शैंपेन से भारतीयता के नाम पर गुरेज करता तो आंग्ल भारती के स्थान पर भारत भारती का भी छपासे जी के पास इन्तजाम होता। जैसा मुँह, वैसी

बोतल। सफलता के लिए हमारे दौर में योग्यता की नहीं, प्रबन्धन की आवश्यकता है और प्रबन्धन के छपासे जी गुरु हैं।

छपासे जी लोकतन्त्र के उत्पाद हैं, यह कहना उतना सही नहीं है जितना यह कहना कि वे कैमरे के उत्पाद हैं। कैमरा उन्हें उससे ज्यादा आकर्षित करता है जितना चुंबक लोहे को। कैमरा दिखा नहीं कि छपासे जी बेताब। हरियाली महोत्सव हो रहा है, गड्ढे में पौधा लगाया जाना है, छपासे जी का ध्यान पौधे या गड्ढे की तरफ कम, कैमरे की तरफ ज्यादा है। मंच पर उन्हें नेताजी के गले में माला पहिनानी है पर वे तब तक माला हाथ में लिए खड़े रहेंगे जब तक कैमरा क्लिक न हो जाये। एक बार वे जुगाड़ लगाकर राष्ट्रपति भवन पहुँच गये शंकरदयाल शर्मा जी राष्ट्रपति थे, भोपाल के सपूत। उनके राष्ट्रपति काल में हर भोपाल वाला मानता था कि राष्ट्रपति भवन उसका ममियारा है। राष्ट्रपति भवन में उन दिनों छपासे के एक शिष्य सुरक्षा स्टाफ में थे। छपासे जी चाहते थे कि उनकी नवीन पुस्तक 'नीम, तुलसी और पोदीना के लाभ' राष्ट्रपति के हाथों विमोचित हो। उन्होंने अपने चेले से कहा, चेले ने राष्ट्रपति जी के निजी सहायक से। एक दिन प्रातःकाल राष्ट्रपति भवन के आगन्तुक कक्ष में छपासे जी की कालजयी पुस्तक के विमोचन का कार्यक्रम तय हुआ। छपासे जी नियत समय पर पहुँचे। वही अपनी धराऊ पोशाक में। इस बार उनके हाथ में एक मखमली बटुआ भी था—भोपाल की खास पहिचान। छपासे जी जानते हैं कि राष्ट्रपति जी भोपाल के हैं, उनका बचपन इब्राहिम पुरे की गलियों में बीता है, भोपाली बटुओं से उनके यौवन की बहुत सी स्मृतियाँ जुड़ी होगी। साधारणीकरण की सम्भावना है। राष्ट्रपति जी के यहाँ अपने फोटोग्राफर होते हैं पर राष्ट्रपति के चेहरे को फोकस करते हैं। बुरी बात। विमोचन हमारी पुस्तक का हो रहा है तो फोकसीय कौन हुआ? हम न! तो हम अपने साथ अपना फोटोग्राफर भी ले जायेंगे—सारे विधि निषेध समझाकर इसके लिए विशेष अनुमति लेनी पड़ती है सो यह क्या बड़ी बात है! आगे आगे छपासे जी पीछे पीछे छपासक जी।

अब आप छपासक प्रयोग पर एतराज मत कीजियेगा। छपासक छाया चित्रकार के लिए ठेठ देसी शब्द है। उन दिनों अखबारों में श्वेत श्याम फोटो ही छपते थे सो राष्ट्रपति जी कक्ष में आये। लपक कर चरण छुए गये, मैं भी भोपाल का ही हूँ—वहीं खजांची वाली गली के नुक्कड़ पर मेरा घर है। खजांची वाली गली के उल्लेख से महामहिम प्रसन्न हुए। वे अब राष्ट्रपति नहीं रह गये थे, भोपाली हो गये थे। उन्होंने अपने ए.डी.सी. से छपासे जी की पुस्तक ली, अवगुंठनादि जो भी थे, खोले, पहिली प्रति छपासे जी को देने को हुए पर छपासे जी तने हुए थे, उनका मुखमण्डल अपने विश्वस्त कैमरामेन की ओर था। क्लिक क्लिक। अब वे राष्ट्रपति जी की ओर मुखातिब हुए, अब आपके हाथों पुस्तक की प्रति ग्रहण करते हुए चित्र खिंचवाया जा सकता हैं पर छपासे जी की इस हरकत के लिए उनकी आलोचना भी हुई।

ए.डी.सी. ने कहा कि शर्मा जी बड़े भोले हैं, कोई और राष्ट्रपति होता तो आपकी इस हरकत पर वह भड़क सकता था। छपासे जी ने इस टिप्पणी का बुरा नहीं माना। मंथन किया और नवनीत निकाला। आखिर क्रिकेट के खिलाड़ियों की शर्ट या टी शर्ट पर पीछे उनके नाम क्यों लिखे रहते हैं? दर्शक को पता चलना चाहिए न कि यह छक्का किसने मारा, यह गुगली किसने फेंकी, यह कैच किसने लपका। सो अब भविष्य में हम जब भी ऐसे फोटो सेशन के लिए जायेंगे तो अपनी अचकन पर पीछे मोटे अक्षरों में लिखवाकर जाया करेंगे—भुलोरा छपासे। अब समाचार पत्रों में उनके जो चित्र छपते हैं, उनसे आप आगे से भी उनको पहिचान सकते हो, पीछे से भी। भुलोरा छपासे यानी आगे-पीछे एक समान। सबको सन्मति दे भगवान।

छपासैषणा मनुष्य की मूल प्रवृत्तियों में से एक है। जीवैषणा या पुत्रौषणा की तरह। मैकडूगल ने मनुष्य की जिन 'इंस्टिंक्ट्स' की चर्चा की है, उन्हीं में एक यह छपासेच्छा भी है। अपनी भारतीय संस्कृति में पितृऋण से मुक्त होने के लिए सन्तानोत्पत्ति को आवश्यक माना गया है। पुं नामक नरक से उबरने के लिए एक ठो पुत्र चाहिए ही चाहिए। पुत्र होता है तो वंश चलता है। वंशवाद का यही मूल है। राजतन्त्र में ही नहीं, लोकतन्त्र में भी हमारी अमरता के लिए पुत्र चाहिए, पुत्र न हो तो पुत्री से भी काम चलेगा। बचपन में हम लोग जब पिकनिक पर जाते थे तो किसी ऊँचे मोटे पेड़ की छाल पर चाकू से अपना नाम उकेर देते थे। जब तक पेड़ है, तब तक हम भी हैं। हम न मरब, मरिहै संसारा, हमकूं मिला जियावन हारा। अशोक महान् ने शिलालेख क्यों खुदवाये? अकबर द ग्रेट ने इतने धर्मों के होते हुए दीने इलाही का प्रवर्त्तन क्यों किया? जवाहरलाल नेहरू ने स्वयं पंच-प्रधान रहते हुए भारत रत्न का अलंकरण क्यों स्वीकार किया? उन्होंने अपने चेहरे की छाप वाले सिक्के भी चलवाये थे। लोगों ने एतराज किया पर माई फ्रेंड्स एण्ड कंट्री मैन, हम आपकी परवाह करें या अमर होने की। आखिर जनरल मुशर्रफ को अपनी आत्मकथा क्यों लिखवानी पड़ी? अब यह तो गलत बात है कि आप उन पर यह आरोप लगाओ कि उन्होंने अयूब खां की जवानी लिखने वाले से अपनी कहानी लिखवायी। सुना है, उन्होंने अपनी पुस्तक के प्राक्कथन में जनाब भुलोरा छपासे का भी जिक्र किया है। मुझे हिन्दुस्तान के एक कलनवीस जनाब छपासे साहब के लेख 'अमर रहने की कला : जन संचार क्रान्ति के विशेष सन्दर्भ में' से इस पुस्तक को लिखने में बड़ी मदद मिली है। प्रेसीडेंट बुश के बाद छपासे साहब ही हैं जो मेरे दिल के सबसे करीब हैं। हम तीनों को यानी बुशर्रफ साहब, छपर्रफ साहब को लोग मुशर्रफ का करीबी समझते हैं तो क्या गलत करते हैं? वे चाहते थे कि छपासे जी जैसे हमसफर उनकी किताब का हिन्दी तर्जुमा कर दें। छपासे जी ने यह मौका छोड़ना उचित नहीं समझा पर सिर मुड़ाते ही ओले पड़े। 'इन द लाइन आफ फायर' का हिन्दी अनुवाद उन्होंने किया—'भाड़ में जाओ'। मुश जनाब इस तर्जुमे से भड़क गये। उनको इसमें

अटल बिहारी वाजपेयी की चाल की बू मिली क्योंकि उन्हें पता है कि छपासे जी कैदी कविराय की कुंडलियों पर कई लेख लिख चुके हैं और दुपट्टा भी वाजपेयी जी की ही शैली में लेते हैं। छपासे जी चाहते थे कि वह पाकिस्तान अदीब जिसने मियाँ मुशर्रफ को अपनी कलम उधार दी, उनके 'अमर रहने की कला' का अंग्रेजी तर्जुमा कर दे पर इस बीच बम्बई बम धमाकों के खुलासे के कारण दोनों देशों के सम्बन्धों में तनाव पैदा हो गया और छपासे जी को पाकिस्तानी तर्जुमेकार की खिदमत से महरूम होना पड़ा। अब वे किसी हिन्दुस्तानी अनुवादक की तलाश में है। आप में से कोई चाहे तो छपासे जी से सम्पर्क कर ले और शर्तें तय कर ले। शर्तों-फर्त्तों के लफड़े में कृपया मुझे बीच में न डालें- यह दो छपासोत्सुकों के बीच का मामला है, धन्धे के बीच में किसी अनाड़ी का पड़ना ठीक नहीं।

बल्लू तिवारी की दावत

मैंने रोटी का पहला कौर तोड़कर सब्जी के साथ अभी मुँह में डाला ही था कि मेज़बान बल्लू जी ने मुझसे पूछा—बताइये, सब्जी किस चीज की हैं मैंने कौर अभी निगला नहीं था, पूरे कौर को मुँह में दुबारा धीरे-धीरे चुभलाया पर सब्जी का स्वाद पकड़ में नहीं आया। अभिज्ञान स्वादम् की मेरी असफलता को लक्षित कर बल्लू जी हर्षित हुए, उन्होंने खाने की मेज़ पर बैठे दूसरे मेहमान शिवकुमार जी से वही प्रश्न दुहराया। शिवकुमार जी ने भी मुँह के कौर को दायें-बायें, ऊपर-नीचे घुमाकर सब्जी की प्रजाति का पता लगाने का भरसक प्रयास किया पर हा हंत! वे भी असफल ही रहे। उन्होंने अपना प्रश्न तीसरे मेहमान के आगे परोसा—देखें, छोटे भाई साहब सब्जी का स्वाद बता पाते हैं कि नहीं। छोटे भाई साहब खाने-पीने के शौकीन थे। विभिन्न राज्यों के मित्रों के यहाँ और सभी तरह की होटलों में उनकी दावतें होती ही रहतीं। उन्होंने स्मृति से संचित अभी तक़ के सारे आस्वादों का अनुभावन किया। नहीं, यह न भिंडी है, न करेला। बरबटी, सेम, तरोई या टिंडा भी नहीं हैं टमाटर या आलू होने का प्रश्न ही नहीं उठता। तो क्या यह घुइयाँ शकरकंद या रतालू है? शायद लौकी या घिया तरोई हो? छोटे भाईसाहब ने अपने मन की शंका प्रकट भी की। पर हम लोगों ने कहा, नहीं, न लौकी ऐसी होती है, न ही घिया तरोई। तो बल्लू जी से हम लोगों ने कहा—यार, तुम ही बताओ कि यह नायाब सब्जी आखिर है क्या? इस बीच उनकी बेटियाँ दो सब्जियाँ और ले आयीं। बल्लू मेज़बान बोले—आप लोग पूरा खाना खतम कर लें तब मैं बताऊँगा कि आज की तीनों सब्जियाँ किस चीज की हैं। आप लोगों ने ऐसी सब्जियाँ न पहिले खाई होंगी और पूरा विश्वास है कि भविष्य में भी कभी इन्हें चखने का मौका नहीं आयेगा। हम लोग भोजन करते रहे, हमारे मेज़वान इसरार कर कर हमें खाना खिलाते रहे। हरी सब्जियाँ खाने के लाभ वर्णित करना वे नहीं भुला पा रहे थे। हरी सब्जियाँ खाने से आमाशय स्वच्छ होता है, रक्त शुद्ध होता है, पाचन शक्ति तीव्र होती है पर यार, यह तो बताओ कि ये सब्जियाँ हैं क्या? हम लोगों का इसरार बढ़ता जा रहा था, बल्लू मेज़बान की उत्फुल्लता भी उसी अनुपात में बढ़ती जा रही थी। खाना हो चुका, सौंफ-सुपाड़ी भी हो चुकी। हम

लोग भोजनोपरांत आराम से बैठकर गप्पाष्टक में तल्लीन थे कि हमारे अज्ञान और अपनी मेज़बानी की अनन्यता से तृप्त बल्लू आतिथेय ने सहसा रहस्योद्‌घाटन किया, देखिए—वह जो भुनी हुई भुँजिया थी, वह कद्‌दू के छिलकों की थी। कद्‌दू के गूरे की खीर बन गयी, बीज बिजौरों के लिए रख लिए, अब बचे छिलके। छिलके क्यों फेंके जायें? मैंने कहीं पढ़ा था कि कद्‌दू के छिलकों में पौष्टिक तत्त्व बहुत होते हैं सो उन्हें छोटे छोटे टुकड़ों में काटकर मद्‌दी आँच में अच्छी तरह भुँजवा लिया। आलू की भुँजिया बन सकती है तो कद्‌दू के छिलकों की क्यों नहीं? एक सूखी सब्जी हो गयी। दूसरी जो रसेदार थी, वह केले के छिलकों की थी। केलों का उपयोग फ्रूट सैलेड में कर लेने के बाद जो छिलके बचे, उन्हें गायों या भैंसों को क्यों खिलाया जाये? उन्हें अच्छी तरह धो लिया, काट लिया, एक आलू डाल दिया, हरी धनिया, हरी मिर्च। ऊपर से जरा सा नींबू निचोड़ दिया। देखिए—क्या, तो जायका हो गया है ऐसी सब्जी आपको न ताज में मिलेगी, न ग्रांड में। यह मेरी रेसिपी है। मेरा पेट खौलने खौलने को हुआ, पर अभी तीसरी सब्जी बाकी थी। उसके लिए हम लोग हिम्मत बाँध रहे थे—पता नहीं तीसरी सब्जी कच्चे आमों के छिलकों की हो या जामुन की गुठलियों की। बल्लू जी ने हमारी कल्पनाशक्ति को झुठलाते हुए रहस्योद्‌घाटन किया कि तीसरी सब्जी तरबूज के छिलकों की थी। दोपहर को हम लोग एक बड़ा सा तरबूज ले आये थे—सारे परिवार ने छककर तरबूज का गूदा खाया—बीज बिजौरों के लिए बचा लिए, छिलकों की सब्जी बन गयी। मैं जब भी किसी खास मेहमान को खाने पर बुलाता हूँ तो उसके लिए सब्जी भी खास ही बनवाता हूँ। आज तो तीन-तीन खास मेहमान हैं इसलिए मीनू कुछ ज्यादा ही खास रखना पड़ा। मेहमानों को लगना चाहिए कि वे बल्लू तिवारी के घर से डिनर खाके आ रहे हैं।

वो तो अच्छा हुआ कि बल्लू महाराज ने यह सब सौंफ-सुपाड़ी के बाद बताया, नहीं तो सारा खाया पिया बाहर आ जाता।

बल्लू जी के पास एक डायरी थी—उन्होंने उस पर अपनी सुन्दर लिखावट में लिख रखा था—केंटीन डायरी। नहीं, इसमें खाने पीने की चीजों का विवरण नहीं होता था, होता था मिलेटरी कैंटीन से हर माह खरीदे जाने वाले सामान का। प्रत्येक माह के प्रारम्भ में बल्लू श्रेष्ठ फौजी कैंटीन जाते, वहाँ से माल उठाते। थोक। प्लास्टिक की बाल्टियाँ दस, मग्गे भी दस, वी.आई.पी. के चार सूटकेस। 22 इन्च के। निरमा के पाँच पैकेट, आठ तौलिया टर्किश, टूथपेस्ट कालगेट के बड़े साइज वाले सात, साठ पावर के बल्ब दस, फिलिप्स की ट्यूबलाइट ग्यारह। एक दिन जब वे यह सारा सामान ऑटो से उतार रहे थे, मैं उनके घर पहुँच गया। मैंने पूछा—बल्लू जी, इस सारे सामान का आप करेंगे क्या? बल्लू जी मेरे अज्ञान पर हँसे। आप नहीं जानते। मिलेटरी कैंटीन में कूपन धारी सिविलियनों को 40 प्रतिशत छूट मिलती है। पर कूपन कैसे मिलता है? बल्लू जी ने कूपन उपलब्ध करने की जुगत बताई। वे

एन.सी.सी. में सेकेंड लेफ्टीनेंट थे। उन्होंने कैंटीन का कार्ड बनवा लिया था। हर माह इस कार्ड पर उन्हें 5000/- तक का सामान कमीशन पर मिल सकता था पर हर माह 5000/- रुपये का सामान आपकी गृहस्थी में शायद ही लगता हो? वे मेरी नादानी पर गद्‌गद्‌ हुए। डॉक्टर साहब, महीने भर पुरा पड़ोस के, जान पहचान के न जाने कितने लोग मेरे पास आते हैं–मैं नहीं रहता तो वाइफ रहतीं हैं न, सब आकर डायरी में अपनी आवश्यकताएँ दर्ज करा देते हैं–हर आइटम के लिए डायरी में एक पेज है–एक पेज मुतफरकात के लिए भी है। अब कल ही पड़ोस की मौसी जी आ गयीं–भैया, बिटिया को लिबाने कंवर साहब आ रहे हैं। उनके साथ रजाई गद्‌दा रखना है। रजाई गद्‌दा तो बनवा लिया है पर होल्डाल बाजार में बड़े मँहगे मिल रहे हैं। मिलेटरी कैंटीन से डबल साइज़ का एक होल्डाल मिल जाता! मिल जायेगा। घड़ी डिटर्जेंट, टूथ ब्रश, चाय की छन्नी, लाइफब्वाय हर घर में लगतीं हैं। सो अपन महीना शुरू होते ही लिस्ट लेकर कैंटीन आ जाते हैं। महीने के शुरू में सारा माल फ्रेश रहता है, च्वाइस भी रहती है। सारा माल एक ऑटो में लदवाया, घर ले आये। दूसरे दिन से ग्राहक आने लगते हैं। अपन अपने ग्राहकों को माल दस प्रतिशत छूट पर देते हैं। उनको घर बैठे सौ रुपये की चीज नब्बे रुपये में मिल जाती है। अपन को आटो वाटो का काटकर 5000 के सामान में कोई हजार बारह सौ बच जाते हैं। सेवा अलग, मिलिट्री वालों से कांटेक्ट। कभी वायवा लेने कोई शौकीन आ गया तो कैंटीन से कनसेशन पर थ्री एक्स या ओल्डमांक का जुगाड़ हो जाता हैं शहर की दूकानों में तो लूट है लूट। मैं तो पिछले बारह सालों से घर का सारा सामान मिलेटरी कैंटीन से ही खरीदता हूँ। जो चीज कैंटीन में नहीं मिलती, अपन वे वापरते ही नहीं जैसे डिक्शनरी। अपन को किफायत से चलना चाहिए। बल्लू जी हिन्दी के प्रोफेसर थे। जिस शब्द का अर्थ उन्हें नहीं आता, उसे वो दूसरे सहयोगियों से पूछ लेते। उनकी मान्यता थी कि ज्ञानार्जन में अहंकार या स्वाभिमान आड़े नहीं आना चाहिए। पैसा यदि रास्ते में पड़ा हो तो उसका मूल्य कम थोड़े ही हो जाता है। उठा लें, पोंछ पाँछ कर जेब में रख लें।

बल्लू जी ने आठवीं कक्षा में नेपोलियन बोनापार्ट के पाठ में पढ़ा था कि महान्‌ व्यक्ति अवसरों की प्रतीक्षा नहीं करते, किसी भी अवसर को महान्‌ बना देते हैं। जीवन में उन्होंने कई अवसरों को अपनी आकांक्षाओं की पूर्ति का साधन बनाकर उल्लेखनीय बना दिया था। एक अवसर पर मैंने स्वयं देखा, बल्लू रातोंरात लखपति बन गये थे और उन पर विश्वास करने वालों मित्रों के बीच हाहाकार मच गया था। बल्लू दलाली का काम भी करते। उनके एक मित्र थे, पटवारी थे, अब सेवानिवृत्त थे। पटवारीगिरी के सारे अन्तरंगों और बहिरंगों के जानकार। जमीन की खरीद-फरोख्त के एक्सपर्ट। पटवारी जी एक कालोनी बनाना चाहते थे। चाहते थे कि बल्लू जी विश्वविद्यालय के अपने सहयोगियों को पाँचेक प्लाट खरीदने पर राजी कर लें। यह

क्या बड़ी बात थी? बल्लू जी के मित्र सभी विभागों में थे। बल्लू जी ने पाँच तो पाँच, दस हितग्राहियों को पटाया। उन्होंने पटवारी से साफ साफ बात की। हमारी पत्ती कितनी होगी-पटवारी जी ने भी संकोच नहीं किया—दस प्रतिशत। तेरा तुझको सौंपते क्या लागे है मोर। बल्लू जी जब किसी अभियान में जुड़ते हैं तो खाना-पीना सब भूल जाते हैं। यानी घर में खाना-पीना। सबेरे से हाथ-मुँह धोकर निकले तो यहाँ चाय पी, वहाँ नाश्ता किया, कहीं भोजन ग्रहण किया। भैया काम होना चाहिए काम हुआ—चार दिन के सघन अभियान के फलस्वरूप 30 x 65 फुट वाले प्लाटों के लिए नौ मित्रों से नब्बे हजार रुपये नगद एकत्र हुए। बैग रुपयों से लबालब भर गया था। केवल एक चतुर सुजान ने दस हजार नगद देने के स्थान पर दस हजार का चैक दिया। तय हुआ कि बल्लू महाशय रात को ही नब्बे हजार नगद और दस हजार का चैक पटवारी को सौंप देंगे और दूसरे दिन बारह बजे सबकी रजिस्ट्री हो जायेगी। सबेरे सब कचहरी जाने के लिए तैयार हो रहे थे कि खबर मिली पटवारी जी का रात को तीन बजे हृदयगति रुक जाने से देहान्त हो गया। जिन लोगों ने भूखण्ड के लिए रुपये दिये थे, वे चिन्तित हुए—बल्लू जी से पूछा तो उन्होंने बताया कि वे तो रात को ही सारे रुपये मय सूची के पटवारी साहब को सौंप आये थे। रुपये देने वाले बल्लू जी को साथ लेकर पटवारी जी के यहाँ पहुँचे। वहाँ उनकी विधवा थीं—बल्लू जी ने पूछा कि पटवारी जी ने उनको नब्बे हजार रुपयों का एक बैग दिया होगा—राम की सौं-हमसे तो उनकी बातई नईं भई। बेटे से पूछा—बेटा भी अनभिज्ञ। चलो घर में ढूँढ़ते हैं—न अलमारी में, न तकिये के नीचे। तो रुपये गये तो गये कहाँ? कहीं पटवारी जी ने रात की बैंक शाखा में तो रुपये जमा नहीं करवा दिये। सब लोग सदल बल बैंक पहुँचे—नहीं कल रात कोई डिपाजिट नहीं हुआ। चैक देने वाले सज्जन ने फौरन बैंक को लिखित हिदायत दी कि उनके चैक का भुगतान रोक दिया जाये। मामला कोर्ट कचहरी तक पहुँचा। न्यायाधीश ने नौ के नौ प्लाटेच्छुकों से पूछा—कोई रसीद वगैरह तो आप लोगों ने बल्लू जी से ली ही होगी। नहीं, कोई रसीद नहीं ली। रात भर का ही तो मामला था। बहरहाल, पटवारी जी की आकस्मिक मृत्यु को बल्लू जी ने नेपोलियन बोनापार्ट की सीख के अनुसार महान् अवसर में परिवर्तित कर दिया। उन्हें बस एक ही दुःख रहा आया—दसवें मित्र से उन्होंने चैक न लिया होता तो मामला पूरे एक लाख का होता! नौ मित्रों में से सभी ने चैक प्रदाता चतुर सुजान से पूछा भी कि यार, तुमने नगद नहीं, चैक ही क्यों दिया? चतुर सुजान का उत्तर निर्भ्रान्त और दो टूक था—मैं बल्लू चुरकट को पिछले चालीस सालों से जानता हूँ। वह बचपन में दर्जा एक से मेरे साथ ही पढ़ा हैं वह कभी घर से टिफिन नहीं लाता था—मित्रों के डिब्बों से पराठे या रोटी मार दिया करता था। किसी से एक, किसी से दो। यदि किसी दिन चुरकट बाजी सफल न हो पाती तो वह लड़कों के बीच पहुँच जाता। यार, आज अम्मा बीमार हैं, सबेरे

कुछ बना नहीं पायीं, रात का कलेऊ भी नहीं बचा था सो आज मैं तुम्हीं लोगों के साथ खाऊँगा। अब भूखे को भूखे रखना तो बहुत बड़ा पातक है। बल्लू के मित्र पातक कर्म से बच जाते। बल्लू की पेट पूजा हो जाती।

बल्लू कमखर्च बाला नशीनी में विश्वास करते थे। कम खर्च भी दूसरे उठायें तो क्या बात। गर्मी के दिनों में वे प्रातःकाल नियमपूर्वक भ्रमण के लिए निकलते। उनके पिता हवलदार थे, उन्होंने अपने पुत्ररत्न को यह मंत्र भेज दिया था—

प्रातःकाल की वायु को, सेवन करत सुजान
तातें मुख छवि बढ़त है, बुद्धि होत बलवान

मुख छवि पिता से मिले गौर वर्ण के कारण यों ही बड़ी हुई थी, बुद्धि को बलवान करने का उन्होंने एक नायाब नुस्खा ढूँढ़ निकाला था। गर्मियाँ आयीं कि पिता श्री पुत्ररत्न को दौड़ लगाने भेज देते। दौड़ने का मार्ग भी पिताश्री ही तय करते। पुलिस ग्राउंड के पास जो रास्ता है, उसमें महुए के पेड़ ही पेड़ हैं। पेड़ हैं तो फलेंगे ही। महुए के पेड़ में फल काहे के लगेंगे—महुए के ही न? सो बेटा, जब दौड़ने के लिए निकलो तो सीना तना हुआ, पैर सधे हुए, आँखें नीची। आँखें नीची क्यों? अरे बुड़बक, नीचे महुआ के फल बिछे होते हैं। आँखें ऊपर होंगी तो फल पैरों से रुँद जायेंगे न? महुआ का फल देखो तो झुको, उठाओ, अपनी कमीज से पोंछो और गुटक लो। बस दिन भर के लिए बीस फल काफी हैं। शरीर में ताजगी आती है, फुर्ती बनी रहती है और बुद्धि बलवान होती है। देखो बेटा, महुआ से बनी हुई मदिरा पीना बुरी बात पर मधूक फलों का—वह भी वृंत से च्युत ताजे फलों के सेवन से बुद्धि बलवान होती हैं पुत्ररत्न पिता जी के निर्देशों का अक्षरशः पालन करते। मधूक के मौसम में नित्य प्रति निन्ने मधूक फलों के सेवन से उनके कपोल रक्तिम वर्ण के हो जाते, शरीर चैतन्य हो जाता। वे मित्रों को भी निरन्न मुख यानी खाली पेट इस प्राकृतिक टानिक के सेवन की सलाह देते पर मित्रों को उनकी यह सलाह रास नहीं आती। पर बल्लू भाई यों ही हार मानने वाले नहीं थे। वे प्रातःकाल भ्रमण के लिए जाते समय एक थैला साथ ले जाने लगे। कुछ मधूक फल खाये, कुछ झोले में बटोरे। शाम को इन फलों की खीर बनेगी। जब खीर में किशमिश डाली जा सकती है तो महुआ क्यों नहीं? एक दिन उन्होंने विभाग में मुझसे कहा कि आज रात आपको डिनर मेरे साथ लेना है। कुछ नायाब डिसेज़ बनेगी। उस भोज में डॉ. चौधरी भी आमन्त्रित थे। उन्होंने बताया कि बल्लू जी की आँतों में घाव हो गये हैं। आँतों के आपरेशन के लिए उन्हें मुम्बई रेफर किया जा रहा हैं मैंने उनसे लाख कहा कि आप अपने खाने-पीने में परिवर्तन कीजिए पर बल्लू तो बल्लू—मेरी एक सुनने को तैयार नहीं। उन्होंने यह भी बताया कि आज के डिनर में महुआ की खीर तो है ही, चीकू के छिलकों का हलुआ और सन्तरों के छिलकों की चटनी भी है। यार, मैंने तो मीनू सुनकर ही मना कर दिया, अपनी तुम जानो। मेरा नाम मत लेना,

बेकार बुरा मान जायेंगे। बल्लू से दोस्ती रखनी भी कठिन है, उनका रात्रि भोज का आमन्त्रण स्वीकार न करो तो वे बुरा मान जाते हैं। निरादर, अपमान, अवहेलना। बड़े आये हैं नखरे बाज। बल्लू क्या सबको भोजन पर बुलाते हैं?

बल्लू तिवारी उनका घर का नाम था। बाहर का नाम तो कुछ दूसरा था—शालीन, औपचारिक और भद्र। पर बल्लू जी सबसे इतना लड़िया कर बातें करते कि सब उनको बल्लू ही कहते। जब वे विश्वविद्यालय में हिन्दी विभाग में व्याख्याता हो गये तब थोड़ी समस्या हुई। छात्र-छात्राएँ क्या कहें—इसका निदान भी बल्लू जी ने ही किया—बल्लू सर। अपने सरकारी नाम का प्रयोग महीने में एकाधबार ही वे कर पते—वेतन देयक पर हस्ताक्षर करने हैं, बैंक से रुपये निकालने हैं। जब आत्मीयता के इतने मजे हैं तो पूरे नाम में क्या रखा है? अंग्रेजी से उन्हें कोई प्यार नहीं था पर शेक्सपियर की एक बात उन्हें बहुत अच्छी लगती—गुलाब को किसी नाम से पुकारो, उसकी सुगन्ध में कोई फर्क नहीं पड़ता। तो बल्लू सर कहो या बल्लू तिवारी—एक ही बात है। अब बच्चन भी कोई नाम है पर देखो, बच्चन नाम से तीन पीढ़ियाँ तर गयीं।

बल्लू जी के रात्रि भोज का मीनू सुनकर मेरा हाजमा बिगड़ गया। आँतों के आपरेशन के लिए उसके बाद उन्हें मुम्बई जाना पड़ा। दस फीट आँतें कटीं। सड़ गयीं थीं। बदले में प्लास्टिक की नली डालनी पड़ी पर प्लास्टिक की आँतें भी उनके नव नवोन्मेषशाली प्रयोगवादी भोजन का बोझ सँभाल नहीं पाईं। केस बिगड़ गया। वे लौट कर नहीं आये। मैं उनको भूल नहीं पाता। रोज ही उनकी याद आती है। जब पत्नी मटर के छिलके, लौकी के बीज, मूंगफली के आवरण, चूसी हुई गंड़ेरी कचरे में फेंकती हैं तो मुझे बल्लू प्यारे की याद आती हैं वे तो चले गये पर उनके साथ पौष्टिक कूड़े का सदुपयोग भी चला गया। दुनिया में चीजों का मूल्य आंकने वाले कितने कम हैं!

बड़े मियाँ के दिल की घड़ी

सब लोग उन्हें बड़े मियाँ ही कहते। हमीदिया महाविद्यालय, भोपाल के सभी प्राध्यापकों एवं विद्यार्थियों के बीच वे बड़े मियाँ के सम्बोधन से ही पहचाने जाते। उनका वास्तविक नाम शायद महाविद्यालय के लेखापाल को ही पता था, क्योंकि उनका मासिक वेतन बड़े मियाँ के नाम से तो निकल नहीं सकता था, वेतन देयक में बड़े मियाँ का असली नाम लिखना अनिवार्य था। बड़े मियाँ का काम था पीरियड शुरू होने एवं समाप्त होने पर घण्टे बजाना साढ़े दस बजे से बड़े मियाँ जो घण्टे बजाना शुरू करते तो यह सिलसिला साढ़े चार बजे तक चलता। घण्टे बजाने की शैली बड़े मियाँ की कुछ अनोखी ही थी। महाविद्यालय के भवन के बीचों बीच एक खाली अहाता था, उस अहाते के बीच में दो बल्लियाँ गाड़कर घण्टा स्टैंड बनाया गया था, वहीं पास में गुलमोहर का एक पेड़ था। उस गुलमोहर के पेड़ के आसपास सीमेंट और ईंटों का एक गोल घेरा बना हुआ था। घण्टा बजाने का लकड़ी का हथौड़ा उसी गोल घेरे पर पेड़ के तने से टिका रहता, पर जब भी घण्टा बजाना होता तो बड़े मियाँ घण्टे को स्टैंड से उतारते, बाएँ हाथ में घण्टा थामते और पूरे अहाते का चक्कर काटते हुए दाहिने हाथ से टनऽ...टनऽ...टन...टनऽ घण्टा बजाते जाते। उन्हें लगता कि स्टैंड पर रखे घण्टे की आवाज सब कक्षाओं तक पता नहीं पहुँचे या न पहुँचे। जब एक चक्कर पूरा हो जाता तो घण्टा पुनः अपनी वेदिका पर आरूढ़ कर दिया जाता। हमीदिया महाविद्यालय, भोपाल में उन दिनों पीरियड 40 मिनट के होते। दो पीरियडों के बीच में 5 मिनट का अन्तराल होता। अध्यापकों और विद्यार्थियों को एक कक्ष से दूसरे कक्ष में जाने के लिए। हमीदिया महाविद्यालय के अध्यापक या छात्र समय जानने के लिए अपनी घड़ियाँ कम देखते, बड़े मियाँ द्वारा बजाए गये घण्टों पर ज्यादा भरोसा करते। एक दिन कुछ गड़बड़ी हुई। पता नहीं, बड़े मियाँ रोजे से थे या रात को ठीक से सो नहीं पाए थे। उन्होंने चौथे पीरियड के खात्मे का घण्टा 5 मिनट पहले बजा दिया। हम लोगों ने अपनी घड़ियाँ देखीं, पर हम सभी को बड़े मियाँ द्वारा बजाए गये घण्टे पर ज्यादा विश्वास था। सभी अध्यापकों ने अपनी कक्षाएँ छोड़ दीं। पर हम लोग स्टाफ रूम तक पहुँच भी नहीं पाए थे कि बड़े मियाँ

की आवाज सुनाई दी, 'साहबान, मेहरबानी कर आप सब अपनी क्लासों में जाएँ, मैंने गलती से चौथे पीरियड के खात्मे का घण्टा 5 मिनट पहले ही बजा दिया है। हम लोगों में कुछ वापस कक्षाओं में लौटे, कुछ जो इमारत से बाहर चाय पीने के लिए कैफेटेरिया की तरफ निकल चूके थे, कैफेटेरिया पहुँच गये। बड़े मियाँ दीवाने। 'साहबान, 5 मिनट पहले मैंने घण्टा बजा दिया है' चिल्ला-चिल्लाकर उनके बुरे हल थे। दूसरे दिन वे प्राचार्य प्रेमचन्द मल्होत्रा साहब के पास पहुँचे, दस्तबस्ता अर्ज की कि साहब मेरी एक दिन की तनख्वाह काटी जाए, क्योंकि मुझसे फर्ज अदायगी में गफलत हुई है। 'नहीं बड़े मियाँ, आपसे कोई गफलत नहीं हुई, आपने सभी को आगाह कर अपनी गफलत को सुधारने का मौका भी तो दिया।' पर बड़े मियाँ प्रिंसीपल साहब की इस दयानतदारी से आश्वस्त नहीं हुए। वे सीआर गुप्ता साहब के दरबार में पहुँचे। सीआर साहब थे तो अँगरेजी के प्रोफेसर, पर महाविद्यालय के सारे कामकाज के नियंता थे। उनके पास एक अलग कमरा था, जहाँ महाविद्यालय के सभी वरिष्ठ प्राध्यापक बैठते। जब तक कोई फाइल सीआर साहब देख न लें, वह प्राचार्य के पास तक नहीं पहुँचती थी।

बड़े मियाँ प्राचार्य महोदय के कक्ष से निराश होकर सीधे सीआर साहब कि कक्ष में पहुँचे। 'साहब, मैं कयामत के दिन परवरदिगार को क्या मुँह दिखाऊँगा। मेरी गफलत से मुझे दोजख में सड़ना पड़ेगा।' सीआर सहाब ने बड़े मियाँ को भरोसा भी दिया कि 'अल्लाहताला जरूर तुम्हारी वफादारी और ईमानदारी की वजह से तुम्हें मुआफ कर देंगे।' पर बड़े मियाँ को तसल्ली नहीं मिलनी थी, सो नहीं मिली। आखिर वहाँ बैठे राजनीति शास्त्र के प्रोफेसर पीएन माथुर साहब ने रास्ता सुझाया, 'बड़े मियाँ, आप निश्चिन्त हो जाएँ। हम सब 'पुरफोसरान' कल आधा-आधा घण्टे का एक्स्ट्रा पीरियड लेंगे और रसूल परवरदिगार से यह दुआ करेंगे कि आपकी गफलत के लिए मुहाफी फरमाएँ।' यह तजवीज बड़े मियाँ को पसन्द आयी। हम सभी अध्यापकों ने अगले दिन एक्स्ट्रा पीरियड लिए ही नहीं, उसकी इत्तला बड़े मियाँ को भी दी।

बड़े मियाँ जब 60 के हुए तो वे रिटायर हुए। वे वहाँ महाविद्यालय के अहाते में चतुर्थ श्रेणी कर्मचारियों के लिए बने क्वार्टरों में रहते थे अपने इकलौते बेटे नूर मुहम्मद के साथ। बड़े मियाँ के बाद नूर मुहम्मद को चतुर्थ श्रेणी कर्मचारी नियुक्त किया गया। पर बड़े मियाँ को भरोसा नहीं था कि उनके नूरेचश्म उन्हें सौंपी गयी जिम्मेदारी को बखूबी निभा पाएँगे। सो रिटायर होने के बाद भी बड़े मियाँ नूर मुहम्मद के साथ ठीक वक्त पर महाविद्यालय के अहाते में घण्टे के स्टैंड पर हाजिर होते और अपने उत्तराधिकारी को घण्टा बजाने के गुर सिखलाते। लकड़ी के मुगदर से घण्टे के ठीक बीचोंबीच चोट करनी चाहिए, आवाज पूरी इमारत में गूँजे, इसके लिए घण्टे के साथ पूरे अहाते का चक्कर काटना चाहिए। मुगदर के पास जो घड़ी रखी रहती है, उस पर आपकी निगाहें बराबर जमी रहनी चाहिए। बीच में पानी-पेशाब

के लिए जाना हो तो घण्टा बजते ही निकल जाना चाहिए ताकि अगले घण्टे के वक्त तक आप वापस लौट सकें। जब बाप-बेटे महाविद्यालय के अहाते में चक्कर लगाते या बैठे रहते तो पीछे से अन्दाज लगाना मुश्किल होता कि बड़े मियाँ कौन हैं और छोटे मियाँ कौन। दोनों के कुर्ते एक-से होते, पैजामे भी। दोनों के पैरों में चप्पलें भी एक-सी होतीं। दोनों के कद-काठी भी एक-सी ही थी। दोनों सोपाली काट की दुपलिया टोपी से ढाँकते। 'बाप का बेटा, सिपाही का घोड़ा, अधिक नहीं तो थोड़ा-थोड़ा' कहावत लगता है बड़े मियाँ और नूर-मुहम्मद के लिए ही बनी थी। सामने से देखो तो बड़े मियाँ के चेहरे पर झुर्रियों की सलवटें थी, सफेद बकर दाढ़ी गले तक झूलती। दाढ़ी के ही बाल कहीं कोई दाग नहीं। दोनों को दाहिने हाथ की तर्जनी से चुनैटी से चूना निकालकर चाटने की आदत थी। उस समय के भोपालियों की खास आदत। घण्टा बजाने के बाद चूना चाटने से एकरसता का परिहार भी होता और कैल्शियम की कमी भी पूरी होती। लगता है बड़े मियाँ ने अपने साहबजादे को यह आदत लगाई हो।

जब बड़े मियाँ दुनियाँ से रुखसत हुए तो लगा कि उनके साथ ईमानदारी का, कर्तव्यनिष्ठता का पूरा दौर भी उठ गया। बड़े मियाँ थे तो चतुर्थ श्रेणी कर्मचारी, पर इन्सान वे प्रथम श्रेणी के थे। अब तो वह साँचा ही टूट गया है जिसमें बड़े मियाँ जैसे लोग ढाले जाते थे। 'काम ही इबादत है', 'कर्म ही पूजा है' का जो दर्शन है, यह बड़े मियाँ जैसे लोगों के लिए ज्योति-स्तम्भ था। मैं जब भी बड़े मियाँ को याद करता हूँ, मेरा माथा श्रद्धा से झुक जाता है।

तीसरी नज़र

जुगनू बाड़ा

जुगनुओं की याद में

आज से सत्तर साल पहले जब मैं दस साल का था, शाम होते ही भट्टीपारा स्थित अपने क्वार्टर के पिछवाड़े जाता...। वहाँ भुट्टे का खेत था, घर का कचरा भी वहीं एक कोने में फेंका जाता। मुझे न भुट्टों में रुचि थी और न ही कूड़े के ढेर में। वहाँ एक झिलमिल-झिलमिल कीड़ा होता, जो कभी जलता, कभी बुझता। लगता तारे धरती पर उतर आये हैं। माँ घर के पीछे वाले आँगन से आवाज लगाती–'भैया, कहाँ हो! रात को घर के पिछवाड़े यों नहीं घूमते। बहाँ कीड़े-काँटे का डर है।'

मैं उत्तर देता–'नहीं माँ, यहाँ कोई ऐसा कीड़ा नहीं है, जिससे डर हो।'

माँ पूछती–'तो वहाँ क्या है?'

मैं माँ को समझाता–'माँ वहाँ घूरे के ढेर पर उगी हुई घास पर, भुट्टों के पत्तों पर, हवा में एक कीड़ा जरूर है, जो उजाला फेंकता है और धीरे से अँधेरे में बदल जाता है, यह अँधेरा बहुत देर तक नहीं रहता। जरा-सी देर में पता नहीं क्या करिश्मा होता है, अँधेरे का स्थान रोशनी का एक कण ले लेता है।' 'अरे बेटा, वो तो जुगनू है। उसे धीरे से पकड़ना। उसे मारना मत। वह हम लोगों के लिए भगवानजी का सन्देशा लाता है।' –माँ बताती।

उस समय तो मुझे माँ के कहने पर विश्वास हो गया, पर जब मैं नौंवी में पहुँचा तो हमारे पाठ्यक्रम में अंग्रेजी की पुस्तक थी–मॉडर्न इंग्लिश प्रोज़। उसमें एक पाठ था–'द ग्लोवर्म। जुगनू।' इस पाठ में जुगनू के बारे में बहुत-सी जानकारियाँ थीं–बिलकुल नयी, वैज्ञानिक ओर चौंकाने वाली। उसी पाठ के रहस्य खुला कि जुगनू दिन में या चाँदनी रात में क्यों नहीं दिखते, उनके अँधेरे में जलने-बुझने का कारण क्या है, वे बरसात के प्रारम्भ में ही क्यों दिखाई पड़ते हैं और नमी में रहना उन्हें क्यों पसन्द है? जुगनू मक्खी-मच्छर की जाति का एक कीड़ा होता है, जो लार्वा से उत्पन्न होता है। इसके शरीर पर पंखों के नीचे, फासफोरस का एक लेप होता है, जो जुगनू के उड़ने के उपक्रम में, पंख के बन्द होते ही, फिर ज्योतिविहीन हो जाता है। यह बहुत गर्मी सहन नहीं कर पाता, न ही बहुत सर्दी। इसे नीम अँधेरा और हल्की नमी पसन्द है। यदि इसे ऑक्सीजन न मिले तो इसका अस्तित्व संकट

में पड़ जाता है। दिन के प्रकाश में यह बड़े कीटों का आहार बन जाता है, इसलिए शत्रुओं से बचने के लिए रात के अँधेरे में विचरण करता है। रहने के लिए इसे शिलाओं, दीवारों की दरारें चाहिए या उखड़े हुए प्लास्टर की सेंधे, गीले पत्ते, सूखा गोबर, भीगी हुई घास, भुट्टे जैसी वनस्पतियों के पत्ते उसके आदर्श निवास स्थान हैं। तो यह गाथा है जुलाई-अगस्त के महीनों में घर के पीछे घूरे या भुट्टे के खेत में जुगनू के पाए जाने की। जहाँ ज्ञान नहीं होता, वहाँ हम आस्था और विश्वास से काम चलाते हैं। अब मेरी माँ ने 'द ग्लोवर्म' पाठ तो पढ़ा नहीं था कि उन्हें जुगनू के भीतर-बाहर का रहस्य पता होता। वे तो उसे भगवानजी का सन्देशवाहक ही मानती थी, तो क्या आश्चर्य? ज्ञान हमारी बहुत-सी आस्थाओं को खंडित करता है।

जुगनू को लेकर थोड़ी और समझदारी तब आयी जब मैं हिन्दी कविता से परिचित हुआ। जब मैंने तुलसी, सूर और केशवदास की कविता पढ़ी तब उनके महत्त्व से भी परिचित हुआ। हिन्दी के काव्य-प्रेमियों के बीच किसी अज्ञात समीक्षक का वह दोहा कई पीढ़ियों से दोहराया जाता है, जिसमें सूर को सूर्य, तुलसी को शशि और केशव को उड्गन (तारे) कहा जाता रहा है। इन तीनों की तुलना में अब के कवि खद्योत (जुगनू) के समान हैं, जो बेचारे जहाँ-तहाँ प्रकाश करते हैं।

मैं पिछली ठण्ड में अपनी बेटी के पास दुर्ग (छत्तीसगढ़) गया था। पता चला कि वहाँ एक मोहल्ला नया-नया बसा है नाम है—जुगनू का डेरा। नाम मुझे इतना या और रोमांटिक लगा कि सोचा, चलो देखा जाए कि जुगनू का डेरा कैसा है। गये पर वहाँ न तो जुगनू थे और न ही उनका डेरा। हाँ, वहाँ इमली का एक भारी-भरकम पेड़ जरूर था। आसपास की दुकानों के मालिकों ने बताया कि वहाँ पहले धान के खेत थे, खेत की मेड़ें थीं और बरसात शुरू होते ही पता नहीं कहाँ से जुगनू आ जाते थे और लगता था जैसे वहाँ के पेड़ों पर लाखों बल्ब जल उठे हों—सीरिज वाले, जलने-बुझने वाले छोटे-छोटे बल्ब जिसने भी जलने-बुझने वाले बल्बों का आविष्कार किया होगा, उसने जरूर जुगनुओं से प्रेरणा ली होगी। संस्कृत में इसे 'दीपकीट' कहते हैं—जुगनू प्रकृति का चमत्कार है। बचपन में जुगनू पकड़ना और उन्हें जलते-बुझते देखना बालक्रीड़ा का अद्भुत आनन्द हुआ करता था। हमने उन्हें जेब में भी भरने की कोशिश की थी पर उन्हें जलने के लिए ऑक्सीजन चाहिए, बिना ऑक्सीजन के उनके शरीर पर लिपटा हुआ फासफोरस जलने से रहा। जुगनू प्रकृति का सहचर है। वह जीवन का साथी है। हिन्दी के बहुत से कवियों ने जुगनुओं को उल्लेख किया है, पर अपमान के भाव से, तुलसी जब राम की चर्चा करते हैं तो आदित्य के भाव से, रावण को राम की तुलना में खद्योत कहते हैं। जुगनू नज़ीर, ईसुरी जैसे कवियों का पसन्दीदा कीड़ा है। अँचल के ये कवि उस सबको प्यार करते हैं, जो प्रकृति के पास है। बीरबहूटी, कनखजूरा, छुई-मुई महानगरों के कवियों के काम के नहीं। जुगनुओं का वैभव देखना है तो जुलाई-अगस्त में रात के पहले पहर में कभी

मण्डला से जबलपुर की यात्रा करना चाहिए—बैलगाड़ी या कार से। लगता है जैसे नर्मदा की उपत्यका तारों से आँख मिचौली खेल रही हो। बचपन में मैंने नानी से एक कहानी सुनी थी—एक बच्चा था। एक शाम वह जंगल में आँवले तोड़ने गया था, लौटने में उसे देर हो गयी। अब क्या हो? उसने वहाँ एक जुगनू देखा, जुगनू के पीछे-पीछे चलकर वह अपने मोहल्ले तक आ गया फिर घर तक। जुगनू हमारा पथ-प्रदर्शक है, वह धरती पर हमारे लिए तारों भरा आकाश उतार लाता है। रात कितनी भी अँधेरी हो पर एकाध जुगनू भी दिख जाए तो हिम्मत बनी रहती है। जीवन में अँधेरा है, पर उजाला भी तो है बच्चनजी ने यों ही नहीं कहा था—'है अँधेरी रात पर दीपक जलाना कब मना है।'

दीमक से मुक्ति

मेरे पिछले पाँच-छह वर्ष बड़ी दुश्चिन्ता में बीते। कारण कोई बड़ा नहीं था। दीमक। दीमक जैसा छोटा, अपदार्थ, तुच्छ, नगण्य जीव भी किसी की नींद हराम कर सकता है, यह मैंने उन्हीं दिनों जाना। सबेरे उठता तो पहिली नजर न आइने में अपना मुँह देखती, न सूर्य देखती दीवार में बनी पत्थर के खाने वाली अल्मारी को देखती जिसमें मेरी नयी-पुरानी किताबे भरी पड़ीं थीं। हुआ यों कि जब मेरा पढ़ने का कमरा किताबों से ठसाठस भर गया तो समस्या हुई कि नयी और रोज जुड़ने वाली किताबें कहाँ रखी जायें। पुरानी किताबों को हटाने का मोह छूट नहीं रहा था, नयी किताबों को कहाँ रखा जाये, समझ में नहीं आ रहा था। न गोदरेज की लोहे की अल्मारियों में जगह बची थी, न लकड़ी की आल्मारियों में। लोहे के, लकड़ी के जो रैक खरीदे थे, वे भी पुस्तकों से आप्लावित हो रहे थे। ऐसे में लगा, काश, मेरे पढ़ने का कमरा रबर का बना होता। खींच खाँच कर थोड़ा बड़ा कर लेते और किताबों के लिए कमरे में समाने की जुगत निकल आती। पर कमरा ईंटों का बना हुआ था बढ़िया प्लास्टर की हुई दीवारें। मित्रों ने सलाह दी कि यार, दीवार में ही पत्थरों की फर्शी के रैक बनवा लो, आसानी से हजार-पाँच सौ पुस्तकें उनमें भर जायेगी। रैक बन गया पीछे की ओर की सबसे लम्बी दीवार में, छह खानों वाले रैक। रैक बन तो गया पर वह कमरे की शोभा बिगाड़ रहा था—रेलवे के प्रथम श्रेणी के प्रतीक्षालय में जैसे होल्डाल बिछाकर यात्री गण आड़े तिरछे पसरे हों। सोच, रैक के खानों पर लकड़ी के फ्रेम वाले रिवर्सिवल काँच वाले स्लाइडिंग दरवाजे लगने से मेरा पढ़ने का कमरा अब बिल्कुल अध्ययन कक्ष लगने लगा था। मित्र उसे स्टडी रूम कहते तो छाती चौड़ी हो जाती, माथा उठ जाता आँखों में चमक आ जाती पर हाय रे। दुर्भाग्य! चार छह माह ही बीते होंगे कि प्रसन्नता और गर्व का स्थान चिन्ता और परेशानी ने ले लिया। दीवार में बनी अलमारी के इस कोने में इस सप्ताह एक सघन कुटिल भूरी रेखा ने अपनी उपस्थिति की सूचना दी, दूसरे सप्ताह उस कोने से फिर वैसी ही एक अन्धी लकीर खिंची हुई दिखाई दी। किताबों को उलटा-पुलटा तो लगा, अरे, यह तो दीमक है। दीमक की रेखाओं पर मिट्टी के तेल का पोंछा लगाया, फिनायल डाली। किसी ने

बताया कि बाजार में अब एंटी टरमाइट पावडर मिलता है। पाव भर मँगवा लें और जहाँ जहाँ दीमक का प्रकोप है, वहाँ वहाँ डलवा दें दीमक मार पावडर का प्रयोग भी किया, दस पन्द्रह दिन तक तो दीमक अन्तर्ध्यान रही पर किसी नये कोने से वह फिर फूट निकली। दीमक पता नहीं, कैसे नये नये रास्ते ढूँढ़ निकालती। मालूम हुआ कि दीमक अन्धी होती है। मिट्टी ही उसका भोजन है, मिट्टी ही उसका घर है और मिट्टी ही उसका मल है।

कहीं पढ़ने को मिला कि यदि सुखी रहना हो तो जिस मकान में दीमक हो, उसे बेच देना चाहिए और जिस मकान में साँप रहते हो, उसे छोड़ देना चाहिए। मेरे मकान में साँप तो नहीं थे पर इस दीमक से मुक्ति कैसे मिले? बेच दूँगा तो रहूँगा कहाँ? बड़ी मुश्किल से 36 साल की अच्छी खासी नौकरी के बाद इस मकान का जुगाड़ कर पाया था। लोक सेवा आयोग का अनेक बार विशेषज्ञ रहने के बाद भी, ढेरों शोध छात्रों का निर्देशन करने के बाद, मौखिकी की परीक्षा लेने के बाद भी इतना जुगाड़ नहीं कर पाया था कि नया मकान खरीद सकूँ। मुझे पता नहीं था कि दीमक ईमानदारी की दुश्मन है। अब लगता है जैसे भ्रष्टाचार से निबटना कठिन है वैसे ही दीमक से मुक्ति भी कठिन ही है। अचानक किसी से पता चला कि आपकी किताबों की अलमारी में दीमक लगने का कारण है कि वह जिस दीवार में बनी है, वह आपके मकान की पिछवाड़े की दीवार है और उस पर पीछे की ओर प्लास्टर नहीं हुआ है। याद आया कि मकान बनते बनते इतना पैसा नहीं बचा था कि पीछे की दीवार पर बाहर से प्लास्टर करवाया जा सके। चलो पीछे की दीवार की प्लास्टरिंग छोड़ो, वैसे भी मकान का पिछवाड़ा कौन देखता है? दीमक से मुक्ति के लिए पीछे की दीवार पर प्लास्टर भी करवा के देखा—चार एक के प्लास्टर में सीमेंट ज्यादा रहेगी तो दीमक यहाँ से रास्ता नहीं बना पायेगी। यह उपाय भी करके देख लिया जाये। जो काम छूट जाता है उसे बाद में पूरा करने में बड़ी मुश्किल होती है। प्लास्टरिंग हो गयी, हफ्ते भर उसकी तराई भी हुई पर दीमक पर कोई असर नहीं। अब एक ही उपाय था कि दीवार में बनी अलमारी की सारी किताबों को जला दूँ, क्योंकि पता नहीं किस किताब में कहाँ किस कोने में दीमक छिपी बैठी हो या उसने अण्डे दे दिये हों। सबेरे उठो तो किताबे निकाल कर देखो। नहीं, इस किताब में दीमक नहीं है। दूसरा खाना टटोलो। नहीं, इस खाने की किताबें भी सुरक्षित हैं। लगा दीमक दीमक नहीं, आतंकवादी हैं पता नहीं कब, कहाँ किस रूप में हमला कर दे। उन्हें नेस्त नाबूद करना जरूरी है।

संयोग से गणेश मिस्त्री आ गया। अनुभवी, व्यावहारिक। उसे मकान की, दीवारों की, ढिबिया की, दरवाजों की, पल्लों की राई रत्ती जानकारी रहती थी। मैंने उसे अपनी समस्या बताई। साहब, हमें तन्नक वो अल्मारी दिखा देते। दिखाई—उसने यहाँ झाँककर, वहाँ ताककर, किताबें उठाकर, लकड़ी के फ्रेमवाले पल्ले सरका कर

अल्मारी का जायजा लिया, बोला, मालक, दीमक अल्मारी में लगे काँच के पल्लों के फ्रेम वाली लकड़ी में है। का करो चइये मैंने मिस्त्री से आत्मीयता प्रदर्शित करने की नीयत से उससे बुन्देली में बत की। का करो चइये। उसने सोचने की मुद्रा में मेरा चेहरा पढ़ा। पहिली बात तो जे कि लकड़ी की फ्रेम अगल करो। मैंने कहा इससे तो काँच के पल्ले भी अलग करने पड़ेंगे। सो तो है। पर सहाब, वा ऐरन की काम की जासें कान कट जायें। यह कहावत मेरी परिचित थी, मैंने बचपन में नानी से सुनी थी। तो तय हुआ, न रहेगा बाँस, न बजेगी बाँसुरी। दीमक से मुक्ति पानी हो तो वह फ्रेम अलग करो जिसमें दीमक ने अपना घर बना लिया है। मैंने कहा—मिस्त्री, तुम्हें जो दिखाये सो करो, पर दारी दीमक से छुट्टी मिलो चइयै। सो मिल जाहे पर एक अपन काम और करबी। अपन दीवार में बनी जा अलमारी सोई मिटा देबी। उसने मुझे अपने अनुकूल पाकर हम के बदले अपन सर्वनाम का प्रयोग किया। मैंने कहा—तोड़ो, अल्मारी तोड़ो, लकड़ी का फ्रेम निकाला। अल्मारी बड़ी कर्री जान थी, फ्रेम बड़े मजबूत थे। प्लास्टर बड़ा सख्त था। अल्मारी टूटी लकड़ी का फ्रेम निकाला गया। दीमक की कुटिल सघन काली रेखाओं को ढूँढ़ ढूँढ़ कर निकाला गया, दीवार में गड्डे हो गये, उन पर नया प्लास्टर हुआ। नये सिरे से कमरे की पुताई हुई। अब दीमक नहीं है। मेरी पुस्तकें सुरक्षित हैं। मैं आश्वस्त हूँ। सबेरे दीवारों का मुँह नहीं ताकता। सपने में मुझे दीमक नहीं दिखाई पड़ती। दीमक से मुक्ति से लिए मुझे थोड़ा निर्मम होना पड़ा पर और कोई उपाय नहीं था। ग्रैंग्रीन का समाधान गुलाब जल से नहीं होता। उससे मुक्ति पाने के लिए हमें सख्त होना पड़ता है। आखिर भ्रष्टाचार से मुक्ति के लिए हमें एक कठोर जन लोकपाल बिल क्यों चाहिए? इसीलिए न कि हम अपने समाज को स्वस्थ, सकुशल और निरापद बनाना चाहते हैं। कोई हो, ऊपर से नीचे तक, किसी को भी—बख्शा नहीं जायेगा, न दीवार को, न पत्थरों को, न काँच के पल्लों वाली अल्मारी को।

कट्टो गिलहरी

मेरे घर के सामने के पेड़ पर गिलहरी का एक परिवार नीड़ बनाकर रहता है। नहीं नहीं पहले मुझे ऐसा लगता था कि सामने के पेड़ पर गिलहरी का केवल एक ही परिवार रहता है पर वह मेरा भ्रम था। पेड़ पर गिलहरी के कई परिवार रहते हैं। पत्नी ने घर के सामने वाली बाउंड्रीवाल पर पक्षियों के लिए सीमेंट का एक कटोरा बनवा दिया है। उसमें वे रोज पानी भर देती हैं और दीवार पर कभी कोदों, कभी कनकी, कभी डबलरोटी का चूरा बिखेर देती हैं। मटर के दाने भी। पता नहीं गिलहरी के परिवारों को कैसे पता चल जाता है कि उनके लिए लंच की टेबल सज गयी है। गिलहरी परिवार के सदस्य पेड़ पर बने अपने आशियाने से नीचे उतरते हैं। कभी दो की संख्या में, कभी तीन की संख्या में। जब वे दो होते हैं तो निश्चित ही वे पति-पत्नी होते होंगे। बिलकुल मध्यवर्गीय भारतीय जोड़ों की तरह। पति आगे, पत्नी पीछे। पर कभी-कभी पेड़ पर से तीन गिलहरियाँ उतरती हैं—पति और पत्नी के बीच में उनका शिशु। यह मुझे अनायास ही पता चला। पति-पत्नी का जोड़ा खा-पीकर शायद सामाजिक सम्पर्क के लिए आम के बौराए पेड़ की तरफ गया था कि बच्चे वाला परिवार विपरीत दिशा से आ गया। बच्चा नवजात था।

कुछ दिनों से यह गिलहरी दिखाई नहीं पड़ रही थी। पत्नी से मैंने उसकी अनुपस्थिति का रहस्य जानना चाहा तो वे मुस्काई। बोली, तुमने ध्यान नहीं दिया। गिलहरी खाने में जिस आधुनिकता का परिचय देती है, वह देखने लायक है। जैसे वह काँटे चम्मच से खा रही हो। जो खाद्य वस्तु बहुत बारीक हो, उसे तो वह अपने मुँह से खाती हैं जैसे डबल रोटी का चूरा पर जिस चीज को वह अपने अगले पंजों से उठा सकती है, उसके लिए आधुनिकों की तरह वह छुरी चम्मच का प्रयोग करती है। अपने पिछले पंजों पर आराम से बैठकर वह अगले पंजों से मटर का दाना उठाएगी और मुँह में डालेगी। कोई हड़बड़ी नहीं, कोई लापरवाही नहीं।

दो-तीन दिनों से यह परिवार अपने कोटर से निकला ही नहीं। कोटर से चीं-चीं की आवाजें आ रहीं थी। मैं समझ गयी कि गिलहरी सौरीं में है वह दुई जिवा जो थी। 'दुई जिवा' शब्द सुनकर मैं चौका। छत्तीसगढ़ में गर्भिणी को दुईजिवा कहते हैं।

जब त्रिलोचन जी मुक्तिबोध पीठ पर सागर विश्वविद्यालय में निदेशक थे तब शाम को उनके निवास पर शब्द संधान की बैठकें होती थीं। उन बैठकों में शब्द ऐसे उड़ते जैसे तितलियाँ हवा में उड़ती हैं। मेरे मुँह से गर्भिणी के लिए दुईजिवा सुनकर वे धरती पर बिछे अपने बिस्तर से उठकर खड़े हो गये थे—बोले, आपका यह दुईजिवा शब्द संस्कृत की अन्तस्सत्वा से बेहतर है। विश्व की किसी भी भाषा में गर्भिणी के लिए दुईजिवा से ज्यादा शाली और व्यंजक शब्द हो ही नहीं सकता। पत्नी ने बताया कि दो-तीन दिनों से न गिलहरी पेड़ से उतरी न ही गिलहरा। गिलहरी सौरी में थी और गिलहरा उसकी रक्षा के लिए नीड़ के आसपास पहरेदारी कर रहा होगा। पता नहीं कौन-सा कागभुसुंडि नवजात पर चंचु प्रहार कर दे। जब नन्हा कूदने-फाँदने के लायक हुआ तो माँ-बाप उसे दुनिया दिखाने के लिए बाहर लाए है। चलो बेटा, तुम्हें आज बाहर लंच के लिए ले चलते हैं। लंच की व्यवस्था पत्नी ने कर ही रखी थी।

भारतीय मनीषा किसी भी घटना को मिथकीय रूप देने में पारंगत है। हाथी की सूंड को वह गणेशजी पर प्रत्यारोपित कर सकती है, छत्तीसगढ़ में बरसात में निकलने वाले एक निर्विष साँप को सीता की लट बनाने में उसे कठिनाई नहीं होती, क्योंकि वनवास की अवधि में सीताजी दण्डकारण्य में रहीं थी। उन्हीं के टूटे हुए केश सजीव होकर साँप बन जाते हैं—सीता की लट। कच्छप को वह धरती को धारण करने वाला अवतार बना देती है। गिलहरी की पीठ पर उसे जो निशान दिखते हैं, वे उसे लगता है, राम के वात्सल्य के सुफल हैं। रामचन्द्र जी सीता के उद्धार के लिए समुद्र पर सेतु का निर्माण कर रहे हैं। वानर और भालू तो समुद्र में पत्थर जमा रहे हैं, गिलहरी बेचारी क्या करें? वह समुद्र तट पर फैली हुई बालुका राशि पर लोटती है और शरीर पर चिपकी हुई रेत से उन पत्थरों की सेंधों को भरती है। गिलहरी की संवेदना और श्रम को लक्षित कर राम के नयन आर्द्र हो उठते हैं। वे उसके पास जाते हैं, उसके शरीर पर अपनी ऊँगलियाँ फेरते हैं—आज से तू अबध्य हुई। आज से न तेरी स्फूर्ति कम होगी, न सक्रियता। वह नयनाभिराम है, क्यूट। उसे कट्टो इसलिए तो नहीं कहते? जब मैं हिन्दी फिल्मों की चुलबुली और चुटकीली अभिनेत्री विद्या बालन को देखता हूँ तो मुझे कट्टो गिलहरी की याद आती है। इसी बात को मैं यों भी कह सकता हूँ कि विद्या बालन को देखते ही मुझे कट्टो गिलहरी की याद आती है। दोनों की फुर्ती, चुस्ती, शोखी, खिलंदरापन-बिलकुल एक समान। किसी भी स्थिति में दोनों न तो हतप्रभ होती हैं न ही निश्चेष्ट।

गिलहरी खाने में जिस आधुनिकता का परिचय देती है, वह देखने लायक है। जैसे वह काँटे चम्मच से खा रही हो। जो खाद्य वस्तु बहुत बारीक हो, उसे तो वह अपने मुँह से खाती हैं जैसे डबलरोटी का चूरा पर जिस चीज को वह अपने अगले पंजों से उठा सकती है, उसे लिए आधुनिकों की तरह वह छुरी चम्मच का प्रयोग करती है। अपने पिछले पंजों पर आराम से बैठकर वह अगले पंजों से मटर का दाना

उठाएगी और मुँह में डालेगी। कोई हड़बड़ी नहीं, कोई लापरवाही नहीं। मैंने कहीं पढ़ा है कि काँटे-छुरी से खाना सीखना हो तो फ्रांस की लेडीज को देखना चाहिए। भोजों में वे पापड़ नहीं खातीं। खाते में कुर्रम कुर्रम की आवाज जो होती है। हाऊ अन लेडी लाइफ। गिलहरी भी खाने की मेज पर अनलेडी लाइफ कोई काम नहीं करती।

पाश्चात्य चित्रकारों के बीच गिलहरी का बड़ा सम्मान हैं गिलहरी की पूँछ के बालों की तूलिका बहुत अच्छी बनती है। कूची के लिए गिलहरी की पूँछ के बाल आदर्श माने जाते हैं—न अतिशय कोमल, न अतिशय कड़े। गिलहरी जब प्रसन्न होती है तब उसकी पूँछ फूल जाती है जैसे उसका रोम-रोम नृत्य कर रहा हो। प्रसादजी ने अपने कालजयी महाकाव्य कामायनी में इड़ा नयनों के लिए महोत्सव है। गिलहरी को आप स्थिर नयनों से नहीं देख सकते। वह एक ही पल में कभी उत्तरमुखी होती है तो कभी दक्षिणमुखी। पूर्व, पश्चिम की ओर चलायमानता उसके लिए सहज होती हैं तख्त पर लेटे-लोटे ऊँची डाल से नीचे की डाल पर जब वह कुदक्का मारती है तो मन काँप जाता है। हे भगवान, कहीं वह नीचे न गिरे पड़े। पर नहीं उसकी प्रत्येक गति इतनी सधी हुई होती है जैसे उसने पीढ़ियों से एयरोबिक्स का अभ्यास किया हो। वह कुदक्का भी मारती है, उचक्का भी मारती है। मन्द दृष्टि के रोगी यदि महीने भर गिलहरी के क्रियाकलाप का अवलोकन करें तो निश्चित ही उनकी दृष्टि मन्दता दूर जायेगी। मैं जब भी गिलहरी को देखत हूँ तो मुझे अपने बचपन का प्रसंग याद हो आता है। मेरी छोटी बहन कुन्तल माँ की बहुत लाडली थी। माँ को पान खाने का बहुत शौक था। वे पानदान रखती थीं। बहन पान बनाने में माँ की मदद करती। माँ पान बनाती, कुन्तल को एक कट्टी मिलती ही मिलती। कट्टी खाकर बहन इतराती फिरती तो मैं उससे कहता, एक कट्टी मुझे भी दो पर वह मुँह के पान की कट्टी मुझे नहीं देती। मैं उसे चिढ़ाता 'कट्टो गिलहरी चाबे पान, उड़ गयी चुटिया, रह गये कान'। बहन दो चोटियाँ डालती, दोनों जरा-जरा-सी। वह माँ से मेरी शिकायत करती, माँ मुझे डाँटती पर उस उम्र की डाँट। अब कुन्तल 76 वर्ष की हैं पता नहीं उसे मेरे चिढ़ाने की याद है भी या नहीं। पर मुझे याद हैं/मैं गिलहरी को देखता हूँ तो मुझे बचपन की बहिन की याद आती है। अब उसकी चोटी बहुत लम्बी है। पिताजी ने बाद में उसके लम्बे बालों के कारण उसका नाम शकुन्तला से बदलकर कुन्तला कर दिया था। अब जब भी कुन्तल पान खाती है तो मैं उसे चिढ़ाना चाहता हूँ—कट्टो गिलहरी चाबे पान, उड़ गयी चुटियाँ रह गये कान तो वह चिढ़ती नहीं, उलट कर मुझे अपनी लम्बी लहराती हुई चोटी दिखाती है जैसे वह बचपन की उस बात का मुझे जवाब दे रही है।

कौआ नामा

कौआ हम सबके जीवन में इतना रचा बसा है कि हम जाने अनजाने उसे याद करते रहते हैं। हमारी पौराणिक कथाएँ हों या लोकगीत, हमारी कहावतें हों या हमारे अन्धविश्वास, कौआ किसी न किसी रूप में उपस्थित हो ही जाता है। कौए के सम्बन्ध में जन श्रुतियाँ भी कम नहीं हैं। कहते हैं, कौआ एकाक्ष होता है–एक आँख वला। इन्द्र का बेटा बड़ा बिगड़ैल था। आजकल के नेताओं और मन्त्रियों के बेटों की तरह, वह भूल गया कि जिस महिला के वक्ष को वह अपने चंचु से टहोके मार रहा है वे जगज्जननी हैं, सीता मैया। राम को जयन्त की यह लम्पटता कैसे बर्दाश्त होती? उन्होंने अपना बाण निकाला और जयन्त की एक आँख को निशाने पर लिया, बेचारा एकाक्ष हो गया। जयन्त के पिता इन्द्र राम को जानते थे, पुत्र के मोह ने उनसे बड़ा अनुनय विनय करवाया, राम पसीजे पर इस शर्त के साथ कि जयन्त की जो आँख चली गयी है वह तो वापिस नहीं आने की पर जो आँख बची है, वह उसे अपनी दोनों पुतलियों में घुमा सकता है, एक ही पुतली दोनों कोटरों में घूमेगी और बेटा जयन्त काना कहलाने से बच जायेगा।

पर यह तो कुछ नहीं। कौए की बुद्धिमता की बहुत सी कहानियाँ हम लोग बचपन से पढ़ते आये हैं। पदुम लाल पुन्नालाल बख्शी ने बहुत पहिले प्राथमिक कक्षाओं के लिए हिन्दी कथा–कहानी, कविता के संकलन तैयार किये थे, यह सन् 47 के पहिले की बत है। चौथी के संकलन में कौंए की एक कहानी थी–शीर्षक था–बुद्धिमान कौआ। एक कौआ था उसे बहुत प्यास लगी। वह यहाँ भटका, वहाँ भटका पर उसे पीने के लिए पानी कहीं नहीं मिला। उसने देखा कि एक घड़े की तलहटी में थोड़ा सा पानी है उसने उस घड़े में चोंच डाल कर पानी पीने का प्रयास किया पर उसकी चोंच पानी को छू भी नहीं पा रही थी। उसे एक उपाय सूझा। आसपास जो कंकड़ पड़े थे, उसने अपनी चोंच से उठा उठा कर उस घड़े में डालने शुरू किये। पानी का स्तर ऊपर उठ गया। कौंए ने अपनी बुद्धिमत्ता से अपनी प्यास बुझाई।

1948 में हमारे पाठ्यक्रम में अंग्रेजी की एक पुस्तक निर्धारित थी–माडर्न इंग्लिश प्रोज़। उसमें मार्क ट्वेन का एक पाठ था–द इण्डियन क्रो। उस पाठ में भारतीय कौए

की शताधिक खूबियों का वर्णन था—दो पृष्ठों के एक ही वाक्य में। अंग्रेजी में इतना लम्बा वाक्य मैंने आज तक नहीं पढ़ा। वाक्य की लम्बाई से बढ़कर "द इण्डियन क्रो" में मार्क ट्वेन ने भारतीय कौए की चारित्रिक, शारीरिक और आहारिक विशेषताओं का जैसा वर्णन किया था, उसे पढ़कर भारतीय भी भौंचक रह जायें—खासकर हमारे नेता। हमारे नेताओं की वेशभूषा भले श्वेत हो पर उनसे गुणों-अवगुणों में कोई पार पा सकता है तो बस भारतीय कौआ ही। बुद्धिमत्ता, चालाकी, चारित्रिक पतन, मिथ्या भाषण, कर्कशता, उठा पटक, सामूहिकता, बयानबाजी, हंगामा कौशल, धाँधली बाजी, अधैर्य, चकमे बाजी असहिष्णुता, ललत्तापने और न जाने किस किस, में भारतीय कौए का कोई जवाब नहीं। जहाँ कोई मुद्दा न हो, वहाँ भी हमारे नेता मुद्दा उछाल सकते हैं। कौए की तरह।

भारतीय कौए को जन जन की जुबान तक पहुँचाने का कार्य जितना विठ्ठलभाई पटेल ने किया शायद ही किसी ने किया हो। 'झूठ बोले कौआ काटे, काले कौए से डरियो' ने हिन्दी भाषी समाज को एक प्राचीन लोक विश्वास को आधुनिक पीढ़ी तक पहुँचाया है कौए को लेकर लोक धारणाओं की कमी नहीं हैं किसी के घर मुंडेर पर बैठकर कौआ काँव काँव करने लगे तो माना जाता है कि उसके घर में अतिथि जरूर आयेगा और किसी के सिर पर कौआ बैठ जाये तो उसके किसी आत्मीय जन की मृत्यु अवश्यंभावी। घोर अपशकुन। मैं आठवी या नौवीं में था हमारे गुरु जी मझौनिया साहब के यहाँ हटा से काना पोस्टकार्ड आया कि उनकी माँ का देहान्त हो गया हैं सो जानबी। बेचारे मुझौनिया मास्टर साहब अपने बूढ़े पिता को लेकर बैकुंठपुर से हटा पहुँचे। यात्रा बड़ी कठिन थी। हटा पहुँचकर पता चला कि वहाँ से जो कटा पोस्टकार्ड बैकुंठपुर पहुँचा था वह अपशकुन को मेटने के लिए था। मास्टर साहब की माता जी के सिर पर एक कौआ बैठ गया था। सो माताजी ने अपने बेटे को बैकुंठपुर अपने मरने का अपशकुन मेटने के लिए काना पोस्टकार्ड भिजवाया था। उन दिनों काले कौए के सिर पर बैठने के अपशकुन का यही तोड़ था। पिता जी के साथ जब मास्टर साहब हटा पहुँचे तो माताजी बिल्कुल स्वस्थ थीं पर यात्रा ने पिता जी के अस्थि पंजर ढीले कर दिये थे। वे लम्बी यात्रा के बाद सोये तो सोते ही रह गये। कौए के सिर पर बैठना अपशकुन होता है सो हुआ। पर कौआ अपशकुन ही करता नहीं। वह शुभ सन्देश भी देता हैं राम जंगल जंगल भटक रहे हैं। माता कौशल्या की चिन्ता में नींद उड़ गयी है। एक दिन भोर में अयोध्या के राजमहल की मुंडेर पर कौआ बोला। कौशल्या ने कहा कि यदि कौए के बोलने से मेरे राम वापिस आ जायें तो मैं कौए की चोंच सोने से मढ़वाऊँगी। पर राम को तो आने में अभी देर थी। बेचारा कौआ आज तक काली चोंच वाला हैं सामान्यतया कौआ असगुनी पक्षी माना जाता है—एक तो रंग काला, दूसरे उसकी कर्कश आवाज। उसे हर कोई दुरदुराता है। बस सूरदास ने कौए की तारीफ की है,

उसके भाग को सराहा है। कृष्ण जी पीली कछौटी पहिनकर यशोदा मैया के आँगन में माखन रोटी खाते हुए घूम रहे हैं एक कौआ आया और कन्हैया के हाथ से रोटी छीन कर भाग गया। सूर को लगा कि हाय! ऐसा भाग हमारा क्यों न हुआ, 'काग को भाग कहा कहियै', हरि हाथ सों लै गयो माखन रोटी। 'श्राद्ध पक्ष में कौआ की बड़ी आवभगत होती है। हर गृहस्थ अपने पितरों की मुक्ति के लिए पकवान् बनाकर आँगन में रखता है कि कौआ आये और बलि का अन्न खाये पर कौआ बड़ा कृतघ्न पक्षी है—श्राद्ध पक्ष में वह प्रायः नहीं दिखता। मैंने बुन्देलखण्डी कवि सम्मेलनों में कौआ पर बड़ी लानत-मलामत करने वाले छन्द सुने हैं वे कौआ की तुक ही नौआ से नहीं मिलाते। वे दोनों को बड़े फूहड़ गालियाँ भी देते हैं। उन पंक्तियों को मैं यहाँ लिख नहीं सकता।

हिन्दी पत्रिकाओं के नाम पक्षियों पर रखने की परम्परा काफी पुरानी है। हँस, सारिका, बया हमारी परिचित पत्रिकाएँ हैं। इस तुलना में किसी सम्पादक ने अपनी पत्रिका का नाम कागा या कौआ, बकुल या बगुला रखने की शायद ही कभी सोची हो, हाँ, तीस चालीस के दशक में हिन्दी के साहित्यकार अपना उपनाम काक रखने में संकोच नहीं करते थे। तेज नारायण शर्मा 'काक' प्रसिद्ध गीतकार थे। मेरे एक कवि अध्यापक का नाम राम शंकर शर्मा 'काक' था। ये वाराणसी के थे—हास्य कविताएँ लिखते। जीवन लाल वर्मा 'विद्रोही' की दो पंक्तियाँ हिन्दी के व्यंग्यकार हरिशंकर परसाई को विशेष प्रिय थी—

कागभुशुंडि गरुड़ से बोले, आओ होले दो दो चोंचे
चलो किसी मन्दिर में चलकर, प्रतिमा का सिन्दूर खरोंचे।

परसाई जी ने अपने एक व्यंग्य संग्रह का नाम रखा था—काग भगोड़ा। जब वे सागर विश्वविद्यालय में मुक्तिबोध पीठ के अध्यक्ष थे तब उन्हें विश्वविद्यालय के अध्यापकों को बहुत निकट से जानने का अवसर मिला था। उन्होंने मुक्तिबोध पीठ पर अपना कार्यभार ग्रहण करने के पूर्व मुझे लिखा था, विश्वविद्यालय के अध्यापक स्वयं को हँस और रचनाकारों को कौआ समझते हैं। उन्होंने अपने अनुभवों को समेटते हुए विश्वविद्यालयीन प्रोफसरों को आधार बनाकर एक उपन्यास लिखना प्रारम्भ किया था—कौआ नामा। खेद है, यह उपन्यास पूरा नहीं हो पाया।

हमारे लोकतन्त्र में मयूर को प्रतीक पक्षी का दर्जा प्राप्त है। मयूर अपनी भव्यता में, अपनी शोभा में, अपने गुणो में पक्षियों का सरताज है भी। जब वह नाचता है तो उसकी शोभा बरनि न जाई। पर हमारे लोकतन्त्र को धीरे धीरे जो रूप प्राप्त हो गया है वह मयूर से मेल नहीं खाता। वह मेल खाता है कौए से। क्या मोर के स्थान पर कौए को हमारे राष्ट्र का प्रतीक पक्षी बनाने का समय आ गया है? इस पर गम्भीर विचार होना चाहिए।

कोयल और मैं

तत्कालीन कोरिया रियासत की राजधानी बैकुंठपुर में आज से सत्तर वर्ष पूर्व गर्मियाँ आते ही हम आम के पेड़ों पर चढ़कर ऐसी अमियाँ ढूँढ़ने में लग जाते जिन्हें कोयल ने बैठकर काला कर दिया हो। पूरी अमिया काली न हो, उसका एक कोना तो काला हो ही। ऐसी काली कोने वाली अमिया को हम लोग कोयल पादा कहते। गजब की मिठास। नाखूनों या दाँतों से चीर कर अमिया के दो टुकड़े कर दो, अमिया की गोई अलग फेंक दो और नरम नरम गोई खाओ, बिना नमक के। उस पर थोड़ा पानी पी हम लोग अपनी बालबुद्धि से मानते कि जिस अमिया को मिष्ट भाषिणी, मधुर गायिका कोयल ने अपनी अपान वायु से सुवासित कर दिया हो वही ऐसी मीठी होती हैं गोई हम लोग सदैव फेंक ही देते हों, ऐसा नहीं हैं गोई हम लोग अपनी कमीज की जेब में बचाकर रख लेते। गोई सफेद, बेहद चिकनी, मुलायम, मखमली होती। अंगूठे और तर्जनी अँगुली में दबाकर उसे उचकाते, वह उचककर हवा में उछल जाती। ऐसा हम हरदम ही करते हों, ऐसा नहीं है। हमारी छोटी बहिन की शादी होने वाली हो, या उसकी किसी सहेली की तो जिस दिशा में उछल कर अमिया की गोई जायेगी, बस बरात का आना उसी दिशा से तय माना जाता। यदि मेरी उछाली हुई गोई उत्तर दिशा में गयी और जीतू की दक्षिण दिशा में तो क्या दो दो बरातें आयेंगी? आ भी सकती हैं। गोई की भविष्यवाणी झूठ थोड़े ही होती है। बड़े होने पर पता चला कि इस तरह का लोक विश्वास छत्तीसगढ़ की कोरिया रियासत की राजधानी बैकुंठपुर में ही प्रचलित नहीं था, सारे हिन्दी क्षेत्र में था। यदि ऐसा न होता तो हिन्दी के प्रसिद्ध कवि नरेन्द्र शर्मा को अपने प्रसिद्ध गीत–'आज के बिछुड़े न जाने कब मिलेंगे', मैं यह क्यों लिखना पड़ता–'कौन दिशा से आयेंगे पिय, सखियाँ कहतीं उछाल बिजलियाँ'। थोड़ा बड़े और जिम्मेदार होने पर कोयल पादा अमिया छोड़कर हम लोग कोयल के घोंसले की खोज करने लगे। आम के इस पेड़ पर देखा, उस पेड़ पर देखा पर कोयल का घोंसला कहीं नहीं मिला। होता तब न मिलता। वह तो हम लोगों को जीतू की दाई ने बताया कि भैया, कोयल हर अपना घोंसला नीं बनाये। ओहर तो अपन डीम कौंआ के घोंसला में देते। हम लोग

उसकी बात समझ जाते। कोयल कर डीम यानी अण्डे कायेल के घोंसलों मे नहीं मिलते, वे मिलते हैं कौआ के घोंसले में। वाह रे कोयल, कौआ जैसे चतुर, चालू चालाक पक्षी को उल्लू बनाना कोई हँसी खेल तो है नहीं। पर कोयल यह करिश्मा आसानी से कर लेती हैं। वह तो बाद में पता चला कि हमारे पुराणों को कोयल की यह कारस्तानी खूब पता थी। उन्होंने कोयल को नाम दिया था परभृत, यानी जिसकी परवरिश दूसरा करे। कोयल के और कौए के अण्डे में रंगरूप और आकार प्रकार में अद्‌भुत समानता होती है—इतनी कि श्रीमती काक देवी भी मुगालते में आ जायें। कौआ देवी ने घोंसला बनाया है, उसमें अण्डे दिये हैं। अण्डे तो उसने दो ही दिये थे पर शाम को ये तीन कैसे हो गये। अब कौआ चारा पानी ढूढ़े या अपने अण्डे का हिसाब रखे। हर नर की तरह कौआधिदेव भी घर गृहस्थी, बाल बच्चों के बारे में लापरवाह। अब घोंसले के सारे अण्डों को बेनीफिट आफ डाऊट मिल रहा है। माता जी चोंच में जो कृमिकीट ला रहीं हैं वह सबको बाँट रही हैं। अण्डों से जो बच्चे निकले हैं, उनमें कोई भेद नहीं है—सब एक से। रंग में, रूप में, आकार में, प्रकार में। कोयल के बच्चे जरा जल्दी बड़े होते हैं। कोयल उनकी चोरी छिपे टोह लेती रहती है—एक दिन मैडम कौआ क्या देखती हैं कि हाय! मेरा एक छौना कम है। कोयल अपने छौने को उड़ाकर ले गयीं हैं। यह छल, यह चतुराई पता नहीं सृष्टि में कब से चल रही है, कब तक चलती रहेगी। जो अपने को बड़ा चतुर समझते हैं, उनको भी चराने वाला कोई न कोई मिल जाता है।

पर जब मेरी उम्र थोड़ी और ज्यादा हुई तो मैं विहग आखेटक से शब्द आखेटक बन गया। कोई भी शब्द सुनो तो उसका अर्थ समझो, उसके पुरखों के बारे में जानो। शब्द मेरे कानों की गिरफ्त में आया तो उसकी खैर नहीं, रात हो या दिन, एकान्त हो या भीड़—वह शब्द मेरे मस्तिष्क में कुलबुलाता रहता। अजीब नशा था। मै एम.ए. उत्तरार्द्ध में था। हिन्दी में। 1954 में। भाषा विज्ञान की कक्षाएँ ठाकुर राम लाल सिंह लेते। वे व्युत्पत्ति शास्त्र पढ़ाते। एक दिन पीरियड में उन्होंने कोयल की व्युत्पत्ति हमें समझाई। अंग्रेजी कोल—मध्य में य का आगम और कोयल आठ दस साल से यही पढ़ाते आ रहे थे। मैंने सुना, मेरे कान बिदक गये, खड़ा हो गया, कक्षा मैं कहा कि सर, ऐसा नहीं हो सकता। अंग्रेजी कोल से हिन्दी का कोयल या कोयला शब्द नहीं बन सकता। पर मैं तो कई सालों से ऐसा ही पढ़ाता आ रहा हूँ। मैं नासमझ। थोड़ा आत्मविश्वास दीप्त। अड़ गया। तत्काल तो मैंने कहा कि सर, यदि हिन्दी शब्द कोयल या कोयला अंग्रेजी कोल से बना होता तो इसका अर्थ यह हुआ कि कोयल और कोयला शब्द अंग्रेजों के आने के बाद में प्रचार में आया पर हिन्दी का एक पुराना दोहा है :—

लकड़ी जल कोयला भई, कोयला जल भयो राख,
मैं बपुरी ऐसी जली, कोयला भई न राख॥

यह विरह दग्धा बपुरी जिस सन्त कवि की है वह भारत में अंग्रेजों के आने के पहिले जल चुकी थी। उसे निश्चित ही अंग्रेजी नहीं आती होगी। सर को मेरा तर्क समझ में आया। बोले, ऐसे गम्भीर विषय पर कक्षा में चर्चा सम्भव नहीं हैं आप शाम को घर आइये। मैं शाम को उनके निवास पर पहुँचा पर गुरु धाम तक पहुँचने के पहिले मैं पुस्तकालय गया। सागर विश्वविद्यालय का पुस्तकालय अत्यन्त समृद्ध था। अंग्रेजी, हिन्दी, संस्कृत, प्राकृत के शब्द कोशों, अभिधान ग्रन्थों से आप्लावित। मेरी निगाह मोनियर विलियम के शब्द कोश पर पड़ी। कोकिल अर्थात् बुझा हुआ अंगारा। काला पड़ा हुआ अंगारा कोकिल कहलाता है–तद्भव कोयला। कोयल भी काली होती है इसलिए उसे भी कोयल कहते हैं। पहिली बार लगा कि कविता का वास्तविक मर्म समझने के लिए उसमें प्रयुक्त शब्दों का अर्थ समझो। चौथी कक्षा में हमें हमारे गुरु जी ने विरंचि का अर्थ बता दिया था–पैनी कील–'मूरख हृदय न चेत जो गुरु मिलें विरंचि सम'। सो मेरा मूरख हृदय बहुत समय तक इस पंक्ति का अर्थ यही मानता रहा कि गुरु भले ही पैनी कील के समान हों पर मूरख का हृदय ऐसे तीक्ष्ण गुरु को पाकर भी प्रबुद्ध नहीं होता।

हिन्दी का शायद ही कोई कवि हो जिसने अपनी कविता में कोयल का चित्रण न किया हो, अपनी नायिका की वाणी के माधुर्थ के लिए पिक बैनी कहना तो आम है। तुलसीदास सीता के स्वर माधुर्य के लिए उसकी उपमा पिक से देते हैं। मैथिलीशरण गुप्त को भी होली आते कोयल की याद आती है–'काली काली कोयल बोली होली, होली, होली।' बच्चन ने कोयल पर एक बड़ी सरस लम्बी कविता लिखी है–'कौन तपस्या करके कोकिल, इतना मीठा स्वर पाया, कौन तपस्या करके कोकिल, काली कर डाली काया'। कोयल के जिस स्वर पर दुनिया फिदा है वह नर कोकिल का स्वर होता है मादा कोयल का नहीं। हिन्दी कविता में क्या विश्व कविता में कोयल के स्वरों की बिल्कुल नयी व्याख्याा की माखनलाल चतुर्वेदी ने। कोयल उनके लिए मिष्टभाषिणी नहीं, क्रान्तिकारिणी है। 'कैदी और कोकिल' कविता में वे कोयल को भूमिगत क्रान्तिकारी की भूमिका में देखते हैं–'क्या गाती हो, क्यों रह रह जाती हो', कोकिल बोला तो, विश्व साहित्य की अनुपम कविता है। तोता नहीं, नहीं तू तूती। तू अकूत बल की गति कूकी। क्रान्तिकारी कवि ऐसे ही होते हैं–परम्परागत छवियों को बदलने वाले।

कभी सोचा था कि समय मिलने पर हिन्दी की कोयल विषयक सारी कविताओं का संग्रह करूँगा 'पंचम राग' नाम से पर मुझसे वह काम हो नहीं पाया। कोई करे तो करे! पर यह काम बहुत जरूरी है, उपयोगी भी। हिन्दी में लोग व्यर्थ ही पीएच.डी. के लिए विषयों के टोटा होने का रोना रोते हैं। 'हिन्दी कविता में कोयल' विषय कैसा रहेगा?

बया का घोंसला और पक्की दोस्ती का राज

बया का घोंसला मैंने बचपन में नहीं देखा था। देखता कैसे, बया के घोंसले तो वही देखेगा न जिसने बबूल के पेड़ देखे हों। मेरा बचपन छत्तीसगढ़ की कोरिया रियासत की राजधानी बैकुंठपुर में बीता। बैकुंठपुर में बबूल नहीं थे बबूल रेगिस्तान और सूखी जलवायु का पेड़ है। बबूल के काँटे प्रसिद्ध हैं। बया को अपना घोंसला बनाने के लिए काँटे चाहिए। काँटे एक तरह से बया के घोंसले की नींव होते हैं। बया बबूल के पेड़ का एक काँटा चुनती है और उस काँटे के सहारे घास के तिनके, दूब की पत्तियाँ और खरपतवार लटकाती जाती हैं। एक तिनके को दूसरे तिनके से इस तरह उलझाती है, जैसे कोई मिस्त्री एक ईंट को दूसरी ईंट से जोड़ता है। उसकी चोंच ही कारीगर की कन्नी का काम करती है। मिस्त्री को तो खैर अभ्यास और प्रशिक्षण की आवश्यता होती है, बया में प्रकृति ने घोंसला बनाने का शिल्प जन्मजात ही भर दिया लगता है। बया अपना घोंसला बनाने के लिए घास की हरी पत्तियाँ चुनती है इसीलिए प्रारम्भ में उसका घोंसला हरिताभ होता है। ज्यों-ज्यों वह मौसम के थपेड़े झेलता है, मटमैला और धूसर होता जाता है। अपना घोंसला बनाने में बया को बहुत समय लगता है—श्रम भी। बया में जितना धैर्य होता है, उतना कम ही पक्षियों में होता हैं अच्छा शिल्पी वही है, जो अपना कार्य धैर्यपूर्वक करता है—कोई हड़बड़ी नहीं, कोई जल्दबाजी नहीं। बया को अपना घोंसला बनाते हुए देखना बड़ा सुखद अनुभव है। वह तिनकों की बुनाई इतने कौशल से करती है कि एक भी तिनका न आँधी से ढीला होता है, न वर्षा का पानी भीतर घुसता है। एकदम वाटरप्रूफ।

बया को अँग्रेजी में वीवर बर्ड कहते हैं—जुलाहा पक्षी। मुझे पता नहीं कि पक्षियों में जाति व्यवस्था होती है या नहीं पर श्रम व्यवस्था तो निश्चित ही होती है। बया बुनकर पक्षी है तो कठफोड़वा बढ़ई। कोयल का घराना संगीत का घराना है और गिद्ध पक्षियों में अपमार्जक है। गिद्ध ने आसमान में उड़ते हुए पृथ्वी पर सड़ा-गला मांस देखा नहीं कि आ गये उसकी सफाई करने। मुर्गा पक्षियो में टाइमकीपर है और टिटहरी मौसम विशेषज्ञ। पानी बरसने को हुआ तो टिटहरी टी टी टिट् टिट्! बोलकर उसकी पूर्व सूचना आपको दे देती है। कहावत वाला हँस पक्षियों का लेक्टोमीटर

है—दूध का दूध और पानी का पानी करने वाला। तोता पक्षियों में पंडित माना जाता है—जायसी ने कहा भी है—हीरामन तुम बामन और पंडित। कबूतर पक्षियों में डाकिया है। बया की जानकारी जायसी को भी थी और नजीर अकबराबादी को भी। ये दोनों लोक संस्कृति के कवि हैं। बया ग्राम्य और आरण्यक पक्षी है इसलिए नागर कवियों में उसका उल्लेख प्रायः नहीं मिलता। हिन्दी में 'पहाड़ी' नामधारी एक कहानीकार अवश्य हुए हैं जिनकी पुस्तक का नाम था—बया का घोंसला और साँप।

कहते हैं कि जिस घर में बया का घोंसला टँगा हो, वहाँ साँप नहीं आते। जबलपुर में मुझे जो घर मिला था, वह नेपियर टाउन में ऐन नाले के किनारे था। नाला था तो साँप भी थे। घर में कभी-कभी सर्प देवता पकट हो जाते। मैं पास के बबूल के पेड़ से बया के दो-तीन घोंसले तोड़ लाया और घर के हर कमरे में उन्हें टाँग दिया और लीजिए, उस दिन से घर में साँपों की चहलकदमी बन्द मैंने अपना यह अनुभव अपने पड़ोसी हरिशंकर परसाई को सुनाया परसाईजी बोले—मुझे भी बया के घोंसले पसन्द हैं, पर बिलकुल दूसरे कारणों से। परसाईजी जबलपुर के मुख्य स्टेशन और मदनमहल उपस्टेशन के बीच की रेलवे लाइन के ऐन किनारे लक्ष्मीबाग के एक क्वार्टर में रहते थे। रेलवे लाइन के किनारे बबूल के पेड़ थे, उन पेड़ों पर बया के घोंसले थे। बबूल के पेड़ के काँटे पर बया अपना घोंसला साधतीं। एक काँटे के सहारे वह सूखी घास के तिनके, दूब की पत्तियाँ और खरपतवार टाँगती और उन्हें ऐसा बुनती कि घोंसला तैयार।

परसाईजी कहते कि मुझे अपना व्यंग्य लिखने के लिए समाज की कोई विसंगति, कोई विरोधाभास दिख भर जाए, मैं उस काँटे के सहारे अपनी व्यंग्य रचना तैयार कर लेता हूँ। हँसते हैं, रोते हैं ठिठुरता हुआ गणतन्त्र, पगडंडियों का जमाना और क्रान्ति हो गये के व्यंग्य लेख मैंने बया के शिल्प के आधार पर ही लिखे हैं। तुम कहते हो कि जिस घर में बया के घोंसले टंगे हों, उनमें साँप नहीं आते। मैं अपने समाज को समाज के दुश्मनों से बचाना चाहता हूँ। मेरे व्यंग्य-निबन्ध बया के घोंसले ही हैं। उन्हें न उपहास की हवा उड़ा सकती है, न विरोध की वर्षा उनका कुछ बिगाड़ सकती है। बया के घोंसलों को कुछ कला प्रेमी रंगकर टाँगते हैं, कुछ ज्यों का त्यों, प्राकृतिक अवस्था में। मुझे बया के घोंसलों को रंगना पसन्द नहीं है—उनका प्राकृतिक रंग ही मुझे अच्छा लगता है। हाँ अपनी आवश्यकतानुसार मैं अपने व्यंग्यों में प्रतीकार्थ भी भरता हूँ। बया के घोंसले एक मंजिल के भी होते हैं, दो मंजिल के भी। ऊपर की मंजिल से नीचे की मंजिल में जाने के लिए एक घुमावदार रास्ता होता है—बया अपने अण्डे नीचे की मंजिल में रखती है। मैं भी अपनी रचनाओं में केवल हास-परिहास का लक्ष्य नहीं रखता, समाज के संरक्षण के लिए, समाज की विडम्बनाओं से जीवन-मूल्यों की रक्षा के लिए व्यंग्य लिखता हूँ। समाज में न काँटों की कमी है, न सूखी घास या खरपतवार की। उन्हें एक तरतीब देना, एक सिलसिले

से जमा देना, उनमें एक दृष्टिकोण पैदा करना ही मेरे व्यंग्यों का लक्ष्य है। बया का घोंसला दुश्मनों से बया के अण्डों की रक्षा करता हैं दुश्मन बया के घोंसले में घुसना चाहता है पर बया समझदार पक्षी है, वह दुश्मन के हर कदम को भाँपने की शक्ति रखता हैं व्यंग्यकार भी समझदार लेखक होता है। वह समाज के दुश्मनों की हर हरकत को जानता और भाँपता है।

परसाईजी ने अपनी व्यंग्य रचनाओं की तुलना बया के शिल्प से की। मुझे वह अच्छी लगी। बया के घोंसले मुझे प्रिय थे, परसाई के व्यंग्य भी मुझे प्रिय हो गये। लोग नववर्ष पर, होली–दिवाली पर, जन्मदिवस पर आपस में कार्डों का आदान-प्रदान करते हैं। मैं जब तक जबलपुर में रहा परसाईजी के जन्मदिन पर बया का घोंसला भेंट करता रहा। परसाईजी को भी अपने घर के पिछवाड़े लगे बबूल के पेड़ पर टँगे बया के घोंसले मुझे भेंट करना अच्छा लगता। ऐसे कई घोंसले मेरे पास सेवानिवृत्ति के दिनों तक रहे। बया गौरैया से भी छोटी, पीली चोंच वाली देखने में सामान्य-सी चिड़िया होती है, पर उसमें दुर्दम जिजीविषा और अद्भुत रचनात्मकता होती है। बया के घोंसले जिस घर में हों, वहाँ साँप नहीं आते, व्यंग्य भी समाज के दुश्मनों से हमें सावधान करता है। परसाई से मेरी पक्की दोस्ती के बहुत-से कारण हैं, पर उनमें एक महत्त्वपूर्ण कारण है बया के घोंसलों से उनका और मेरा एक-सा प्यार। बया के घोंसलों के आदान-प्रदान से मेरा और परसाईजी के बीच दोस्ती का जो सिलसिला शुरू हुआ, वह देर तक चला और पक्का साबित हुआ। आप भी अपने मित्रों से पक्की और दूरगामी दोस्ती चाहते हों तो बया के घोंसलों को भेंट में देकर देखिए।

❑❑